"十二五"普通高等教育本科国家级规划教材

高校建筑环境与能源应用工程学科专业指导委员会规划推荐教材

空气调节用制冷技术

Refrigeration Technology for Air Conditioning

（第五版）

石文星　田长青　王宝龙　编著

中国建筑工业出版社

图书在版编目(CIP)数据

空气调节用制冷技术/石文星,田长青,王宝龙编著. —5 版.
北京:中国建筑工业出版社,2016.2 (2024.11 重印)
"十二五"普通高等教育本科国家级规划教材　高校建筑环
境与能源应用工程学科专业指导委员会规划推荐教材
ISBN 978-7-112-18904-5

I.①空… Ⅱ.①石…②田…③王… Ⅲ.①空气调节系统-制冷
技术-高等学校-教材 Ⅳ.①TU831.3

中国版本图书馆 CIP 数据核字(2015)第 313240 号

本书是"十二五"普通高等教育本科国家级规划教材。针对建筑环境与能源应用
工程专业的教学要求,以空气调节系统中普遍采用的冷(热)源设备——蒸气压缩式
制冷(热泵)装置为主,系统地阐述其工作原理、部件构造、系统设计、工作特性和
运行调节等问题,并适当介绍利用热能驱动的吸收式制冷(热泵)装置,以及连接冷
(热)源设备与空调末端设备的水系统和制冷机房设计的相关问题。本书注重对基本
概念与基本原理的论述,力求体系严密、结构清晰,突出系统性与实用性的有机结
合。全书取材广泛,其内容基本涵盖空气调节用制冷技术领域的最新进展。

本书亦可供相关专业工程技术人员参考与自学之用。

* * *

责任编辑:齐庆梅
责任校对:李欣慰　党　蕾

"十二五"普通高等教育本科国家级规划教材
高校建筑环境与能源应用工程学科专业指导委员会规划推荐教材
空气调节用制冷技术
(第五版)
石文星　田长青　王宝龙　编著
*
中国建筑工业出版社出版、发行(北京海淀三里河路9号)
各地新华书店、建筑书店经销
北京红光制版公司制版
北京云浩印刷有限责任公司印刷
*
开本:787 毫米×1092 毫米　1/16　印张:18½　字数:456 千字
2016 年 5 月第五版　　2024 年 11 月第五十三次印刷
定价:**40.00** 元
ISBN 978-7-112-18904-5
(34438)

第 五 版 前 言

本书是"十二五"普通高等教育本科国家级规划教材，是在《空气调节用制冷技术》（第四版）的基础上，结合近年来的教学和工程实践修订而成的。

本书以空气调节系统中普遍采用的冷（热）源设备——蒸气压缩式制冷（热泵）装置为主，较为系统完整地阐述其工作原理、部件构造、系统设计、工作性能与运行调节等问题，并适当介绍了可以利用热能、节约电能的吸收式制冷（热泵）装置，以及连接冷（热）源设备与空调末端设备的水系统和制冷机房设计的相关问题。为了适应各院校的特色和课时差异，教材内容按 60 课时编写，讲授时可根据具体情况适当取舍。

本书注重对基本概念与基本原理的论述，突出系统性、创新性与实用性的有机结合。在修订过程中，保留了前四版 彦启森 先生确立的贯彻"系统"思想，力求体系严密，体现创新意识，兼顾实用需求等特点，并采纳了各院校学生和任课教师提出的建议，对各章的结构和内容进行了适当的调整与增减，以期符合学生的认知规律，并反映空气调节领域的制冷技术进展。

本书绪论、第一章、第二章、第六章、第七章、附图、附表由石文星编写，第三章由王宝龙编写，第四章、第五章由田长青编写，第八章由田长青、石文星编写，全书由石文星统稿。

在修订过程中，参阅了大量新近文献，并得到"清华建筑 70 周年教师专著与教材出版计划"的资助；清华大学建筑学院建筑技术科学系研究生吴伟、李子爱、张朋磊、游田、艾淞卉、宋鹏远、黄文宇、刘星如、张国辉、王建、程作、南硕等帮助查阅、整理了大量资料，并校对了书稿内容；中国建筑工业出版社齐庆梅编审为本书的出版付出了辛勤劳动。在此，对引文作者、清华大学建筑学院以及给予编者大力支持和帮助的人士表示衷心感谢！

为方便任课教师制作电子课件，我们制作了包括书中公式、图表等内容的素材库，可发送邮件至 jiangongshe@163.com 免费索取。

由于编者水平有限，有不妥和错误之处，希望使用本书的人士给予批评指正。

第 四 版 前 言

本书是普通高等教育"十一五"国家级规划教材,是在《空气调节用制冷技术(第三版)》的基础上,结合近年来的教学与工程实践修订而成的。

本书以空气调节系统中普遍采用的冷(热)源设备——蒸气压缩式制冷装置为主,较系统完整地阐述其工作原理、构造、系统设计以及工作性能、运行调节等问题,并适当介绍了可以利用热能、节约电能的吸收式制冷装置,以及连接冷(热)源设备与空调末端设备的冷冻站和水系统的相关问题。为了照顾各院校在要求上有所差异,教材按60课时编写,讲授时可根据具体情况适当取舍。

本书的特点在于,(1)力求贯彻"系统"思想:从制冷系统和建筑能源系统的整体角度出发,讲述制冷循环理论、设备、系统设计和性能调节方法,适当增加了空调系统冷冻站相关内容,体现建筑能源系统的整体性;(2)体现创新意识:从教材内容的构成、各章节的具体内容到例题、习题的选用,都希望体现创新思维和当今最新研究成果;(3)具有实用性:教材中给出了较为详尽的计算公式、图表和应用例题,使学生与工程技术人员能快速掌握理论,并付诸应用;(4)力求体系严密:根据多年的教学实践,改进了章节结构,使教材体系严密、逻辑清晰、结构合理;(5)增加了"思考题"和"练习题":通过思考与练习(可选作),以提高学生分析和解决问题的能力,并检验学习各章内容的收获。

本书绪论由 彦启森 先生编写,第一、二、三章由彦先生、石文星编写,第四章由彦先生、田长青编写,第五、八章由田长青编写,第六、七章、附图、附表由石文星编写,全书由石文星统稿。

在修订过程中,参阅了大量新近文献,并得到清华大学"985工程"二期本科教材建设项目的资助;清华大学建筑学院建筑技术科学系研究生周德海、韩林俊、张晓灵、郜义军,博士后杨启超、韩宗伟,以及中国科学院理化技术研究所博士后邵双全,研究生司春强、罗伊默等帮助查阅、整理了大量资料,绘制了部分插图,并校对了书中例题和练习题;中国建筑设计研究院潘云钢教授对第八章进行了精心审校,并提出了宝贵建议;中国建筑工业出版社齐庆梅编辑为本书的出版付出了辛勤劳动。在此,对引文作者、清华大学以及给予编者大力支持和帮助的人士表示衷心感谢!

彦先生一生致力于制冷空调技术及其教学法研究,为我国制冷空调产业的发展和人才培养作出了巨大贡献,本书就是他的部分心血。先生生前非常关注本书的编写与出版工作,故谨以此书再版纪念敬爱的彦先生。

为方便任课教师制作电子课件,我们制作了包括书中公式、图表等内容的素材库,可发送邮件至 jiangongshe@163.com 免费索取。

由于编者水平有限,有不妥和错误之处,希望使用本书的人士给予批评指正。

石文星 田长青

2009 年 12 月于北京清华园

目　　录

目　录

主 要 符 号 表

A	面积，m^2	u	比内能，kJ/kg
C	热容量，kJ/K	V	体积，m^3；体积流量，m^3/s
c	比热，$kJ/(kg \cdot K)$	v	流速，m/s；比容，m^3/kg
c_p	定压比热，$kJ/(kg \cdot K)$	v_m	质量流速，$kg/(m^2 \cdot s)$
c_v	定容比热，$kJ/(kg \cdot K)$	W	功，J 或 kJ
D，d	直径，m	w	比功，J/kg 或 kJ/kg
F	力，N	x	湿蒸气的干度，$\%$
H	焓，kJ	z	水平管束上、下重叠的排数
h	比焓，kJ/kg		或系数
K	传热系数，$W/(m^2 \cdot K)$	α	换热系数，$W/(m^2 \cdot K)$
k	绝热指数	ε	制冷系数
L	长度，m	ε_c	逆卡诺循环制冷系数
M	质量流量，kg/s	ε_{th}	理论循环制冷系数
m	质量，kg；多变指数	ζ	热力系数
n	转速，r/min	η_c	卡诺循环的热效率
P	功率，W 或 kW	η_d	压缩机的传动效率
p	压力，Pa 或 bar	η_f	肋片效率
p_k	冷凝压力，bar	η_i	压缩机的指示效率
p_0	蒸发压力，bar	η_m	压缩机的机械效率
Q	热量，J 或 kJ	η_{mo}	电动机效率
q_k	冷凝器单位热负荷，kJ/kg	η_{el}	压缩机的电效率
q_0	单位质量制冷能力，kJ/kg	η_R	制冷循环的制冷效率
q_v	单位容积制冷能力，kJ/m^3	η_v	压缩机的容积效率
R	潜热，kJ；热阻，$m^2 \cdot K/W$	λ	材料的导热系数，$W/(m \cdot K)$
Re	雷诺数	μ	供热系数；动力黏度，$N \cdot s/m^2$
r	比潜热，kJ/kg	ν	运动黏度，m^2/s
S	熵，kJ/K	ξ	析湿系数；浓度，kg/kg 或 $\%$
s	比熵，$kJ/(kg \cdot K)$	ρ	密度，kg/m^3
T	绝对温度，K	σ	传湿系数，$kg/(m^2 \cdot s)$
ΔT，Δt	温差，K 或 ℃	τ	肋化系数
t	摄氏温度，℃	ϕ	热流量，W 或 kW
T_k，t_k	冷凝温度，K 或 ℃	ϕ_k	冷凝器热负荷，W 或 kW
t_m	空气湿球温度，℃	ϕ_0	制冷量，W 或 kW
T_0，t_0	蒸发温度，K 或 ℃	φ	空气的相对湿度，$\%$
U	内能，kJ	ψ	热流密度，W/m^2 或 kW/m^2

下角标

1,2,3… 表示一个系统或一个循环的
不同点，或不同时间间隔

a	空气或绝热过程
b	沸腾
c	逆卡诺循环；压缩或冷凝
e	有效值或膨胀；当量；蒸发
f	介质或肋片
h	热源
i	指示值；定焓过程；表示内侧；进口
k	高压或高温
l	长度或潜热
m	质量或机械量
o	低压；低温或外侧；出口
p	压力或定压过程；管道
r	制冷剂
s	饱和状态或定熵过程；显热
t	温度或定温过程
V	体积

w	冷却水
$a \cdot e$	空气侧当量
$b \cdot f \cdot z$	水平肋管管束上沸腾
$b \cdot z$	管束上沸腾
$c \cdot f$	肋管上冷凝
$c \cdot f \cdot z$	水平肋管管束上冷凝
$c \cdot n$	管内表面冷凝
$c \cdot o$	管外表面冷凝
$c \cdot o \cdot f$	肋管外表面冷凝
cr	临界状态
$c \cdot w$	冷冻水
ev	蒸发
f	霜
opt	最优
sat	饱和
$s \cdot c$	再冷
$s \cdot h$	过热
st	静装配

上角标

$''$	气相
$'$	液相或修正后的物理量
$*$	迭代计算物理量的新值

字母上横杠表示两相分界面的边界面或量的平均值，如 $\bar{t}$ 表示平均温度。

绪 论

"制冷"就是使自然界的某物体或某空间达到低于周围环境温度，并使之维持这个温度[1]。人类就是依靠"制冷"，从自然环境开创了人工环境，促进人类文明进步，满足不断发展的要求。当然，随着大量人工环境需求的增加，也付出了大量的能源和环保代价，因而，应因地制宜，充分利用自然环境，以减少能源消耗，并创造出更为优质的人工环境。

人类对人工环境有多种分类方法。从对人工环境的需求而言，可以分为两个方面，其一是人类生活与生产环境，包括居住、交通、医疗和工农业生产等环境；其二是人类饮食的保障环境，包括冷藏、冻结、保鲜、真空升华干燥、冷藏物流与冷藏链等环境。而从创造人工环境的观点而言，则可分为空间人居环境和生产环境。空间人居环境包括人体安全极限环境、工业卫生环境和健康舒适环境，主要是创造健康舒适环境，它涉及生理学和心理学、客观因素和主观因素。生产环境包括生产要求、检测要求和物品贮运要求，它纯属客观因素，它对环境的温湿度要求范围宽，对环境参数要求内容广。例如：生产环境要求实现热湿控制、有害物控制，甚至要求恒温恒湿、工业洁净、生物洁净；贮运环境的空气温度范围为 $10\sim50℃$，甚至需要控制空气组分；检测环境要求空气温度范围可达$-85\sim70℃$、相对湿度的精度可达 2％，甚至要求能实现变温环境和高低压环境。此外，现代科学的许多部门，如宇宙空间的模拟、高真空的获得、半导体激光、红外线探测以及金属和合金"超电导"的实现，还需要 20K 以下的低温和超低温技术。

实现制冷可以通过两种途径：一是利用天然冷源；二是利用人造冷源。

天然冷源时代。《诗经》就有"二之日凿冰冲冲，三之日纳于凌阴"的诗句；《周礼》有"凌人：掌冰正。岁十有二月，令斩冰，三其凌。春始治鉴，凡内外饔之膳羞，鉴焉，凡酒、浆之酒醴亦如之。祭祀，共冰鉴。宾客，共冰。大丧，共夷槃冰。夏，颁冰掌事。秋，刷。"的记载；《艺文志》则有"大秦国有五宫殿，以水晶为柱拱，称水晶宫，内实以冰，遇夏开放。"的记载。公元前 1000 年，人类就有计划地存贮和应用天然冰，用于食品贮存和环境降温。14 世纪后，开始利用冰和氯化钠的混合物冻结食品。16 世纪后，出现了水蒸发冷却空气。1890 年左右，空气调节技术得到了初步发展，既有工业空调又有舒适空调。1906 年出现"空气调节"名词，从而形成巨大的产业——天然冰的贮配，同时创造出一些人类所需的热湿环境。

自 1755 年 Willianm Cullen 发表《液体蒸发制冷》文章开始，人类进入了人造冷源时代[2]。1824 年 S. Carnot 发表了关于卡诺循环的论文，奠定了制冷技术的热力学基础，1834 年第一台乙醚活塞制冷机问世，1844 年出现空气制冷机，1859 年出现吸收式制冷机，1875 年出现蒸气压缩式氨制冷机，1890 年制冰工业开始，从而开创了制冷空调工业。例如：1911 年 Carrier 的湿空气图表，1918 年自动冰箱问世，1923 年发明食品快速冻结，1927 年生产出空调器、空气源热泵，1930 年汽车空调逐渐发展，1935 年出现卡车自动冷藏装置、飞机发动机低温试验装置等。

此外，由于 1928 年制造出氟利昂 R12，人类则从采用天然制冷剂迈向采用合成制冷剂的时代，解决了人类对制冷剂的各种要求。这样，人类从采用天然冰到采用人造冰，从采用天然冷源迈向采用人造冷源的时代，创造出了各种人工环境，人类生活发生了重大变化。但是，此时用于创造人类生活与生产环境（也就是空调）所需求的制冷量只接近总人工制冷产量的 10%。直至 20 世纪 70 年代以后，随着科学技术的发展，特别是信息技术的迅猛发展，以及人们对健康舒适环境要求的不断提高，民用与工业空调所消耗的制冷量达到总人工制冷产量的 60%。制冷空调技术已成为造福人类、开创未来不可或缺的技术，美国工程院在《20 世纪最伟大的工程技术成就》（《The greatest engineering achievements of the 20th century》）一书中就将"空调与制冷"技术排名第十[3]，足以说明如果没有空调和制冷技术，"四季如春"将永远是诗人的梦想。

"制冷"技术领域非常宽广，涵盖了制冷技术与设备、人工环境、冷藏与冻结以及低温与气体工业等。根据制冷温度的不同，制冷技术大体可划分为三类，即

普通制冷：高于－120℃；

深度制冷：－120℃至 20K；

低温和超低温：20K 以下。

实现人工制冷的方法有多种，按物理过程的不同可分为：液体汽化法、气体膨胀法、热电法、固体绝热去磁法等。不同制冷方法适用于获取不同的温度。

空气调节用制冷技术属于普通制冷范围，主要采用液体汽化制冷法，其中以蒸气压缩式制冷、吸收式制冷应用最广。自 1852 年汤姆逊（W. Thomson）发表制冷机也可用于供热的论文后，应用制冷原理进行制热的热泵技术开始得到重视，特别是在 1973 年能源危机以后，热泵技术得到了迅猛发展，不仅出现了单独制热的热泵，也发展出各种形式的既能制冷又能制热，以及能够实现同时制冷和制热的热泵装置或设备。目前，制冷与热泵装置已成为大型空调系统的重要冷热源设备，同时很多中小型空调系统本身就是制冷与热泵装置。

除使用目的和工作温度范围不同外，热泵的工作原理和技术问题与制冷机完全相同。因此，本教材将以制冷为主线，重点讲述蒸气压缩式制冷（热泵）设备，并对利用热能的吸收式制冷（热泵）设备以及连接冷热源设备与空调末端设备的水系统和制冷机房作简要介绍。

第一章 蒸气压缩式制冷的热力学原理

液体汽化过程需要吸收汽化潜热，而且其沸点（饱和温度）与压力有关，压力越低，饱和温度也越低。例如，氨在绝对压力为 497.48kPa 时的饱和温度为 4℃，汽化时需要吸收 1247.9kJ/kg 热量，而在 101.33kPa（1 个标准大气压力）下的饱和温度为 −33.33℃，汽化时需吸收 1369.59kJ/kg 的热量。因此，只要创造一定的低压条件，就可以利用液体的汽化获取所需的低温。这种用于汽化制冷的液体被称为制冷剂（或制冷工质）。

液体汽化制冷的工艺流程如图 1-1 所示。图中点划线以外部分为制冷段，制冷剂从贮液器经膨胀阀节流，降低压力和温度；低温低压的液态制冷剂在蒸发器中吸收周围被冷却介质或物体的热量而汽化，从而降低被冷却介质或物体的温度，达到制冷的目的。而图中点划线以内部分为液化段，它的作用是一方面使蒸发器内保持一定的低压，另一方面使在蒸发器中汽化了的制冷剂液化，重新流回贮液器，再用于制冷。液化的方法是抽取蒸发器的低压气态制冷剂并使之增压，

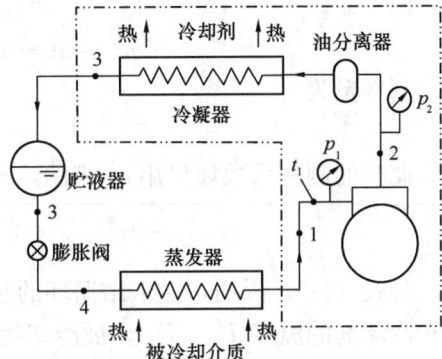

图 1-1 液体汽化制冷原理图

以提高其饱和温度；然后再利用自然界大量存在的常温空气或水（统称冷却剂），使之在冷凝器内液化。图 1-1 所示的制冷系统采用压缩机使气态制冷剂增压，故称这种制冷方式为蒸气压缩式制冷。

从上可以看出，蒸气压缩式制冷的工作原理是使制冷剂在压缩机、冷凝器、膨胀阀和蒸发器等热力设备中进行压缩、放热冷凝、节流和吸热蒸发四个主要热力过程，从而完成制冷循环，获得对被冷却介质进行制冷的效果。

第一节 理想制冷循环

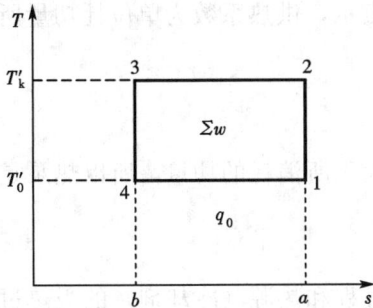

图 1-2 逆卡诺循环

一、逆卡诺循环

卡诺循环（Carnot Cycle）是在两个温度不相同的定温热源之间进行的理想热力循环。图 1-2 所示温熵图（$T\text{-}s$ 图）的 1→2→3→4→1 是**逆卡诺循环**（Reverse Carnot Cycle），也是理想循环。在逆卡诺循环中，制冷剂沿等熵线 3→4 绝热膨胀（采用膨胀机），温度从 T'_k 降至 T'_0；然后，在低温热源温度 T'_0 下，沿等温线 4→1 吸热膨胀，从低温热

源吸收热量 q_0；制冷剂再沿等熵线 1→2 被绝热压缩（采用压缩机），温度从 T'_0 升至 T'_k；最后，制冷剂在高温热源温度 T'_k 下，沿等温线 2→3 进行放热压缩，向高温热源放出热量 q_k。

每一制冷循环，通过 1kg 制冷剂将热量 q_0 从低温热源（被冷却物）转移至高温热源（冷却剂），同时，所消耗的功量 Σw 也转化为热量传给高温热源，即

$$q_k = q_0 + \Sigma w \tag{1-1}$$

制冷循环的性能指标用制冷系数 ε 表示，制冷系数为单位耗功量所获取的冷量，即

$$\varepsilon = \frac{q_0}{\Sigma w} \tag{1-2}$$

对于逆卡诺循环而言，所消耗的功量等于压缩机的耗功量 w_c 与膨胀机的得功量 w_e 之差，即

$$\Sigma w = w_c - w_e = (T'_k - T'_0)(s_a - s_b)$$

制冷量为

$$q_0 = T'_0(s_a - s_b)$$

此时的制冷系数如果用 ε'_c 表示，则

$$\varepsilon'_c = \frac{T'_0}{T'_k - T'_0} \tag{1-3}$$

公式（1-3）说明，逆卡诺循环的制冷系数 ε'_c 与制冷剂的性质无关，仅取决于被冷却物和冷却剂的温度 T'_0、T'_k。被冷却物温度越高，冷却剂温度越低，制冷系数越高，制冷循环的经济性越好。而且，被冷却物温度的变化比冷却剂温度的变化对制冷系数的影响更大，这点可从以下两个偏导数看出：

$$\left| \frac{\partial \varepsilon'_c}{\partial T'_k} \right| = \frac{T'_0}{(T'_k - T'_0)^2}$$

$$\left| \frac{\partial \varepsilon'_c}{\partial T'_0} \right| = \frac{T'_k}{(T'_k - T'_0)^2}$$

因此

$$\left| \frac{\partial \varepsilon'_c}{\partial T'_0} \right| > \left| \frac{\partial \varepsilon'_c}{\partial T'_k} \right|$$

此外还需指出，制冷循环也可用来获得供热效果。例如，冬季制冷剂在蒸发器内吸收室外较冷空气（或水体等）中的热量，而通过冷凝器加热空气（或水体）向室内供热。这种装置称为热泵。热泵循环的性能指标用供热系数 μ 表示，供热系数为单位耗功量所获取的热量，即

$$\mu = \frac{q_k}{\Sigma w} = \varepsilon + 1 \tag{1-4}$$

可以看出，热泵的供热量（也称为制热量）永远大于所消耗的功量，所以热泵是能源综合利用中很有价值的装置。

二、劳仑兹循环

在实际的制冷循环中，冷源（被冷却物）的放热过程和热源（冷却剂）的吸热过程一般都伴随温度的变化，这时，不宜用逆卡诺循环作为衡量标准。而**劳仑兹循环**（Lorenz

Cycle）则是在两个变温热源之间进行的理想制冷循环，如图1-3所示。在劳仑兹循环中，制冷剂沿等熵线 $c \to d$ 绝热膨胀，温度从 T'_c 降至 T'_d；然后，沿着与低温热源温度变化相逆的路径进行吸热膨胀，温度由 T'_d 升至 T'_a，吸收热量，实现可逆多变膨胀过程；制冷剂再沿等熵线 $a \to b$ 被绝热压缩至状态 b，温度从 T'_a 升至 T'_b；最后，沿着与高温热源温度变化相逆的路径进行放热压缩，温度由 T'_b 降至 T'_c，放出热量，实现可逆多变压缩过程。由

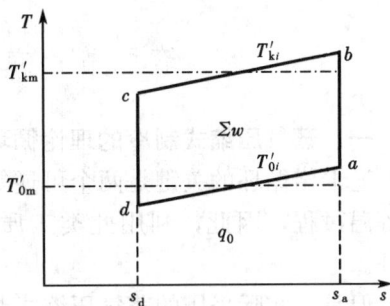

图 1-3　劳仑兹循环

此可以看出，劳仑兹循环是由两个等熵绝热过程和两个可逆多变过程组成的理想制冷循环。

从冷源（被冷却物）吸收的热量

$$q_0 = \int_d^a T'_{0i} \mathrm{d}s = T'_{0m}(s_a - s_d)$$

向热源（冷却剂）放出的热量

$$q_k = -\int_b^c T'_{ki} \mathrm{d}s = T'_{km}(s_b - s_c)$$

制冷系数

$$\varepsilon'_1 = \frac{q_0}{\sum w} = \frac{q_0}{q_k - q_0} = \frac{T'_{0m}}{T'_{km} - T'_{0m}} \tag{1-5}$$

从公式（1-5）可以看出，劳仑兹循环的制冷系数等于一个以放热平均温度 T'_{km} 和吸热平均温度 T'_{0m} 为高、低温热源温度的等效逆卡诺循环的制冷系数，仅取决于被冷却物和冷却剂的温度状况，而与制冷剂性质无关。

理想制冷循环是可逆制冷循环，即其循环的各个过程中不存在任何损失，故公式（1-3）、（1-5）给出的是制冷循环的最大制冷系数，是制冷系统追求的理想目标。然而，在实际制冷循环中，存在有各种不可逆损失，如：在冷凝器和蒸发器中必然存在有传热温差，导致实际制冷装置的冷凝温度 T_k（或 T_{km}）高于高温热源温度 T'_k（或 T'_{km}）、蒸发温度 T_0（或 T_{0m}）低于低温热源温度 T'_0（或 T'_{0m}）。

为描述存在传热温差的制冷循环的理想程度，常以工作在冷凝温度 T_k（或 T_{km}）和蒸发温度 T_0（或 T_{0m}）之间的逆卡诺循环的制冷系数 ε_c（或 ε_l）作为实际制冷装置追求的目标，此时

$$\varepsilon_c = \frac{T_0}{T_k - T_0} \tag{1-3a} ❶$$

或

$$\varepsilon_l = \frac{T_{0m}}{T_{km} - T_{0m}} \tag{1-5a}$$

---

❶　本书对于相同物理量随后出现的推导或关联公式，采用前面的公式序号，但在后面加 a、b、c 等，如（1-3）、（1-3a）等；对于同等重要的一类公式，采用相同的公式序号，每个公式后面分别加 a、b、c 等，如：（4-25a）、（4-25b）、（4-25c）等。

第二节　蒸气压缩式制冷的理论循环

一、蒸气压缩式制冷的理论循环

逆卡诺循环的关键是两个可逆等温过程，而纯工质或共沸混合工质的定压蒸发和冷凝是等温过程，因此，利用此类工质，在其湿蒸气区内进行制冷循环有可能实现逆卡诺循环。

但是，实际采用的蒸气压缩式制冷的理论循环是由两个等压过程、一个等熵压缩过程和一个绝热节流过程组成，如图 1-4 所示。它与理想制冷循环相比，有以下三个特点：

（1）用膨胀阀代替膨胀机；

（2）蒸气的压缩在过热区进行，而不是在湿蒸气区内进行；

（3）两个传热过程均为等压过程，且热源和制冷剂之间具有传热温差。

为什么采用这样的制冷循环？

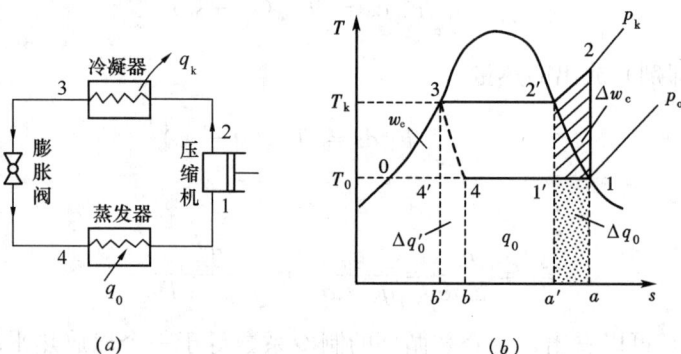

图 1-4　蒸气压缩式制冷的理论循环

（a）工作过程；（b）理论循环

（一）膨胀阀代替膨胀机

理想制冷循环为了利用制冷剂从高压变为低压状态的膨胀功，设有膨胀机，这在理论上是经济的，但是，对于常规蒸气压缩式制冷的实现并不合理。因为，液态制冷剂膨胀过程的膨胀功不大，而且机件小、摩擦损失又相对比较大，所以，为了简化制冷装置以及便于调节进入蒸发器的制冷剂流量，故采用膨胀阀代替膨胀机，参见图 1-4（a）。

如图 1-4（b）所示，从理论上讲，在相同蒸发温度和冷凝温度条件下，与理想循环 $1' \rightarrow 2' \rightarrow 3 \rightarrow 4' \rightarrow 1'$ 相比，理论制冷循环 $1 \rightarrow 2 \rightarrow 3 \rightarrow 4 \rightarrow 1$ 存在有两部分损失：

（1）节流过程 $3 \rightarrow 4$ 是不可逆过程，制冷剂吸收摩擦热，产生无益汽化，降低了有效制冷能力。每 1kg 制冷剂蒸发所能吸收的热量（称为单位质量制冷能力）减少 $\Delta q'_0$。$\Delta q'_0$ 可用虚线多边形面积 $44'b'b4$ 表示。

（2）损失了膨胀功 w_e。在制冷循环中，每 1kg 制冷剂消耗的功量就是压缩机的耗功量。采用膨胀阀时，压缩机的耗功量为 w_c（用面积 $032'1'0$ 表示），比理想制冷循环多消耗功量 w_e（用面积 $034'0$ 表示）。可以认为，这部分膨胀功转化为热量抵消了制冷能力（即面积 $034'0$ 等于面积 $44'b'b4$），从而导致有效制冷能力的减小。

显然，采用膨胀阀代替膨胀机，制冷系数有所降低，其降低程度称为**节流损失**。节流损失的大小除随冷凝温度与蒸发温度之差（$T_k - T_0$）的增加而加大外，还与制冷剂的物理性质有关，由温熵图可见，饱和液线越平缓（即液态制冷剂比热越大）或者制冷剂的比潜热越小，其节流损失越大。

（二）干压缩过程

湿压缩时，压缩机吸入的是湿蒸气（如 $1'$ 点），它有两个缺点：

（1）压缩机吸入湿蒸气，低温湿蒸气与热的气缸壁之间发生强烈热交换，特别是与气缸壁接触的液珠更会迅速蒸发，占据气缸的有效空间，致使压缩机吸入的制冷剂质量大为减少，制冷量显著降低。

（2）过多液珠进入压缩机气缸后，很难立即汽化，这样，既破坏压缩机的润滑，又会造成液击，使压缩机遭到破坏。

因此，蒸气压缩式制冷装置运行时，严禁发生湿压缩现象，要求进入压缩机的制冷剂为饱和蒸气或过热蒸气，这种压缩过程称为干压缩过程。

为了压缩机实现干压缩过程，有两种措施可以实现：

（1）采用可调节制冷剂流量的节流装置，使蒸发器出口的制冷剂为饱和蒸气或过热蒸气。

（2）在蒸发器出口增设气液分离器，气体制冷剂进入其中，速度降低，气流运动方向改变，使气流中混有较重的液滴分离并沉于分离器底部，分离器上部的饱和蒸气则被吸入压缩机。

采用上述措施后，压缩机的绝热压缩过程就可在过热蒸气区进行，压缩终状态点 2 也为过热蒸气，故制冷剂在冷凝器中并非等温冷凝过程，而是一个等压冷却、冷凝过程。

由图 1-4（b）可以看出，采用干压缩过程后，虽然可以增加单位质量制冷能力 Δq_0（用长方形面积 $a11'a'a$ 表示），但由于压缩终状态点 2 为过热蒸气，故压缩耗功增大 Δw_c（用多边形面积 $122'1'1$ 表示），制冷系数亦将有所降低。其降低程度称为**过热损失**，过热损失的大小与制冷剂物理性质有关，一般来说，节流损失大的制冷剂，过热损失较小。

（三）关于热交换过程的传热温差

理想制冷循环的重要条件之一就是制冷剂与冷源（被冷却物）和热源（冷却剂）之间必须在无温差条件下进行可逆换热。然而，实际换热都是在有温差的情况下进行的，否则理论上将要求蒸发器和冷凝器应有无限大的传热面积，这显然是不合实际的。这样，有温差传热的制冷循环的冷凝温度必然高于冷却剂的温度，蒸发温度必然低于被冷却物的温度。因此，相比无温差的理想循环，其制冷系数必将降低，传热温差越大，制冷系数降低越多。在实际应用中，应在满足实际需求（如需要除湿的空调器，其蒸发温度不应高于室内空气的露点温度）前提下进行技术经济分析，以选择合理的传热温差，使初投资和运行费的综合值最为经济。

二、蒸气压缩式制冷理论循环的热力计算

（一）压焓图及制冷循环在压焓图中的表示方法

表示制冷剂状态参数的图线有几种。前面分析蒸气压缩式制冷循环时使用了温熵图，此图的特点是热力过程线下面的面积即为该过程所收受的热量，便于直观分析。但是，由于定压过程的换热量以及压缩过程的压缩机耗功量都可以用过程的初、终状态比焓差表示，所以，进行制冷循环热力计算时常使用图 1-5 所示的压焓图（也称莫里尔图或 lg*p*-*h* 图）。

压焓图的纵坐标是压力，为了清楚地表示低压部分，采用对数坐标，即 lg p；横坐标是比焓 h。图上绘有等压线（p）、等比焓线（h）、等温线（t）、等比熵线（s）、等比容线（v）和等干度线（x），箭头表示各参数的增值方向。干度 $x=0$ 的曲线是饱和液线，$x=1$ 的曲线是饱和蒸气线，两条线的交点 k 为制冷剂的临界点，这两条线将图分为三个区：饱和液线左侧为再冷液体区，饱和蒸气线右侧为过热蒸气区，两线之间为湿蒸气区（或气液两相区）。

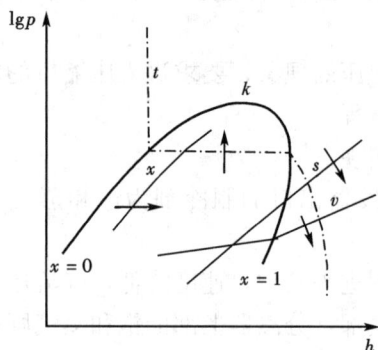

图 1-5　压焓图

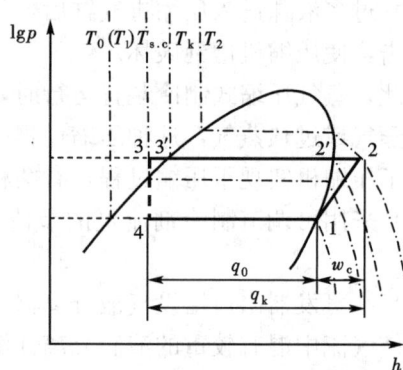

图 1-6　蒸气压缩式制冷理论循环

由于制冷剂的热力参数 h、s 都是相对值，因此在使用压焓图和物性表时，必须注意它们之间的 h、s 基准点是否一致，对于基准点取值不同或单位不一致的图表，最好不要混用，否则必须进行换算[4]。例如，R22、R134a 国际单位制的图表（参见附图 1、2 和附表 1、2），一般规定 0℃时饱和液体的 $h'=200$ kJ/kg，$s'=1.00$ kJ/(kg·K)。

图 1-6 是在压焓图上表示的蒸气压缩式制冷的理论循环。1→2 为等熵压缩过程；2→3 为制冷剂在冷凝器中的等压放热过程，其中 2→2' 放出过热区的显热，2'→3' 放出比潜热，3'→3 是液体再冷却放出的热量；3→4 为节流过程，绝热节流前后制冷剂的比焓不变，故为垂直线（由于节流过程是不可逆过程，且也不是等焓过程，故用虚线表示）；4→1 为制冷剂在蒸发器内的等压吸热过程。

根据稳定流动能量方程式可得：

蒸发器中等压吸热过程，单位质量制冷剂的制冷能力（或称为单位制冷量）为

$$q_0 = h_1 - h_4 \quad \text{kJ/kg} \tag{1-6}$$

冷凝器中等压放热过程，单位质量制冷剂的冷凝负荷为

$$q_k = h_2 - h_3 \quad \text{kJ/kg} \tag{1-7}$$

单位质量制冷剂在压缩机中被绝热压缩时，压缩机的耗功量为

$$w_c = h_2 - h_1 \quad \text{kJ/kg} \tag{1-8}$$

节流前、后制冷剂的比焓相等，即

$$h_3 = h_4 \quad \text{kJ/kg} \tag{1-9}$$

由于压焓图上的比焓差用过程线在横坐标轴上的投影长度表示，故从图中可以明显地

看出

$$w_c = q_k - q_0 \quad \text{kJ/kg} \tag{1-8a}$$

（二）蒸气压缩式制冷理论循环的热力计算

制冷循环的热力计算是根据所确定的蒸发温度、冷凝温度、液态制冷剂的再冷度和压缩机的吸气温度等已知条件，求出图 1-6 中各状态点的状态参数，并计算下列数值：

（1）制冷剂单位质量制冷能力 q_0 和单位容积制冷能力（或称为单位容积制冷量）q_v。单位容积制冷能力是指压缩机吸入 1m^3 制冷剂所产生的冷量

$$q_v = \frac{q_0}{v_1} = \frac{h_1 - h_4}{v_1} \quad \text{kJ/m}^3 \tag{1-10}$$

式中　v_1——压缩机入口气态制冷剂的比容，m^3/kg。

（2）制冷系统中制冷剂的质量流量 M_r 及体积流量 V_r（即压缩机每秒钟实际吸入的气态制冷剂的体积量）

$$M_r = \frac{\phi_0}{q_0} \quad \text{kg/s} \tag{1-11}$$

$$V_r = M_r v_1 = \frac{\phi_0}{q_v} \quad \text{m}^3/\text{s} \tag{1-12}$$

式中　ϕ_0——制冷系统的制冷量，kJ/s 或 kW。

（3）冷凝器的热负荷（即冷凝负荷）ϕ_k

$$\phi_k = M_r q_k = M_r(h_2 - h_3) \quad \text{kW} \tag{1-13}$$

（4）压缩机的理论耗功率 P_{th}

$$P_{th} = M_r w_c = M_r(h_2 - h_1) \quad \text{kW} \tag{1-14}$$

（5）理论制冷系数 ε_{th}

$$\varepsilon_{th} = \frac{\phi_0}{P_{th}} = \frac{q_0}{w_c} = \frac{h_1 - h_4}{h_2 - h_1} \tag{1-15}$$

（6）制冷效率 η_R

制冷效率 η_R 是理论制冷循环的制冷系数 ε_{th} 与考虑了传热温差的理想制冷循环的制冷系数 $\varepsilon_c(T_k, T_0)$ 或 $\varepsilon_l(T_{km}, T_{0m})$ 的比值，即

$$\eta_R = \frac{\varepsilon_{th}}{\varepsilon_c} \quad \text{或} \quad \frac{\varepsilon_{th}}{\varepsilon_l} \tag{1-16}$$

用 η_R 可以评价一个制冷循环与工作温度完全相同的理想制冷循环的接近程度；还可以评价制冷剂热力性能对制冷系数的影响程度，选用制冷效率较高的制冷剂，可以提高制冷循环的经济性。

对于采用蒸气压缩式制冷循环进行供热的热泵系统而言，热泵循环的理论供热系数 μ_{th}（通常称为热泵的性能系数）是指单位理论耗功率的供热量，即

$$\mu_{th} = \frac{\phi_k}{P_{th}} = \frac{q_k}{w_c} = \frac{h_2 - h_3}{h_2 - h_1} \tag{1-4a}$$

可也简化为

$$\mu_{th} = 1 + \varepsilon_{th} \tag{1-4b}$$

必须注意的是：式（1-4a）是热泵循环供热系数的通用表达式，只有当热泵循环的工

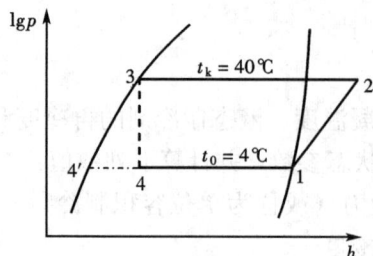

图 1-7　例题 1-1 图

况（即冷凝温度、蒸发温度、再冷度、过热度）与制冷循环完全相同时，此时的理论供热系数 μ_{th} 和理论制冷系数 ε_{th} 之间才具有式（1-4b）所示的关系。

【例题 1-1】某空气调节系统需冷量 20kW，采用 R22 为制冷剂的蒸气压缩式制冷循环。已知：蒸发温度 $t_0=4℃$，冷凝温度 $t_k=40℃$，无再冷，而且压缩机入口为饱和蒸气，试进行制冷理论循环的热力计算。

【解】根据已知工作条件，从 R22 压焓图（参见图 1-7）上可查出各状态点的状态参数如下：

状态点	温 度 （℃）	绝对压力 （MPa）	比 焓 （kJ/kg）	比 熵 [kJ/（kg·K）]	比 容 （m³/kg）
1	4.0	0.5661	406.5	1.7450	0.04159
2	56.3	1.5336	431.0	1.7450	—
3	40.0	1.5336	249.7	1.1665	—
4′	4.0	0.5661	204.7	1.0170	0.0007888
4	4.0	0.5661	249.7	—	0.00988

计算状态点 4 的状态参数时，需应用该压力下饱和液点 4′ 的状态参数，见上表。

$$x_4 = \frac{h_4 - h_{4'}}{h_1 - h_{4'}} = \frac{249.7 - 204.7}{406.5 - 204.7} = 0.2227$$

$$v_4 = v_{4'} + x_4(v_1 - v_{4'}) = 0.0007888 + 0.2227 \times (0.04159 - 0.0007888)$$
$$= 0.00988 \ \text{m}^3/\text{kg}$$

单位质量制冷能力

$$q_0 = h_1 - h_4 = 406.5 - 249.7 = 156.8 \text{kJ/kg}$$

单位容积制冷能力

$$q_v = \frac{q_0}{v_1} = \frac{156.8}{0.04159} = 3771.3 \text{kJ/m}^3$$

制冷剂质量流量

$$M_r = \frac{\phi_0}{q_0} = \frac{20}{156.8} = 0.1275 \text{kg/s}$$

制冷剂体积流量

$$V_r = M_r v_1 = 0.1275 \times 0.04159 = 0.005303 \text{m}^3/\text{s}$$

冷凝负荷

$$\phi_k = M_r q_k = M_r(h_2 - h_3) = 0.1275 \times (431.0 - 249.7) = 23.124 \text{kW}$$

压缩机理论耗功率

$$P_{th} = M_r(h_2 - h_1) = 0.1275 \times (431.0 - 406.5) = 3.124 \text{kW}$$

理论制冷系数

$$\varepsilon_{th} = \frac{\phi_0}{P_{th}} = \frac{20}{3.124} = 6.402$$

制冷效率

$$\eta_R = \frac{\varepsilon_{th}}{\varepsilon_c} = 6.402 \times \frac{t_k - t_0}{t_0 + 273.15} = 0.832$$

【**例题 1-2**】制冷量与工作条件如例题 1-1，如果制冷剂为 R134a，试进行制冷理论循环的热力计算。

【**解**】根据已知工作条件，从 R134a 压焓图（参见图 1-7）上可查出各状态点的状态参数如下表：

状态点	温度 （℃）	绝对压力 （MPa）	比焓 （kJ/kg）	比熵 [kJ/（kg·K）]	比容 （m³/kg）
1	4.0	0.3377	400.9	1.7250	0.06039
2	44.1	1.0166	423.8	1.7250	—
3	40.0	1.0166	256.4	1.1905	—
4′	4.0	0.3377	205.4	1.0195	0.0007804
4	4.0	0.3377	256.4	—	0.01633

计算状态点 4 的状态参数时，需应用该压力下饱和液点 4′ 的状态参数，见上表。

$$x_4 = \frac{h_4 - h_{4'}}{h_1 - h_{4'}} = \frac{256.4 - 205.4}{400.9 - 205.4} = 0.261$$

$$v_4 = v_{4'} + x_4(v_1 - v_{4'}) = 0.0007804 + 0.261 \times (0.06039 - 0.0007804)$$
$$= 0.01633 \text{m}^3/\text{kg}$$

单位质量制冷能力
$$q_0 = h_1 - h_4 = 400.9 - 256.4 = 144.5 \text{kJ/kg}$$

单位容积制冷能力
$$q_v = \frac{q_0}{v_1} = \frac{144.5}{0.06039} = 2393.0 \text{kJ/m}^3$$

制冷剂质量流量
$$M_r = \frac{\phi_0}{q_0} = \frac{20}{144.5} = 0.1384 \text{kg/s}$$

制冷剂体积流量
$$V_r = M_r v_1 = 0.1384 \times 0.06039 = 0.008358 \text{m}^3/\text{s}$$

冷凝负荷
$$\phi_k = M_r q_k = M_r(h_2 - h_3) = 0.1384 \times (423.8 - 256.4) = 23.17 \text{kW}$$

压缩机理论耗功率
$$P_{th} = M_r(h_2 - h_1) = 0.1384 \times (423.8 - 400.9) = 3.167 \text{kW}$$

理论制冷系数
$$\varepsilon_{th} = \frac{\phi_0}{P_{th}} = \frac{20}{3.167} = 6.315$$

制冷效率

$$\eta_{R} = \frac{\varepsilon_{th}}{\varepsilon_{c}} = 6.315 \times \frac{t_{k} - t_{0}}{t_{0} + 273.15} = 0.820$$

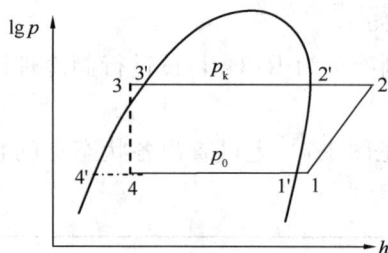

图 1-8　例题 1-3 图

【例题 1-3】空气源热泵机组的制热量 12kW，采用 R410A 为制冷剂。已知：蒸发压力为 0.9MPa，冷凝压力为 2.7MPa，再冷度为 3℃，过热度为 5℃，试进行热泵理论循环的热力计算。

【解】根据已知工作条件，由于 R410A 是近共沸制冷剂（温度滑移很小的非共沸制冷剂），可近似地按单质制冷剂进行计算，从 R410A 压焓图（参见图 1-8）上可查出各状态点的状态参数如下表：

状态点	温　度 (℃)	绝对压力 (MPa)	比　焓 (kJ/kg)	比　熵 [kJ/(kg·K)]	比　容 (m³/kg)
1′	3.9	0.9	424.1	1.8087	0.02881
1	8.9	0.9	429.7	1.8290	0.02988
2′	44.7	2.7	426.5	1.7252	0.00846
2	65.9	2.7	460.5	1.8290	0.01069
3′	44.7	2.7	276.4	1.2529	0.001054
3	41.7	2.7	271.0	1.2360	0.001033
4′	3.8	0.9	206.0	1.0220	0.0008618
4	3.8	0.9	271.0	—	0.009195

计算状态点 4 的状态参数时，对于非共沸制冷剂，需应用该压力下泡点 4′ 和露点 1′ 的状态参数[1]，见上表。

$$x_{4} = \frac{h_{4} - h_{4'}}{h_{1'} - h_{4'}} = \frac{271.0 - 206.0}{424.1 - 206.0} = 0.2980$$

$$v_{4} = v_{4'} + x_{4}(v_{1'} - v_{4'}) = 0.0008618 + 0.2980 \times (0.02881 - 0.0008618)$$

$$= 0.009195 \text{m}^{3}/\text{kg}$$

单位质量制冷能力

$$q_{0} = h_{1} - h_{4} = 429.7 - 271.0 = 158.7 \text{kJ/kg}$$

单位质量冷凝负荷

$$q_{k} = h_{2} - h_{3} = 460.5 - 271.0 = 189.5 \text{kJ/kg}$$

制冷剂质量流量

$$M_{r} = \frac{\phi_{k}}{q_{k}} = \frac{12}{189.5} = 0.06332 \text{kg/s}$$

制冷剂体积流量

$$V_{r} = M_{r}v_{1} = 0.06332 \times 0.02988 = 0.001892 \text{m}^{3}/\text{s}$$

---

❶　对于非共沸制冷剂而言，某压力下的饱和液体和饱和气体的温度不相等，前者称为"泡点"，后者称为"露点"，详见第二章。

蒸发器的吸热量

$$\phi_0 = M_r q_0 = M_r(h_1 - h_4) = 0.06332 \times (429.7 - 271.0) = 10.049 \text{kW}$$

压缩机理论耗功率

$$P_{th} = M_r(h_2 - h_1) = 0.06332 \times (460.5 - 429.7) = 1.951 \text{kW}$$

理论供热系数

$$\mu_{th} = \frac{\phi_k}{P_{th}} = \frac{12}{1.951} = 6.151$$

供热效率

$$\eta_H = \frac{\mu_{th}}{\mu_c} = 6.151 \times \frac{t_k - t_0}{t_k + 273.15} = 0.790$$

制冷或热泵循环的热力计算是制冷或热泵装置设计的基础。在实际系统或装置的设计中，需要用制冷量、蒸发温度和被冷却物温度来计算蒸发器面积，用冷凝负荷、冷凝温度和冷却剂温度来计算冷凝器面积，而制冷剂体积流量和压缩机理论耗功率则是选择压缩机容量和配置压缩机电机的基础数据。

第三节 蒸气压缩式制冷循环的改善

蒸气压缩式制冷理论循环存在节流损失和过热损失，因此，采取措施减少这两种损失对于提高制冷系数、节省能量消耗非常重要。采用液态制冷剂再冷却可以减少节流损失；采用膨胀机回收膨胀功可以降低所消耗的功率；采用多级压缩可以减少过热损失。

一、膨胀阀前液态制冷剂再冷却

为了使膨胀阀前液态制冷剂得到再冷却，可以采用再冷却器，对于一些制冷剂还可以采用回热循环。

（一）设置再冷却器

图1-9（a）为具有再冷却器的单级蒸气压缩式制冷的工作流程。从图中可以看出，冷却水先经过设置在冷凝器下游的再冷却器，然后进入冷凝器，就可以实现液态制冷剂的

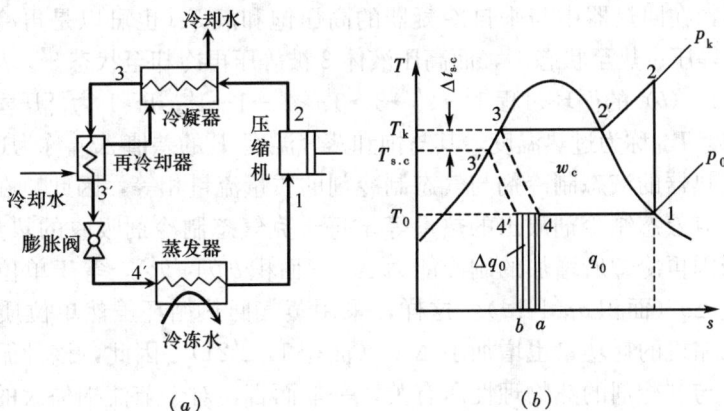

（a）　　　　　　　　　　　　　（b）

图1-9　具有再冷却器的蒸气压缩式制冷循环

（a）工作流程 ；（b）理论循环

再冷却。

图 1-9 （b） 中的 3→3′ 就是高压液态制冷剂再冷却过程线，其所达到的温度 $T_{s.c}$ 称为再冷温度，冷凝温度 T_k 与它的差值 $\Delta t_{s.c}$ 称为**再冷度**。从图中还可以明显看出，由于高压液态制冷剂得到再冷却，在压缩机耗功量不变的情况下，单位质量制冷能力增加 Δq_0（面积 $a44'ba$），因此，节流损失减少，制冷系数有所提高。

由于降低冷凝器出口高压液体的比焓可获得温度更低的等量制冷量，故应尽可能采用自然环境中温度低于冷凝温度的冷却剂为高压液体降温；同时，在经济性允许的条件下，也可采用另一套蒸发温度更高的制冷装置作为再冷却器。但一般空调用制冷装置并不单独设置再冷却器，而是适当增大冷凝器面积，并使这部分冷凝器面积中冷却剂与制冷剂呈逆流换热，以达到再冷目的。

（二）回热循环

为了使膨胀阀前液态制冷剂有较大的再冷度，同时又能保证压缩机吸入具有一定过热度的蒸气，常常采用回热循环。

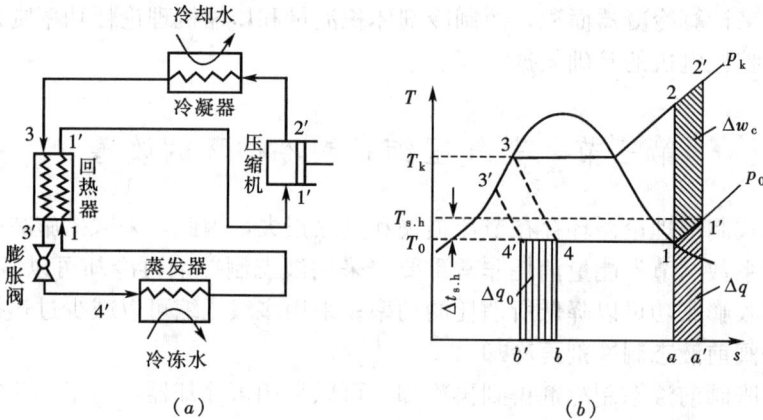

图 1-10　回热式蒸气压缩式制冷循环❶
（a）工作流程；（b）理论循环

由图 1-10 可以看出，来自蒸发器的低压气态制冷剂 1 在进入压缩机前先经过一个热交换器——回热器，在回热器中与来自冷凝器的高压饱和液 3（也可以是再冷液）进行热交换，低温蒸气 1 等压过热至状态 1′，而高压液体 3 被等压再冷却至状态 3′，从而实现蒸气回热循环，如图 1-10 （b） 的循环过程 1′→2′→3→3′→4′→1→1′。1→1′ 为低压蒸气的等压加热过程，1′ 点的温度 $T_{s.h}$ 称为过热温度，其与饱和蒸气温度 T_1 的差值 $\Delta t_{s.h}$ 称为**过热度**。

由于流经回热器的液态制冷剂与气态制冷剂的质量流量相等，因此，在对外无热交换的情况下，每千克液态制冷剂放出的热量等于每千克气态制冷剂吸收的热量。也就是说，单位质量制冷剂因再冷却所增加的制冷能力 Δq_0（面积 $b'b44'b'$），等于单位质量气态制冷剂所吸收的热量 Δq（面积 $aa'1'1a$）。这样，采用蒸气回热循环虽然单位质量制冷能力有所增加，但是压缩机的耗功量也增加了 Δw_c（面积 $11'2'21$），因此，该种循环的理论制冷系数是否提高，与制冷剂的热物理性质有关，一般而言，对于节流损失大的制冷剂如氟利

---

❶ 严格说液体等压线与饱和液线并不重合，但相差不大，故再冷过程线 3→3′ 近似落在饱和液线上。

昂 R134a、R744 等是有利的，而对于制冷剂氨则不利。

二、回收膨胀功

在蒸气压缩式制冷装置中，为简化结构、降低成本，通常用膨胀阀取代膨胀机。然而，在大容量制冷装置中，由于膨胀机的容量较大，不会出现因机件过小导致加工方面的困难，此时采用膨胀机对高压液体进行膨胀降压，并回收该过程的膨胀功，是降低能量消耗、提高制冷系数的有效方法。

图 1-11 是采用膨胀机的蒸气压缩式制冷循环。与图 1-4 采用膨胀阀时相比，采用膨胀机后，一方面回收了膨胀功 w_e（用面积 0430 表示），使制冷循环的耗功量减小至 w_{ce}（用多边形面积 122'341 表示）；另一方面，单位质量制冷能力增加了 Δq_0（用多边形面积 $bb'4'4b$ 表示），使其增大至 q_{0e}（用面积 $a14ba$ 表示）。两方面的有益影响，有效地改善了制冷循环性能：

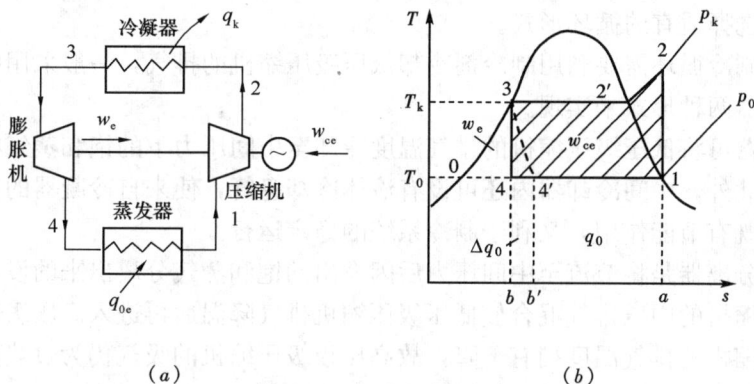

图 1-11 采用膨胀机的蒸气压缩式制冷循环
（a）工作过程；（b）理论循环

单位质量制冷能力增大 　　$q_{0e} = q_0 + \Delta q_0 > q_0$

压缩机理论耗功率减小 　　$w_{ce} = w_c - w_e < w_c$

理论制冷系数提高 　　$\varepsilon_{the} = \dfrac{q_{0e}}{w_{ce}} = \dfrac{q_0 + \Delta q_0}{w_c - w_e} > \dfrac{q_0}{w_c} = \varepsilon_{th}$

在上面三式中，q_{0e}、w_{ce} 和 ε_{the} 分别表示采用膨胀机时制冷循环的单位质量制冷能力、循环的理论耗功量和理论制冷系数，q_0、w_c 和 ε_{th} 则分别表示采用膨胀阀时的单位质量制冷能力、压缩机理论耗功量和理论制冷系数。由此可以看出，采用膨胀机回收高压液体膨胀、降压时产生的膨胀功后，制冷循环的单位质量制冷能力与理论制冷系数均比采用热力膨胀阀时有明显的改善。

三、多级压缩制冷循环

为了减少过热损失，可采用具有中间冷却的多级压缩制冷循环，如图 1-12 中的制冷循环 $1 \rightarrow 2' \rightarrow 2'' \rightarrow 2''' \rightarrow 2 \rightarrow 3 \rightarrow 4 \rightarrow 1$。低压饱和蒸气 1 从压力 p_0 先被压缩至中间压力 p_1，经等压冷却后再被压缩至中间压力 p_2，再经冷却……最后被压缩至冷凝压力 p_k。这种多

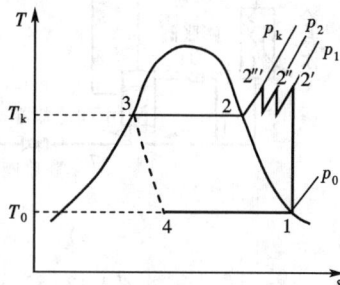

图 1-12 多级压缩制冷循环

级压缩制冷循环，不但降低了压缩机的排气温度，而且还减少了过热损失和压缩机的总耗功量。高低压差越大，或者说蒸发温度越低或冷凝温度越高，其节能效果越明显。

多级压缩制冷循环虽然可以提高循环的制冷系数，却要增加压缩机等设备的投资和系统的复杂程度，一般在压缩比 p_k/p_0 大于 8 时采用，且多采用双级压缩。

对于双级压缩制冷循环，根据高压级压缩机的吸气状态不同，有完全中间冷却和不完全中间冷却两种形式，当高压级压缩机吸入饱和蒸气时称为完全中间冷却，而吸入过热蒸气时则为不完全中间冷却；根据高压液态制冷剂到蒸发压力之间的节流次数，又分为一次节流和二次节流，所谓一次节流就是指高压液体只经过一次节流就进入蒸发器，而二次节流则是高压液体先节流至中间压力 p_m，中压液态制冷剂再经过一次节流才进入蒸发器。因此，双级压缩制冷循环具有四种基本形式：一次节流完全中间冷却、一次节流不完全中间冷却、二次节流完全中间冷却、二次节流不完全中间冷却，需根据制冷剂特点和产品工艺与技术要求选择适宜的循环形式。

多级压缩制冷循环需要利用制冷剂冷却低压级压缩机的排气，一般采用中间冷却器和闪发蒸气分离器两种形式来实现。

中间冷却器可将低压级压缩机的排气温度冷却至中间压力下的饱和蒸气状态，达到完全中间冷却。此外，中间冷却器内还可设有液体冷却盘管，使来自冷凝器的高压液获得较大的再冷度，既有节能作用，又利于制冷系统的稳定运行。

闪发蒸气分离器是将节流至中间压力后闪发出的饱和蒸气分离出来的设备，该饱和蒸气与低压级压缩机的中压排气混合使低压级压缩机排气降温后再进入高压级压缩机，故只能使低压级压缩机的排气温度稍有下降，故高压级压缩机的吸气仍为过热蒸气状态，因此属于不完全中间冷却，不适用于氨制冷系统。

各种压缩机均容易实现双级压缩。由于螺杆式和涡旋式压缩机能够较为方便地实现中间补气，故空调用冷（热）水机组虽然压缩比不高，但也较多采用中间补气的双级压缩系统。鉴于双级压缩系统具有良好的技术经济性能，故目前已在双工况（制冷与制冰）冰蓄冷空调机组、寒冷地区用空气源热泵等系统中得到广泛应用。

（一）双级压缩制冷循环

1. 采用中间冷却器的双级压缩制冷循环

图 1-13 为一次节流完全中间冷却的双级压缩制冷循环原理图，常用于制冷剂绝热指

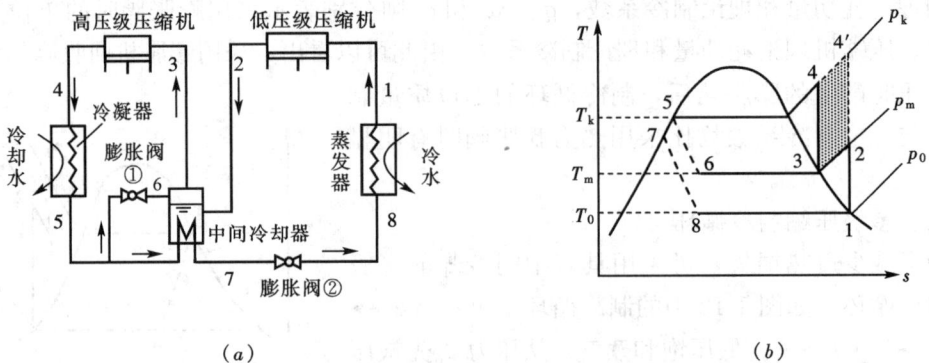

（a）　　　　　　　　　　　（b）

图 1-13　一次节流完全中间冷却的双级压缩制冷循环
（a）工作流程；（b）理论循环

数大、压缩比大的制冷系统（如：氨冷库制冷系统）。其工作流程如下：一部分（少部分）来自冷凝器的高压液态制冷剂 5 经过膨胀阀①节流至中压状态 6，进入中间冷却器冷却低压级压缩机排气 2 至状态点 3，同时使另一部分（大部分）高压制冷剂再冷至状态点 7；再冷液 7 经膨胀阀②节流至状态 8 进入蒸发器，吸收被冷却物的热量而蒸发，低压饱和蒸气 1 经低压级压缩机压缩至状态 2，再进入中间冷却器；经一次节流后的闪发蒸气和被冷却至饱和状态的低压级排气一同进入高压级压缩机，进而在冷凝器中被冷却成饱和或具有一定再冷度的高压液体 5，从而完成双级压缩制冷循环。

图 1-14 示出了一次节流不完全中间冷却的双级压缩制冷循环原理图。它与图 1-13 的区别在于，低压级压缩机的排气不是送入中间冷却器内使之冷却至中压饱和状态，而是中间冷却器中分离出的饱和蒸气与低压级压缩机排气混合降温后进入高压级压缩机被压缩，故高压级压缩机吸入的是过热蒸气，故称为"不完全中间冷却"，常用于制冷剂绝热指数较小、压缩比不太大的制冷系统。此外，该循环采用了回热循环（饱和蒸气 0 与再冷液体 7 进行换热，故 $h_1 - h_0 = h_7 - h_8$）。

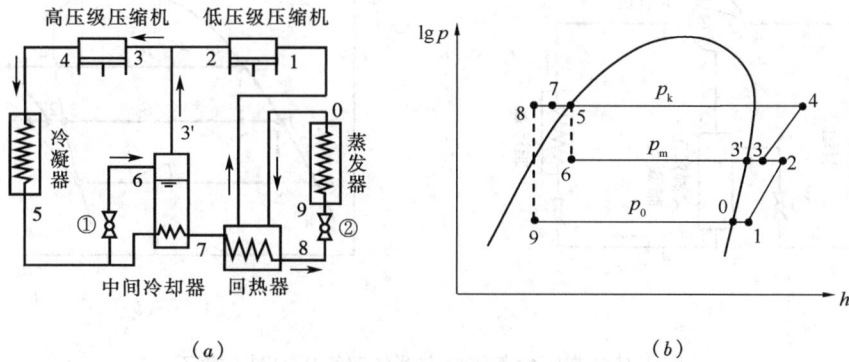

图 1-14　带回热器的一次节流不完全中间冷却的双级压缩制冷循环
（a）工作流程；（b）理论循环

2. 采用闪发蒸气分离器的双级压缩制冷循环

将来自冷凝器的高压液态制冷剂节流降压至某中间压力 p_m，将闪发蒸气分离出来，与低压级压缩机排气一道送入高压级压缩机进行压缩，也可达到节约压缩机功耗的目的，此时则采用闪发蒸气分离器。由于采用闪发蒸气分离器减少了循环的过热损失，从而降低压缩机的功耗，故也称闪发蒸气分离器为经济器（Economizer）。

在图 1-13、图 1-14 中，高压级和低压级的压缩任务分别是在两台压缩机中完成的，故该类循环称为双级压缩循环，其特点是中间压力为定值，且各级压缩机在压缩过程中的质量不变（不考虑内部泄漏）。对于具有连续压缩特点的螺杆式、涡旋式等回转式压缩机，可以较为方便地采用中间补气方式实现双级压缩❶，但由于在制冷剂补气过程中，压缩腔

---

❶　中间补气双级压缩的实现方法，一般是在螺杆式压缩机壳体和涡旋压缩机的定盘上的合理部位开设制冷剂喷射孔（或补气口），由喷射孔将中压制冷剂蒸气喷入压缩腔（即中间补气）进行压缩。制冷剂在压缩机中的压缩过程由三段构成：初压缩过程（在压缩至补气口之前，相当于低压级压缩）、喷射压缩过程（跨越补气口区间）、再压缩过程（压缩至补气口闭合之后，相当于高压级压缩）。其中，喷射压缩过程是一个边喷射（即：补气）、边压缩的连续过程，补气口的流通面积由小变大再由大变小，压缩腔内的压力和制冷剂质量都在连续增加，可以认为是一个连续变参数的绝热节流＋等压混合的时变过程[5]。

内制冷剂的质量和压力都在连续地增加，因此，该双级循环有别于高、低压级独立压缩的双级压缩循环，故称为"准双级压缩"制冷循环。

图 1-15（a）示出了螺杆式或涡旋式冷水机组常用的采用闪发蒸气分离器的"准双级压缩"制冷循环流程图。来自冷凝器的高压液态制冷剂 5 先经过膨胀阀①，降压至状态 6 进入闪发蒸气分离器，在分离器中，只要蒸气上升速度小于 0.5m/s，就可使因节流闪发的气态制冷剂从液态制冷剂中充分分离出来。这样，饱和液 7 再经膨胀阀②节流至状态 8 进入蒸发器，来自蒸发器的低压饱和蒸气 1 进入压缩机，经过初压缩（压缩至状态点 2）、喷射压缩（补入状态点 3 的饱和蒸气与状态 2 的过热蒸气混合至 2'）和再压缩过程（压缩至状态点 4），再进入冷凝器被冷凝。该循环属于二次节流中间不完全冷却双级压缩制冷循环。因在喷射（补气）压缩过程中，腔内制冷剂压力和质量逐渐增大（不是一个定值），故其压焓图与采用两台压缩机时不同。为便于热力计算，可将该准双级压缩制冷循环压焓图简化为图 1-15（b）。

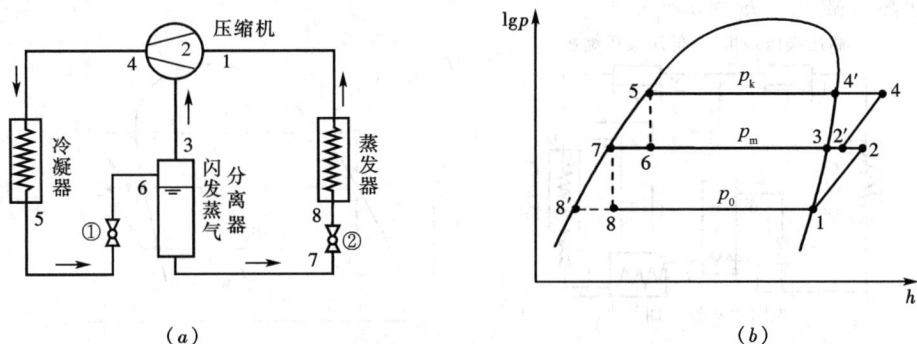

图 1-15　带闪发蒸气分离器的双级压缩制冷循环
（a）工作流程；（b）理论循环

（二）双级压缩制冷循环的热力计算

对于双级压缩制冷循环来说，需要合理地选择中间压力，以使高压级和低压级压缩机耗功量之和最小；此外，双级压缩制冷循环与单级压缩制冷循环不同，就是流经各部件的制冷剂质量流量并不都相等，因此，进行热力计算时必须首先计算流经各部件的制冷剂质量流量，然后才能计算各换热器的换热量、各级压缩机的耗功量以及循环的制冷系数等。

1. 双级蒸气压缩制冷循环的中间压力

在设计双级压缩制冷系统时，选定适宜的中间压力，可以获得良好的经济效益。一般应以制冷系数最大作为确定中间压力的原则，这样得出的中间压力称为最佳中间压力。由于制冷循环形式或压缩机排气量配置不同，很难用一个统一表达式进行最佳中间压力的计算，设计时，应选择几个中间压力值进行试算，以求得最佳值。

通常也有以高、低压级压缩机的压缩比相等为原则确定双级压缩制冷循环的中间压力，这样得到的结果，虽然制冷系数不是最大值，但可使压缩机气缸工作容积的利用程度较高，具有实用价值。此时，中间压力的计算式为

$$p_m = \sqrt{p_0 \cdot p_k} \tag{1-17}$$

2. 关于制冷剂的质量流量

对于图 1-13 给出的一次节流完全中间冷却的双级压缩制冷循环来说，当已知需要的制冷量为 ϕ_0，则通过蒸发器的制冷剂质量流量（也就是进入低压级压缩机的制冷剂质量流量）M_{r1} 为

$$M_{r1} = \frac{\phi_0}{h_1 - h_8} \tag{1-18}$$

进入高压级压缩机的制冷剂质量流量 M_r 应为 M_{r1} 与来自膨胀阀①的制冷剂质量流量 M_{r2} 之和；而来自膨胀阀①的制冷剂，一方面使来自低压级压缩机的排气完全冷却至饱和状态，另一方面还要使膨胀阀②前的液态制冷剂由状态 5 再冷却至状态 7。因此，根据中间冷却器的热平衡方程，可得

$$M_{r1}h_5 + M_{r1}h_2 + M_{r2}h_6 = (M_{r1} + M_{r2})h_3 + M_{r1}h_7 \tag{1-19}$$

因 $h_5 = h_6, h_7 = h_8$，故

$$M_{r2} = \frac{(h_2 - h_3) + (h_5 - h_7)}{h_3 - h_5}M_{r1} \tag{1-20}$$

高压级压缩机吸入的饱和蒸气量为

$$M_r = M_{r1} + M_{r2} = \left[1 + \frac{(h_2 - h_3) + (h_5 - h_7)}{h_3 - h_6}\right]M_{r1} = \frac{h_2 - h_7}{h_3 - h_5}M_{r1}$$

$$= \frac{h_2 - h_8}{(h_3 - h_5)(h_1 - h_8)}\phi_0 \, \text{kg/s} \tag{1-21}$$

对于图 1-14 给出的一次节流不完全中间冷却的双级压缩制冷循环来说，在进行热力循环计算时，必须确定高压级压缩机的吸气状态点 3 的状态参数，以及膨胀阀①通过的制冷剂质量流量 M_{r2}。

因为，状态 3 是由状态 2 和状态 3′ 混合而成，根据热平衡

$$M_{r1}h_2 + M_{r2}h'_3 = (M_{r1} + M_{r2})h_3$$

式中，M_{r1} 为进入蒸发器的制冷剂质量流量。

所以

$$h_3 = h'_3 + \frac{M_{r1}}{M_{r1} + M_{r2}}(h_2 - h'_3) \tag{1-22}$$

而 M_{r2} 可由中间冷却器的热平衡决定，

由于

$$M_{r1}(h_5 - h_7) = M_{r2}(h'_3 - h_6)$$

所以

$$M_{r2} = \frac{h_5 - h_7}{h'_3 - h_6}M_{r1}$$

通过高压级压缩机的制冷剂质量流量为

$$M_r = M_{r1} + M_{r2} = \left(1 + \frac{h_5 - h_7}{h'_3 - h_6}\right)M_{r1} = \frac{h'_3 - h_7}{(h'_3 - h_6)(h_1 - h_8)}\phi_0 \tag{1-23}$$

【例题 1-4】采用如图 1-15 所示制冷循环的空气调节用制冷系统，其制冷量为 20kW，已知：制冷剂为 R134a，蒸发温度 4℃，冷凝温度 40℃，无再冷，且压缩机入口为饱和蒸气，试进行制冷理论循环的热力计算。

【解】如果该制冷循环中间压力 p_m 按下式选取

$$p_m = \sqrt{p_0 \cdot p_k}$$

这样，根据已知工作条件可以从压焓图查出各状态点的参数如下：

状态点	温 度 (℃)	绝对压力 (MPa)	比 焓 (kJ/kg)	比 熵 [kJ/ (kg·K)]	比 容 (m³/kg)
1	4.0	0.3376	401.0	1.7252	0.06042
2	22.8	0.5858	412.3	1.7252	0.03596
2'	22.6	0.5858	412.0	1.7243	0.03596
3	20.8	0.5858	410.3	1.7180	0.03519
4	43.7	1.0165	423.6	1.7243	0.02000
4'	40.0	1.0165	419.6	1.7115	0.01999
5	40.0	1.0165	256.4	1.1903	0.000872
6	20.8	0.5858	256.4	1.1944	0.006084
7	20.8	0.5858	228.5	1.0997	0.000818
8'	4.0	0.3376	205.4	1.0194	0.007810
8	4.0	0.3376	228.5	1.1028	0.007830

单位质量制冷能力

$$q_0 = h_1 - h_8 = 401.0 - 228.5 = 172.5 \text{kJ/kg}$$

单位容积制冷能力

$$q_v = \frac{q_0}{v_1} = \frac{172.5}{0.06042} = 2855.01 \text{kJ/m}^3$$

低压级制冷剂质量流量

$$M_{r1} = \frac{\phi_0}{q_0} = \frac{20}{172.5} = 0.1159 \text{kg/s}$$

低压级压缩机制冷剂体积流量

$$V_{r1} = M_{r1} v_1 = 0.1159 \times 0.06042 = 0.0070 \text{m}^3/\text{s}$$

高压级制冷剂质量流量 M_r 可由下式求出

$$M_{r1} = M_r (1 - x_6)$$

状态点 6 的干度为

$$x_6 = \frac{h_6 - h_7}{h_3 - h_7} = \frac{256.4 - 228.5}{410.3 - 228.5} = 0.1532$$

因此

$$M_r = \frac{M_{r1}}{1 - x_6} = \frac{0.1159}{1 - 0.1532} = 0.137 \text{kg/s}$$

而高压级压缩机吸气状态点 2' 的状态参数可由以下能量平衡方程计算（结果见上表）

$$M_r h_2' = (M_r - M_{r1}) h_3 + M_{r1} h_2$$

因此，高压级压缩机制冷剂体积流量

$$V_{r2} = M_r v_{2'} = 0.137 \times 0.03596 = 0.00492 \text{m}^3/\text{s}$$

冷凝器热负荷

$$\phi_k = M_r (h_4 - h_5) = 0.137 \times (423.6 - 256.4) = 22.906 \text{kW}$$

压缩机理论耗功率

$$P_{th} = P_{th1} + P_{th2} = M_{r1} (h_2 - h_1) + M_r (h_4 - h_{2'}) = 2.915 \text{kW}$$

理论制冷系数

$$\varepsilon_{th} = \frac{\phi_0}{P_{th}} = \frac{20}{2.915} = 6.861$$

制冷效率

$$\eta_{th} = \frac{\varepsilon_{th}}{\varepsilon_c} = 0.893$$

与例题 1-2 对比，在相同工况和制冷能力条件下，带闪发蒸气分离器的准双级压缩制冷循环，其排气温度降低，冷凝器热负荷下降，节流损失及过热损失减小，理论制冷系数提高约 9%。

四、复叠式制冷循环

多级压缩不仅能够改善制冷循环的经济性能（即在获得相同低温条件下提高循环的性能系数），同时也是改善其低温性能（即获取更低的温度）的重要途径。

对于采用氨、R134a 或 R22 等制冷剂的蒸气压缩式制冷装置，尽管采用多级压缩比采用单级压缩可以获得更低的温度，而且可以降低压缩机的排气温度、减少压缩机的总耗功量，但是由于受到制冷剂本身物理性质的限制，能够到达的最低蒸发温度有一定限度，这是因为：

（1）蒸发温度必须高于制冷剂的凝固点，否则制冷剂无法进行制冷循环。如：氨的凝固点为 $-77.7℃$，不能制取更低的温度。

（2）制冷剂的蒸发温度过低时，其相应的蒸发压力也非常低，空气容易渗入系统，严重影响制冷循环的正常运行。如氨在 $t_0 = -65℃$，$p_0 = 0.1565 bar$；R134a：$t_0 = -62℃$，$p_0 = 0.144 bar$；R22：$t_0 = -75℃$，$p_0 = 0.148 bar$。

（3）蒸发压力很低时，气态制冷剂的比容很大，单位容积制冷能力大为降低，势必要求压缩机的体积流量很大。

此外，多级压缩时必须采用更多的压缩级数，无疑将增大系统的复杂度和调控难度；但级数过少时，每级节流后的制冷剂干度大，节流损失大，导致单位质量制冷能力小，压缩机成本增加，制冷系数很低。

所以，为获得低于 $-70 \sim -60℃$ 的低温，就不宜采用氨等中温制冷剂，而需要采用 R23 等低温制冷剂。低温制冷剂的凝固点和沸点低，在低温条件下的饱和压力仍然很高。例如，R23 的凝固点为 $-155℃$，沸点为 $-82.1℃$，当 $t_0 = -80℃$ 时，其 $p_0 = 1.14 bar$。但是，这类制冷剂的临界温度很低，R23 的临界温度为 $26.13℃$，而临界压力高达 $48.273 bar$。若采用一般冷却水或自然界的空气作为冷却介质，由于水和空气的温度接近制冷剂的临界温度，使气态制冷剂难以冷凝，即使被冷凝，也接近临界点，不但冷凝温度高，而且比潜热很小，制冷效率很低。因此为了降低冷凝压力，就必须附设人造冷源，使这种制冷剂冷凝，这就是所谓的**复叠式蒸气压缩制冷**。

复叠式制冷循环有两种类型，其一是由中温制冷剂和低温制冷剂两套或多套独立制冷循环嵌套而成的多系统复叠式制冷循环（Refrigeration Cascade system，简称**复叠式制冷循环**），另一类则是采用非共沸混合制冷剂的单系统**内复叠制冷循环**（Auto-Refrigeration Cascade system）。

1. 复叠式制冷循环

图 1-16 (a) 是复叠式蒸气压缩制冷的工作流程图。由图可见，复叠式制冷循环是由两个独立制冷循环组成，左端为高温级制冷循环，制冷剂为 R22；右端为低温级制冷循环，制冷剂采用 R23。蒸发冷凝器既是高温级的蒸发器，又是低温级的冷凝器，也就是

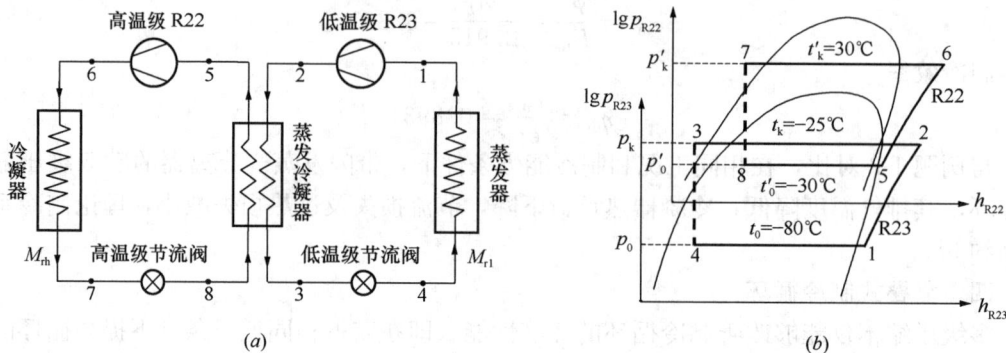

图 1-16　复叠式蒸气压缩制冷循环
（a）工作流程；（b）理论循环

说，靠高温级制冷剂的蒸发吸收低温级制冷剂的冷凝热。

图 1-16（b）是 R22 和 R23 组成的复叠式蒸气压缩制冷循环的压焓图。由于两种制冷剂物理性质不同，故高温级制冷循环的压焓图（R22）位于低温级（R23）的上方。图中，低温级 R23 制冷循环的蒸发温度为 $-80℃$，相应的蒸发压力为 1.14bar；冷凝温度为 $-25℃$，冷凝压力为 11.94bar。为了保证 R23 的冷凝温度，则要求高温级 R22 制冷循环的蒸发温度必须低于低温级的冷凝温度，一般约 3～5℃ 的传热温差，如果取为 5℃，此时高温级 R22 制冷循环的蒸发温度应为 $-30℃$，相应的蒸发压力为 1.64bar，如果 R22 的冷凝温度为 30℃，冷凝压力为 11.92bar，其压缩比为 7.27，故采用单级压缩即可。从这里可以看出，由于复叠式制冷循环发挥了 R22 和 R23 各自的优点，又克服了它们的不足，使得制取很低的温度成为可能。

对于温度高于 $-50℃$ 的低温冷库，为提高制冷系统效率、减少 NH_3 的充灌量，目前其制冷系统也开始采用 NH_3/CO_2 复叠式蒸气压缩制冷循环，其中，NH_3（R717）作为高温级制冷系统的制冷剂，CO_2（R744）作为低温级制冷剂[6,7]，推动了高 GWP 制冷剂的替代步伐。

R23、CO_2 等低温制冷剂在常温下的压力很高，为防止复叠式制冷系统在停机时低温级制冷系统的压力过高，常在低温级制冷系统中设置容积较大膨胀容器，以增大低温级制冷系统的内容积，避免停机时压力过高；也可以利用伺服制冷系统（复叠式制冷系统停机后启动）使低温级高压贮液器内的低温制冷剂降温，从而防止其压力升高，确保系统安全。

2. 内复叠制冷循环

内复叠制冷循环系统是一种采用多元非共沸混合制冷剂（如 R134a/R23 等）的制冷系统，如图 1-17 所示[4]，它使用单台压缩机，

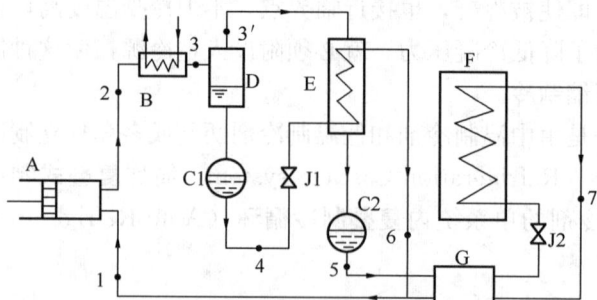

图 1-17　内复叠制冷循环系统原理图
A—压缩机；B—冷凝器；C1—高沸点制冷剂贮液器；C2—低沸点制冷剂贮液器；D—气液分离器；E—蒸发冷凝器；F—蒸发器；G—回热器；J1、J2—节流装置

混合制冷剂经压缩后在循环过程中经过一次或多次的气液分离，使得整个制冷循环中有两种以上成分的混合制冷剂同时流动和传递能量，在高沸点组分和低沸点组分之间实现复叠，从而达到制取低温（−60℃以下）的目的。

对于沸点差距较大的制冷剂，在一定的温度下，采用气液分离器就能使在同一个系统中的混合制冷剂分离出气、液两相的不同组分，然后利用高沸点制冷剂的蒸发吸热来冷凝低沸点的气态制冷剂，低沸点制冷剂经过节流蒸发获得低温，从而完成常规制冷循环中需要两级（或多级）压缩和双系统（或多系统）复叠才能达到或甚至无法达到的低温。系统简单，投资成本降低。

第四节　跨临界制冷循环

对于高温与中温制冷剂，在普通制冷范围内，由于制冷循环的冷凝压力远低于制冷剂的临界压力，故称之为**亚临界循环**。亚临界循环是目前制冷、空调领域广泛应用的循环形式。然而，一些低温制冷剂在普通制冷范围内，利用冷却水或室外空气作为冷却介质时，压缩机的排气压力位于制冷剂临界压力之上，而蒸发压力位于临界压力之下。此类循环跨越了临界点，故将其称为**跨临界循环**（Transcritical Cycle）或**超临界循环**（Supercritical Cycle）[8]，例如，以 CO_2 为制冷剂的空气源热泵热水器就采用跨临界循环。

一、CO_2 跨临界制冷循环

CO_2 跨临界循环与常规亚临界循环均属于蒸气压缩制冷范畴，它与常规制冷循环基本相似，图 1-18 给出单级 CO_2 跨临界制冷循环原理图和压焓图，其循环过程为 1→2→3→4→1。压缩机的吸气压力低于临界压力，蒸发温度也低于临界温度，循环的吸热过程在亚临界条件下进行，依靠液体蒸发制冷；但压缩机的排气压力高于临界压力，制冷剂在超临界区定压放热，与常规亚临界状态下的冷凝过程不同，换热过程依靠显热交换来完成，此时制冷剂高压侧热交换器不再称为冷凝器（Condenser），而称为**气体冷却器**（Gas Cooler）。

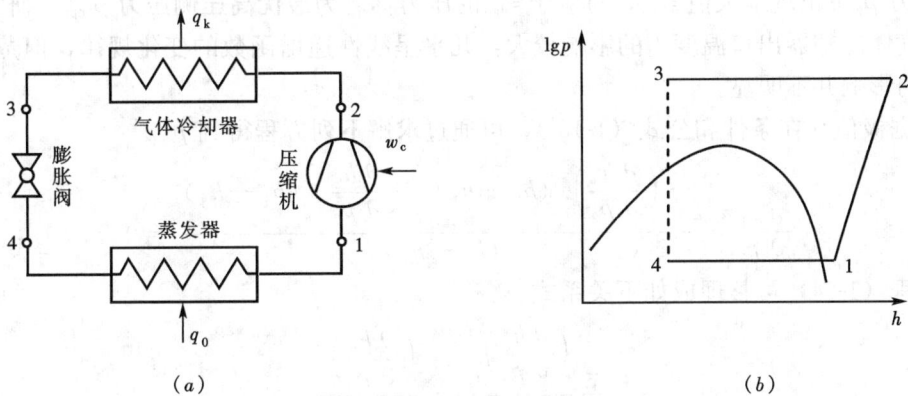

图 1-18　单级 CO_2 跨临界制冷循环

(a) 工作流程；(b) 理论循环

由于 CO_2 在超临界条件下具有特殊的热物理性质，其流动和换热性能优良；在气体冷却器中采用逆流换热方式，不仅可减少高压侧不可逆传热损失，而且还可以获得较高的排气温度和较大的温度变化，因而跨临界制冷循环在较大温差变温热源时具有独特的优势。正因为如此，CO_2跨临界制冷循环热泵热水器不仅可以制取温度较高的热水，同时还具有良好的性能。

跨临界制冷循环的热力计算与常规亚临界制冷循环完全相同。对于图 1-18（b）所示的 CO_2 跨临界制冷循环，根据稳定流动能量方程式可得：

蒸发器中等压吸热过程，单位质量制冷剂的制冷能力为

$$q_0 = h_1 - h_4 \quad \text{kJ/kg} \tag{1-6$'$} ❶$$

单位质量制冷剂在压缩机中被绝热压缩时，压缩机的耗功量为

$$w_c = h_2 - h_1 \quad \text{kJ/kg} \tag{1-8$'$}$$

制冷剂在气体冷却器中等压放热过程，单位质量制冷剂的冷却负荷为

$$q_k = h_2 - h_3 \quad \text{kJ/kg} \tag{1-7$'$}$$

节流前后，制冷剂的比焓不变，即

$$h_3 = h_4 \quad \text{kJ/kg} \tag{1-9$'$}$$

根据制冷循环的能量平衡方程有

$$w_c = q_k - q_0 \quad \text{kJ/kg}$$

制冷循环的理论性能系数 ε_{th}

$$\varepsilon_{th} = \frac{q_0}{w_c} = \frac{h_1 - h_4}{h_2 - h_1} \tag{1-15$'$}$$

在常规亚临界制冷循环中，冷凝器出口的制冷剂焓值只是温度的函数，但在跨临界循环中，温度和压力共同影响着气体冷却器出口制冷剂的焓值。在超临界压力下，CO_2无饱和状态，由于温度与压力彼此独立，改变高压侧压力将影响制冷量、压缩机耗功量以及循环的制冷系数。当蒸发温度 t_0、气体冷却器出口温度 t_3 保持恒定时，随着高压侧压力 p_2（或压缩比 p_2/p_1）的升高，单位质量耗功量呈直线规律上升，而单位质量制冷量的上升幅度却有逐渐减小的趋势，二者综合作用的结果使得制冷系数 ε_{th} 先逐渐升高再逐渐下降，在某压力 p_2 下出现最大值 ε_{thm}，对应于 ε_{thm} 的压力称之为**最优高压侧压力** p_{2opt}。研究表明，p_{2opt} 受气体冷却器出口温度 t_3 的影响较大，几乎呈线性递增函数的变化规律，但蒸发温度 t_0 对其的影响并不明显。

根据极值存在条件和公式（1-15$'$），可通过求解下列方程得到 p_{2opt}

$$\frac{\partial \varepsilon_{th}}{\partial p_2} = \frac{-\left(\dfrac{\partial h_3}{\partial p_2}\right)_{t_3}(h_2 - h_1) - \left(\dfrac{\partial h_2}{\partial p_2}\right)_s(h_1 - h_3)}{(h_2 - h_1)^2} = 0 \tag{1-24}$$

方程（1-24）可整理成如下关系式

$$-\frac{\left(\dfrac{\partial h_3}{\partial p_2}\right)_{t_3}}{h_1 - h_3} = \frac{\left(\dfrac{\partial h_2}{\partial p_2}\right)_s}{h_2 - h_1} \tag{1-24a}$$

根据状态方程和热力学关系式，原则上可以从方程（1-24a）确定不同条件下的 p_{2opt}。

---

❶ 跨临界制冷循环与前述的常规亚临界循环的计算公式相同，为区别亚临界循环，在相同编号公式上加注"$'$"。

但由于公式中温度和压力以隐式形式出现，难以直接应用，而由此整理出的半经验公式使用更为方便。当不考虑吸气过热度的影响时，p_{2opt}可以采用如下公式计算[9]：

$$p_{2opt} = (2.778 - 0.015t_0)t_3 + (0.381t_0 - 9.34) \tag{1-25}$$

式中　p_{2opt}——最优高压侧压力，100kPa；

　　　t_3——气体冷却器出口温度，℃；

　　　t_0——蒸发温度，℃。

二、CO_2跨临界循环的改善

（一）蒸气回热循环

在单级CO_2跨临界制冷循中，来自气体冷却器的气态制冷剂经过膨胀阀时动能增大，压力下降，在此过程中产生了两部分损失：（1）由于节流过程是不可逆过程，流体吸收摩擦热产生无益汽化，降低了有效制冷量，使得单位质量制冷量减少；（2）损失了膨胀功。节流过程中不可逆损失的大小与蒸发温度t_0和气体冷却器出口（膨胀阀入口）制冷剂的温度t_3有关，当其他条件不变时，循环的理论性能系数ε_{th}随t_3的增大而迅速下降。研究表明，CO_2跨临界制冷循环采用回热循环是减少节流损失、提高性能系数的有效途径之一。

图1-19是带有回热器的CO_2跨临界制冷循环的原理图和压焓图。与常规亚临界循环的回热循环相似，通过回热器，利用蒸发器出口的低温低压气态CO_2使气体冷却器出口的高温高压气态CO_2得到进一步冷却，以降低膨胀阀入口CO_2的温度t_3，从而提高制冷循环的理论性能系数ε_{th}。两股流体在回热器中进行热交换，因此，由图1-19（b）可知，单位质量制冷剂的回热量为

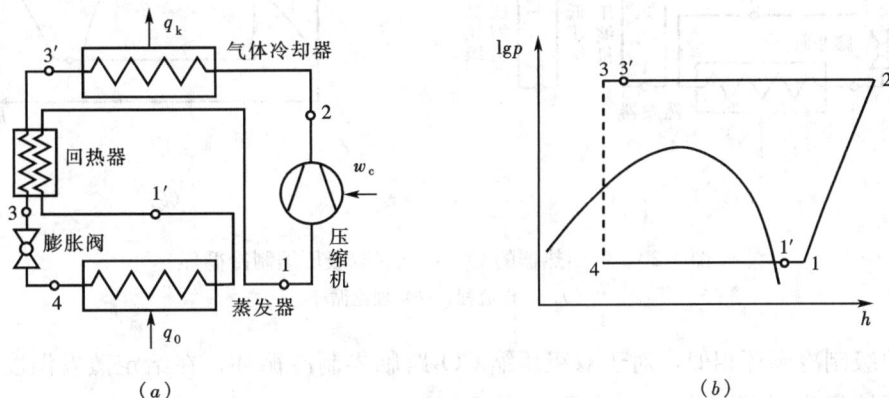

图1-19　带回热器的CO_2跨临界制冷循环
(a)工作流程；(b)理论循环

$$q_{re} = h_1 - h_{1'} = h_{3'} - h_3 \quad kJ/kg \tag{1-26}$$

此时，制冷循环的理论性能系数

$$\varepsilon_{thre} = \frac{q_0}{w_c} = \frac{h_{1'} - h_4}{h_2 - h_1} \tag{1-15'a}$$

在公式（1-26）与（1-15'a）中，$h_{1'}$、h_1、$h_{3'}$、h_3分别表示蒸发器出口、压缩机入口、气体冷却器出口与膨胀阀入口制冷剂的比焓，kJ/kg。

（二）双级压缩回热循环

在 CO_2 跨临界制冷循环中，采用回热循环可以降低节流过程的不可逆损失，改善循环性能，但势必导致压缩机吸、排气温度升高，吸、排气压差增大，制冷剂循环量减少，压缩机的不可逆损失增大。在回热循环的基础上，采用双级压缩有利于降低压缩机排气温度并提高系统性能，同时有利于压缩机安全运行。

如图 1-20 给出了带回热器的双级压缩跨临界制冷循环。蒸发器出口的低温气态 CO_2 $1'$，经过回热器加热至状态 1 点后进入低压级压缩机，被压缩至状态 $2'$ 后进入第一气体冷却器，使气态 CO_2 定压冷却至状态点 $2''$，再通过高压级压缩机压缩至状态点 2，然后进入第二气体冷却器；高压气态 CO_2 在第二气体冷却器中冷却至状态点 $3'$ 后进入回热器，被蒸发器出口的低温气态 CO_2 冷却至状态点 3；状态 3 的气态 CO_2 经膨胀阀节流降压至两相区呈湿蒸气状态 4，最后在蒸发器中定压吸热蒸发，直至蒸发器出口状态 $1'$ 点。

值得注意的是，与双级压缩亚临界循环相比不同，由于 CO_2 系统的排气温度较高，故在双级压缩跨临界制冷循环中，无需中间冷却器或闪发蒸气分离器，仅通过冷却水或常温空气作为冷却介质即可实现低压级压缩机排气的充分冷却。

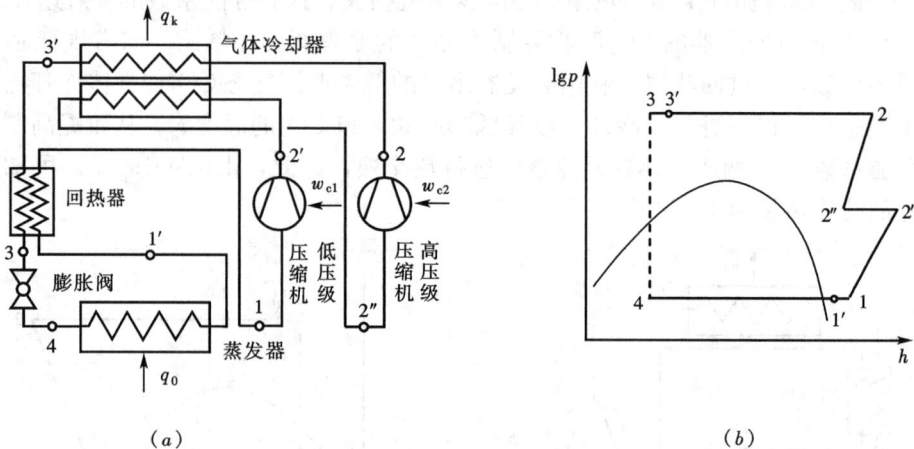

图 1-20　带回热器的 CO_2 跨临界双级压缩制冷循环
(a) 工作流程；(b) 理论循环

与单级制冷循环相似，对于双级压缩 CO_2 跨临界制冷循环，在给定蒸发温度条件下，高压级压缩机出口仍然存在一个最优高压侧压力 p_{2opt}，使系统的制冷系数达到最大值 ε_{thm}。此外，对于采用膨胀阀节流的双级压缩循环，过热度取 15℃ 为宜，中间压力取吸、排气压力的比例中项，即

$$p_{2'} = \sqrt{p_1 \cdot p_2} \tag{1-17'}$$

（三）用膨胀机回收膨胀功

在典型夏季工况下，CO_2 用于空调、制冷时，均采用跨临界制冷循环。分析表明，单级压缩回热循环的制冷系数 ε 仅为常规制冷剂（R22、R134a）制冷循环的 $70\% \sim 80\%$，即使采用双级压缩回热循环，其 ε 仍然较 R22、R134a 系统低。为提高 CO_2 跨临界循环的 ε 值，一种思路就是利用膨胀机代替膨胀阀，回收制冷剂从高压到低压过程的膨胀功；CO_2 的膨胀比较低（$2 \sim 4$），膨胀功的回收率较高，采用膨胀机循环更具有经济性。分析

表明，带膨胀机的单级压缩 CO_2 跨临界循环的制冷系数 ε 可超过相同工作条件下 R22 和 R134a 的单级压缩循环。

　　图 1-21（a）是采用膨胀机的单级 CO_2 跨临界制冷循环原理图。CO_2 在膨胀过程中出现气液相变，体积变化不大，主要靠压力势能和气体相变输出膨胀功。此过程是自发过程，伴随有压力波的传递。由于汽化核心的产生和气泡的生长有时间滞后，膨胀过程中将出现"过热液体"的亚稳态现象；当有一定过热度后，才产生足够多的汽化核心，并可能产生爆炸式闪蒸。这种汽化滞后，将导致膨胀机效率下降，甚至无轴功输出，实际过程应尽量避免这种现象，使 CO_2 液体在膨胀机内瞬时汽化。

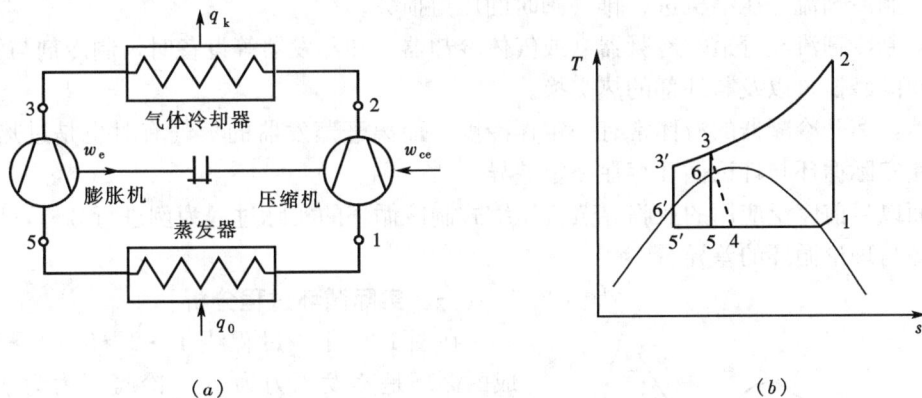

图 1-21　采用膨胀机的单级 CO_2 跨临界制冷循环
(a) 工作流程；(b) 理论循环

　　图 1-21（b）给出了膨胀机在不同入口状态下的膨胀过程温熵图。过程 3→5 表示膨胀机内部的等熵膨胀过程（3→4 虚线表示采用膨胀阀的节流过程），单位质量制冷剂输出的轴功等于状态 3 与状态 5 的比焓差 Δh，包括比内能差 Δu 和比流动功差 $\Delta(pv)$。CO_2 输出的轴功由两部分组成：一部分是超临界流体转变为饱和液体过程中输出的轴功（3→6），该过程没有相变，可称其为液体功；另一部分是在膨胀过程中出现相变，由气液两相流体的容积膨胀输出的轴功（6→5），该过程有气泡产生，可称其为相变功。这两部分的比例随着气体冷却器出口流体的状态变化而变化，随着气体冷却器出口温度 t_3 的降低，液体功所占的比例将增大，如图中 3′→6′。在通常情况下 t_3 较高，输出的轴功主要是由相变功提供。

　　如果膨胀机的效率为 0.65，压缩机的指示效率为 0.9，在其他参数完全相同的条件下，分别采用上述四种循环形式：（1）单级压缩循环（图 1-18）、（2）单级压缩回热循环（图 1-19）、（3）双级压缩回热循环（图 1-20）、（4）采用膨胀机的单级压缩循环（图 1-21）时，其实际制冷系数 ε_s 依次提高，如图 1-22 所示[10]。由此可见，采用蒸气回热、双级压缩以及用膨胀机回收膨胀功均能有效地

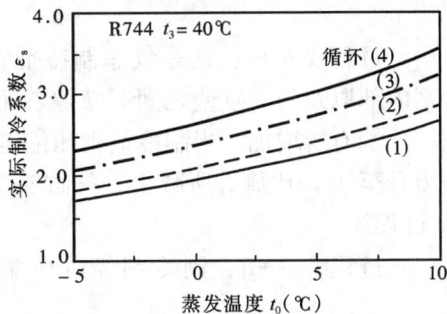

图 1-22　四种 CO_2 跨临界制冷循环的实际制冷系数 ε_s 随蒸发温度 t_0 的变化关系

改善 CO_2 跨临界制冷循环的性能，特别是采用带膨胀机的双级压缩蒸气回热循环，其系统性能将得到明显改善。

第五节 蒸气压缩式制冷的实际循环

前面讨论了亚临界与跨临界蒸气压缩式制冷的理论循环及其性能改善途径，而理论循环与实际循环相比，忽略了以下三方面问题：

（1）在压缩机中，气体内部、气体与气缸壁之间的摩擦，气体与外部的热交换。

（2）制冷剂流经压缩机进、排气阀时的压力损失。

（3）制冷剂流经管道、冷凝器（或气体冷却器）和蒸发器等设备时，制冷剂与管壁或器壁之间的摩擦，以及与外部的热交换。

当然，离开冷凝器的液体常有一定再冷度，而离开蒸发器的蒸气有时也是过热蒸气，这也会使实际循环与理论循环存在一定差异。

下面以目前广泛应用的亚临界蒸气压缩式制冷循环的实际过程为例进行分析，以说明实际循环与理论循环的差异。

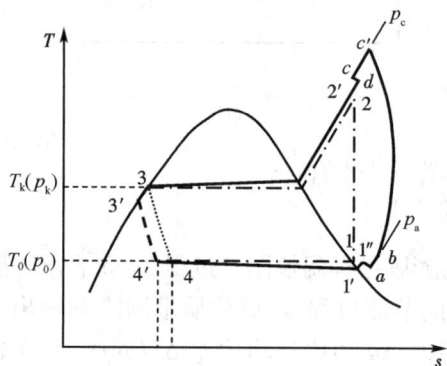

图 1-23 蒸气压缩式制冷的实际循环

一、实际循环过程分析

在图 1-23 中，过程线 $1 \to 2 \to 3 \to 4 \to 1$ 所组成的循环是蒸发压力为 p_0、冷凝压力为 p_k 的蒸气压缩式制冷理论循环。如果蒸发器入口制冷剂压力仍为 p_0，冷凝器出口制冷剂压力仍为 p_k，并考虑有再冷与过热，当采用活塞式制冷压缩机时，其实际循环应为 $1' \to 1'' \to a \to b \to c' \to c \to d \to 2' \to 3 \to 3' \to 4' \to 1'$。

（1）过程线 $1' \to 1''$：来自蒸发器的低压制冷剂饱和或过热蒸气，经管道流至压缩机，由于沿途存在摩擦阻力、局部阻力以及吸收外界的热量，制冷剂压力稍有降低，温度有所升高。

（2）过程线 $1' \to a$：低压气态制冷剂通过压缩机吸气阀时被节流，压力降至 p_a。

（3）过程线 $a \to b$：低压气态制冷剂进入气缸，吸收气缸热量，温度有所上升，而压力仍为 p_a。

（4）过程线 $b \to c$：这是气态制冷剂在压缩机中的实际压缩过程线；压缩初期，由于制冷剂内部以及与气缸壁之间有摩擦，而且制冷剂温度低于气缸壁温度，所以是吸热压缩过程，比熵有所增加；当制冷剂被压缩至高于气缸壁温度以后，则变为放热压缩过程，直至压力升至 p_c，比熵有所减少。气缸头部冷却效果越好，制冷剂比熵减少越多，如图中 $c' \to c$ 过程线。

（5）过程线 $c \to d$：制冷剂经过压缩机排气阀，被节流，比焓基本不变，压力有所降低。

（6）过程线 $d \to 2'$：制冷剂从压缩机经管道至冷凝器的过程，由于阻力与热交换的存在，制冷剂压力与温度均有所降低。

（7）过程线 $2' \to 3 \to 3'$：制冷剂在冷凝器中由于有摩擦和涡流存在，所以，冷凝过程并非等压过程，根据冷凝器形式的不同，其压力有不同程度的降低，出口还有一定的再冷度（$3 \to 3'$）。

（8）过程线 $3' \to 4'$：制冷剂节流过程，温度不断降低，同时，在进入蒸发器前，将从外界吸收一些热量，比焓略有增加。

（9）过程线 $4' \to 1'$：与冷凝器类似，蒸发过程也不是等压过程，随蒸发器形式的不同，压力有不同程度的降低。

二、实际循环的性能参数

从上述分析可以看出，在实际循环中，如果蒸发器入口制冷剂压力仍为 p_0，冷凝器出口制冷剂压力仍为 p_k 时，由于冷凝器和蒸发器沿程存在阻力，与理论循环相比，平均冷凝压力将有所升高，平均蒸发压力有所降低。图 1-24 是保留实际制冷循环的主要特征而抽象出的压焓图。其中，$1' \to 2' \to 3 \to 3' \to 4' \to 1'$ 为实际循环；$1 \to 2 \to 3 \to 4 \to 1$ 则为理论循环。

在实际制冷循环中，压缩机的压缩过程并非等熵过程（$1' \to 2''$），而是压缩指数不断变化的多变过程

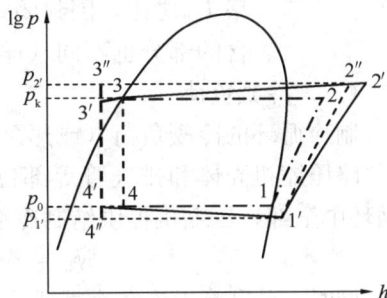

图 1-24 蒸气压缩式制冷
的实际循环 $\lg p\text{-}h$ 图

（$1' \to 2'$）。而且，由于压缩机气缸中存在余隙容积，气体经过吸、排气阀及通道会产生热量交换及流动阻力，气体通过活塞与气缸壁间隙处会产生泄漏等，这些因素都会使压缩机的输气量减少、制冷量下降，消耗功率增加，排气温度升高。

描述实际制冷循环性能的主要参数包括制冷量、输入功率和制冷系数。对于热泵循环，则应考察从冷凝器中放出的热量（冷凝负荷）和供热系数。为简化循环计算，将实际循环先按 $1' \to 2'' \to 3'' \to 4'' \to 1'$ 的理论循环（蒸发、冷凝压力分别等于压缩机吸、排气压力，节流前的比焓值与实际循环相同）进行计算，然后再进行修正。

（一）制冷量

各种损失引起压缩机输气量的减少可用**容积效率** η_v 来表示，容积效率 η_v 是压缩机实际输气量 V_r 与理论输气量 V_h 之比。则压缩机的实际输气量为

$$V_r = \eta_v V_h \quad \text{m}^3/\text{s} \tag{1-27}$$

理论输气量 V_h 仅与压缩机的结构参数和转速有关，对于确定的压缩机而言，V_h 为一定值（详见第三章）。

在图 1-24 所示的实际循环中，制冷量为流经蒸发器的制冷剂质量流量 M_{re} 与单位质量制冷能力 q_0 的乘积，即

$$\phi_0 = M_{re} q_0 = M_{re}(h_{1'} - h_{4''}) \quad \text{kW} \tag{1-28}$$

M_{re} 也是单级压缩制冷循环流经压缩机（或多级压缩制冷循环流经低压级压缩机）的实际输气量 V_r 下对应的制冷剂质量流量 M_{rcomp}，故

$$M_{re} = M_{rcomp} = \frac{V_r}{v_{1'}} = \frac{\eta_v V_h}{v_{1'}} \quad \text{kg/s} \tag{1-11a}$$

其中 $v_{1'}$ ——压缩机入口气态制冷剂的比容（也称为"吸气比容"），m^3/kg。

（二）输入功率

制冷剂在等熵压缩时的理论耗功率 P_{th} 由（1-14）式给出，即

$$P_{\text{th}} = M_{\text{rcomp}} w_{\text{c}} = M_{\text{rcomp}}(h_{2''} - h_{1'}) \quad \text{kW} \tag{1-14a}$$

式中　$h_{2''}$——等熵压缩的排气比焓值，kJ/kg。

在实际压缩过程中，由于存在各种损失，压缩机电动机的输入功率 P_{in} 大于理论耗功率 P_{th}，可表示为

$$P_{\text{in}} = \frac{P_{\text{th}}}{\eta_{\text{el}}} \quad \text{kW} \tag{1-29}$$

式中　η_{el}——压缩机的电效率，$\eta_{\text{el}} = P_{\text{th}}/P_{\text{in}}$，是压缩机的理论耗功率 P_{th} 与压缩机输入功率 P_{in} 之比，因封闭式和开启式压缩机的结构不同，压缩机输入功率 P_{in} 所包含的部分也不同（详见第三章）。

（三）冷凝负荷

制冷循环的冷凝负荷（或热泵循环的制热量）是制冷循环从冷凝器中排放的热量 ϕ_{k}，当忽略压缩机壳体和排气管等部位的热量损失时，由能量守恒可知，ϕ_{k} 应为制冷量 ϕ_0 与（循环中全部）压缩机提供给制冷剂的功率之和。对于单级压缩制冷循环，则

$$\phi_{\text{k}} = \phi_0 + P_{\text{in}} = \phi_0 + P_{\text{th}}/\eta_{\text{el}} \quad \text{kW} \tag{1-30}$$

同时，ϕ_{k} 也等于流经冷凝器的制冷剂质量流量 M_{rc} 与单位冷凝负荷 q_{k} 的乘积

$$\phi_{\text{k}} = M_{\text{rc}} q_{\text{k}} = M_{\text{rc}}(h_{2'} - h_{3''}) \quad \text{kW} \tag{1-13a}$$

式中　$h_{2'}$——实际压缩过程的排气比焓值，kJ/kg。

由于制冷循环形式的种类繁多，M_{rc} 不一定与流经蒸发器的制冷剂质量流量相等，故需通过质量守恒方程确定。

（四）性能系数

1. 实际制冷（热泵）循环的性能系数

实际制冷与热泵循环的性能优劣常用实际制冷系数 ε_{s} 和实际供热系数 μ_{s} 来评价，它是实际制冷量或制热量与循环中所消耗的压缩机功率之比。

对于单级制冷循环而言，根据 ε_{s} 的定义和公式（1-28）、（1-14a）、（1-29），且 $M_{\text{re}} = M_{\text{rcomp}}$ 可知，其实际制冷系数 ε_{s} 为

$$\varepsilon_{\text{s}} = \frac{\phi_0}{P_{\text{in}}} = \eta_{\text{el}} \frac{h_{1'} - h_{4''}}{h_{2''} - h_{1'}} = \eta_{\text{el}} \varepsilon_{\text{th}} \tag{1-31}$$

同理，单级热泵循环的实际供热系数 μ_{s} 是热泵循环的制热量（即冷凝负荷）与压缩机的输入功率之比，因 $M_{\text{rc}} = M_{\text{rcomp}}$，故

$$\mu_{\text{s}} = \frac{\phi_{\text{k}}}{P_{\text{in}}} = \eta_{\text{el}} \frac{h_{2'} - h_{3''}}{h_{2''} - h_{1'}} = \eta_{\text{el}} \mu_{\text{th}} \tag{1-32}$$

公式（1-31）、（1-32）中的 ε_{th} 和 μ_{th} 表示蒸发、冷凝压力分别为压缩机吸、排气压力，再冷度、过热度与实际循环相同的理论循环的制冷与供热系数。

由上可知，由于实际制冷系统存在各种损失，故实际制冷系数 ε_{s} 小于理论循环制冷系数 ε_{th}，实际供热系数 μ_{s} 也是如此。

2. 制冷（热泵）设备的性能系数

在上述制冷或热泵循环的性能系数计算中，只计入了压缩机消耗的功率，而对于实际制冷与热泵设备而言，则应采用输入制冷设备消耗的总功率。在产品标准中，因设备种类不同，其消耗总功率所包含的耗电环节也不同，例如：房间空调器的耗电环节包括压缩机、冷凝器风扇、蒸发器风扇和控制器的总功率，而水冷式冷水机组则只包括压缩机和控

制器的总功率。

在实际工程中,制冷与热泵设备的性能系数常用 COP (coefficient of performance,单位:W/W) 表示。制冷与制热性能系数分别用 COP_c (cooling coefficient of performance) 与 COP_h (heating coefficient of performance) 表示[11];但也有些产品也将 COP_c 称为制冷能效比,用 EER (energy efficiency ratio) 表示,而将 COP_h 记为 COP[12]。这是由于各类产品的标准体系不同所致,虽然符号不统一,但意义完全相同。

思 考 题

1. 请说明制冷剂的单位质量制冷能力 q_0 和单位容积制冷能力 q_v 的关系;在相同的工作温度条件下,不同制冷剂的 q_0 与 q_v 是否相同,为什么?

2. 请问制冷循环的制冷效率 η_R 对系统设计有何指导意义?

3. 热泵循环的供热系数 μ 与制冷循环的制冷系数 ε 有何区别,二者之间有无关系?

4. 为何采用经济器 (Economizer) 可有效改善空气源热泵在低环境温度下的性能?

5. 请运用所学知识,分析说明提高蒸气压缩式制冷装置性能系数 (COP) 的方法或途径。

6. 当复叠式制冷系统停机后,低温级制冷剂的压力过高,可能会影响系统的安全,请问需要采取何种措施?

7. 查阅文献,了解目前内复叠制冷循环常用的非共沸混合制冷剂有哪些?

8. 分析亚临界制冷循环和跨临界制冷循环的异同点;能否用 CO_2 制冷剂实现亚临界制冷循环,可以用在哪些场合?

9. 在制冷系统中,沿程阻力会如何影响制冷系统的性能?在系统设计中,哪些部位的阻力会严重影响系统的性能?

10. 若采用 R290 作为制冷剂研发热泵型房间空调器,请问:回热循环是否能改善其制冷与制热性能系数?如果能,应如何构建制冷剂流程来实现制冷及制热的回热循环?

练 习 题

1. 某 R22 制冷循环,其蒸发温度为 0℃,冷凝温度为 35℃,膨胀阀前的液体温度为 30℃,压缩机吸入干饱和蒸气,试计算该理论循环的制冷系数 ε_{th} 及制冷效率 η_R。

2. 一台采用 R22 制冷剂的热泵型房间空调器,其额定制热工况下的蒸发温度为 3℃,冷凝温度为 50℃,再冷度和过热度分别为 3℃和 5℃,当额定制热量为 2800W,压缩机的电效率 (η_{el}) 和容积效率 (η_v) 分别为 0.7 和 0.9 时,请问需选用多大理论输气量 V_h 的压缩机?其制热 COP 为多少?

3. 一台 R22 制冷装置,可从水冷冷凝器中旁通一股过热蒸气进入蒸发器入口以实现容量控制,其压焓图如图 1-25 所示。

(1) 请根据压焓图绘制该装置的工作流程图。

(2) 已知:压缩机的蒸气循环量为 0.5kg/s,其他数据如图所示,试计算该装置在没有热气旁

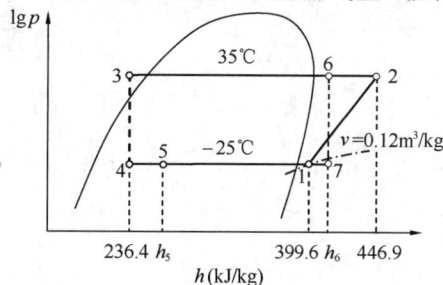

图 1-25 题 3 图

通时的制冷量和制冷系数。

（3）在容量调节时，若蒸气旁通量为压缩机循环量的 20%，且旁通蒸气的比焓 $h_6 =$ 417.1kJ/kg，请计算此时该装置的制冷量和制冷系数。

（4）根据计算结果评述该容量调节方式的优缺点。

4. 将一级节流不完全中间冷却的双级压缩制冷循环表示在 $\lg p\text{-}h$ 和 $T\text{-}s$ 图上，并推导该循环的理论制冷系数 ε_{th} 的计算公式。

5. 在图 1-26 所示的 R22 一级节流中间不完全冷却双级压缩制冷循环中，其冷凝温度＝35℃，蒸发温度＝−38℃，膨胀阀 2 前的液体温度为 30℃，膨胀阀 1 前的液体温度为 0℃，低压级压缩机的吸气过热度为 5℃。

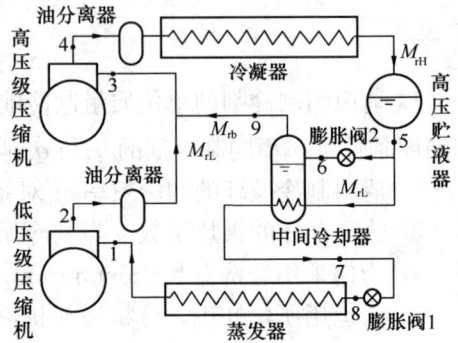

图 1-26　题 5 图

（1）请画出该制冷系统的理论循环的压焓图。

（2）请问中间压力取多少较为适宜？

（3）欲获得 10Rt（冷吨，1Rt ≈ 3.86kW）的制冷量，请问：高、低压级压缩机的理论输气量各为多少 m^3/s?

（4）该制冷循环的理论耗功率为多少 kW？

第二章　制冷剂、润滑油、载冷剂

第一节　制　冷　剂

　　制冷剂是制冷装置中进行循环制冷的工作物质,又称为"工质"。自 1834 年 Jacob Perkins 获得了采用乙醚为制冷剂的蒸气压缩式制冷装置发明专利后,人们尝试采用 CO_2、NH_3、SO_2 作为制冷剂[2];到 20 世纪初,一些碳氢化合物也被用作制冷剂,如乙烷、丙烷、氯甲烷、二氯乙烯、异丁烷等;直到 1928 年 Midgley 和 Henne 研发出 R12,氟利昂族制冷剂引起制冷技术真正的革新,人类开始从采用天然制冷剂步入采用合成制冷剂时代。20 世纪 50 年代出现了共沸混合工质,如 R502 等;60 年代开始研究与试用非共沸混合工质。但是,20 世纪 70 年代发现含氯或溴的合成制冷剂对大气臭氧层有破坏作用,而且造成温室效应的程度非常严重。所以,环境保护特性是当今选用制冷剂的重要考虑因素。

一、对制冷剂的基本要求

（一）热力学性质

（1）制冷效率高　第一章曾谈到制冷剂的热力性质对制冷系数的影响可用制冷效率 η_R 表示;从例题 1-1 和例题 1-2 可以看出,R22 的制冷效率就高于 R134a 的制冷效率;所以,选用制冷效率较高的制冷剂可以提高制冷的经济性。

（2）压力适中　制冷剂在低温侧的饱和压力最好略高于大气压力。因为蒸发压力低于大气压力时,空气易于渗入、不易排除,这不仅影响蒸发器、冷凝器的传热效果,而且增加压缩机的耗功量;同时,因制冷系统一般均采用水或空气作为冷却介质使制冷剂凝结成液态,故希望常温下制冷剂的冷凝压力也不应过高,最好不超过 2MPa,这样可以减少制冷装置承受的压力,也可减少制冷剂向外渗漏的可能性。

（3）单位容积制冷能力大　制冷剂单位容积制冷能力越大,产生一定制冷量时,所需制冷剂的体积循环量越小,就可以减少压缩机尺寸。一般而言,制冷剂在标准大气压力下的沸点（简称:标准沸点[13]）越低,单位容积制冷能力越大。例如,当蒸发温度 $t_0 = 0℃$,冷凝温度 $t_k = 50℃$,膨胀阀前制冷剂再冷度 $\Delta t_{s.c} = 0℃$,吸气过热度 $\Delta t_{s.h} = 0℃$ 时,常用制冷剂的单位容积制冷能力见图 2-1。

　　当然,应辩证地看问题,对于大中型制冷压缩机希望压缩机尺寸尽可能小,故要求制冷剂的单位容积制冷能力尽可能大,是合理的;但是,对于小型制冷压缩机或高速运行的离心式制冷压缩机而言,有时尺寸过小反而导致制造上的困难,要求制冷剂单位容积制冷能力小一些反而更为合理。

（4）临界温度高　制冷剂的临界温度高,便于用一般冷却水或空气进行制冷剂的冷却、冷凝;此外,制冷循环的工作区越远离临界点,制冷循环一般越接近逆卡诺循环,节流损失小,制冷系数较高。

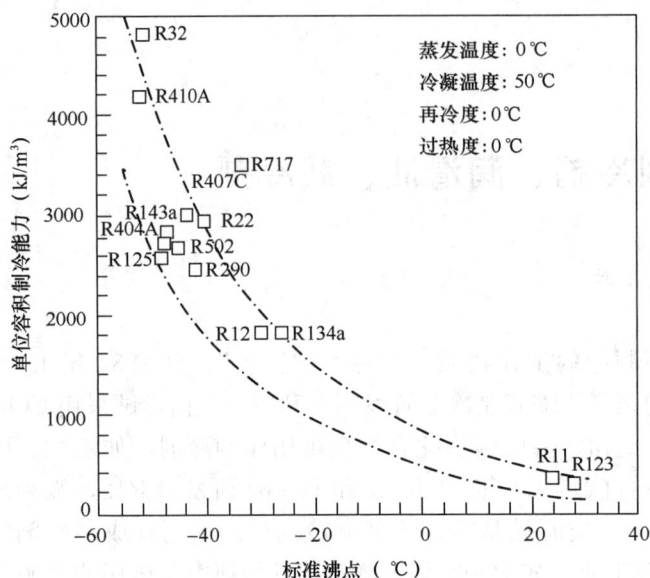

图 2-1　制冷剂的单位容积
制冷能力与标准沸点的关系

当然，在一些特殊场合还需利用临界温度较低的特点，制造满足特殊要求的产品，如采用跨临界制冷循环的 CO_2 热泵热水器，利用压缩机排出的高温制冷剂与冷水进行逆流换热，制取高温热水。

（二）物理化学性质

（1）与润滑油的互溶性　制冷剂与润滑油相溶与否，是制冷剂一个重要特性。在蒸气压缩式制冷装置中，除特殊式制冷压缩机外，制冷剂一般均与润滑油接触，致使二者相互混合或吸收形成制冷剂—润滑油溶液。根据制冷剂在润滑油中的溶解性，可分为有限溶于润滑油的制冷剂和无限溶于润滑油的制冷剂。

有限溶于润滑油的制冷剂，如 NH_3，其在润滑油中的溶解度（质量百分比）一般不超过 1%，如果加入较多的润滑油，则二者分为两层，一层为润滑油，另一层为含有很少润滑油的制冷剂，因此，制冷系统中需设置油分离器、集油器，再采取措施将润滑油送回压缩机。

无限溶于润滑油的制冷剂，处于再冷状态时，可与任何比例的润滑油组成溶液；在饱和状态下，溶液的浓度则与压力、温度有关，有可能转化为有限溶于润滑油的制冷剂。在设计采用无限溶于润滑油的制冷剂的制冷系统时，需采取措施使进入制冷系统中的润滑油与制冷剂一同返回压缩机。

（2）导热系数、放热系数高　制冷剂的导热系数和放热系数要高，这样可以减小蒸发器、冷凝器等热交换设备的传热面积，缩小设备尺寸。

（3）密度、黏度小　制冷剂的密度和黏度小，可以减小制冷剂管道口径和流动阻力。

（4）相容性好　制冷剂对金属和其他材料（如橡胶、塑料等）应无腐蚀与侵蚀作用。

（三）环境友好性能

反映一种制冷剂环境友好性能的参数有臭氧消耗潜能值（Ozone Depletion Potential，ODP）、全球变暖潜能值（Global Warming Potential，GWP）、大气寿命（排放到大气层的制冷剂被分解一半时所需要的时间，Atmospheric Life）等。为了全面地反映制冷剂对全球变暖造成的影响，人们进一步提出了变暖影响总当量 TEWI（Total Equivalent Warming Impact）指标，该指标综合考虑了制冷剂对全球变暖的直接效应 DE 和制冷机消耗能源而排放的 CO_2 对全球变暖的间接效应 IE[14]。

$$TEWI = DE + IE \tag{2-1}$$

其中，$DE = GWP \cdot (L \cdot N + M \cdot \alpha)$

$$IE = N \cdot E \cdot b$$

式中 GWP——制冷剂的全球变暖潜能值，按 100 年水平计，kg CO_2/kg；

L——制冷机的制冷剂年泄漏量，kg/a；

N——制冷机寿命（运转年限），a；

M——制冷机的制冷剂充灌量，kg；

α——制冷机报废时的制冷剂损耗率；

E——制冷机的年耗电量，kWh/a；

b——1kWh 发电量所排放的 CO_2 质量，kg CO_2/(kWh)。

从（2-1）式可以看出，为降低温室效应，除降低制冷剂的 GWP 外，还需减少泄漏、提高回收率，并改善制冷机的能源利用效率。

综合考虑制冷剂的 ODP、GWP 和大气寿命，当其排放到大气层后对环境的影响符合国际认可条件时，则认为是环境友好制冷剂。评价制冷机使用制冷剂的环境友好性能时，国际认可的条件如下[15]：

$$LCGWP + LCODP \times 10^5 \leqslant 100 \qquad (2\text{-}2)$$

其中，$LCGWP = [GWP \cdot (L_r \times N + \alpha) \cdot R_c] / N$

$LCODP = [ODP \cdot (L_r \times N + \alpha) \cdot R_c] / N$

式中 $LCGWP$——寿命周期直接全球变暖潜能值指数，lb CO_2/(Rt·a)❶；

$LCODP$——寿命周期臭氧层消耗潜能值指数，lb R11/(Rt·a)；

GWP——制冷剂的全球变暖潜能值，lb CO_2/ lb 制冷剂；

ODP——制冷剂的臭氧层消耗潜能值，lb R11/ lb 制冷剂；

L_r——制冷机的制冷剂年泄漏率（占制冷剂充注量的百分比，默认值为 2%/ a）；

α——制冷机报废时的制冷剂损耗率（占制冷剂充注量的百分比，默认值为 10%）；

R_c——1 冷吨（Rt）制冷量的制冷剂充注量（默认值为 2.5 lb 制冷剂/Rt）；

N——设备寿命（默认值为 10 a）。

（四）其他

制冷剂应无毒，不燃烧，不爆炸，而且易购价廉。

二、制冷剂的编号和安全性分类

国际上一般采用 ISO 标准《制冷剂—编号和安全性分类》ISO 817：2014[16]对制冷剂进行编号和安全性分类。我国已修订的国家标准《制冷剂编号方法和安全性分类》GB/T 7778[13]也同样采用了 ISO 标准。

（一）制冷剂的编号方法

目前使用的制冷剂有很多种，归纳起来可分四类，即氟利昂、碳氢化合物、无机化合物以及混合溶液。对制冷剂进行分类与编号的目的在于建立对各种通用制冷剂的简单表示方法，以取代使用其化学名称，要求其编号要使化合物的结构可以从制冷剂的编号推导出来，反之亦然，且不致产生模棱两可的判断。

制冷剂采用技术性前缀符号和非技术性前缀符号（也即成分标识前缀符号）两种方式

---

❶ lb 是英制质量单位，1lb＝0.45359kg。

进行编号。技术性前缀符号为"R"（制冷剂英文单词 refrigeration 的字头），如 $CHClF_2$ 用 R22 表示，主要应用于技术出版物、设备铭牌、样本以及使用维护说明书中；非技术性前缀符号是体现制冷剂化学成分的符号，如含有碳、氟、氯、氢，则分别用 C、F、Cl、H 表示，如 R22 用 HCFC22 表示，主要应用在有关臭氧层保护与制冷剂替代的非技术性、科普读物以及有关宣传类出版物中。

制冷剂的编号规则如下：

1. 碳氢化合物与氟利昂

（1）饱和碳氢化合物及其氟利昂

甲烷、乙烷、丙烷等饱和碳氢化合物的化学分子式为 C_mH_{2m+2}，这些烷烃的卤族衍生物称为氟利昂，故氟利昂的化学分子式可表示为 $C_mH_nF_xCl_yBr_z$，其原子数之间有下列关系

$$2m+2=n+x+y+z$$

该类制冷剂编号为"R×××B×"。第一位数字为碳（C）原子数减 1（$m-1$），此值为 0 时则省略不写；第二位数字为氢（H）原子数加 1（$n+1$）；第三位数字为氟（F）原子数（x）；第四位数字为溴原子个数（z），如为零，则与字母"B"一同省略。根据上述命名规则可知：

① 甲烷族卤化物为"R××"系列，例如，一氯二氟甲烷分子式为 CHF_2Cl，因为 $m-1=0$、$n+1=2$、$x=2$、$z=0$，故编号为 R22（或 HCFC—22），称为氟利昂 22。

② 乙烷族卤化物为"R1××"系列，例如，四氟乙烷分子式为 $C_2H_2F_4$，因为 $m-1=1$、$n+1=3$、$x=4$，故编号为 R134，称为氟利昂 134。乙烷系同分异构体都具有相同的编号，但最对称的一种用编号后面不带任何字母来表示；随着同分异构体变得越来越不对称时，就应附加 a、b、c 等字母，如 CH_2FCF_3 则为 R134a。

③ 丙烷族卤化物为"R2××"系列，例如，丙烷分子式为 C_3H_8，因为 $m-1=2$、$n+1=9$、$x=0$，故编号为 R290。丙烷系的同分异构体都具有相同的编号，它们通过后面加上两个小写字母进行区别，其中所加的第一个字母表示中间碳原子（C2）上的取代基的类型。

（2）其他有机化合物

① 环状衍生物的编号方法与饱和碳氢化合物相同，但在制冷剂的识别编号之前使用字母"C"。例如，八氟环丁烷分子式为 $CF_2CF_2CF_2CF_2$，因为 $m-1=3$、$n+1=1$、$x=8$，故编号 RC318。

② 非饱和碳氢化合物采用"R××××"的系列编号。其与饱和碳氢化合物编号方法相同，第一位数为非饱和碳键的个数，第二、三、四位数分别为 $m-1$、$n+1$ 和 x。例如，乙烯（C_2H_4）编号为 R1150，氟乙烯（C_2H_3F）编号为 R1141。

③ 其他各类有机化合物在"R6××"系列中进行编号。对于带有 4～8 个碳原子的饱和烃类，被分配的编号应是 600 加碳原子数减 4，直链或"正"烃没有后缀，其同分异构体则根据其不对称程度附加 a、b、c 等字母标示。例如，正丁烷是 R600，异丁烷是 R600a。

2. 无机化合物

对于各种无机化合物为"R7××"系列编号。该系列编号的最后两位数为该化合物的分子量，例如，氨（NH_3）分子量为 17，故编号为 R717，二氧化碳（CO_2）编号为

R744。当两种或多种无机制冷剂具有相同分子量时，则用 A、B、C 等字母予以区别。

3. 混合溶液

混合溶液又称为混合制冷剂，在 400 和 500 系列号中进行编号。

(1) 对于已商业化的非共沸混合物采用"R4××"系列编号。该系列编号的最后两位数，并无特殊含义，例如，R407C 由 R32/R125/R134a 组成，质量百分比分别为 23/25/52。

(2) 对于已商业化的共沸混合物采用"R5××"系列编号。该系列编号的最后两位数，并无特殊含义，例如，R507A 由质量百分比各 50% 的 R125 和 R143a 组成。

(二) 安全性分类

制冷剂的安全性分类包括毒性和可燃性两项内容，由一个大写字母（表示毒性危害分类）和一个数字（表示燃烧性危险程度分类）两个符号组成。在 GB/T 7778 中，共分为 A1～B3 共 8 个等级，如表 2-1 所示[13]。

制冷剂的安全分类　　　　　　　表 2-1

可燃性＼毒性	A 较低的毒性	B 较高的毒性
3 高可燃	A3	B3
2 可燃	A2	B2
2L 微可燃	A2L	B2L
1 无火焰传播	A1	B1

(1) 毒性：根据制冷剂的职业暴露极限分为 A、B 两类，参见表 2-2。

(2) 可燃性：根据可燃下限（LFL）、燃烧热（HOC）和燃烧速度（Su）分为 1、2L、2 和 3 四类，其分类原则如表 2-3 所示。

根据上述安全性分类方法，可以得到不同制冷剂的安全等级。例如：R22、R134a、R744 属于低毒、不燃的制冷剂（A1），R32 为无毒但有微燃性的制冷剂（A2L），R290 属于低毒、高可燃制冷剂（A3），而 R717 属于较高毒性、微可燃制冷剂，故划为 B2L 类。

制冷剂的毒性危害程度分类　　　　　表 2-2

分类	制冷剂的 OEL[注1]	备　注
A 类	≥400 ppm	GB/T 7778 指出：OEL 是基于美国职业安全与卫生管理局（OSHA）公布的 PEL[注2]、美国政府工业卫生学会（ACGIH）公布的 TLV−TWA[注3]、美
B 类	<400 ppm	国工业卫生协会（AIHA）公布的 WEEL[注4] 及其相关值确定的

注　1) OEL（职业暴露极限，occupational exposure limit）：对于一个普通的 8h 工作日和 40h 工作周时间来说，几乎所有的工作人员都可以多次接触而无不良反应的一个时间加权平均浓度值。
　　2) PEL（允许暴露极限，permissible exposure limit）：工作人员在一天内可累计接触 8h 或一周内可累计接触 40h 而对其余生不会造成长期健康影响的气体浓度水平（单位：PPM）。
　　3) TLV-TWA（时间加权阈值浓度，threshold limit value−time weighted average）：以正常 8h 工作日和 40h 工作周的时间加权平均最高允许浓度，在此条件下，几乎所有工作人员可日复一日地反复暴露而不会产生不良影响。
　　4) WEEL（工作地点环境暴露极限，workplace environmental exposure limit）：美国工业卫生协会规定的职业暴露极限。

制冷剂的燃烧性危害程度分类　　　　　　　　　　　　　　表 2-3

分类	分类方法		
1类	在 101.3kPa 和 60℃大气中实验时，单一制冷剂或者混合制冷剂的 WCF[注1]和 WCFF[注2]未表现出火焰蔓延		
2L类	单一制冷剂或者混合制冷剂的 WCF 和 WCFF 应满足以下条件： 在 101.3 kPa、60℃的实验条件下，有火焰蔓延；且满足右栏条件	制冷剂 LFL[注3]＞3.5%（若制冷剂在 23.0℃和 101.3kPa 下没有 LFL，应采用 ETFL[注4]代替 LFL 进行实验）	在 101kPa、60℃的实验条件下，制冷剂的最大 Su[注6]≤10cm/s
2类		HOC[注5]＜19000kJ/kg；且满足右栏条件	无
3类		制冷剂 LFL≤3.5%（若制冷剂在 23.0℃和 101.3kPa 下没有 LFL，应采用 ETFL 代替 LFL 进行实验），或者 HOC≥19000kJ/kg	

注　1) WCF（最坏情况成分，worst-case formulation）：因采用标称成分容限而造成配方的毒性最强或易燃性最大的成分。

2) WCFF（最不利分馏成分，worst-case fractionated formulation）：在最不利成分分馏期间产生的导致成分毒性最强或易燃性最大的成分。

3) LFL（可燃下限，lower flammability limit）：在规定试验条件 23.0℃和 101.3kPa 下能够使火焰通过均质的制冷剂和空气混合物传播的最小制冷剂体积浓度。

4) ETEL（高温火焰极限，elevated temperature flame limit）：在规定试验条件 60.0℃和 101.3kPa 下能够使火焰通过均质的制冷剂和空气混合物传播的最小制冷剂体积浓度。

5) HOC（燃烧热，heat of combustion）：在规定实验条件下测定的某一单位物质与氧气发生规定反应而释放的热量。

6) Su（燃烧速度，burning velocity）：层流火焰沿着与其前面的未燃烧气体垂直方向传播的最大速度。

制冷剂混合物中由于较易挥发组分先蒸发，不易挥发组分先冷凝而产生的混合物气液相组分浓度变化，称为浓度滑移（concentration glide）。混合物在浓度滑移时其组分的浓度发生变化，其可燃性和毒性也可能变化。因此它应该有两个安全性分组类型，这两个类型使用一个斜杠（/）分开。每个类型都根据相同的分类原则按单组分制冷剂进行分类。第一个类型是混合物在规定组分浓度下进行分类，第二个类型是混合物在最大浓度滑移的组分浓度下进行分类。例如：R410A［R32/125（50/50）］和 R407C［R32/125/134a（23/25/52）］的安全级别属于 A1/A1 型。

三、制冷剂的基本热力特性

制冷剂的标准沸点是绝对压力为 1 个大气压时的沸点，它与其分子组成、临界温度等有关。在给定蒸发温度和冷凝温度条件下，各种制冷剂的蒸发压力、冷凝压力和单位容积制冷能力 q_v 与其标准沸点之间存在一定关系，即一般标准沸点越低，蒸发压力、冷凝压力越高，单位容积制冷能力越大，见图 2-1 和表 2-4。标准沸点越低的制冷剂在常温下的饱和压力越高，反之亦然，故可根据标准沸点的高低，将制冷剂分为三类：

（1）高温制冷剂：标准沸点大于 0℃的制冷剂，由于其在常温下的饱和压力低，故也称之为低压制冷剂；

（2）低温制冷剂：标准沸点低于－60℃的制冷剂，也称为高压制冷剂；

（3）中温制冷剂：标准沸点不低于－60℃且不高于 0℃的制冷剂，也称为中压制冷剂。

在空气调节用制冷设备中，通常采用中温和高温制冷剂。表 2-5 给出几种常用制冷剂的热力性质[17]。一些常用制冷剂的详细物性参数参见附图 1～附图 7 以及附表 1～附表 7。

低温、中温与高温制冷剂（一）   表 2-4 (a)

编号	化学式	标准沸点 (℃)	绝对压力（MPa）		q_v (kJ/m³)	压缩比	制冷系数	排气温度 (℃)
			−15℃	30℃				
R744	CO_2	−78.40	2.291	7.208	15429.9	3.15	2.96	70
R125	C_2HF_5	−48.57	0.536	1.570	2227.4	3.93	3.68	42
R502	R22/115	−45.40	0.349	1.319	2087.8	3.78	4.43	37
R290	C_3H_8	−42.09	0.291	1.077	1815.1	3.71	4.74	47
R22	$CHClF_2$	−40.76	0.296	1.192	2099.0	4.03	4.75	53
R717	NH_3	−33.30	0.236	1.164	2158.7	4.94	4.84	98
R12	CCl_2F_2	−29.79	0.183	0.754	1275.5	4.07	4.69	38
R134a	CF_3CH_2F	−26.16	0.160	0.770	1231.3	4.81	4.42	43
R124	$CHClFCF_3$	−13.19	0.090	0.440	695.0	4.89	4.47	28
R600a	C_4H_{10}	−11.73	0.089	0.407	652.4	4.60	4.55	45
R600	C_4H_{10}	−0.50	0.056	0.283	439.7	5.05	4.68	45
R123	$CHCl_2CF_3$	27.87	0.016	0.110	160.7	5.50	4.36	28
R718	H_2O	100.00						

注：蒸发温度−15℃，无过热，冷凝温度30℃，无再冷。

低温、中温与高温制冷剂（二）   表 2-4 (b)

编号	化学式	分子量	凝固温度 (℃)	临界温度 (℃)	标准沸点 (℃)	饱和压力（MPa）		q_v (kJ/m³)
						4℃	46℃	
R14	CF_4	88.01	−184.9	−45.7	−127.90			
R23	CHF_3	70.02	−155	25.6	−82.10	2.7815		
R13	$CClF_3$	104.47	−181	28.8	−81.40	2.179		
R744	CO_2	44.01	−56.6	31.1	−78.40	3.8686		
R32	CH_2F_2	52.02	−136	78.4	−51.80	0.92214	2.8620	5746.1
R125	C_2HF_5	120.03	−103.15	66.3	−48.57	0.76098	2.3168	3393.3
R502	R22/115	111.63		82.2	−45.40	0.64786	1.9231	3377.9
R290	C_3H_8	44.10	−187.7	96.7	−42.09	0.53498	1.5687	2946.9
R22	$CHClF_2$	86.48	−160	96.0	−40.76	0.56622	1.7709	3577.3
R717	NH_3	17.03	−77.7	133.0	−33.30	0.49749	1.8308	4154.1
R12	CCl_2F_2	120.93	−158	112.0	−29.79	0.35082	1.1085	2208.3
R134a	CF_3CH_2F	102.03	−96.60	101.1	−26.16	0.33755	1.1901	2243.9
R152a	CHF_2CH_3	66.15	−117	113.5	−25.00	0.30425	1.0646	2170.8
R124	$CHClFCF_3$	136.47	−199.15	122.5	−13.19	0.18948	0.6994	1325.5
R600a	C_4H_{10}	58.13	−160	135.0	−11.73	0.17994	0.6195	1201.7
R764	SO_2	64.07	−75.5	157.5	−10.00			
R142b	$CClF_2CH_3$	100.50	−131	137.1	−9.80	0.16930	0.6182	1270.4
R600	C_4H_{10}	58.13	−138.5	152.0	−0.50	0.12003	0.4469	884.4
R123	$CHCl_2CF_3$	152.93	−107.15	183.79	27.87	0.03912	0.1876	364.5
R718	H_2O	18.02	0	373.99	100.00	0.00081	0.0103	14.7

注：蒸发温度4℃，无过热，冷凝温度46℃，无再冷。

常用制冷剂的热力性质

表 2-5

制冷剂 类别		无机物	卤代烃（氟利昂）				非共沸混合溶液	
制冷剂 编号		R717	R123	R134a	R22	R32	R407C	R410A
化 学 式		NH_3	$CHCl_2CF_3$	CF_3CH_2F	$CHClF_2$	CH_2F_2	R32/125/134a (23/25/52)	R32/125 (50/50)
分 子 量		17.03	152.93	102.03	86.48	52.02	95.03	86.03
标准沸点(℃)		−33.3	27.87	−26.16	−40.76	−51.8	泡点:−43.77 露点:−36.70	泡点:−51.56 露点:−51.50
凝固点(℃)		−77.7	−107.15	−96.6	−160.0	−136.0	—	—
临界温度(℃)		133.0	183.79	101.1	96.0	78.4	—	—
临界压力(MPa)		11.417	3.674	4.067	4.974	5.830	—	—
密度	30℃液体 (kg/m³)	595.4	1450.5	1187.2	1170.7	938.9	泡点:1115.40	泡点:1034.5
	0℃饱和气 (kg/m³)	3.4567	2.2496	14.4196	21.26	21.96	泡点:24.15	泡点:30.481
比热	30℃液体 [kJ/(kg·℃)]	4.843	1.009	1.447	1.282	—	泡点:1.564	泡点:1.751
	0℃饱和气 [kJ/(kg·℃)]	2.660	0.667	0.883	0.744	1.121	泡点:0.9559	泡点:1.0124
0℃饱和气绝热指数 (c_p/c_v)		1.400	1.104	1.178	1.294	1.753	泡点:1.2526	泡点:1.361
0℃比潜热 (kJ/kg)		1261.81	179.75	198.68	204.87	316.77	泡点:212.15	泡点:221.80
导热系数	0℃液体 [W/(m·K)]	0.1758	0.0839	0.0934	0.0962	0.1474	—	—
	0℃饱和气 [W/(m·K)]	0.00909	—	0.01179	0.0095	—	—	—
黏度 ×10³	0℃液体 (Pa·s)	0.5202	0.5696	0.2874	0.2101	0.1932	—	—
	0℃饱和气 (Pa·s)	0.02184	—	0.01094	0.01180	—	—	—
23℃相对绝缘强度 (以氮为1)		0.83	—	—	1.3	—	—	—
安全级别		B2	B1	A1	A1	A2	A1/A1	A1/A1

（一）氟利昂

氟利昂是饱和碳氢化合物卤族衍生物的总称，是 20 世纪 30 年代出现的一类合成制冷剂，它的出现解决了对制冷剂有各种要求的问题。

氟利昂主要有甲烷族、乙烷族和丙烷族三组，其中氢、氟、氯的原子数对其性质影响很大。氢原子数减少，可燃性也减少；氟原子数增加，对人体越无害，对金属腐蚀性越小；氯原子数多，可提高制冷剂的沸点，但是，氯原子越多对大气臭氧层破坏作用越严重。

大多数氟利昂本身无毒、无臭、不燃、与空气混合遇火也不爆炸，因此，适用于公共建筑或实验室的空调制冷装置。氟利昂中不含水分时，对金属无腐蚀作用；当氟利昂中含有水分时，能分解生成氯化氢、氟化氢，不但腐蚀金属，在铁制表面上还可能产生"镀铜"现象。

氟利昂的放热系数低，价格较高，极易渗漏、又不易被发现，而且氟利昂的吸水性较差，为了避免发生"镀铜"和"冰塞"现象，系统中应装有干燥器。此外，卤化物暴露在热的铜表面，则产生很亮的绿色，故可用卤素喷灯检漏。

另外，由于对臭氧层的影响不同，根据氢、氟、氯组成情况可将氟利昂分为全卤化氯氟烃（CFCs）、不完全卤化氯氟烃（HCFCs）和不完全卤化氟烃化合物（HFCs）三类。其中全卤化氯氟烃（CFCs），如 R11、R12 等，对大气臭氧层破坏严重，自 1987 年《蒙特利尔议定书》（the Montreal Protocol）及其修订案执行以来，CFCs 淘汰进程已基本结束；不完全卤化氯氟烃（HCFCs），如 R22、R123 等，由于氢、氯共存，氯原子对大气臭氧层的破坏作用虽有所减缓，但目前全球也进入了 HCFCs 加速淘汰阶段；不完全卤化氟烃化合物（HFCs），如 R125、R134a，由于不含氯原子，对大气臭氧层无破坏作用，但由于其 GWP 较大，1997 年的《京都议定书》（the Kyoto Protocol）已将 HFCs 定为需限制排放的温室气体范围。因此，制冷剂的替代问题已成为当今全球共同面临的难题，需要世界科技工作者付出艰苦卓绝的努力。

1. R22（或 HCFC-22）

R22 化学性质稳定、无毒、无腐蚀、无刺激性，并且不可燃，广泛用于空调用制冷装置，目前，房间空调器和单元式空调机仍较多采用此种制冷剂，它也可满足一些需要 −15℃以下较低蒸发温度的场合。

R22 是一种良好的有机溶剂，易于溶解天然橡胶和树脂材料；虽然对一般高分子化合物几乎没有溶解作用，但能使其变软、膨胀和起泡，故制冷压缩机的密封材料和采用制冷剂冷却的电动机的电器绝缘材料，应采用耐腐蚀的氯丁橡胶、尼龙和氟塑料等。另外，R22 在温度较低时与润滑油有限溶解，且比油重，故需采取专门的回油措施。

由于 R22 属于 HCFC 类制冷剂，对大气臭氧层仍有破坏作用，其 $ODP=0.034$，$GWP=1760$●，我国将在 2030 年完全淘汰 R22。

2. R134a（或 HFC-134a）

R134a 的热工性能接近于 R12（CFC−12），ODP=0，GWP=1600。R134a 液体和气体的导热系数明显高于 R12，在冷凝器和蒸发器中的传热系数比 R12 分别高 35～40％和 25～35％。

R134a 是低毒不燃制冷剂，它与矿物油不相溶，但能完全溶解于多元醇酯（POE）类合成油；R134a 的化学稳定性很好，但吸水性强，只要有少量水分存在，在润滑油等因素的作用下，将会产生酸、CO 或 CO_2，对金属产生腐蚀作用或产生"镀铜"现象，因此 R134a 对系统的干燥和清洁性要求更高，且必须采用与之相容的干燥剂。

3. R32（或 HFC-32）

制冷剂 R32 的分子式为 CH_2F_2，无毒，ODP=0，GWP 较小（为 705），具有工作压力与 R410A 相近，制冷剂充注量小、热工性能优良、价格便宜等优点，虽然具有轻微的可燃性（A2L 类），但其综合的优良性质，仍被业内认为是中、小容量空调用制冷设备的

● 引自 Fifth Assessment Report（AR5）−IPCC。

可行替代制冷剂。

4. R123（或 HCFC-123）

R123 沸点为 27.87℃，$ODP=0.02$，$GWP=93$，目前是一种较好的替代 R11（CFC-11）的制冷剂，用于离心式制冷机。但是，R123 具有一定毒性，安全级别列为 B1。

（二）碳氢化合物

R290（或 HC-290）就是丙烷，是一种可以从液化气中直接获得的天然制冷剂，其 $ODP=0$，$GWP=20$。R290 与 R22 的标准沸点、凝固点、临界点等基本物理性质非常接近，且与铜、钢、铸铁、润滑油等均具有良好的相容性，具备替代 R22 的基本条件。在饱和液态时，R290 的密度比 R22 小，因此相同容积下 R290 的充注量更小；另外，R290 的汽化潜热大约是 R22 的 2 倍左右，故采用 R290 的制冷系统制冷剂循环量更小。

R290 虽然具有上述优势，但其"易燃易爆"（安全级别为 A3）的缺点是限制其推广应用的最大阻碍。R290 与空气混合能形成爆炸性混合物，遇热源和明火有燃烧爆炸的危险。提高 R290 制冷系统安全性的主要手段包括减小充注量、隔绝火源、防止制冷剂泄漏及提高泄漏后的安全防控能力。

（三）无机化合物

1. 氨（R717）

氨（NH_3）除了毒性大以外，是一种很好的天然制冷剂，从 19 世纪 70 年代至今一直被广泛使用。氨的最大优点是单位容积制冷能力大，蒸发压力和冷凝压力适中，制冷效率高，而且，ODP 和 GWP 均为 0；氨的最大缺点是有强烈刺激作用，对人体有危害，目前规定氨在空气中的浓度不应超过 $20mg/m^3$。氨是可燃物，空气中氨的体积百分比达 16～25％时，遇明火有爆炸危险。

氨的吸水性强，但要求液氨中含水量不得超过 0.12％，以保证系统的制冷能力。氨几乎不溶于润滑油。氨对黑色金属无腐蚀作用，若氨中含有水分时，对铜和铜合金（磷青铜除外）有腐蚀作用。但是，氨价廉，在一般生产企业中采用较多。

2. 二氧化碳（R744）

二氧化碳是地球生物圈的组成物质之一，它无毒、无臭、无污染、不爆、不燃、无腐蚀，$ODP=0$，$GWP=1$。除了对环境方面的友好性外，它还具有优良的热物性质。如：CO_2 的容积制冷能力是 R22 的 5 倍，高的容积制冷能力使压缩机进一步小型化；它的黏度较低，在 -40℃ 下其液体黏度是 5℃ 水的 1/8，即使在相对较低的流速下，也可以形成湍流流动，有很好的传热性能；采用 CO_2 的制冷循环具有较小的压缩比，可以提高绝热效率。此外，CO_2 来源广泛、价格低廉，并与目前常用材料具有良好的相容性。基于 CO_2 用作制冷剂的上述优点，研究人员在不断尝试将其应用于各种制冷、空调和热泵系统中。

但是由于 CO_2 的临界温度较低，仅为 31.1℃，故当冷却介质为冷却水或室外空气时，制取普通低温的制冷循环一般为跨临界循环，只有当冷凝温度低于 30℃ 时，CO_2 才可能采用与常规制冷剂相似的亚临界循环。由于 CO_2 的临界压力很高，为 7.375MPa，处于跨临界或亚临界的制冷循环，系统内的工作压力都非常高，因此对压缩机、换热器等部件的机械强度有较高的要求。

（四）混合溶液

采用混合溶液作为制冷剂颇受重视。但是，对于二元混合溶液来说，由于其物性自由度为 2，所以要知道两个参数才能确定混合溶液的状态，一般选择温度－浓度、压力－浓度、焓－浓度等参数组合，绘制相应的相平衡图，以供使用。

二元混合溶液的特性可从相平衡图中明显看出，如图 2-2 给出在某压力下 A、B 两组分的温度－浓度图。图中实曲线为饱和液线，虚曲线为饱和蒸气线，两条曲线将图分为三区，实线下方为液相区，虚线上方为过热蒸气区，两条曲线之间为湿蒸气区。图中表达了二元混合溶液的三个特性：

①在给定压力下，二元溶液的沸腾温度介于两个纯组分蒸发温度之间，即 T_A、T_B 之间；

②在给定压力下，蒸发过程或冷凝过程的蒸发温度或冷凝温度并非定值，如图中 1、2 两点，其中 1 点为某组分比情况下开始蒸发的温度，称为泡点；2 点为该组分比情况下开始冷凝的温度，称为露点；露点和泡点之差，称为温度滑移（temperature glide），蒸发或冷凝过程温度在此二点之间变化；

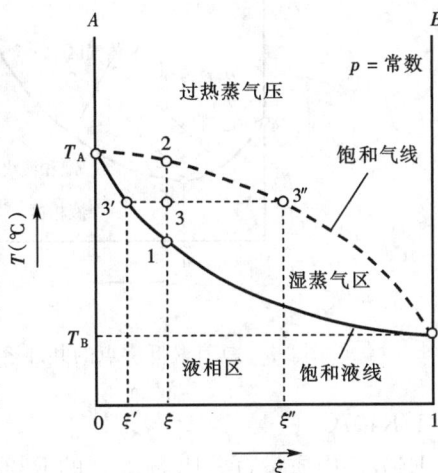

图 2-2　二元混合溶液的温度－浓度图

③在给定压力下，湿蒸气区气相与液相组分浓度不同，如 3′、3″ 点，沸点低的组分，蒸气分压力高，气相浓度也高，但是，溶液的总质量和平均浓度不变，即

$$m = m' + m'' \tag{2-3}$$

$$m\xi = m'\xi' + m''\xi'' \tag{2-4}$$

其中，m' 表示液相质量，m'' 表示气相质量；ξ' 表示液相浓度，ξ'' 表示气相浓度。

理想液体二元混合溶液此特性特别明显，由于在等压下不存在单一的蒸发温度，故称为非共沸混合溶液。

当非共沸混合溶液的饱和液线与饱和蒸气线非常接近时，其定压相变时的温度滑移很小（通常认为泡、露点温度差小于 1℃[18]），可视为近似等温过程，故将这类混合溶液叫做近共沸混合制冷剂（Near Zeotropic Mixture Refrigerant）。近共沸混合制冷剂在泄漏后及再充注时，只要注意液相充注，其成分的微小变化不会较大地影响机组性能。

但是，也有一些真实溶液有一种完全不同的特性，如图 2-3 和图 2-4[19]。图 2-3 给出具有最低沸点共沸溶液的温度－浓度图，图 2-4 给出具有最高沸点的共沸溶液的温度－浓度图。从图中可以看出，在某段浓度范围溶液的相变温度低于或高于两个纯组分的相变温度。当溶液具有最低沸点或最高沸点的浓度时，在给定压力下其蒸发温度或冷凝温度为定值，故称为共沸混合制冷剂，它像纯组分一样具有稳定的热物理性质。

例如，R502 就是由质量百分比为 48.8％ 的 R22 和 51.2％ 的 R115 组成的具有最低沸点的二元混合工质。与 R22 相比，压力稍高，在较低温度下单位质量制冷能力约提高 13％，此外，在相同的蒸发温度和冷凝温度条件下，压缩比较小，压缩后的排气温度较低，因此，采用单级压缩式制冷时，蒸发温度可低达 −55℃ 左右。

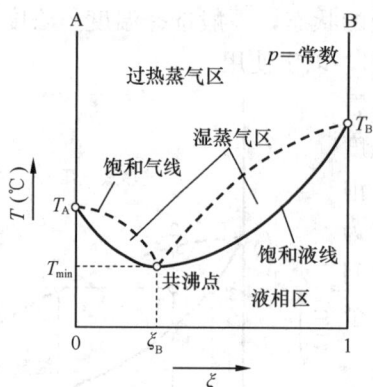

图 2-3　具有最低沸点的共沸溶液　　图 2-4　具有最高沸点的共沸溶液

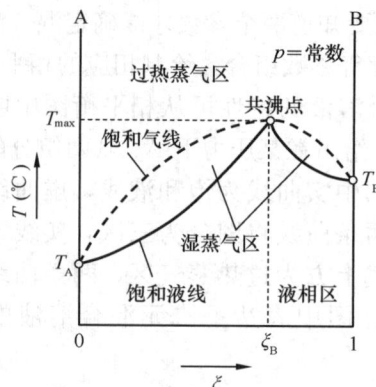

1. R407C

R407C 由质量百分比为 23％的 R32、25％的 R125 和 52％R134a 组成的三元非共沸混合工质。其 $ODP=0$，$GWP=1624.2$，标准沸点为 $-43.77℃$，温度滑移较大，为 $4\sim6℃$。与 R22 相比，蒸发温度约高 10％，制冷量略有下降，且传热性能稍差，制冷效率约下降 5％；此外，由于 R407C 温度滑移较大，应改进蒸发器和冷凝器的设计。目前，R407C 作为 R22 的替代制冷剂，已用于房间空调器、单元空调器以及小型冷水机组中。

2. R410A

R410A 由质量百分比各 50％的 R32 和 R125 组成的二元近共沸混合工质。其 $ODP=0$，$GWP=1924$，标准沸点为 -51.56（泡点）℃，-51.5（露点）℃，温度滑移仅 $0.1℃$ 左右。与 R22 相比，系统压力为其 $1.5\sim1.6$ 倍，制冷量大 40％～50％；R410A 具有良好的传热特性和流动特性，制冷效率较高，目前是房间空调器、多联式空调机组等小型空调装置的替代制冷剂。

制冷剂一般装在专用的钢瓶中，钢瓶应定期进行耐压试验。装存不同制冷剂的钢瓶不要互相调换使用，也切勿将存有制冷剂的钢瓶置于阳光下暴晒或靠近高温处，以免引起爆炸。一般氨瓶漆成黄色，氟利昂瓶漆成银灰色，并在钢瓶表面标有装存制冷剂的名称。

第二节　润　滑　油

一、润滑油的使用目的

对于制冷压缩机而言，润滑油对保证制冷压缩机的运行可靠性和使用寿命起重要作用，其作用主要有以下三个方面[4]：

（1）减少摩擦。制冷压缩机具有各种运动摩擦副，由于摩擦，一方面需要消耗更多的能量，另一方面，致使摩擦面磨损，影响压缩机正常运行。润滑油的注入，在摩擦面形成油膜，既减少摩擦，又可减少能耗。

（2）带走摩擦热。摩擦产生热量，致使部件温度升高，影响压缩机正常运行，甚至造成运动副的"卡死"。注入润滑油，可以带走摩擦热，使运动副的温度保持在合适范围，同时，还可以带走各种机械杂质，起到防锈和清洁作用。

（3）减少泄漏。制冷压缩机的摩擦面具有一定间隙，是气态制冷剂泄漏的主要通道。在摩擦面间隙中注入润滑油可以起到密封作用。

此外，润滑油还起到消声（降低机器运行中产生的机械噪声和启动噪声）等作用；在一些压缩机中，润滑油还是一些机构的动力油，如：在活塞式压缩机中，润滑油为卸载机构提供液压动力，控制投入运行的气缸数量，以调节压缩机的输气量。

二、润滑油的种类

选用润滑油时应注意润滑油的性能，评价润滑油性能的主要因素有：黏度、与制冷剂的相溶性、倾点（流动性）、闪点、凝固点、酸值、化学稳定性、与材料的相容性、含水量、含杂质量以及电击穿强度等。

制冷压缩机用润滑油可分为天然矿物油和人工合成油两大类：

1. 天然矿物油（简称：矿物油）。矿物油（Mineral Oil，MO）是从石油中提取的润滑油，一般由烷烃、环烷烃和芳香烃组成，它只能与极性较弱或非极性制冷剂相互溶解。国家标准《冷冻机油》GB/T 16630—2012 规定：矿物油分为四个品种，即：L-DRA/A、L-DRA/B、L-DRB/A 和 L-DRB/B，其应用范围见表 2-6[20]。

矿物油的应用范围　　　　　　　　　　表 2-6

国标品种	ISO品种	主要组成	工作温度	制冷剂	典型应用
L-DRA/A	L-DRA	深度精制矿物油（环烷基、石蜡基或白油）合成烃油	高于 −40℃	氨	开启式；普通冷冻机
L-DRA/B				氨、CFCs、HCFCs 及其为主混合物	半封闭；普通冷冻机；冷冻、冷藏设备；空调设备
L-DRB/A	L-DRB	深度精制矿物油合成烃油	低于 −40℃	CFCs、HCFCs 及其为主混合物	全封闭；冷冻、冷藏设备；电冰箱
L-DRB/B		合成烃油			

2. 人工合成油（简称：合成油）。合成油弥补了矿物油的不足，通常都有较强的极性，能溶解在极性较强的制冷剂中，如：R134a。常用的合成油有聚烯烃乙二醇油（Polyalkylene Glycol，PAG）、烷基苯油（Alkyl Benzene，AB）、聚酯类油（Polyol Ester，POE）和聚醚类油（Polyvinyl ester，PVE）。

几类主要制冷润滑油的适用性　　　　　　　　表 2-7

项　目	MO	PAG	AB	POE	PVE
适用压缩机	往复式、旋转式、涡旋式、螺杆式、离心式	往复式、斜盘式、涡旋式、螺杆式、离心式	往复式、旋转式	往复式、旋转式、涡旋式、螺杆式、离心式	往复式、旋转式、涡旋式、螺杆式、离心式
使用制冷剂	CFCs、HCFCs、氨、HCs	HFC-134a、HCs、氨	CFCs、HCFCs、氨、HFC-407C	HCFCs 及其混合物	HCFCs 及其混合物
典型应用例	家用空调、电冰箱、冷冻冷藏设备、中央空调冷水机组、汽车空调	汽车空调、家用空调、电冰箱	空调设备、冷冻冷藏设备	冷冻冷藏设备、空调器	汽车空调、家用空调、中央空调冷水机组

表 2-7 给出了几类主要制冷用润滑油的适用范围[21]。

一般而言，选择制冷润滑油时对制冷剂的考虑要比压缩机形式多一些。MO 类润滑油可用于使用 CFCs、HCFCs、氨、HCs 等制冷剂的系统，PAG 油多用于汽车空调，POE 油和 PVE 油配合 HFCs 制冷剂及其混合物使用。虽然目前在使用 HFCs 制冷剂的系统中多采用 POE 油，但 PVE 油在许多方面的性能都优于 POE 油，故 PVE 油在未来会逐步得到推广应用。

三、润滑油的使用

润滑油的选择主要取决于制冷剂种类、压缩机类型、运行工况（蒸发温度、冷凝温度等），一般应使用制造厂家推荐的牌号。选择时首要考虑的是润滑油的低温性能和与制冷剂的互溶性。

（一）低温性能

润滑油的低温性能主要包括黏度和流动性。

（1）黏度。润滑油的低温性能主要是润滑油的黏度，黏度过大，油膜的承载能力大，易于保持液体润滑，但流动阻力大，压缩机的摩擦功率和启动阻力增大；黏度过小，流动阻力小，摩擦热量小，但不易在运动部件摩擦面之间形成具有一定承载力的油膜，油的密封效果差。故使用中当润滑油的黏度降低 15% 时，应予更换。

制冷压缩机用润滑油按 40℃ 时运动黏度的大小分为 N15、N22、N32、N46 和 N68 五个黏度等级。由于制冷剂与润滑油的互溶性不同，故不同制冷剂所要求的润滑油黏度也不相同，R22 制冷压缩机一般选用 N32 或 N46 黏度等级的润滑油。

（2）流动性。要求润滑油的凝固点要低，最好比蒸发温度低 5～10℃ 以上，且在低温工况下仍应具有良好的流动性。若低温流动性差，则润滑油会沉淀在蒸发器内影响制冷能力，或凝结在压缩机底部，失去润滑作用而导致运动部件损坏。

（二）与制冷剂的互溶性

前文已述，制冷剂可分为有限溶于润滑油的制冷剂和无限溶于润滑油的制冷剂两大类。但是有限溶解和无限溶解是有条件的，随着润滑油的种类不同和温度的降低，无限溶解可以转化为有限溶解。

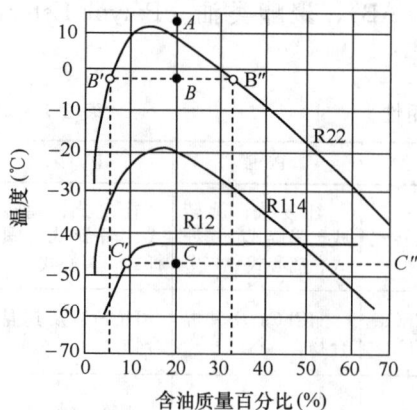

图 2-5　氟利昂-润滑油临界曲线　　　图 2-6　R22 和润滑油饱和溶液的压力-浓度图

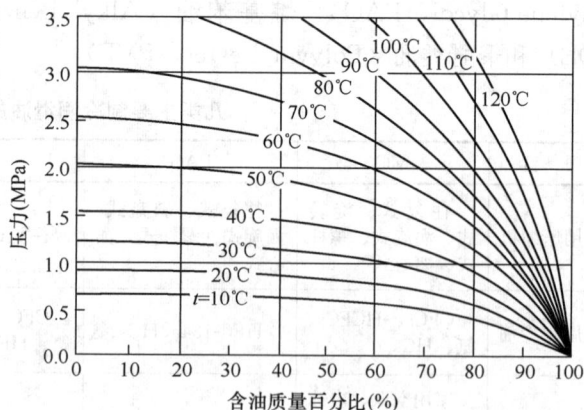

图 2-5 为几种氟利昂环烷烃族润滑油混合的临界温度曲线，在临界曲线以上，制冷剂可以无限溶于润滑油，曲线下面所包含的区域为有限溶解区。例如，图中的 A 点含油浓度为 20%，润滑油完全溶解在制冷剂中；当含油浓度不变，但温度降低时，如图中的 B 点，对 R114 和 R12 而言，仍处于完全溶解状态，而对于 R22 来说，则处于有限溶解状态，溶液将分为两层，少油层为状态 B′，多油层为状态 B″，由于润滑油比 R22 的密度小，故多油层在上层；当温度继续降低至图中的 C 点时，R12 也将转变为有限溶解，一部分为状态 C′，另一部分几乎是纯的润滑油 C″。

无限溶于润滑油的制冷剂，润滑油随制冷剂一起渗透到压缩机的各部件，为压缩机创造良好润滑条件，并且不会在冷凝器、蒸发器等换热表面上形成油膜而妨碍传热。但是，从图 2-6 所示的 R22 和润滑油饱和溶液的压力—浓度图[14]和图 2-7 所示的 R32 和润滑油饱和溶液的压力—浓度图❶中可以看出：当蒸发器中的润滑油不能及时返回压缩机导致含油量较高时，制冷剂与油的混合物的蒸发压力将降低，导致吸气量与制冷量随之下降。制冷量减小的另一个原因是由于气态制冷剂和油滴一起从蒸发器中进入压缩机，遇到温度较高的气缸后，溶于油中的制冷剂从油中蒸发出来，因此，这部分制冷剂不但没有产生有效的制冷量，还将引起压缩机的有效进气量减少。为减少这部分损失，可以采用回热循环，使蒸发器出来的气态制冷剂和油的混合物先进入回热器，被来自冷凝器的液态制

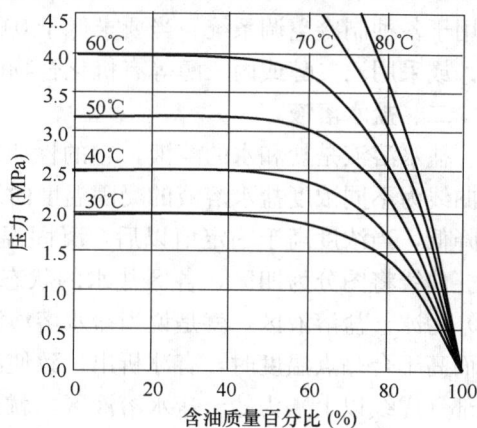

图 2-7 R32 和润滑油饱和
溶液的压力-浓度图

冷剂加热，使油中溶解的液态制冷剂汽化，同时使高压液态制冷剂再冷，减少节流损失。

在采用无限溶于润滑油的制冷剂的制冷系统中，由于润滑油中含有制冷剂，压缩机启动时，曲轴箱内压力突然降低，溶解其中的制冷剂将蒸发，导致润滑油"起泡"，可能引起吸气带液（油气混合物）危及压缩机安全运行。此外，当压缩机置于低温环境时，由图 2-5 所示的临界温度曲线可知，压缩机曲轴箱中的油将出现分层，由于下层为少油层，油泵从曲轴箱底部的少油层抽油，必然导致润滑不良，有烧毁压缩机的危险。为避免上述现象发生，可以在压缩机启动前，用油加热器加热润滑油，以减少油中制冷剂的溶解量，保护压缩机。

第三节　载　冷　剂

空调工程、工业生产和科学试验中，常常采用制冷装置间接冷却被冷却物，或者将制冷装置产生的冷量远距离输送，这时，均需要一种中间物质，在蒸发器内被冷却降温，然后再用它冷却被冷却物，这种中间物质称为载冷剂。

---

❶ 资料来源：图 2-7 由珠海格力电器股份有限公司提供。

一、对载冷剂物理化学性质的要求

载冷剂的物理化学性质应尽量满足下列要求：

（1）在使用温度范围内，不凝固，不汽化；

（2）无毒，化学稳定性好，对金属不腐蚀；

（3）比热大，输送一定冷量时所需流量小，温度变化不大；

（4）密度小，黏度小，以减小流动阻力，降低循环泵消耗功率；

（5）导热系数大，以减少换热设备的传热面积；

（6）来源充裕，价格低廉。

常用的载冷剂是水，但只能用于高于 0℃的条件，如冷水机组就采用水为载冷剂，广泛用于各种制冷空调系统。当要求低于 0℃时，一般采用盐水，如氯化钠或氯化钙盐水溶液，或采用乙二醇或丙三醇等有机化合物的水溶液。

二、盐水溶液

盐水溶液是盐和水的溶液，它的性质取决于溶液中盐的浓度，如图 2-8 和图 2-9。图中曲线为不同浓度盐水溶液的凝固温度曲线，溶液中盐的浓度低时，凝固温度随浓度增加而降低，当浓度高于一定值以后，凝固温度随浓度增加反而升高，此转折点为冰盐合晶点。曲线将图分为四区，各区盐水的状态不同。曲线上部为溶液区；曲线左部（虚线以上）为冰－盐溶液区，就是说当盐水溶液浓度低于合晶点浓度、温度低于该浓度的析冰温度而高于合晶点温度时，有冰析出，致使溶液浓度增加，故左侧曲线也称为析冰线；曲线右部（虚线以上）为盐－盐水溶液区，就是说当盐水浓度高于合晶点浓度、温度低于该浓度的析盐温度而高于合晶点温度时，有盐析出，溶液浓度降低，故右侧曲线也称为析盐线。低于合晶点温度（虚线以下）部分为固态区。

选择盐水溶液浓度时应注意，盐水溶液浓度越大，其密度越大，流动阻力也越大，而比热减小，输送相同冷量时，需增加盐水溶液的流量。因此，只要保证蒸发器中盐水溶液不冻结，凝固温度不要选择过低，一般比蒸发温度低 4~5℃（敞开式蒸发器）或 8~10℃（封闭式蒸发器）[22]，而且浓度不应大于合晶点浓度。

盐水溶液在制冷系统中运转时，有可能不断吸收空气中的水分，使其浓度降低，凝固温度升高，所以应定期向盐水溶液中增补盐量，以维持要求的浓度。氯化钠和氯化钙的物性值见附表 10 和附表 11。

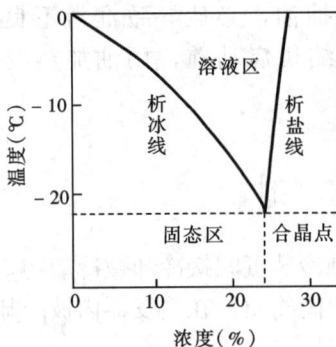

图 2-8　氯化钠盐水溶液　　　　　　图 2-9　氯化钙盐水溶液

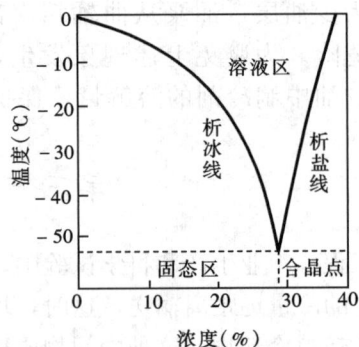

氯化钠等盐水溶液最大的缺点是对金属有强烈腐蚀性，盐水溶液系统的防蚀是突出问题。实践证明，金属被腐蚀与盐水溶液中含氧量有关，含氧量越大，腐蚀性越强，为此，最好采用闭式系统，减少与空气的接触。此外，为了减轻腐蚀作用，可在盐水溶液中加入一定量的缓蚀剂，缓蚀剂可采用氢氧化钠（NaOH）和重铬酸钠（NaCrO₇）。1m³氯化钙盐水溶液中加 1.6 kg 重铬酸钠，0.45 kg 氢氧化钠。1m³氯化钠盐水溶液中加 3.2 kg 重铬酸钠，0.89 kg 氢氧化钠。加缓蚀剂的盐水应呈碱性（pH 值保持在 7.5～8.5）。重铬酸钠对人体皮肤有腐蚀作用，调配溶液时需加注意。

三、乙二醇

由于盐水溶液对金属有强烈腐蚀作用，所以，一些场合常采用腐蚀性小的有机化合物，如甲醇、乙二醇等。乙二醇有乙烯乙二醇和丙烯乙二醇之分，由于乙烯乙二醇的黏度大大低于丙烯乙二醇，故载冷剂多采用乙烯乙二醇。

乙烯乙二醇是无色、无味的液体，挥发性低，腐蚀性低，容易与水和许多有机化合物混合使用；虽略带毒性，但无危害，广泛应用于工业制冷和冰蓄冷空调系统中。乙烯乙二醇水溶液的物性值见附表 12 与附表 13。

虽然，乙烯乙二醇对普通金属的腐蚀性比水低，但乙烯乙二醇水溶液则表现出较强的腐蚀性。在使用过程中，乙烯乙二醇氧化呈酸性，因此，乙烯乙二醇水溶液中应加入添加剂。添加剂包括防腐剂和稳定剂。防腐剂可在金属表面形成阻蚀层；

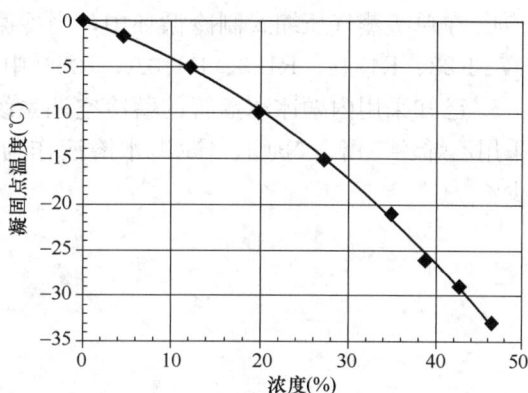

图 2-10　乙烯乙二醇的凝固点曲线

而稳定剂可为碱性缓冲剂——硼砂，使溶液维持碱性（pH 值＞7）。溶液中添加剂的添加量为 800～1200ppm。

乙烯乙二醇浓度的选择取决于应用的需要。一般而言，以凝固温度（参见图 2-10）比蒸发温度低 5～6℃确定溶液浓度为宜[14]，浓度过高，不但投资大，而且对其物性也有不利影响。为了防止空调设备在冬季冻结损毁时，采用 30% 的乙烯乙二醇水溶液足已，再提高浓度虽然会使凝固点降低，但溶液黏性急剧增大将导致循环泵消耗功率大幅度增加。

思　考　题

1. 什么是制冷剂？对制冷剂有什么要求？选择制冷剂时应考虑哪些因素？

2. 制冷剂的安全性是如何规定的？

3. "环保制冷剂就是无氟制冷剂"的说法对吗？请简述其原因；如何评价制冷剂的环境友好性能？

4. 请简要说明各类制冷剂的编号方法。

5. 何谓高温制冷剂、中温制冷剂和低温制冷剂？请对本章的表 2-4（b）中所示制冷剂进行分类。

6. 用于寒冷地区的空气源热泵其压缩机为何需要设置油加热器？请分析提出油加热器的控制策略。

7. 什么是载冷剂？对载冷剂有何要求？选择载冷剂时应考虑哪些因素和注意事项？

练 习 题

1. 将 R22 和 R134a 制冷剂分别放置在两个完全相同的钢瓶中，如何利用最简单的方法进行识别？

2. 高温、中温与低温制冷剂与高压、中压、低压制冷剂的关系是什么？目前常用的高温、中温与低温制冷剂有哪些？各适用于哪些系统？

3. 试分析冷冻油对制冷系统性能有何影响？如果制冷系统的蒸发器内含有浓度较高的冷冻油，对系统的制冷量有何影响，为什么？

4. 在单级蒸气压缩式制冷循环中，当冷凝温度为 40℃、蒸发温度为 0℃ 时，请问在 R717、R22、R134a、R123、R410A、R290 中，哪些制冷剂适宜采用回热循环？

5. 已知采用内融冰冰盘管的蓄冷空调系统，其制冷机的蒸发温度为 −12℃，如果分别采用乙烯乙二醇、NaCl、CaCl$_2$ 水溶液作为载冷剂，请问各载冷剂的质量浓度至少为多少？

第三章 制冷压缩机

制冷压缩机是蒸气压缩式制冷装置的一个重要设备。制冷压缩机的形式很多，根据工作原理的不同，可分为两大类：容积式制冷压缩机和离心式制冷压缩机，参见表3-1❶。

容积式制冷压缩机是靠改变工作腔的容积，将周期性吸入的定量气体压缩。常用的容积式制冷压缩机有往复活塞式压缩机和回转式压缩机。

制 冷 压 缩 机 的 分 类　　　　　　　　　　　　　　　　表 3-1

分　类		结构简图	密封类型	输入功率(kW)	主要用途	主　要　特　征
容积式	往复活塞式 曲柄连杆式		开启式	0.4～120	石油化工领域、大型空调系统及冷库等	(1) 工况适用范围广泛，易实现高压比； (2) 制冷量覆盖范围大； (3) 结构简单，对加工材料和工艺要求低，但零件多且复杂，易损件较多； (4) 转速受限制、输气不连续
			半封闭式	0.75～45	冷库、冷藏运输、冷冻加工、陈列柜和厨房冰箱等领域	
			全封闭式	0.1～15	电冰箱、空调器等小型制冷装置	
	斜盘式		开启式	0.75～2.2	汽车空调	(1) 结构特征适合于高转速、移动式装置； (2) 惯性力矩易平衡
	回转式 滚动转子式		开启式	0.75～2.2	汽车空调	(1) 结构简单，零件几何形状规则，便于批量加工； (2) 体积小、重量轻； (3) 易损件少，可靠性较高； (4) 无吸气阀，压缩机效率较高； (5) 不适合高压比工况
			全封闭式	0.1～10	电冰箱、空调器、热泵	
	滑片式		开启式	0.75～2.2	汽车空调	滑片式除具有转子式的优点，并还具有下特点： (1) 压力脉动小，振动小； (2) 高转速摩擦损失大，效率低
			全封闭式	0.6～5.5	电冰箱、空调器	
	涡旋式		开启式	0.75～7.4	汽车空调	(1) 泄漏小，无余隙容积，无吸、排气阀流动损失小，效率高； (2) 多腔同时工作，转矩变化小，运转平稳，且吸气、压缩、排气连续进行，压力脉动小，振动、噪声亦较小； (3) 结构简单，零件数量少，加之柔性机构，可靠性高
			全封闭式	2.2～60	空调器	

---

❶ 在文献〔14〕的基础上，结合目前的技术进展进行了补充完善

分 类			结构简图	密封类型	输入功率(kW)	主 要 用 途	主 要 特 征
容积式	回转式	双螺杆式		开启式	20~1800	食品冷冻、冷藏、制冰、民用及商用空调、工业制冷等领域,适用于大机型	(1) 高效、耐久、结构紧凑并可对负载进行连续调节; (2) 振动小、噪声低; (3) 兼有活塞式制冷压缩机的单机压比高特点; (4) 兼有离心式制冷压缩机的排量大、转速高、运转平稳的特点,且对湿压缩不敏感; (5) 可能产生过压缩和欠压缩
				半封闭式	30~300	食品冷冻、冷藏、制冰、民用及商用空调、工业制冷等领域,用于中小机型	
		单螺杆式		开启式	100~1100	多用于中央空调和大中型冷库,适用于大机型	
				半封闭式	22~90	多用于中央空调和大中型冷库,适用于中小机型	
离心式				开启式		制冷装置、空调、热泵	(1) 适合于大容量系统; (2) 不宜用于高压缩比场合; (3) 转速高; (4) 效率高; (5) 多采用半封闭式结构
				半封闭式	90~10000		

离心式制冷压缩机是靠离心力的作用,连续地将所吸入的气体压缩。这种制冷压缩机的转数高,制冷能力大。

第一节 活塞式制冷压缩机

一、活塞式制冷压缩机的形式

往复活塞式制冷压缩机一般简称为活塞压缩机,应用较为广泛,但是,由于活塞和连杆等的惯性力较大,限制了活塞运动速度提高和气缸容积的增加,故单缸输气量不会太大。目前,除特殊工艺需求外,活塞压缩机多为中小型,一般空调工况制冷量小于300kW。

活塞压缩机是制冷空调领域早期使用最为广泛的压缩机形式,但随着其他形式制冷压缩机的出现和发展,活塞压缩机的应用领域主要收缩为商业制冷和家用制冷领域,如:冰箱和冰柜。在空调领域,凭借较高的能效水平,离心、螺杆、涡旋和滚动转子压缩机逐渐替代活塞压缩机而成为容量从大到小、广泛使用的压缩机形式。活塞压缩机因排气压力始终等于冷凝压力与排气阀阻力之和，不存在固定容积比压缩机常有的欠/过压缩问题，故能很好地适应工况变化导致的系统压比变化，减小非设计工况的性能衰减。另外，活塞压缩机由于压缩腔为圆柱形结构，所以能承受较大的压力，因此更适用于大压比或大压差工况，这正是活塞压缩机目前在商用和家用制冷领域仍较广泛应用的原因。需要特别说明的是，由于活塞压缩机的承压能力好，所以已成为 CO_2 空调和热泵用压缩机的一个重要分支。

活塞压缩机有以下几种分类方式：

（1）根据气缸排列和数目的不同，可分为卧式、立式和多缸式。

卧式活塞压缩机气缸为水平放置，有单作用（单向压缩）和双作用（双向压缩）两种。该种制冷压缩机转数低（200～300r/min），制冷量大，属于早期产品。

立式活塞制冷压缩机气缸在曲轴正上方并列垂直放置，多为两个气缸，转数一般在750r/min 以下。

多缸制冷压缩机气缸的排列与气缸数目有关，有 V 形、W 形、Y 形、扇形（S 形）和十字形多种。该种制冷压缩机的气缸小而多，转数高，故压缩机质轻体小，平衡性能好，噪声和振动较低，易于调节压缩机的制冷能力，空调制冷装置多采用此种压缩机。

（2）根据构造不同，可分为开启式和封闭式。

开启式压缩机的压缩机和驱动电动机分别设置在两个壳体中，由传动轴连接。因此压缩机传动轴穿出壳体之处需要设有轴封装置以防止制冷剂向大气泄露或空气进入压缩机和制冷系统。

封闭式压缩机包括半封闭式和全封闭式两类。二者的共同特点是，压缩机和驱动电动机封闭在同一空间，故不需要设置轴封装置，同时极大地降低了制冷系统运行过程的制冷剂泄露和不凝气体进入的可能性；同时这一结构也可实现对电机更好的冷却。两者的区别为：半封闭式压缩机采用可拆装结构进行密封，因此压缩机部件损坏时可现场进行维修；而全封闭式则采用焊接结构进行密封，压缩机一旦损害则需直接替换新的压缩机。因此，半封闭式结构多用于容量较大的活塞压缩机，而全封闭式活塞压缩机则多用于容量较小的机型。需要注意的是，由于驱动电动机在气态制冷剂中运转，电动机的绕组必须采用耐制冷剂侵蚀的特种漆包线制作。此外，有爆炸危险的制冷剂不宜用于封闭式制冷压缩机。

（3）根据制冷剂气体在气缸内的流动方向不同，可分为逆流式和顺流式。

逆流式压缩机的吸气阀和排气阀均设置在气缸顶部。活塞向下移动时，低压气体从气缸顶部经吸气阀由吸气口进入气缸；活塞向上移动时，缸内气体被压缩，并经排气阀由排气口从上部排出气缸。这样，气体进入气缸和排出气缸的运动方向相反，故称为逆流式。逆流式活塞压缩机的活塞尺寸小、重量轻，压缩机的转数可高达 3000r/min，是目前活塞压缩机的主要形式。

顺流式压缩机的活塞为空心圆柱体，吸气阀位于活塞顶部，活塞内腔与吸气管相通。活塞向下移动时，低压气体从活塞顶部进入气缸；活塞向上移动时，缸内气体被压缩，并从气缸上部排出。气缸内的气体无论是吸气和排气过程都是由下向上顺着一个方向流动，故称为顺流式。顺流式活塞制冷压缩机虽然容积效率较高，但是，由于活塞质量大，限制了压缩机转数的提高，故在空调制冷装置中已不使用。

二、活塞式制冷压缩机的构造

活塞压缩机主要包括机体、电机、活塞及曲轴连杆机构、气缸套及进排气阀组、润滑系统以及容量调节装置6个部分，下面以半封闭式活塞压缩机为例介绍活塞压缩机的基本结构。

（一）半封闭式活塞制冷压缩机

图3-1给出了6F型半封闭式活塞压缩机的结构剖面图[1]。图中，制冷剂从右侧吸气口吸入，流经电机对其冷却，然后进入气缸，在气缸内被压缩后从左侧排气口排出。

1. 机体

机体是压缩机的最大结构部件。沿左右方向可分为压缩腔和电机腔。电机腔的主要作用是固定电机并安置电控接线板。外部电路通过电控接线板实现对压缩机的启停、转速和电机温度等信号的检测和控制。埋设在线圈中的电机温度传感器，在电机过热时可及时指令压缩机关闭，起到保护电机的作用。

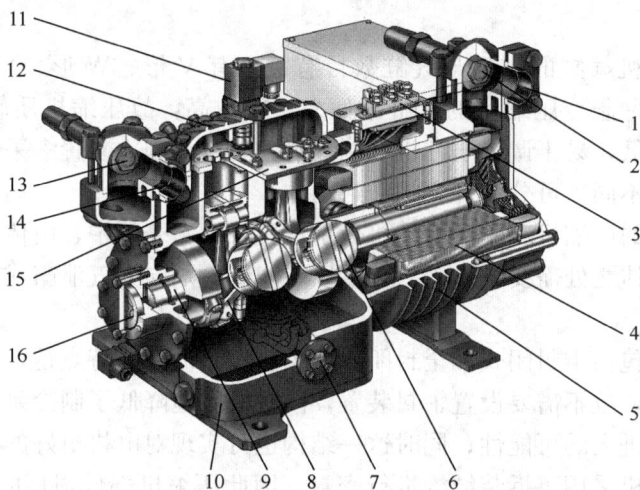

图3-1 6F型半封闭活塞压缩机解剖图

1—吸气口；2—吸气截止阀；3—电控接线板；4—电机；5—机体；6—活塞；7—视油镜；8—连杆；9—曲轴；10—曲轴箱；11—容量调节电磁阀；12—气缸盖；13—排气截止阀；14—排气口；15—阀板；16—油泵

压缩腔的上半部分为气缸体，其上加工有气缸，同时安装有活塞、连杆和阀板等部件。气缸体上部设置有气缸盖，气缸盖内的隔板分隔出吸气区和排气区，并引导制冷剂气体的吸入和排出。机体的下半部分为曲轴箱，曲轴箱内有较大的空间，一方面为曲轴的运动留出必要的空间，同时也用于润滑油的储存。

机体的几何形状比较复杂，加工面较多，而且还要承受较大的工作压力，故一般采用强度较高的优质灰铸铁铸成。在对于重量比较敏感的应用场合（如：船用），也可采用铝合金铸造机体。

2. 活塞及曲轴连杆机构

活塞压缩机的曲轴一般采用球墨铸铁铸成，两侧的主轴颈支撑在曲轴箱两端的滑动轴承上，每个曲拐上装有连杆及活塞。曲轴有单拐和双拐之分，四缸以上的活塞式压缩机均

---

[1] 资料来源：比泽尔制冷技术（中国）有限公司。

为双拐曲轴，两拐互成180°。曲轴上钻有油孔，连通主轴颈和每个曲拐，以使润滑油从油泵端的进油孔和轴封端的进油孔进入主轴承以及各个连杆的大头轴承，保证轴承的润滑和冷却。

活塞压缩机的连杆采用可锻铸铁或者铝合金制成，连杆大头多为剖分式，带有可拆卸的薄壁轴瓦，轴瓦上钻有油孔，与曲拐处的油孔相通。连杆小头均为不剖分式，内镶有磷青铜衬套，靠活塞销与活塞连接。连杆体内也钻有油孔，以便使润滑油从连杆大头被压送到小头轴套。

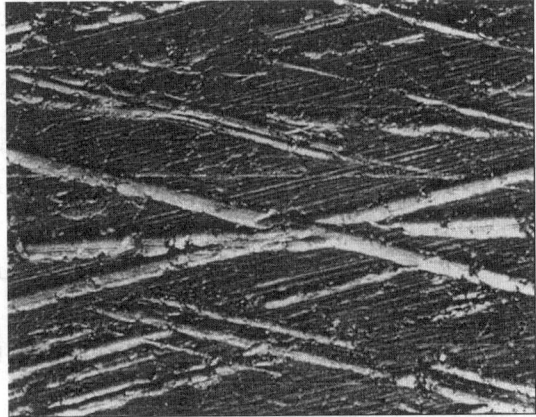

图 3-2 压缩机气缸纩磨表面放大图

活塞多采用铝镁合金铸制，质量轻，组织细密。活塞顶部的形状应与气缸顶部的阀座形状相适应，以便尽量减少余隙容积。活塞上设有密封环，以保证气缸壁与活塞之间的密封；在密封环下面还装有油环，以便活塞向上运动时，进行布油，保证润滑，活塞向下运动时，将气缸壁上多余的润滑油刮下，以减少排气带油。为简化结构，部分压缩机已采用纩磨工艺加工气缸内表面，以取消活塞上的密封环和油环。通过纩磨在气缸内表面形成细微的凹槽（图 3-2），这些细微的凹槽可以储存微量的润滑油保证活塞的润滑，同时起到了密封环和油环的作用。

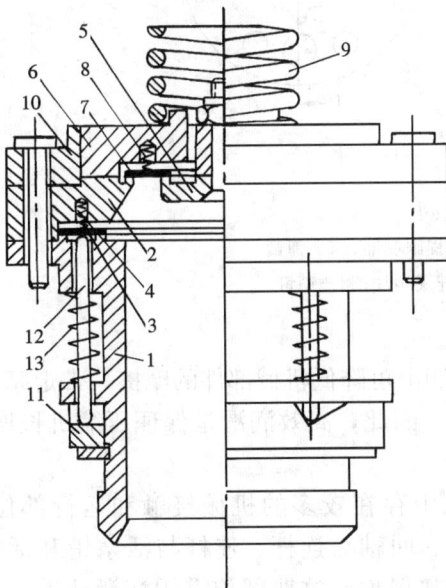

图 3-3 气缸套及进、排气阀组
1—汽缸套；2—外阀座；3—进气阀片；4—阀片弹簧；5—内阀座；6—阀盖；7—排气阀片；8—阀片弹簧；9—缓冲弹簧；10—导向环；11—转动环；12—卸载容量调节用顶杆；13—顶杆弹簧

传统活塞压缩机的活塞和曲轴连杆机构多采用小活塞、长连杆和大曲拐半径的设计。这种设计主要考虑的是减小活塞面积，降低压缩机的余隙容积，提高压缩机的容积效率。而近来的压缩机则多是采用大活塞、短连杆、小曲拐半径设计。这种设计主要考虑：①降低活塞运行的线速度，优化吸排气流程，降低在吸排气阀上的截流损失；②曲拐在转到左右水平点时与连杆小头形成的夹角较小，活塞作用在垂直于气缸表面的压力低，活塞和气缸的磨损小；③大的活塞面积可以允许吸、排气阀的孔径更大，以降低压缩机的吸、排气损失，提高压缩机效率；④较低的活塞线速度更适合采用变频器对压缩机进行容量调节。

3. 气缸套及进、排气阀组

大型活塞压缩机采用图 3-3 所示的气缸套及进、排气阀组构造。它主要由气缸套、外阀座、内阀座、进气阀片、排气阀片、阀盖和缓冲弹簧等组成。外阀座不但起吸气阀片的升高限位作用，同时，与内阀座共同组成排气阀座；而

55

上部压有缓冲弹簧的阀盖，不但起排气阀片的升高限位作用，还可以防止液击致使气缸破损。

小型活塞压缩机的进、排气阀多采用簧片式气阀，其阀片有舌形、半月形和条形簧片。图 3-4 所示的簧片式气阀，阀板上有两组圆孔，一组为吸气孔，另一组为排气孔。多吸气孔和排气孔的设计有助于增加流道的面积，降低压力损失，同时平均分配制冷剂于阀片的冲击，延长阀片的寿命。

进、排气孔被气缸盖上的肋板隔开，从而在气缸盖与阀板之间形成两个独立空间——吸气腔和排气腔，分别与吸气管和排气管相通。阀板上的四个吸气孔，呈菱形排列，吸气阀片为舌形弹簧片，用两个销钉使其一端固定在阀板的下面；排气孔也是四个，呈半月形排列，故排气阀片为半月形弹簧片。

簧片式气阀的阀片质量轻，惯性小，启闭迅速，所以，运转噪声小，阀片与阀板间的密封线寿命长；但是，这种气阀通道阻力较大，而且阀片挠角大，易折断，对材料和加工工艺要求较高。因此，空调用小型活塞式压缩机（包括全封闭式压缩机）转而采用蝶状环形阀片，如图 3-5 所示，以便增大进排气阀的通道面积，减少进排气阻力损失，提高制冷压缩机的性能系数。

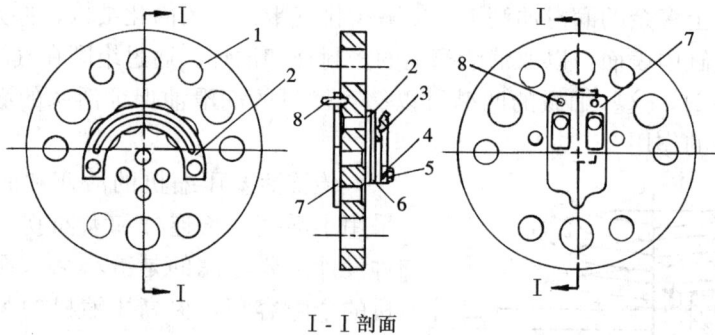

Ⅰ-Ⅰ剖面

图 3-4 簧片式气阀

1—阀板；2—排气阀片；3—阀片升程限制器；4—弹簧
垫圈；5—螺栓；6—弹簧片；7—进气阀片；8—销钉

4. 润滑系统

润滑系统是含油压缩机非常重要的构成要素。润滑可降低机械部件的摩擦，带走摩擦导致的局部发热量，并减小压缩过程的制冷剂泄露。因此，高效润滑是保证压缩机长期、安全、高效运行的基本条件。

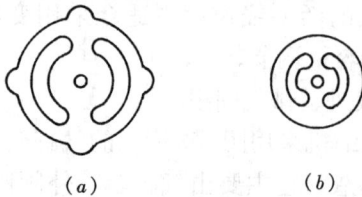

（a）　　　　　　（b）

图 3-5 蝶状环形阀片

（a）进气阀片；（b）排气阀片

活塞压缩机中存在较多的机械接触和运行部位，包括：轴与轴承、曲轴与连杆、连杆与活塞销和活塞与气缸壁等诸多接触面。这些部位需用润滑油进行及时润滑和冷却，以减少部件磨损和变形，保证压缩机正常运转。否则，即使短时间缺油，也将造成严重后果。如何将足量润滑油送到需润滑部位是润滑油系统设计的关键。

压缩机中常用的润滑油供油方式包括：飞溅式供油、压差供油、离心式供油和油泵供油等。这些不同供油方式可在同一压缩机中组合使用。飞溅式供油是通过曲轴旋转时拍打曲轴箱内的润滑油油面，使润滑油飞溅到润滑表面，因此，飞溅式供油仅可用于曲轴箱附近浅表润滑面的润滑供油。当部分结构的压缩机的润滑油油池设置在排气腔时，可利用排气腔的高压直接将润滑油通过输油通道推送到摩擦表面，这一方式为压差供油。离心式供油在制冷压缩机中广泛使用，通过在曲轴中钻设的输油通道，利用曲轴旋转式时产生的离心力将润滑油输送到各内部摩擦表面。如果输油通道过长或需要使用润滑油推动其他装置工作（如卸载容量调节装置等）时，一般需采用油泵供油方式增加供油压差。

活塞压缩机采用的油泵有外啮合齿轮油泵、月牙体内啮合齿轮油泵和转子式内啮合齿轮油泵。转子式内啮合齿轮油泵由内转子、外转子、壳体等组成，如图 3-6 所示。内转子通过传动块与曲轴连接，由曲轴带动旋转；外转子则依靠与内转子的啮合，在与泵轴呈偏心（偏心距为 δ）的壳体内旋转。随着内、外转子的旋转以及内、外转子之间齿隙容积的变化和移动，不断地将润滑油吸入和排出。转子式内啮合齿轮油泵机构紧凑，而且，内、外转子可采用粉末冶金模压成型，加工简单，精度高，使用寿命长；同时，当曲轴反向旋转时，外转子的偏心方位随之进行 180°的位移，油泵不受转向的限制而照常工作。

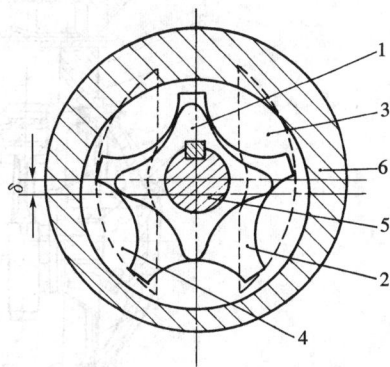

图 3-6 转子式内啮合齿轮油泵
1—内转子；2—外转子；3—进油口；
4—出油口；5—泵轴；6—壳体

除上述供油方式外，引射回油也常在制冷压缩机中使用以回收较低压力腔内的润滑油。图 3-7 所示为 6F 型半封闭制冷压缩机的引射回油装置。由于活塞和气缸之间存在制冷剂泄漏，所以曲轴箱的压力会略高于电机腔。这一回油装置的作用就是帮助润滑油从压力更低的电机腔流入压力较高的曲轴箱中。其工作原理是利用从油泵出来的高压润滑油在进入曲轴箱之前经过一个文丘里管产生一定的负压，将电机腔内的润滑油吸入到曲轴箱中。

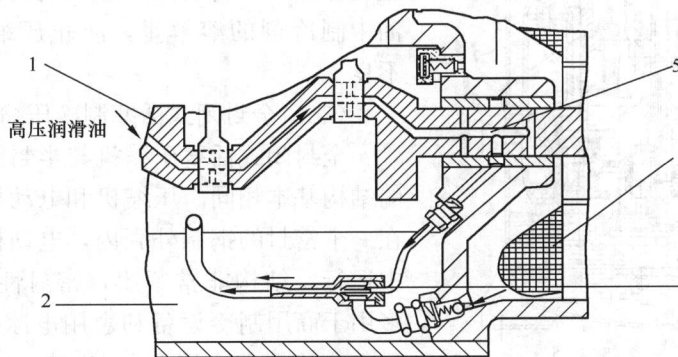

图 3-7 引射回油装置
1—曲轴；2—曲轴箱；3—文丘里管；4—电机腔；5—油道

此外，在小型压缩机中还有采用甩油盘取代油泵供油的结构。图3-8所示为一采用甩油盘的半封闭式活塞压缩机。在压缩机运行时，甩油盘在曲轴的带动下转动，将粘附在盘上的润滑油甩到压缩机体上，在曲轴进油口处设计有一个存油窝，被甩到压缩机机体上半部的润滑油在重力的作用下流进存油窝给曲轴供油。这种润滑方式毋需对润滑油进行加压，而是利用连杆滑动轴承和连杆在运行时在各个运行表面形成的负压把润滑油吸入到轴承内。

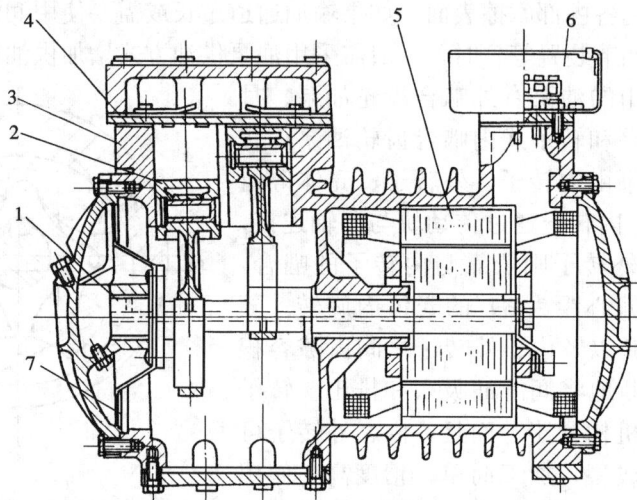

图 3-8　采用甩油盘的半封闭活塞压缩机

1—曲轴；2—活塞连杆组；3—气缸体；4—阀板组；
5—内置电动机；6—接线盒；7—甩油盘

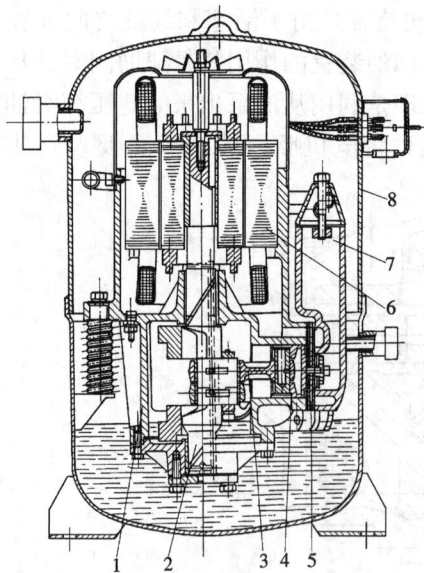

图 3-9　全封闭活塞式制冷压缩机

1—机体；2—曲轴；3—连杆；4—活塞；5—气阀；
6—电动机；7—排气消声部件；8—机壳

活塞式压缩机曲轴箱的油温不应超过70℃。制冷能力较大的压缩机曲轴箱内设有油冷却器，内通冷却水，以降低润滑油温度。此外，用于低温环境下的活塞式氟利昂压缩机，曲轴箱中应设置电加热器，启动前加热箱内的润滑油，以减少油中制冷剂的溶解量，防止压缩机启动时润滑不良。

（二）全封闭式活塞制冷压缩机

全封闭式活塞压缩机与半封闭式活塞压缩机的结构基本相同。压缩机和电动机通过弹簧吊装在一个密封的钢制外壳内，电动机在气态制冷剂中运行，结构非常紧凑，密封性能好，噪声低，多用于商用制冷设备和家用电冰箱。如图3-9所示[23]，电动机立置在上方，气缸水平放置，主轴下端钻有油孔和偏心油道，靠主轴高速旋转产生的离心力将润滑油送至各轴承处。此外，为了简化结构，活塞一般为筒形平顶，没有活塞环，仅有两道环形槽，依靠充入其中的润滑油起密封和润滑作用。

全封闭式活塞压缩机的电动机绕组依靠吸入的低压气态制冷剂冷却，所以，压缩机吸气过热度大，排气温度高，特别在低温工况更是如此。同时，当蒸发压力下降，制冷剂流量减少，传热效果恶化，电动机绕组温度上升。因此，按高温工况设计的全封闭式制冷压缩机用于低温工况时，电动机有烧毁的可能。

（三）开启式活塞制冷压缩机

开启式活塞压缩机也与半封闭式活塞压缩机相似，但由于电动机置于压缩机外，故需要良好的轴封防止制冷剂的泄漏。

图 3-10 为 8AS-12.5 型制冷压缩机剖面图。机体内有上下两个隔板，气缸套嵌在隔板之间，这样，将机体内部分为三个空间：下部为曲轴箱；中部为吸气腔，与吸气管相通；上部则与气缸盖共同构成排气腔，与排气管相通。在吸气腔的最低部位钻有回油孔，也是均压孔，使吸气腔与曲轴箱相通，这样，不仅使与吸气一起返回的润滑油可通过此孔流回曲轴箱，还可以使曲轴箱内的压力不会因活塞的往复运动而产生波动。

开启式压缩机常用的轴封装置（图 3-10 中的 10）为摩擦环式轴封，其结构如图 3-11

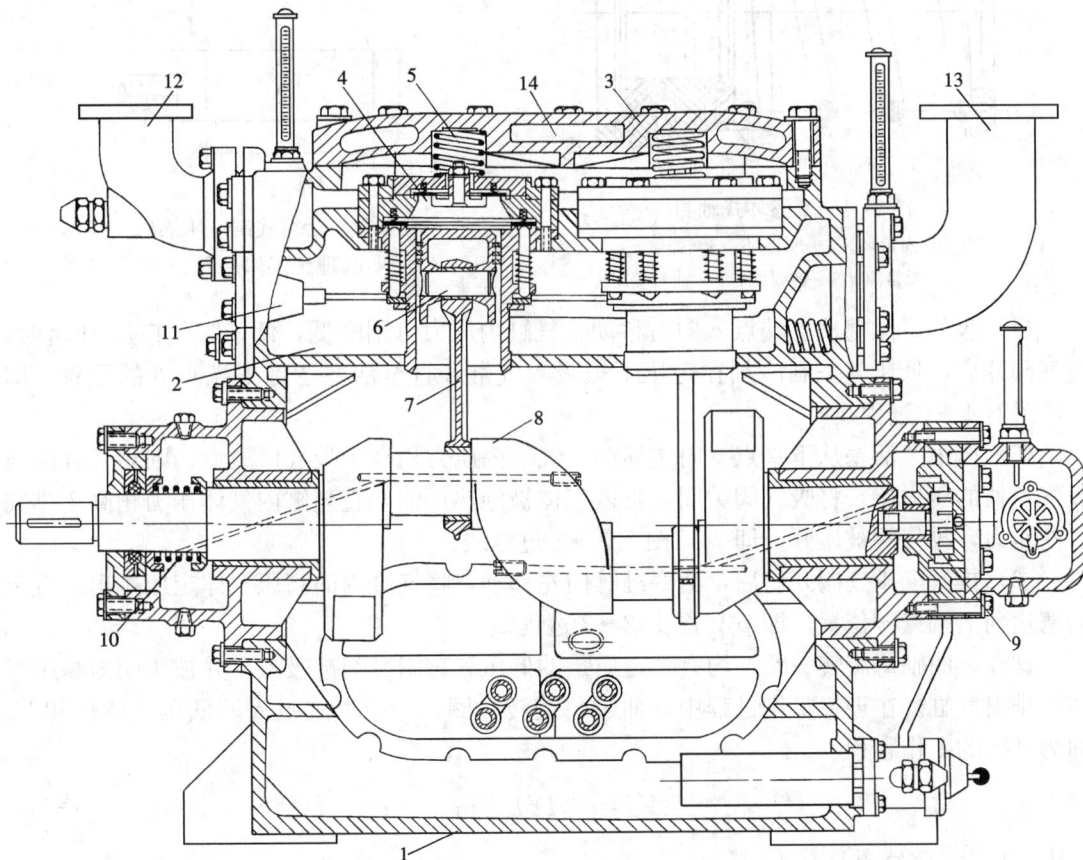

图 3-10　8AS-12.5 型制冷压缩机剖面图

1—曲轴箱；2—吸气腔；3—汽缸盖；4—汽缸套及进排气阀组；5—缓冲弹簧；6—活塞；7—连杆；8—曲轴；9—油泵；10—轴封；11—油压推杆调容机构；12—排气管；13—进气管；14—水套

所示。

摩擦环式轴封由固定环、摩擦环（活动环）、弹簧和密封圈等组成。弹簧和摩擦环随曲轴一起旋转，靠弹簧的作用力使摩擦环与固定环严密贴合，形成密封面，再配置两个密封圈，即可保证曲轴箱内的制冷剂不致由此处渗出。由于曲轴转数较高，摩擦环与固定环之间产生的摩擦热应及时排散，因此，轴封处需不断供入润滑油进行冷却，否则密封面将严重磨损，甚至发生烧毁现象。

三、活塞式制冷压缩机的输气参数

（一）活塞式制冷压缩机的理论输气量

活塞压缩机的理想工作过程有吸气、压缩和排气三个过程，如图 3-12 所示。

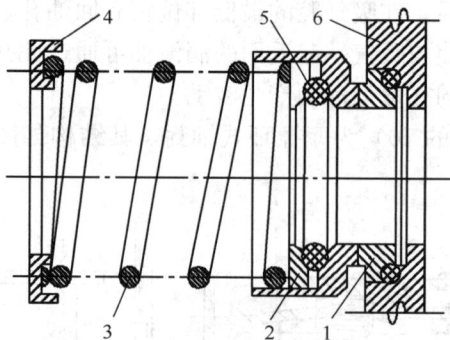

图 3-11　摩擦环式轴封

1—固定环；2—摩擦环；3—弹簧；

4—弹簧座；5—密封圈；6—轴封盖

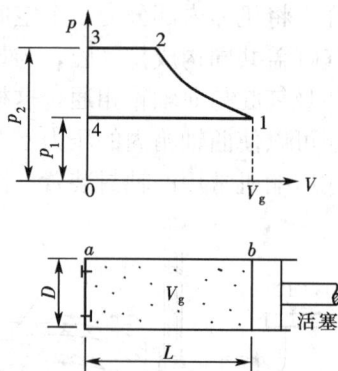

图 3-12　活塞式制冷压缩机
的理想工作过程

（1）吸气　活塞从上端点 a 向右移动，气缸内压力急剧降低，低于吸气口压力 p_1 时，吸气阀开启，低压气态制冷剂在定压下被吸入气缸，直至活塞达到下端点 b 的位置，即 p-V 图上 4→1 过程线。

（2）压缩　活塞从下端点 b 向左移动，气缸内压力稍高于吸气口压力，则靠气缸内与吸气口处的压力差，将吸气阀关闭，缸内气体被绝热压缩，直至缸内气体压力稍高于排气口的压力，排气阀被压开，即 p-V 图上 1→2 过程线。

（3）排气　排气阀开启后，活塞继续向左移动，将气缸内的高压气体定压排出，直至活塞达到上端点 a 位置，即 p-V 图上 2→3 过程线。

这样，曲轴每旋转一圈，均有一定质量的低压气态制冷剂被吸入，并被压缩为高压气体，排出气缸。在理想工作过程中，曲轴每旋转一圈，一个气缸吸入的低压气体体积 V_g 称为气缸的工作容积。

$$V_g = \frac{\pi}{4}D^2L \quad \text{m}^3 \qquad (3-1)$$

式中　D——气缸直径，m；

L——活塞行程，m。

如果压缩机有 z 个气缸，转数为 n（r/min），压缩机可吸入的低压气体的体积为

$$V_h = \frac{V_g nz}{60} = \frac{\pi}{240}D^2Lnz \quad \text{m}^3/\text{s} \qquad (3-2)$$

式中　V_h——活塞式制冷压缩机的理论输气量，也称为活塞排量。

（二）活塞式制冷压缩机的容积效率

活塞压缩机的实际工作过程比较复杂，有很多因素影响压缩机的实际输气量 V_r，因此，压缩机的实际输气量（排出压缩机的气体折算成进气状态的实际体积流量）永远小于压缩机的理论输气量，二者的比值称为压缩机的容积效率（参见第一章），用 η_v 表示。即

$$\eta_v = \frac{V_r}{V_h} \tag{3-3}$$

影响活塞压缩机实际工作过程的主要因素是气缸余隙容积、进排气阀阻力、吸气过程气体被加热的程度和制冷剂泄漏等四个方面，这样，可认为容积效率 η_v 等于四个系数的乘积，即

$$\eta_v = \lambda_v \lambda_p \lambda_T \lambda_l$$

式中　λ_v——余隙系数（或称容积系数[21]）；

　　　λ_p——节流系数（或称压力系数）；

　　　λ_T——预热系数（或称温度系数）；

　　　λ_l——气密系数（或称密封系数）。

1. 余隙系数

活塞在气缸中进行往复运动时，活塞上端点与气缸顶部并不完全重合，均留有一定间隙（δ），以保证运行安全可靠。此间隙是导致活塞式制冷压缩机实际输气量降低的主要因素。

如图 3-13，活塞达到上端点 a，即排气结束时，气缸内还保留一小部分容积为 V_c（称为余隙容积）、压力为 p_2 的高压气体。活塞在反向运动时，只有当这部分高压气体膨胀到一定程度，使气缸内的压力降低到稍小于吸气压力 p_1 时，吸气阀方能开启，低压气态制冷剂开始进入气缸。这样，每次吸入气缸的气体量不等于气缸工作容积 V_g，而减少为 V_1，V_1 与气缸工作容积 V_g 的比值称为余隙系数，即 $\lambda_v = \dfrac{V_1}{V_g}$。

由于气缸内高压气体膨胀时，通过气缸壁与外界有热量交换，所以，膨胀是多变过程，过程方程式 $pV^m=$ 常数。因此，压力为 p_2、体积为 V_c 的高压气体膨胀至压力为 p_1 时，其体积 $V_c+\Delta V_1$ 可用下式计算

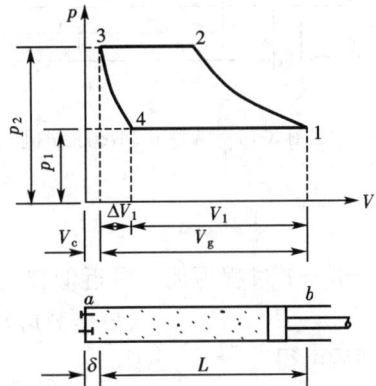

图 3-13　余隙容积的影响

$$\frac{p_2}{p_1} = \left(\frac{V_c + \Delta V_1}{V_c}\right)^m$$

即

$$\Delta V_1 = V_c\left[\left(\frac{p_2}{p_1}\right)^{\frac{1}{m}} - 1\right]$$

余隙系数应为

$$\lambda_v = \frac{V_1}{V_g} = \frac{V_g - \Delta V_1}{V_g} = 1 - \frac{\Delta V_1}{V_g}$$

$$\lambda_{v} = 1 - C\left[\left(\frac{p_2}{p_1}\right)^{\frac{1}{m}} - 1\right] \tag{3-4}$$

式中 C——相对余隙容积，等于余隙容积与工作容积之比，$C = \dfrac{V_c}{V_g}$。

从式（3-4）可以看出，压缩比 $\left(\dfrac{p_2}{p_1}\right)$ 越大，相对余隙容积 C 越大，余隙系数 λ_v 越小。

由于空调用制冷压缩机的压缩比较小，相对余隙容积的影响也较小，因此，一般用于蒸发温度高于 $-5℃$ 的制冷压缩机，相对余隙容积 $C = 4\% \sim 5\%$；蒸发温度为 $-10 \sim -30℃$ 的，$C < 4\%$；蒸发温度低于 $-30℃$ 的，$C = 2\% \sim 3\%$。

2. 节流系数

气态制冷剂通过进、排气阀时，断面突然缩小，气体进、出气缸需要克服流动阻力。这就是说，在进、排气过程中，气缸内外有一定压力差 Δp_1 和 Δp_2，其中排气阀阻力影响很小，主要是吸气阀阻力影响容积效率。

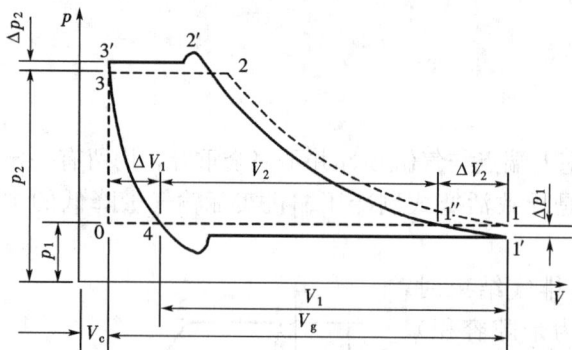

图 3-14 活塞式制冷压缩机实际工作过程

由于气体通过吸气阀进入气缸时有一定的压力损失，进入气缸内的气体压力低于吸气压力 p_1，比容增大，虽然吸入的气体体积仍为 V_1，但吸入气体的质量将有所减少。如图 3-14，只有当活塞把吸入的气体由 $1'$ 点压缩到 $1''$ 点时，气缸内气体的压力才等于吸气阀前的压力 p_1；这样，与理想情况（即吸气阀没有阻力）相比，仅相当于吸入了体积为 V_2 的气体，V_2 与 V_1 的比值，称为节流系数，即

$$\lambda_p = \frac{V_2}{V_1} = 1 - \frac{\Delta V_2}{V_1}$$

由于 $1' \to 1''$ 过程短促，可近似视为定温过程，过程方程式为 $pV =$ 常数，因此，

$$(p_1 - \Delta p_1)(V_g + V_c) = p_1(V_g + V_c - \Delta V_2)$$

整理后可得

$$\Delta V_2 = (V_g + V_c)\frac{\Delta p_1}{p_1}$$

这样

$$\lambda_p = 1 - \frac{V_g + V_c}{V_1}\frac{\Delta p_1}{p_1} = 1 - \frac{1 + C}{\lambda_v}\frac{\Delta p_1}{p_1} \tag{3-5}$$

从式（3-5）可以看出，$\dfrac{\Delta p_1}{p_1}$ 是影响节流系数的主要因素，吸气阀阻力越大，节流系数 λ_p 越小。一般氨活塞压缩机 $\dfrac{\Delta p_1}{p_1} = 0.03 \sim 0.05$；氟利昂活塞压缩机 $\dfrac{\Delta p_1}{p_1} = 0.05 \sim 0.1$。为了提高容积效率 η_v，空调用全封闭式氟利昂活塞压缩机多采用短行程，活塞行程与活塞直径之比 $\dfrac{L}{D}$ 取 $0.4 \sim 0.6$。这样，不但可以减小惯性力和摩擦阻力，还可以使气阀通道面积

相对增大。

3. 预热系数

活塞压缩机在实际工作过程中，由于气态制冷剂被压缩后温度升高，以及活塞与气缸壁之间存在摩擦，故气缸壁温度比较高，因此，吸气过程吸入的低压、低温气体与气缸壁发生热交换，温度有所提高，比容增大，实际进入气缸的气体质量减少，如图 3-15 所示。图中来自蒸发器的低压气态制冷剂 1，经吸气阀节流降压、进入气缸时呈状态 a，同时，在吸气过程中与气缸壁发生热交换，被加热至状态 b；状态 b 的气体与残存在气缸余隙容积中经膨胀变为状态 4 的气体混合呈状态 c，c 就是缸内气体开始被压缩的状态。$c \rightarrow f \rightarrow d$ 是气缸内气体压缩过程的状态变化线，压缩过程的前阶段，由于缸内气体温度低，从气缸壁吸热，为增熵过程，压力和温度不断提高；当缸内气体压力与温度增至一定程度如图中状态点 f，再进行压缩时，气体温度将高于气缸壁温度，反而向气缸壁传热，变为减熵过程，气体的压力与温度仍不断增高。$d \rightarrow e$ 为排气过程，缸内气体通过气缸壁向周围环境放热，呈定压降温过程；温度有所降低的气体 e，通过排气阀节流降压，达到状态 2，被送至冷凝器；而残存在余隙容积中的气体 3（比状态 e 的温度应稍低），在活塞由上端点反向运动时，膨胀至状态 4；该膨胀过程，随着缸内气体温度的逐渐降低，从开始接近于等熵膨胀，逐渐变为增熵膨胀过程。膨胀后为状态 4 的气体，与吸气 b 混合至 c，再被压缩，如此反复。

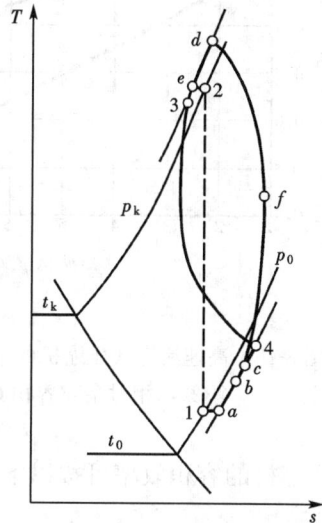

图 3-15　活塞式制冷压缩机实际
工作过程在 $T\text{-}s$ 图上的表示

预热系数 λ_T 等于状态 a 与状态 b 的气体比容之比，即 $\lambda_T = \dfrac{v_a}{v_b}$。但是，因为缸内气体与气缸壁之间的热交换是一个复杂过程，除与压缩比有关外，还与压缩机的构造、气缸尺寸、转数以及制冷剂的性质等多种因素有关，很难确切计算；但是，肯定地说，排气压力（或冷凝压力）越高，吸气压力（或蒸发压力）越低，吸气所得到的热量越多，预热系数越低。通常可用以下经验公式计算：

开启式活塞压缩机
$$\lambda_T = \frac{T_0}{T_k} \tag{3-6}$$

封闭式活塞压缩机
$$\lambda_T = \frac{T_1}{aT_k + b\Delta t_{s.h}} \tag{3-7}$$

式中　T_k、T_0——用热力学温标表示的冷凝温度与蒸发温度，K；

$\Delta t_{s.h}$——过热度，吸气温度 T_1 与蒸发温度 T_0 之差，K；

a、b——系数，一般 $a=1.0 \sim 1.15$，$b=0.25 \sim 0.8$，压缩机尺寸越小，a 值约趋近 1.15，而 b 值越小。

此外，活塞压缩机吸入湿蒸气时，气态制冷剂中含有的液滴吸热汽化，比容剧增，预热系数骤减，导致容积效率大幅度减小，因此，压缩机吸入的气态制冷剂应有一定过热。

4. 气密系数

实际上，活塞压缩机的进、排气阀以及活塞与气缸壁之间并不绝对密合，压缩机工作

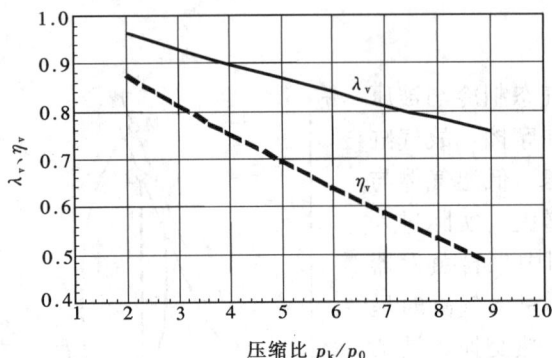

图 3-16 高速活塞式压缩机的余隙系数和容积效率
（R22，相对余隙容积 $C=0.045$）

时，少量气体将从高压部位向低压部位渗漏，从而造成压缩机实际输气量减少。气密系数 λ_l 就是考虑渗漏对压缩机输气量的影响。

气密系数 λ_l 与压缩机的构造、加工质量、部件磨损程度等因素有关，还随排气压力的增加和吸气压力的降低而减小。一般约为 $0.95\sim0.98$。

综上分析可知，余隙系数、节流系数、预热系数以及气密系数除与压缩机的结构、加工质量等因素有关外，还有一个共同规律，就是均随排气压力的增高和吸气压力的降低而减小。空调用活塞压缩机的容积效率可按以下经验公式计算：

$$\eta_v = 0.94 - 0.085\left[\left(\frac{p_2}{p_1}\right)^{\frac{1}{m}} - 1\right] \tag{3-8}$$

式中　　m——多变指数，氨：$m=1.28$；R22：$m=1.18$。

图 3-16 给出了 R22 高速活塞压缩机的余隙系数 λ_v 和容积效率 η_v 随压缩比的变化规律。从图中可以看出，使用活塞压缩机时，容积效率随压缩比增大而快速降低，所以，一般压缩比不应大于 8。

第二节　回转式制冷压缩机

为了提高压缩机的效率和降低能耗，以及实现制冷设备的小型化，采用回转式压缩机已成为制冷压缩机的发展潮流。

回转式制冷压缩机也属于容积式压缩机，它是靠回转体的旋转运动替代活塞压缩机活塞的往复运动，以改变气缸的工作容积，周期性地将一定质量的低压气态制冷剂进行压缩。

回转式制冷压缩机有转子式、涡旋式和螺杆式，其容积效率高，运转平稳，实现了高速和小型化，但是，由于回转式压缩机为滑动密封，故加工精度要求高。

一、滚动转子式制冷压缩机

（一）结构与工作原理

滚动转子式压缩机又称为滚动活塞式压缩机，其形式有多种，其中一种的构造示意图见图 3-17。它具有一个圆筒形气缸，其上部（或端盖上）有吸、排气孔，排气孔上装有排气阀，以防止排出的气体倒流。

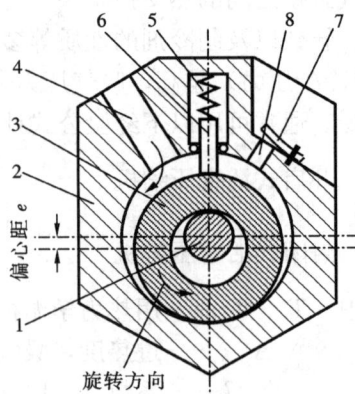

图 3-17　滚动转子式制冷压缩
机的基本结构

1—偏心轮轴；2—气缸；3—滚动活塞；
4—吸气孔口；5—弹簧；6—滑板；
7—排气阀；8—排气孔口

气缸中心是带偏心轮的主轴（偏心轮轴，偏心距为 e），偏心轮轴上套装一个可以转动的套筒状滚动活塞。主轴旋转时，滚动活塞沿气缸内表面滚动，从而形成一个月牙形工作腔，其位置随主轴旋转而缩小，对气体实现压缩。该工作腔的最大容积即为气缸工作容积 V_g。

气缸上部的纵向槽缝内装有滑板，靠排气压力和弹簧力联合作用，使其下端与滚动活塞表面紧密接触，从而将气缸工作腔分隔为两部分，具有吸气孔口部分为吸气腔，具有排气孔口部分为压缩腔或排气腔。当主轴由电动机驱动绕气缸中心连续旋转时，每个腔体的容积均随之改变，于是实现吸气、压缩、排气等工作过程。

滚动转子式制冷压缩机的工作原理与工作过程如图 3-18 所示[24]，图中以气缸与转子的切点 T 和气缸中心 O 的连线 OT（和气缸与转子的连心线 OO' 重合）表示转子所在位置。

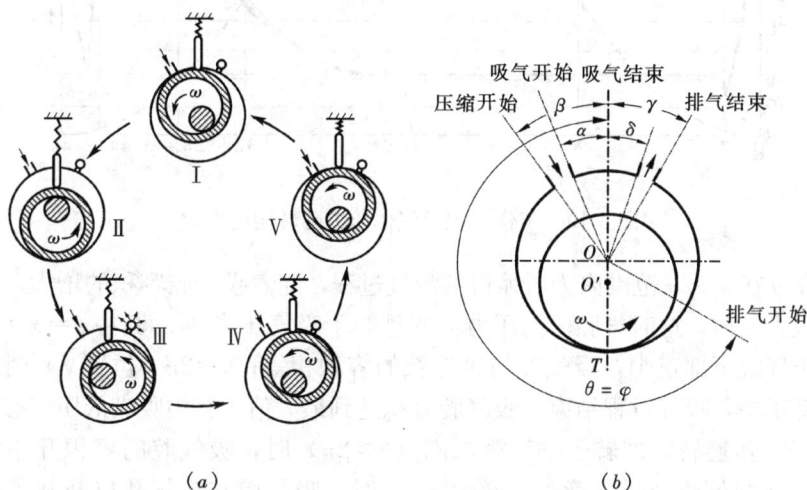

位　置	I	II	III	IV	V
吸气腔	吸气	吸气	吸气	吸气	吸气结束
排气腔	压缩	压缩	开始排气	排气结束	与吸气腔连通

图 3-18　滚动转子式制冷压缩机的工作原理与工作过程
（a）工作原理；（b）工作过程与特征角

图 3-18（b）中示出了与滚动转子式制冷压缩机工作过程和性能有关的几个特征角：

(1) 吸气孔口后边缘角 α：当 $\theta=\alpha$ 时，吸气腔与吸气孔口相通，开始吸气，构成吸气封闭容积，α 的大小影响吸气开始前吸气腔中的气体膨胀。

(2) 吸气孔口前边缘角 β：$\theta=2\pi+\beta$ 时压缩过程开始，β 的存在会造成压缩过程开始前吸入的气体向吸气孔回流，导致输气量下降。

(3) 排气孔口后边缘角 γ：$\theta=4\pi-\gamma$ 时排气过程结束，排气腔内的容积为余隙容积。

(4) 排气孔口前边缘角 δ：$\theta=4\pi-\delta$ 时排气腔与排气孔口断开，形成排气封闭容积，θ 在 $4\pi-\delta$ 至 4π 范围内，排气封闭容积内的气体再度受到压缩。

(5) 排气开始角 φ：$\theta=2\pi+\varphi$ 时开始排气，此时压缩腔内的压力略高于排气管中的压力，以克服排气阀阻力顶开排气阀片。

图 3-19 表示出了滚动转子式制冷压缩机在其工作过程中工作容积 V_g 与气体压力 p 随主轴转角 θ 之间的变化关系。具体工作过程如下：

主轴转角 $\theta=0$（位置 V）时，滚动活塞位于气缸上部正中，开始产生新的吸气腔；θ 在 $0\sim\alpha$ 范围内，新生成的吸气腔容积不断扩大，但不与任何孔口相通，此时的气腔称为吸气封闭容积，其内的气体压力有可能膨胀到远低于吸气管内压力 p_1。

主轴转角 $\theta=\alpha$（位置 I）时，吸气腔与吸气孔相通，开始吸气过程。

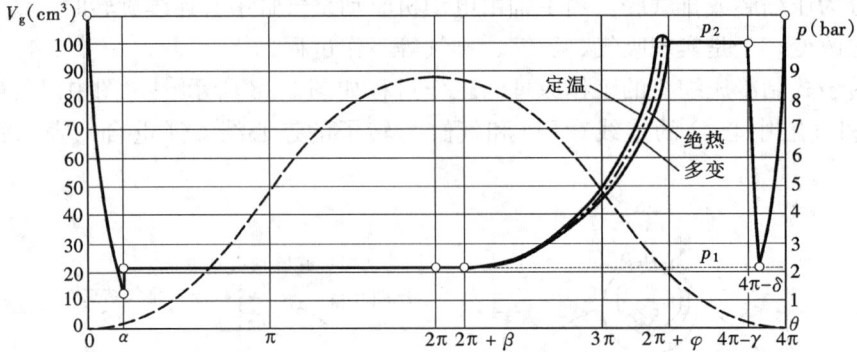

图 3-19　工作容积及气体压力随转角的变化

主轴转角 θ 在 $\alpha\sim2\pi$ 范围内为压缩机的吸气过程，随着吸气腔容积的增大，气腔通过吸气孔口不断吸入气体，这时气腔内的压力不变且等于吸气压力 p_1。其中 $\theta=\pi$（位置 II）时，滚动活塞位于气缸下部正中，吸气腔与排气腔的容积相等；$\theta=2\pi$（位置 V）时，滚动活塞位于气缸上部正中，吸气过程结束，吸气腔容积达到最大值，腔内吸满低压气态制冷剂。

主轴再进一步旋转，即转子刚转第二圈（$\theta>2\pi$）时，吸气腔的容积开始缩小，所吸入的气体有一部分倒流至吸气管；当 $\theta=2\pi+\beta$ 时，吸气腔与吸气孔口断开，压缩过程开始；当 $\theta=2\pi+\beta\sim2\pi+\varphi$ 时为压缩机的压缩过程，随着转角的增加，压缩腔容积不断缩小，气体压力不断升高。

当主轴转角 $\theta=2\pi+\varphi$（位置 III）时，腔内气体压力等于（实际应稍高于）排气阀外的压力 p_2，排气阀开启，开始排出被压缩的气态制冷剂；θ 为 $2\pi+\varphi\sim4\pi-\gamma$ 范围时，为压缩机的排气过程，随着排气腔容积的缩小，将被压缩的气体排到排气管内。

主轴转角 θ 达到 $4\pi-\gamma$（位置 IV）时，排气过程结束，此时排气腔内的容积为余隙容积。当 θ 稍微转过 $4\pi-\gamma$ 位置时，排气腔通过排气孔口与其后面的吸气腔连通，其内的高压气体向吸气腔的膨胀瞬间完成；当 $\theta=4\pi-\delta$ 时，气腔与排气孔口断开，形成排气封闭容积；θ 在 $4\pi-\delta\sim4\pi$ 区间时，排气封闭容积内残留的气体再度受到压缩，压力升高。

当 $\theta=4\pi$（位置 V）时，气腔在完成一个完整的工作循环后瞬间消失，当 θ 稍微转动一定角度时，吸气腔再度形成，重新开始新的循环。

（二）滚动转子式制冷压缩机的特点

从上述工作过程可以看出，滚动转子式制冷压缩机具有以下特点：

（1）一定量气体的吸气、压缩和排气三个过程，是在主轴旋转两圈中完成的，但是，滚动活塞和滑板的两侧，却同时进行吸气与压缩（或排气）过程，因而，主轴每转一周，平均完成一个工作循环。

（2）由于构造关系，滑板与吸气孔口、排气孔口之间必须有空档角 α 和 γ。角 γ 致使气缸具有余隙容积，当排气过程结束后，其中残存的高压气体，将膨胀进入吸气腔，降低压缩机的实际输气量；而角 α 的存在将在下一个吸气过程前，造成吸气腔压力过低，增大压缩机耗功量，引起效率降低。因此，空档角 α 和 γ 越小越好，不过 α 或 γ 为 30° 时，其间的容积还不到工作腔容积的 0.5%，所以，滚动转子式制冷压缩机的容积效率比往复式压缩机高，其值大约为 0.7~0.9 范围内，空调器使用的滚动转子式压缩机可达 0.9 以上。由于滚动转子式压缩机不需要吸气阀，从而降低了吸气过程中的流动阻力损失，所以其指示效率高，一般比往复式压缩机高 30%~40%。

（3）滚动转子式压缩机由圆筒形气缸和作回转运动的滚动活塞相互配合而直接进行旋转压缩，因而它不需要将旋转运动转化为往复运动的转换机构，所以滚动活塞压缩机的零部件少，特别是易损件少，结构简单，体积小，重量轻。

（4）此外，滚动转子式压缩机振动小，运转平稳，成本低，可靠性较高。

近年来，小型全封闭滚动转子式制冷压缩机发展迅速，主要用于批量大的房间空调器、冰箱和商业用制冷设备。就结构而言，如图 3-20 所示的电动机配置在机壳上部、压缩机构配置在机壳下部的立式单转子与双转子压缩机最为普遍，但其结构特点是垂直方向的尺寸较大。为降低空调器的高度、提高电冰箱的有效贮藏容积，卧式全封闭滚动转子式压缩机也有生产，制冷量相同时，其高度只有立式结构的 1/2 左右。

由于小型全封闭压缩机自身无容量调节机构，因此变频（调速）压缩机已经成为发展趋势。变频（调速）压缩机的使用不仅能提高空调、热泵装置的季节能效比，而且能有效改善房间的热舒适性。但是，当压缩机高速运

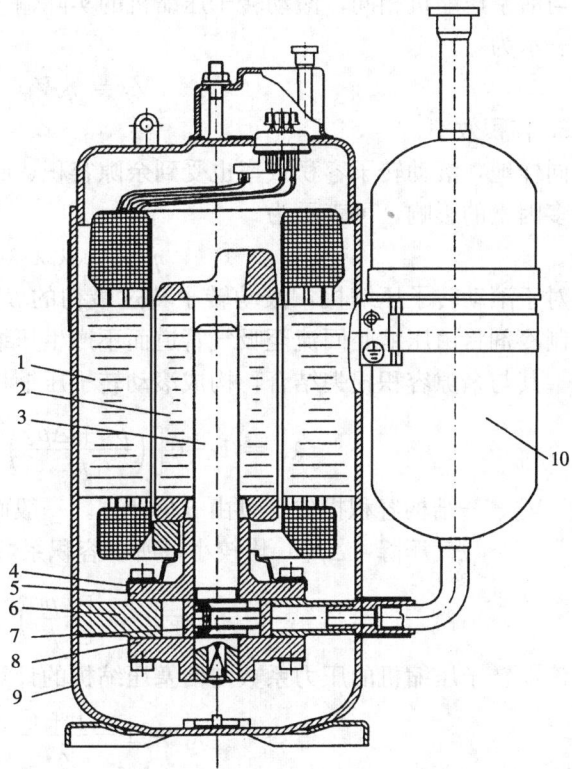

图 3-20 全封闭立式滚动转子式制冷压缩机
1—定子；2—转子；3—偏心轮轴；4—上消音罩；
5—主轴承；6—气缸；7—滚动活塞；8—副轴承；
9—机壳；10—气液分离器

转时，会出现运动部件磨损增大，气体流经排气阀时的流动损失增加并导致排气阀片寿命缩短，润滑油的循环率增加，以及噪声增大。为适应转速的大范围调节，变转速压缩机在结构上有相应的变化，对于滚动转子式压缩机而言，除改善主轴、滑板的耐磨与润滑性能外，还需采取必要措施，如在压缩机内部设阻油盘，以防止高转速运转时润滑油大量被带出机壳；提高阀片的抗疲劳强度，并适当增大阀座面积，以免高转速时阀片损坏；采用排

气消声孔与共鸣腔相结合的消声方式以及设置多重扩张式消声器等，降低压缩机噪声。

目前，变频（调速）滚动转子式压缩机应用的容量为 3.5kW（对应于电网频率的名义容量）以下，频率或转速的最大调节范围可达 1～180Hz。

（三）滚动转子式制冷压缩机的输气参数

1. 输气量

滚动转子压缩机的理论输气量 V_h（m^3/s）为

$$V_h = n\pi(R^2 - r^2)H/60 \tag{3-9}$$

式中　n——压缩机转速，r/min；

　　　　R——气缸半径，m；

　　　　r——滚动活塞半径，m；

　　　　H——气缸高度，m。

与活塞压缩机相同，滚动转子压缩机的实际输气量也小于理论输气量，两者之间的关系可表示为

$$V_r = \eta_V V_h \tag{3-10}$$

2. 容积效率

同样地，滚动转子容积效率也受到余隙容积、吸排气阻力、吸气过热和压缩过程泄漏等诸多因素的影响，可表示为

$$\eta_V = \lambda_V \lambda_P \lambda_T \lambda_l$$

对于滚动转子压缩机，滚动转子转过最初的 β 角时，由于压缩腔与吸气管道尚未隔断，制冷剂将由压缩腔回流至吸气管道而不产生压缩。回流造成的容积损失称为结构容积损失。其与余隙容积损失结合，构成滚动转子压缩机总的容积系数：

$$\lambda_V = 1 - C\left[\left(\frac{p_2 + \Delta p_2}{p_1}\right)^{\frac{1}{m}} - 1\right] - \frac{V_\beta}{V_h} \tag{3-11}$$

式中　V_β——结构容积损失，可由 β 角计算。一般而言，滚动转子压缩机的吸气回流和排气压降（Δp_2）均较小，所以容积系数也可简化为

$$\lambda_V = 1 - C\left[\left(\frac{p_2}{p_1}\right)^{\frac{1}{m}} - 1\right] \tag{3-12}$$

滚动转子压缩机的压力系数与活塞压缩机的计算方法相同：

$$\lambda_P = 1 - \frac{1+C}{\lambda_v}\frac{\Delta p_1}{p_1} \tag{3-5a}$$

由于滚动转子压缩机没有吸气阀和消音器，Δp_1 一般很小，因此，$\lambda_P \approx 1.0$。

滚动转子压缩机的温度系数主要考虑的是排气、吸气通道、润滑油等加热进入吸气腔前的制冷剂而导致制冷剂比容增加对压缩机输气量的影响，所以和压缩机的结构密切相关。

对于高压腔压缩机（压缩壳体内为压缩机排气），制冷剂直接通过管道进入吸气腔，所以吸气受热的影响较小，λ_T 较为接近 1。

对于低压腔压缩机（压缩壳体内为压缩机吸气），制冷剂进入压缩机后，先与压缩机电机和润滑油等充分换热后才能进入压缩腔，因此，吸气过热对 λ_T 的影响较大。λ_T 可按照以下经验公式计算

$$\lambda_T = A_1 T_c + B_1 \Delta T_{sh} \tag{3-13}$$

式中　T_c——冷凝温度，K；

ΔT_{sh}——过热度，K；

A_1、B_1——经验系数，当冷凝温度位于 30～50℃ 之间时，可按表 3-2 选取。

制冷剂的经验系数　　　　　　　　　表 3-2

制冷剂	R22	R502
$A_1/10^{-3}$	2.57	2.57
$B_1/10^{-3}$	1.06	1.80

泄漏是影响滚动转子压缩机容积效率的重要因素。λ_1 随转子与气缸的间隙大小、润滑油状况和转速等因素变化而变化。当精心设计选用较小间隙时，λ_1 约为 0.92～0.98。

二、涡旋式制冷压缩机

（一）结构与工作原理

涡旋式制冷压缩机的主要构造示意图见图 3-21，它主要由静涡盘和动涡盘组成。气态制冷剂从静涡盘的外部被吸入，在静涡盘与动涡盘所形成的月牙形空间中压缩，被压缩后的高压气态制冷剂，从静涡盘中心排出。动涡盘随偏心轴进行公转，如图所示，其旋回半径为 r；为了防止动涡盘自转，设有防自转环，该环具有同侧或异侧两对突肋，分别嵌在动涡盘下面的和上支撑（或静盘）的键槽内。

涡旋式制冷压缩机工作原理，如图 3-22 所示。当动涡盘中心位于静涡盘中心的右侧（$\theta=0°$）时，见图 3-22（a），涡盘密封啮合线在左右两侧，此时完成吸气过程，靠涡盘间的四条啮合线，组成两个封闭空间（即压缩室），从而开始了压缩过程。当动涡盘顺时针方向公转 $\theta=90°$ 时（图 3-22b），涡盘间的密封啮合线也顺时针转动 90°，基元容积减小，

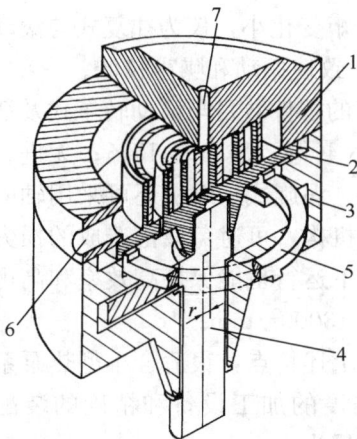

图 3-21　涡旋式制冷压缩机构造简图
1—静涡盘；2—动涡盘；3—壳体；4—偏心轴；5—防自转环；6—吸气口；7—排气口

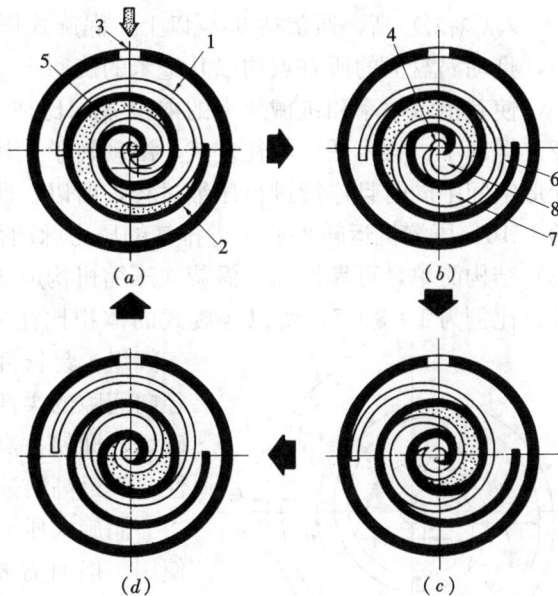

图 3-22　涡旋式制冷压缩机工作原理
1—动涡盘；2—静涡盘；3—吸气口；4—排气口；5—压缩室；6—吸气过程；7—压缩过程；8—排气过程

69

两个封闭空间内的气态制冷剂被压缩，同时，涡盘外侧进行吸气过程，内侧进行排气过程。当动涡盘顺时针方向公转至 $\theta=180°$ 时（图 3-22c），涡盘的外、中、内三个部位，分别继续进行吸气、压缩和排气过程。动涡盘进一步顺时针方向再公转 90°（图 3-22d），内侧部位的排气过程结束；中间部位两个封闭空间内气态制冷剂的压缩过程告终，即将进行排气过程；而外部的吸气过程仍在继续进行。动涡盘再转动，则又回到图 3-22（a）所示的位置，外侧部位吸气过程结束，内侧部位仍在进行排气过程，如此反复。

（二）涡盘的型线

涡盘的型线可以采用螺线，也可以是线段、正四边形或圆的渐开线。

采用圆渐开线所构成的涡旋型线及组成的压缩机具有如下优点[25]：（1）最少的涡旋型线圈数 N；（2）最短的轴向间隙泄漏线长度 L_r；（3）最短的特征形状几何中心至渐开线终点的距离 Δ；（4）当吸气容积增大时，N、L_r、Δ 的增加幅度最小；（5）加工工艺简单。因此，目前商品化的涡旋式压缩机主要采用圆渐开线及其修正曲线作为涡盘型线。

压缩机要求的压力比 p_k/p_0 越高，涡旋圈数则越多，圈数越多涡盘的加工越困难，通常单级压缩比不超过 8。

（三）涡旋式制冷压缩机的特点

涡旋式压缩机与往复式压缩机及滚动转子式压缩机相比具有以下特点：

（1）效率高。涡旋式压缩机的吸气、压缩和排气过程基本是连续进行，外侧空间与吸气孔相通，始终处于吸气过程，因而吸入气体的有害过热度小，可以近似认为预热系数 $\lambda_T=1$；没有余隙容积，故余隙系数 $\lambda_v=1$；没有吸气阀，吸气压力损失很小，节流系数 $\lambda_p=1$；由于压缩机的封闭啮合线形成的连续压缩腔两侧的压力差较小，其径向泄漏和切向泄漏量均较小且为内泄漏，故气密系数 λ_l 较高。上述分析表明，涡旋式压缩机的容积效率 η_v（$=\lambda_v\lambda_p\lambda_T\lambda_l$）高，通常达 95％以上。涡旋式压缩机因无进、排气阀组，气流的流动阻力小，且动涡盘上的所有点均以几毫米的旋回半径 r 作同步转动，运动线速度低，摩擦损失小，使其指示效率和机械效率的乘积 $\eta_i\eta_m$ 比往复式和滚动转子式压缩机更高。

（2）振动小、噪声低。与往复式、滚动转子式相比，涡旋式压缩机在一组涡旋体内几个月牙形空间中同时且连续进行压缩过程，所以，曲轴转矩变化小，仅为往复式与滚动转子式的 1/10，压缩机运转平稳，进排气的压力脉动很小，致使振动和噪声较低。

（3）结构简单，可靠性高。涡旋式压缩机构成压缩室的零件数目与滚动转子式及活塞式的数目比例为 1：3：7，所以涡旋式的体积比往复式小 40％，质量轻 15％；无进、排气阀组，易损部件少；涡旋式压缩机还可采用轴向与径向间隙的柔性调节机构，可避免液击造成的损失及破坏，即使在高转速下运行也能保持高效率和高可靠性，其最高转速可达 13000r/min。

涡旋式压缩机的上述特点，很适合小型热泵系统使用。但因需要高精度的加工设备和精确的装配技术，目前还是以小容量为主。

（四）涡旋式制冷压缩机的输气参数

涡旋压缩机中涡旋盘各项基本参数的意义及计算方法如图 3-23 及表 3-3 所示。

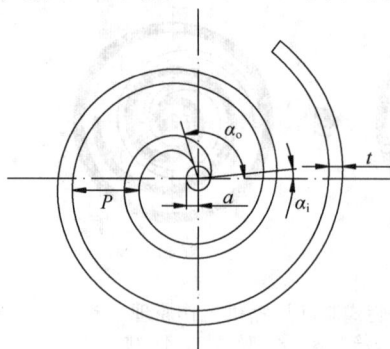

图 3-23 圆渐开线涡旋型线的基本参数

涡旋型线的基本参数及其意义　　　　　　　　　　　表 3-3

参数	计算方法	意义
a	—	基圆半径
P	$2\pi a$	渐开线节距
α_i，α_o	—	渐开线起始角
t	$a(\alpha_i - \alpha_o)$	涡旋体壁厚
h	—	涡旋体高度
N	—	涡旋体圈数（任意实数，以 0 度角为发生角为准）
ϕ_e	$2\pi N + \dfrac{\pi}{2} + \dfrac{\alpha_i + \alpha_o}{2}$	渐开线最大展开角，当内外渐开线起始角沿 x 轴对称设置时，可简化表示 $2\pi N + \dfrac{\pi}{2}$
r	$\dfrac{P}{2} - t$	动、静涡盘基圆中心距离

涡旋压缩机的吸气容积（或称工作容积）V_s 为

$$V_s = \pi P(P - 2t)(2N - 1)h \tag{3-14}$$

排气容积 $V(\theta^*)$ 可由下式计算：

$$V(\theta^*) = \pi P(P - 2t)\left(3 - \frac{\theta^*}{\pi}\right)h \tag{3-15}$$

式中　θ^*——开始排气角。它是指当涡旋盘旋转到 θ^* 时，中心排气腔与压缩腔连通，压缩进入排气阶段。

开始排气角 θ^* 的大小很大程度上影响压缩机的压缩终了容积，从而影响涡旋压缩机的内容积比和内压缩比。开始排气角 θ^* 可通过求解以下超越方程组获得：

$$\phi_0^{*2} + 2\phi_0^* \sin\left(\phi_0^* - \frac{\alpha_i - \alpha_o}{2}\right) + 2\cos\left(\phi_0^* - \frac{\alpha_i - \alpha_o}{2}\right) = \left(\pi - \frac{\alpha_i - \alpha_o}{2}\right)^2 - 2$$

$$\theta^* = \frac{3}{2}\pi - \phi_0^* - \alpha_o$$

由此可得涡旋压缩机的内容积比 v_i 和内压缩比 r_i 分别为

$$v_i = V_s/V(\theta^*) = (2N - 1)\Big/\left(3 - \frac{\theta^*}{\pi}\right) \tag{3-16}$$

$$r_i = v_i^k \tag{3-17}$$

式中　k——制冷剂的多变压缩指数，与制冷剂的种类有关。

基于上述涡旋压缩机的理论吸气容积计算公式，可以获得涡旋压缩机的理论输气量 V_h（m^3/s）为

$$V_h = n\pi P(P - 2t)(2N - 1)h/60 \tag{3-18}$$

其实际输气量为

$$V_r = \eta_V V_h$$

容积效率 η_V 仍可表示为 $\eta_V = \lambda_V \lambda_p \lambda_T \lambda_l$。

这些系数对涡旋压缩机的 η_V 影响较小。由前述特点可知，涡旋压缩机的容积效率可

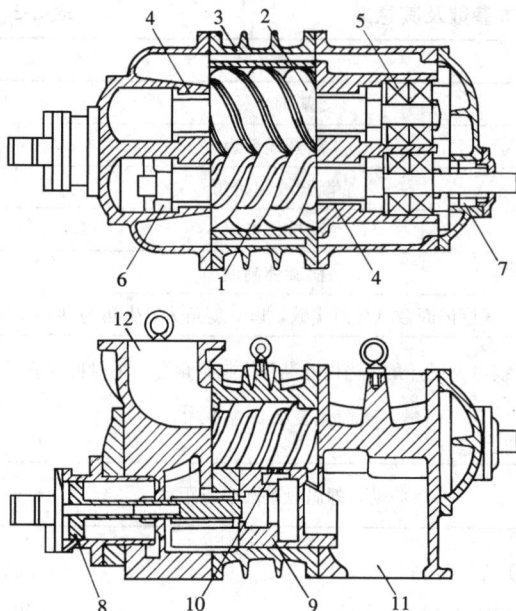

图 3-24　双螺杆式制冷压缩机
1—阳转子；2—阴转子；3—机体；4—滑动轴承；
5—止推轴承；6—平衡活塞；7—轴封；8—能量调
节用卸载活塞；9—卸载滑阀；10—喷油孔；
11—排气口；12—吸气口

达到 0.95 以上。

三、螺杆式制冷压缩机

目前应用的螺杆式压缩机主要有单螺杆、双螺杆两种形式。单螺杆式制冷压缩机主要由一个螺杆转子和两个星轮组成；双螺杆式制冷压缩机主要由两个相互啮合的螺杆转子组成，见图 3-24。为提高压缩机主轴承的使用寿命并降低噪声，目前已研发出三螺杆制冷压缩机，它是由一个阳转子和两个阴转子组成（图 3-25），对称设置的阴转子很大程度上降低了阳转子轴承的侧向受力，提高了寿命和改善了噪声性能，但其工作原理与双螺杆压缩机相同。

下面简要介绍双螺杆压缩机和单螺杆压缩机的工作原理。

（一）双螺杆压缩机工作原理

图 3-24 为双螺杆式制冷压缩机工作过程示意图，该图给出具有四个凸形齿的阳转子和具有六个凹形齿的阴转子组成的双螺杆式压缩机的工作原理。

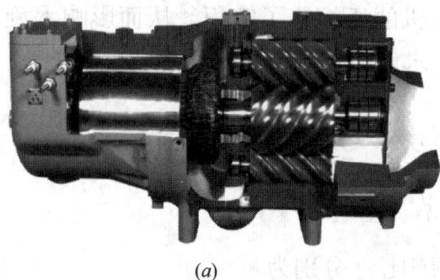

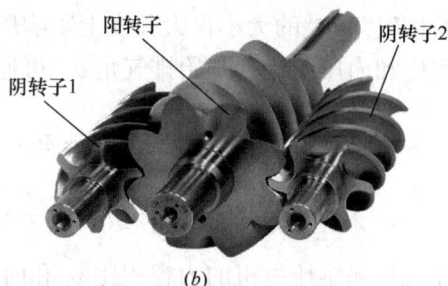

(a)　　　　　　　　　　　　(b)

图 3-25　三螺杆压缩机解剖图
(a) 外观解剖图；(b) 转子啮合示意图

（1）吸气过程

图 3-26（a），阳转子带动阴转子旋转至 A 点位置，一个 V 形密封空间与吸气口相通，开始吸气；随着转子的旋转，V 形密封空间的容积不断增大，气体逐渐进入该空间。当转子旋转至 B 点位置时，此 V 形密封空间开始不与吸气口相通，吸气过程结束；此时，该空间容积达到最大，内容积等于 V_1，吸气过程气态制冷剂压力为 p_1。

（2）压缩过程

图 3-26（b），从 B 点起，阴、阳转子继续旋转，两个转子之间形成的密封啮合线向排气侧移动，此 V 形密封空间的容积逐渐缩小，密封空间中的气体被压缩。压缩过程一直进行到位置 C，V 形密封空间与排气口相通为止。在此过程中，V 形密封空间的内容积减至 V_2，气体压力由 p_1 增至 p_2。比值 V_1/V_2 称为内容积比。

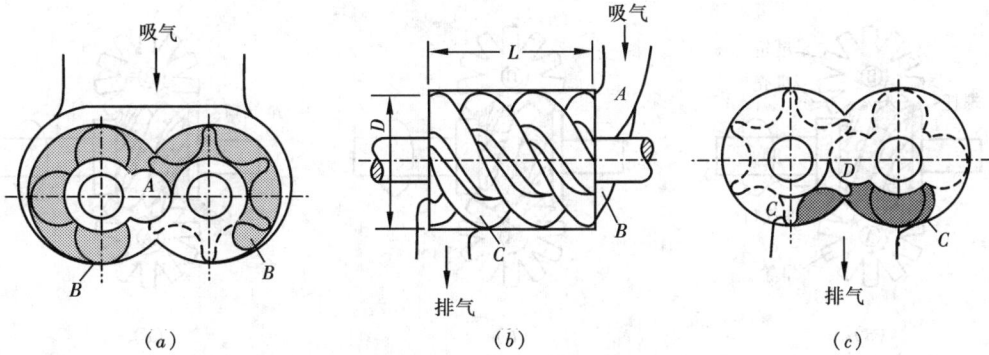

图 3-26 双螺杆式制冷压缩机工作过程

(a) 吸气；(b) 压缩；(c) 排气

（3）排气过程

图 3-26（c），压力为 p_2 的气体从位置 C 开始与排气口相通，随着阴、阳转子继续旋转，V 形密封空间中的气体被压入排气管；直到转子旋转至 D 点，V 形密封空间中的气体完全被排出时，结束排气过程。

（二）单螺杆压缩机工作原理

图 3-27 为单螺杆式制冷压缩机的结构简图。它是由一个圆柱形螺杆和两个对称配置的平面星轮组成啮合副，装在机壳内。螺杆螺槽、气缸和星轮齿顶面构成封闭的齿间容积，运转时，动力传到主轴上，由螺杆带动星轮旋转。气体由吸气孔口进入螺槽内，经压缩后通过气缸上的排气孔口排出。星轮的作用相当于活塞式压缩机的活塞，当星轮在螺槽内相对移动时，封闭的齿间容积逐渐减少。

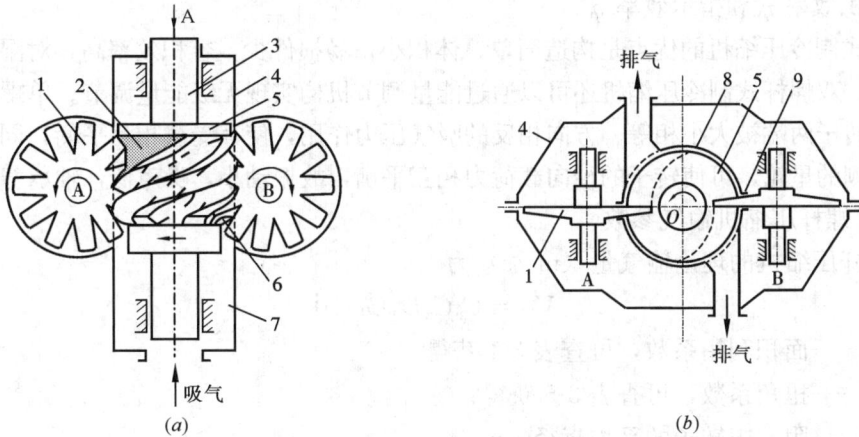

图 3-27 单螺杆式制冷压缩机结构简图

(a) 俯视图；(b) A 向视图

1—星轮；2—排气孔口；3—主轴；4—机壳；5—螺杆；6—转子吸气端；7—吸气孔口；8—气缸；9—孔槽

单螺杆式制冷压缩机的螺杆通常有六个螺槽，由两个星轮将它分隔成上下两个空间，各自实现吸气、压缩和排气过程，因此单螺杆式压缩机相当于一台六缸双作用活塞式压缩机，其工作过程如图 3-28 所示[26]。

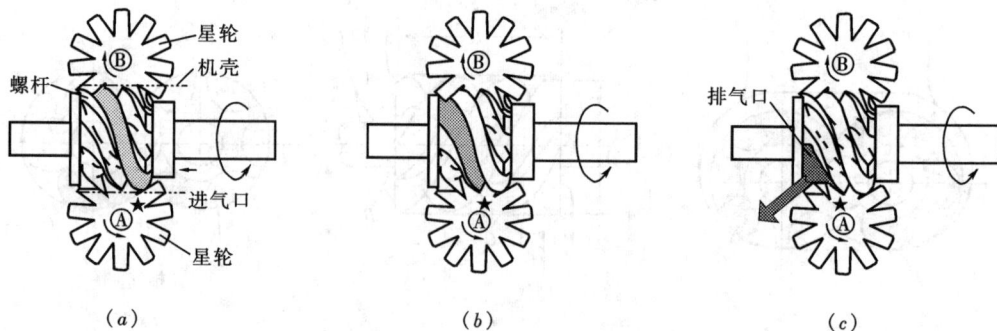

图 3-28 单螺杆式制冷压缩机工作过程

(a) 吸气；(b) 压缩；(c) 排气

（1）吸气过程

图 3-28（a），在星轮轮齿尚未进入螺杆螺槽之前，螺杆螺槽与吸气腔相通，处于吸气状态。当螺杆转到一定位置，星轮轮齿将螺槽封闭，吸气过程结束。

（2）压缩过程

图 3-28（b），吸气过程结束后，螺杆继续转动，该星轮轮齿沿着螺槽推进，封闭的齿间容积逐渐减小，实现气体的压缩过程。当齿间容积与排气孔口相通时，压缩过程结束。

（3）排气过程

图 3-28（c），当齿间容积与排气孔口连通后，由于螺杆继续旋转，被压缩气体通过排气孔口输送至排气管，直至该星轮轮齿脱离该螺槽，结束排气过程。

由于螺杆式制冷压缩机基本没有余隙容积，在压缩比 p_2/p_1 高的情况下，仍可保持比较高的容积效率 η_v 和指示效率 η_i。

螺杆式制冷压缩机的优点是构造简单，体积小，易损件少，容积效率高，对湿压缩不敏感，同时，双螺杆式制冷压缩机还可以通过能量调节机构实现无级能量调节。单螺杆式制冷压缩机，转子两端被大小相等、方向相反的吸气压力作用，使其受载相互平衡，同时，单螺杆转子两侧的星轮，可使转子的径向载荷力相互平衡，故振动小，噪声低，轴承寿命长。

（三）螺杆压缩机输气参数

双螺杆压缩机的理论输气量（m^3/s）为

$$V_h = C_n C_\varphi D_0^2 Ln/60 \tag{3-19}$$

式中 C_n——面积利用系数，可查表 3-4 获得；

C_φ——扭角系数，可查表 3-5 获得；

D_0——阴、阳转子的平均直径，m；

L——阴阳转子的长度，m；

n——转速，r/min。

双螺杆压缩机几种常见齿形的面积利用系数 C_n 表 3-4[27]

齿形名称	SRM 对称	SRM 不对称	单边不对称	X	Sigma	CF
阴阳转子齿数比	6∶4	6∶4	6∶4	6∶4	6∶5	6∶5
C_n	0.472	0.520	0.521	0.560	0.417	0.595

双螺杆压缩机的扭角系数 C_φ			表 3-5[27]
扭转角（°）	240	270	300
C_φ	0.999	0.989	0.971

单螺杆压缩机的理论输气量（m³/s）可由下式计算：

$$V_h = V_p Z_1 n / 30 \tag{3-20}$$

式中　V_p——星轮片刚封闭转子齿槽时的基元容积，m³；

Z_1——转子齿数；

n——转速，r/min。

螺杆压缩机的实际输气量也是理论输气量与容积效率相乘获得，即 $V_T = \eta_V V_h$。

螺杆压缩机无余隙容积，所以影响其容积效率的因素主要包括压力损失、温度损失和泄漏损失。由于螺杆压缩机无吸、排气阀，故其压力损失极小，同时，一般螺杆压缩机采用喷油冷却，所以其排气温度一般在 90℃ 以下，吸气过热度小使得温度损失也很小。此外，虽然螺杆压缩机具有较长的泄漏线，但泄漏主要为内泄漏（由高压压缩腔向低压压缩腔的泄漏，只影响指示效率而不影响容积效率），外泄漏量较小，同时喷油进一步降低了泄漏损失。因此，螺杆压缩机一般具有较高的容积效率，参见图 3-29。

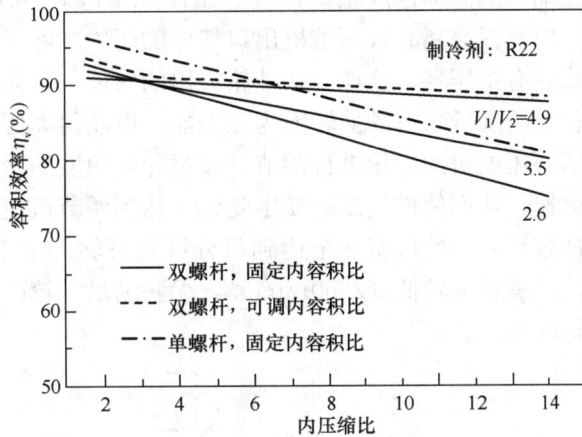

图 3-29　典型 R22 螺杆压缩机的容积效率

第三节　离心式制冷压缩机

随着大型空气调节系统的日益发展，迫切需要大型制冷压缩机，离心式制冷压缩机的发展刚好能够适应这一需求。

离心式制冷压缩机的主要优点是：

（1）单机制冷能力大，效率高，空气调节用大型离心式制冷压缩机的单机制冷量可达 30000kW。

（2）结构紧凑，质量轻，比同等制冷能力的活塞式制冷压缩机轻 80%～90%，占地面积可减少一半左右。

（3）几乎没有磨损，工作可靠，维护费用低。

（4）运行平稳，振动小，噪声较低；运行时，制冷剂中不易混有润滑油，蒸发器和冷凝器的传热性能好。

（5）能够实现能源的综合利用。大型离心式制冷压缩机耗电量非常大，为了减少发电设备、电动机以及能量转换过程的各种损失，大型离心式压缩机（制冷量在 3500～4500kW 以上）可用蒸汽汽轮机或燃气轮机直接驱动，甚至再配以吸收式制冷机，达到经济合理地利用能源。

但是，离心式压缩机的转速很高，对于材料强度、加工精度和制造质量均要求严格，否则易于损坏，且不安全。离心式压缩机的叶轮转速高，且其加工难度大，其尺寸难以加工得很小，故其制冷量均较大。但随着技术的进步，近年来小至 175kW 制冷量的离心式压缩机已得到开发和应用，其性能系数已达到或超过同容量的螺杆式压缩机水平[28]，极大地拓展了离心式压缩机的容量范围。

一、离心式制冷压缩机的结构

离心式制冷压缩机（简称：离心压缩机）的结构与离心水泵相似，如图 3-30 所示，主要由叶轮、增速齿轮、电动机和进口导叶构成。低压气态制冷剂从侧面进入叶轮中心以后，靠叶轮高速旋转产生的离心力作用，获得动能和压力势能，流向叶轮的外缘。由于离心压缩机的圆周速度很高，气态制冷剂从叶轮外缘流出的速度也很高，为了减少能量损失，以及提高离心式压缩机出口气体的压力，除了像水泵那样装有蜗壳以外，还在叶轮的外缘设有扩压器，这样，从叶轮流出的气体，首先通过扩压器再进入蜗壳，使气体的流速有较大的降低，将动能转换为压力能，以获得高压气体，排出压缩机。进口导叶的作用是对离心压缩机的流量进行调节，通过导叶角度的变化，使进气气流产生旋绕，改变轴向气流流速，从而使进气流量发生变化，达到调节机组制冷量的目的。离心制冷压缩机的叶轮转速较高，一些机型甚至达到每分钟数万转。由于普通离心制冷压缩机采用交流异步电机，电机转速较低（2960r/min），无法满足叶轮高转速要求，因而需采用增速齿轮来提高叶轮转速。

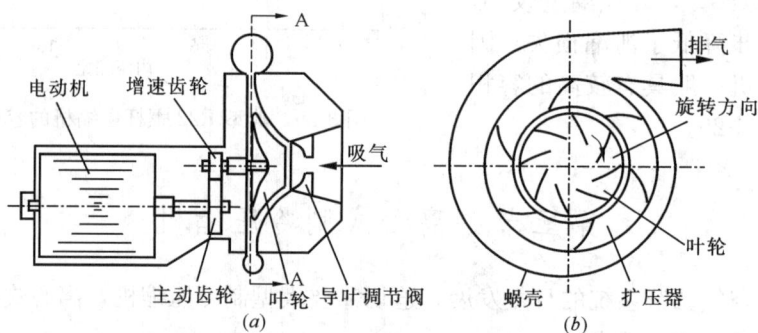

图 3-30　单级离心式制冷压缩机的结构示意图
(a) 主视图；(b) A 向剖面图

压缩机要在不同的蒸发压力和冷凝压力下进行工作，这就要求离心式压缩机能够产生不同的能量头。因此，离心式制冷压缩机有单级和多级之分，其中以单级压缩最为普遍。当单级压缩所产生的能量头不能满足所需的能量头时，就需采用多级压缩。有时出于降低压缩机主轴转速、提高压缩机效率等目的，也会采用多级压缩的设计方案。显然，工作叶轮的转数越高、叶轮级数越多，离心式制冷压缩机产生的能量头越高。

由于对离心式制冷压缩机的制冷温度和制冷量有不同要求，因此需采用不同种类的制冷剂。离心机制冷剂的选用，除满足一般制冷剂的选择原则外，还有一些特殊要求：

（1）制冷剂的相对分子量尽可能大，也就是气体常数 R 尽可能小。相对分子量大的制冷剂，可使压缩机的单级的压比增高，从而减少级数或使压缩机的尺寸减小。

（2）根据制冷量的大小，选用不同的单位容积制冷量的制冷剂。离心压缩机制冷剂容积流量的大小直接影响到机器的转速、叶轮宽径比等参数。为了使离心式压缩机转速、叶轮宽径比保持在合理的范围，要求压缩机最小制冷量时的容积流量也不应太小。如，在相同工况下，R134a 的单位容积制冷量要比 R123 大 6.42 倍，R134a 用于小制冷量的系统时，会使机器尺寸偏小。

（3）液体比热容与汽化潜热之比尽可能小。液体比热容与汽化潜热之比越小，则循环的节流损失越小，节流产生的蒸气也越少。因此，在多级压缩循环中，希望节流后制冷剂的干度越小越好。

二、离心式制冷压缩机的工作原理

（一）叶轮的压气作用

如前所述，离心式制冷压缩机靠叶轮旋转产生的离心力作用，将吸入的低压气体压缩成高压状态。图 3-31 为气态制冷剂通过叶轮与扩压器时压力和流速的变化，其中 ABC 为气体的压力变化线，DEF 为气体流速变化线。气体通过叶轮时，压力由 A 升至 B，同时，气流速度也由 D 升至 E；从叶轮流出的气体，通过扩压器，其流速由 E 降为 F，而压力则由 B 增至 C。

气流在叶轮中的流动是一个复合运动。一方面，相对于叶片来说，气体沿叶片所形成的流道流过叶轮，此速度称为相对速度，用 v 表示；另一方面，气体又随叶轮一起旋转，此旋转速度称为圆周速度，用 u 表示。因此，气体通过叶轮时的绝对速度应为相对速度 v 与圆周速度 u 的矢量和，用符号 c 表示。图 3-32 是叶轮进、出口处这三种速度的关系，称为叶轮进、出口速度三角形。

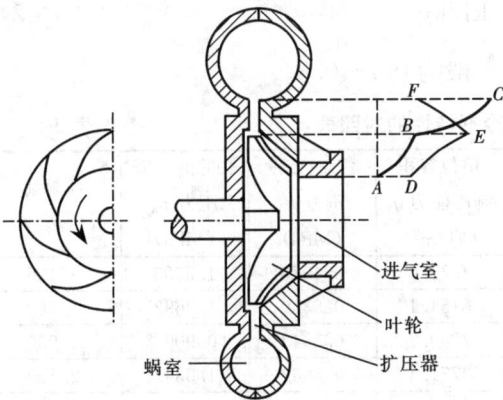

图 3-31 气体通过叶轮时压力和速度的变化

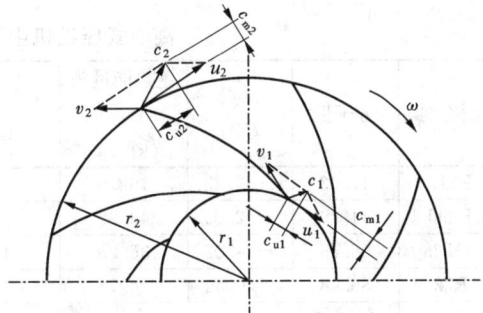

图 3-32 叶轮进出口速度三角形

如果，通过叶轮的制冷剂质量流量为 M_r kg/s，叶轮进口和出口圆周速度为 $u_1 = \omega r_1$ 和 $u_2 = \omega r_2$，式中 ω 为叶轮每秒的角速度。这样，叶轮进口处，单位时间内气体在圆周方向的动量等于 $M_r c_{u1}$，其中 c_{u1} 为进口气流绝对速度 c_1 在圆周方向的分速度，而对于叶轮主轴的动量矩应等于 $M_r c_{u1} r_1$；叶轮出口处，单位时间内气体在圆周方向的动量等于 $M_r c_{u2}$，其中 c_{u2} 为出口气流绝对速度 c_2 在圆周方向的分速度，而对于叶轮主轴的动量矩应等于 $M_r c_{u2} r_2$。

根据动量矩原理，外力矩 $[M]$ 应等于单位时间内叶轮进、出口动量矩之差，即

$$[M] = M_r c_{u2} r_2 - M_r c_{u1} r_1 = M_r (c_{u2} r_2 - c_{u1} r_1) \qquad (3-21)$$

如果，叶轮角速度为 ω，则每秒叶轮传给气态制冷剂的功量为 $[M]\omega$，所以，每千克气体从叶轮得到的理论功量为

$$w_{c.th} = \frac{[M]\omega}{M_r} = (c_{u2} r_2 - c_{u1} r_1)\omega = c_{u2} u_2 - c_{u1} u_1 \quad \text{J/kg} \qquad (3-22)$$

$w_{c.th}$ 也被称为叶轮产生的理论能量头。一般离心式制冷压缩机气流都是轴向进入叶轮，即进口气流绝对速度的方向与圆周垂直，故 $c_{u1} = 0$。这样，旋转叶轮产生的理论能量头为

$$w_{c.th} = c_{u2} u_2 = \phi_{u2} u_2^2 \quad \text{J/kg} \qquad (3-23)$$

式中　　ϕ_{u2}——叶轮出口气流切向分速度系数，等于 $\dfrac{c_{u2}}{u_2}$，也称为周速系数。

从式（3-23）看出，叶轮（或者说离心式压缩机）产生的能量头只与叶轮外缘圆周速度（或者说与转速和叶轮半径）以及流动情况有关，与制冷剂的性质无关。

（二）气体被压缩时所需要的能量头

由式（1-8）可知，单位质量制冷剂进行绝热压缩时，

$$w_{c.th} = h_2 - h_1 \quad \text{kJ/kg}$$

$w_{c.th}$ 是单位质量制冷剂绝热压缩时所需要的理论耗功量，在离心式压缩机中称之为能量头。

但是，气态制冷剂流经叶轮时，气体内部以及气体与叶片表面之间有摩擦等损失，制冷剂在压缩过程吸收摩擦热，进行吸热多变压缩过程，因此，气态制冷剂在压缩过程实际所需要的能量头应为

$$w = \frac{w_{c.th}}{\eta_{ad}} \quad \text{kJ/kg} \qquad (3-24)$$

式中　　η_{ad}——离心式制冷压缩机的绝热效率，一般为 $0.7 \sim 0.8$。

离心式压缩机中不同制冷剂特性的对照表　　　　　表 3-6

制冷剂	分子量	沸点 (℃)	绝热能量头 $w_{c.th}$ (kJ/kg)	4℃时音速 a_1 (m/s)	单位容积制冷能力 q_v (kJ/m³)	4℃时蒸发压力 p_0 (MPa)	40℃时冷凝压力 p_k (MPa)	压缩比 $\varepsilon = p_k / p_0$
R717	17.03	−33.33	162.6	402	4273.0	0.4975	1.5553	3.126
R290	44.10	−42.09	43.99	220	3154.1	0.5350	1.3692	2.559
R152a	66.15	−24.02	36.25	187	2280.7	0.3043	0.9098	2.990
R22	86.48	−40.80	24.73	163	3771.4	0.5662	1.5341	2.709
R134a	102.03	−26.07	22.77	147	2923.4	0.3376	1.0165	3.011
R125	120.03	−48.22	15.03	126	3847.7	0.7610	2.0098	2.641
R123	152.93	+27.84	21.17	126	381.2	0.0391	0.1545	3.949

从式（3-24）可以看出，气态制冷剂被压缩时所需要的能量头（如绝热压缩能量头 $w_{c.th}$）与运行工况（即蒸发温度和冷凝温度）以及制冷剂性质有关，即使在同一工况下，不同制冷剂所需能量头也不相同。表 3-6 给出不同制冷剂在蒸发温度为 4℃、冷凝温度为 40℃条件下的特性值。从表中可看出，轻气体（分子量小的气体）所需能量头比较大，而重气体（分子量大的气体）所需能量头一般反而小。

（三）叶轮外缘圆周速度和最小制冷量

上面谈到，由于气态制冷剂流过叶轮时有各种能量损失，气态制冷剂所能获得的能量头 w' 永远小于理论能量头 $w_{c.th}$ ，即

$$w' = \eta_h w_{c.th} = \varphi u_2^2 \quad \text{J/kg} \tag{3-25}$$

式中　η_h——水力效率；

　　φ——压力系数，等于 $\eta_h\varphi_{u2}$ ，对于离心式制冷压缩机来说约为 $0.45\sim0.55$ 。

从式（3-25）可以看出，叶轮外缘圆周速度越大，给予气体的能量头越多。但是，u_2 的大小一方面受叶轮材料强度的限制，希望不大于 275m/s ；另一方面受流动阻力的制约，希望马赫数 M_{u2} 不要太大，以免流动阻力急剧增加，一般取 M_{u2} 为 $1.3\sim1.5$ ，即

$$M_{u2} = \frac{u_2}{a_1} = 1.3 \sim 1.5 \tag{3-26}$$

式中　a_1——在叶轮进口状态下，制冷剂的音速，m/s。

u_2 值不可能太大，就是说单级叶轮可以产生的能量头受到限制；由于分子量大的制冷剂被压缩时所需能量头较小，故空调用离心式制冷压缩机较多采用，以减少叶轮级数，简化离心式压缩机的结构。

再者，$u_2 = \dfrac{\pi D_2}{60}n$ m/s，因此，为了获得足够的外缘圆周速度 u_2 ，要求叶轮有足够高的转数。叶轮直径越小，转数要求越高，一般在 $5000\sim15000\text{r/min}$ 范围。

由于离心式制冷压缩机的转数很高，而且叶轮直径受到加工工艺的限制、不希望太小（一般不希望小于 200mm），所以，离心式压缩机的输气量必然很大，即使采用单位容积制冷能力较小的制冷剂，其单机制冷量也较大，故离心式制冷压缩机适用于大、中型制冷装置。

三、离心式制冷压缩机的工作特性

图 3-33 给出离心式制冷压缩机流量与压缩比（p_k/p_0）之间的关系曲线，图中示出不同转数下的关系曲线和等效率线，左侧点划线为喘振边界线。从图中可以看出，在某转数下离心式制冷压缩机的效率最高，该转数的特性曲线则是设计转数特性曲线。

离心式制冷压缩机叶轮的叶片为后弯曲叶片，工作特性与后弯曲叶片的离心风机相似。图 3-34 给出设计转数下离心式制冷压缩机特性曲线，横坐标为输气量，纵坐标为能量头。图中 D 点为设计点，离心式制冷压缩机在此工况点运行时，效率最高，偏离此点效率均要降低，偏离越远，效率降低越多。

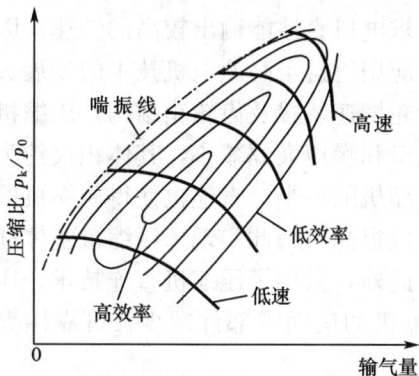

图 3-33　离心式压缩机的特性曲线　　　图 3-34　设计转速下离心式压缩机的特性曲线

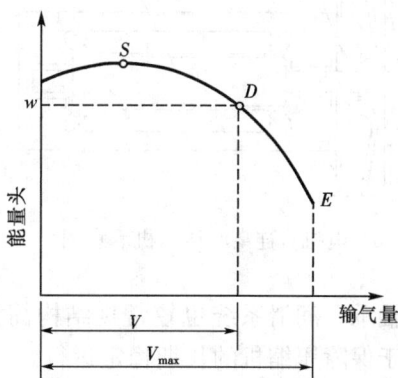

图中 E 点为最大输气量点，又称堵塞点。输气量增加至此点，离心式压缩机叶轮进口流速达到音速，输气量不可能进一步增加。

图中 S 点为喘振边界点。当压缩机的流量减少至 S 点流量以下，由于制冷剂通过叶轮流道的能量损失增加较大，离心式制冷压缩机的有效能量头不断下降，这时，压缩机出口以外的气态制冷剂将倒流返回叶轮。例如，蒸发压力不变，由于某种原因冷凝压力上升，压缩气态制冷剂所需能量头有所增加，压缩机输气量将减少；当冷凝压力继续增加，输气量减少至 S 点时，离心式制冷压缩机产生的有效能量头达到最大，如果冷凝压力再增加，离心式压缩机能够产生的能量头不敷需要，气态制冷剂就要从冷凝器倒流回至压缩机。气态制冷剂发生倒流后，冷凝压力降低，压缩机又可将气态制冷剂压出，送至冷凝器，冷凝压力又要不断上升，再次出现倒流。离心式制冷压缩机运转时出现的这种气体来回倒流撞击现象称为喘振。出现喘振，不仅造成周期性的增大噪声和振动，而且，由于高温气体倒流充入压缩机，将引起压缩机壳体和轴承温度升高，若不及时采取措施，还会损坏压缩机甚至损坏整套制冷装置。

离心式制冷压缩机发生喘振现象的原因，主要是冷凝压力过高或吸气压力过低，所以，运转过程中保持冷凝压力和蒸发压力稳定，可以防止喘振的发生。但是，当压缩机制冷能力调节得过小时，离心式制冷压缩机也会产生喘振，这就需要进行保护性的防喘振调节。旁通调节法是防喘振的一种措施。当需要压缩机的制冷量调节到喘振点以下时，从压缩机出口引出一部分气态制冷剂，不经冷凝直接旁流至压缩机吸气管，这样，既可减少通入蒸发器的制冷剂流量，以减少制冷量，又不致使压缩机的输气量过小，从而防止喘振发生。除此之外，也可利用叶轮上游设置的导叶调节装置调节开度，配合叶轮下游的可改变流道宽度的扩压器联合调节，可有效防止离心压缩机的喘振，并扩大压缩机的运行范围。

四、离心式制冷压缩机新技术

近年来，离心压缩机技术得到快速发展，包括电机直连（不使用增速齿轮）、高电压直驱、直流调速以及磁悬浮等技术的应用，很大程度提高了离心式压缩机的能效水平、调节能力和可靠性。

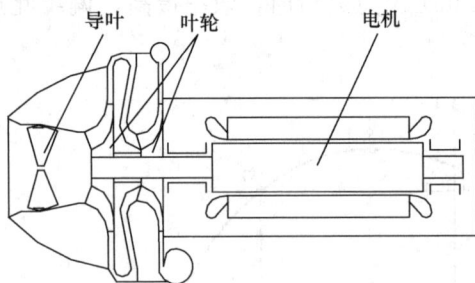

图 3-35　电机直连离心压缩机示意图

电机直连是指将离心压缩机的叶轮与电机轴直接相连而不再使用增速齿轮（图 3-35），这就要求电机直接能输出较高的转速，因此该技术的应用得益于高速电机技术的发展。由于没有齿轮增速装置及齿轮箱结构，压缩机的体积、重量和噪声大幅减小，其体积仅约为普通离心压缩机的一半。直连也使得压缩机的传动效率得以提高，因此实现了压缩机整体性能的提升。此外，采用了压缩机直连技术，压缩机仅需两个轴承，润滑系统也较常规结构简洁，压缩机的运动零部件减少，可靠性大幅提升，有益于保障压缩机的长期稳定运行。

高电压直驱离心压缩机是指直接使用 6kV 甚至更高电压的电源驱动的离心压缩机，其优点在于消除了用户侧变电站将电力从 6kV 降压到 380V 的变电损失，同时高电压的直接输入也降低了压缩机电机的电流，从而也减少电机绕组的发热并提高电机的效率。

采用大功率高转速的永磁同步电机可实现离心压缩机的直流调速。永磁同步电机的效率高，高达97%以上。此外，离心压缩机的转速可在较大范围内调节，一方面满足用户侧负荷的连续变化，同时可与其他技术联合实现离心压缩机的防喘振控制。

磁悬浮轴承作为无油轴承的一种形式已开始应用于离心压缩机中。无油轴承的应用不仅极大地减少了压缩机的磨损，延长了机组寿命，最为重要的是可以实现制冷系统的无油化。换热器中无油进入不仅可有效提高换热效率，且可以使系统及压缩机结构更加简洁（无油处理系统），减小机组故障发生的概率。

第四节　压缩机的热力性能

实际上，制冷压缩机仅能为制冷剂提供增压和循环动力，而并不直接产生制冷或制热效果。但表征压缩机容量大小的理论输气量、所配电机的输入功率等参数对用户而言不够直观且缺乏可比性。因此，一般采用给定工作条件下的应用该压缩机的制冷或热泵装置的性能参数来描述压缩机的热力性能，这些给定的工作条件称为压缩机的工况。

当压缩机工作在不同工况时其热力性能也不相同。离心式压缩机的热力性能一般由生产厂家根据实验数据提供其性能图表或回归公式，而容积式压缩机的热力性能除采用性能图表或回归公式描述外，还可采用效率法计算获得。下面将首先介绍决定压缩机热力性能的工作条件即"工况"，然后介绍容积式压缩机热力性能指标及其基于效率法的计算方法。

一、压缩机的工况

当压缩机在确定的工作条件下运行时，其性能参数也就唯一确定，这些工作条件由五个因素构成，即：①蒸发温度、②吸气温度（或过热度）、③冷凝温度、④液体再冷温度（或再冷度）、⑤压缩机工作的环境温度，这五个因素的一组数值就是一个工况。

为了统一基准描述一台压缩机的大小和性能优劣，则必须给定一个具有应用代表性的、特定的工况（一组数值），采用该工况下测试出的压缩机性能参数（制冷量/制热量、输入功率、性能系数）来表征压缩机的容量和能效。因此，将这一组特定的蒸发温度、吸气温度（或过热度）、冷凝温度、液体再冷温度（或再冷度）和压缩机工作环境温度称为压缩机的名义工况（或额定工况），所测量出的性能参数称为名义性能参数。

各类压缩机的名义工况都由其产品标准统一给出。目前，我国与制冷压缩机有关的国家标准有[29-34]：《活塞式单级制冷压缩机》GB/T 10079—2001；《全封闭涡旋式制冷压缩机》GB/T 18429—2001；《螺杆式制冷压缩机》GB/T 19410—2008；《房间空气调节器用全封闭型电动机—压缩机》GB/T 15765—2014；《电冰箱用全封闭型电动机—压缩机》GB/T 9098—2008；《汽车空调用制冷压缩机》GB/T 21360—2008。

各类压缩机因其使用条件不同，故其产品标准中给出的名义工况也不尽一致，表3-7汇总给出了各类压缩机的名义工况。

制冷压缩机各种标准中的名义工况 表 3-7

类型	吸气饱和(蒸发)温度(℃)	吸气温度(℃)	吸气过热度(℃)	排气饱和(冷凝)温度(℃)	液体再冷温度(℃)	液体再冷度(℃)	环境温度(℃)	标准号	备注
高温	7.2	18.3	—	54.4	—	0	35	GB/T 10079—2001	有机制冷剂,高冷凝压力工况
	7.2	18.3	—	48.9	—	0	35		有机制冷剂,低冷凝压力工况
	5	20[b]		50		0	—	GB/T 19410—2008	高冷凝压力工况
	5	20[b]		40		0	—		低冷凝压力工况
	7.2	18.3	—	54.4	46.1	—	35	GB/T 18429—2001	—
	7.2	35		54.4		8.3	35	GB/T 15765—2014	大过热度工况
	7.2	18.3		54.4		8.3	35		小过热度工况
中温	−6.7	18.3		48.9		0	35	GB/T 10079—2001	有机制冷剂
	−6.7	4.4		48.9	48.9	—	35		—
	−10	—	10 或 5[a]	45		0		GB/T 19410—2008	高冷凝压力工况
	−10	—	10 或 5[a]	40		0			低冷凝压力工况
中低温	−15	−10		30	25		32	GB/T 10079—2001	无机制冷剂
低温	−31.7	18.3	—	40.6		0	35	GB/T 10079—2001	有机制冷剂
	−35	—	10 或 5[a]	40		0		GB/T 19410—2008	
	−31.7	4.4		40.6	40.6	—	35	GB/T 18429—2001	—
	−23.3	32.2		54.4	32.2		32.2	GB/T 9098—2008	—
汽车空调用	−1.0[c]	9	—	63	63	—	≥65	GB/T 21360—2008	涡旋压缩机转速为3000r/min,其他压缩机为1800r/min

注:1. 在 GB/T 19410—2008 中,a)用于 R717;b)吸气温度适用于高温名义工况,吸气过热度适用于中温、低温名义工况;

2. 在 GB/T 21360—2008 中,c)对于变排量压缩机,压缩机控制阀的设定压力为 −1.0℃时的饱和压力;

3. "—"表示相应标准对此项未进行规定。

二、压缩机的性能参数

(一)制冷量与制热量

制冷量和制热量是表征压缩机容量大小的指标,是指将该压缩机应用于制冷或热泵装置中,在给定工况下能够输出的制冷或制热能力。

1. 制冷量

各类压缩机的制冷量 ϕ_0 可统一表示为

$$\phi_o = m_{re}q_0 = m_{re}(h_{e,o} - h_{e,i}) \qquad kW \qquad (1\text{-}28a)$$

式中 m_{re} ——蒸发器中制冷剂的质量流量,kg/s;

q_0 ——单位质量制冷剂的制冷能力,kJ/kg;

$h_{e,i}$ ——蒸发器入口制冷剂比焓,kJ/kg;

$h_{e,o}$ ——蒸发器出口制冷剂比焓,kJ/kg。

对于容积式压缩机而言,根据式(1-28a)和式(1-11a)可知,ϕ_0 也可表示为

$$\phi_o = \eta_v V_h \frac{(h_{e,o} - h_{e,i})}{v_1} \qquad kW \tag{3-27}$$

式中　V_h——压缩机的理论输气量，m^3/s；

　　　η_v——压缩机的容积效率；

　　　v_1——压缩机吸气制冷剂比容，m^3/kg。

2. 制热量

各类压缩机的制热量可统一表示为

$$\phi_k = m_{rc} q_k = m_{rc}(h_{c,i} - h_{c,o}) \qquad kW \tag{1-13b}$$

式中　m_{rc}——冷凝器中制冷剂的质量流量，kg/s；

　　　q_k——单位质量制冷剂的冷凝负荷，kJ/kg；

　　　$h_{c,i}$——冷凝器入口制冷剂比焓，kJ/kg；

　　　$h_{c,o}$——冷凝器出口制冷剂比焓，kJ/kg。

压缩机的制热量通常是以单级压缩热泵循环为基准进行定义的，故对于容积式压缩机而言，ϕ_k可表示为

$$\phi_k = \eta_v V_h \frac{(h_{c,i} - h_{c,o})}{v_1} \qquad kW \tag{3-28}$$

式中　$h_{c,i}$——冷凝器入口制冷剂比焓，kJ/kg；

　　　$h_{c,o}$——冷凝器出口制冷剂比焓，kJ/kg。

（二）耗功率

耗功率是表征压缩机的能耗指标，是指将该压缩机应用于制冷或热泵装置中，在给定工况下运行时所消耗的功率。

图 3-36 给出了各类压缩机的能量传递及损失图。从图中可以看出，在电机输入能量中只有一部分（P_{th}）才是真正用于制冷剂气体的等熵压缩过程，而其余能量则损失在电机、传动、机械和内压缩等诸多能量传递环节。因此，压缩机的输入功率 P_{in} 可计算为：

$$P_{in} = \frac{P_{th}}{\eta_{el}} \qquad kW \tag{1-29}$$

式中　P_{th}——等熵压缩功率（参见第一章），kW；

　　　η_{el}——压缩机的电效率。

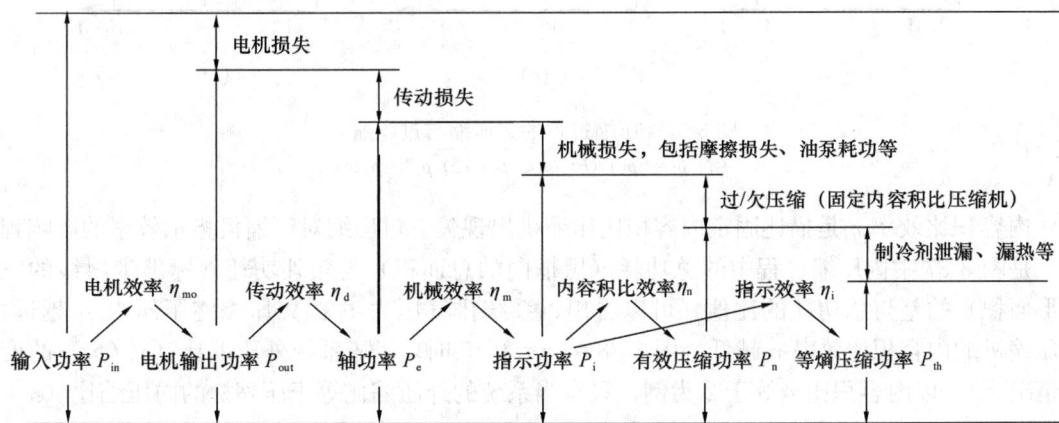

图 3-36　制冷压缩机能量传递及损失图

对于封闭式压缩机，由于压缩机和电机为一体化结构，故 η_{el} 由式（3-29）计算，即

$$\eta_{el} = \eta_i \eta_m \eta_d \eta_{mo} \tag{3-29}$$

式中 η_i，η_m，η_d，η_{mo} 分别表示压缩机的指示效率、机械效率、传动效率和电机效率。

对于电机外置的开启式压缩机，压缩机的输入功率是外部动力提供给压缩机的轴功率，故开启式压缩机的电效率中不包含传动效率 η_d 和电机效率 η_{mo}，故 η_{el} 由式（3-30）计算：

$$\eta_{el} = \eta_i \eta_m \tag{3-30}$$

下面对影响压缩机输入功率的上述四个效率分别进行说明：

（1）指示效率 η_i：表征压缩机实际内压缩过程偏离等熵压缩过程的程度。指示效率等于 p-V 图上理想等熵压缩过程所包围面积与实际压缩过程所包围面积的比值。影响压缩机指示效率的因素除制冷剂泄漏、热量传递等外，对于固定内容积比压缩机（涡旋压缩机和螺杆压缩机）而言还包括内容积比效率 η_n。

对于内容积比固定的压缩机，由于其独特的结构，其压缩终了时的压力 p_2 只与吸气压力 p_1、内容积比 v_i 和压缩过程多变指数 n 有关，故其内压缩比 ε_i 为

$$\varepsilon_i = \frac{p_2}{p_1} = \left(\frac{V_1}{V_2}\right)^n = v_i^n \tag{3-31}$$

当压缩终了压力 p_2 小于系统排气压力 p_k 时，压缩机处于欠压缩状态，在排气口打开瞬间，排气管道内压力为 p_k 的气体冲入压缩腔中，使腔内压力迅速上升到系统排气压力 p_k，此过程造成的额外功耗如图 3-37（b）所示。

当压缩终了压力 p_2 大于系统排气压力 p_k 时，压缩机处于过压缩状态，压缩腔内压力为 p_2 的制冷剂在排气口打开瞬间冲出压缩腔，腔内制冷剂迅速膨胀到系统排气压力 p_k，此过程造成的额外功耗如图 3-37（c）所示。

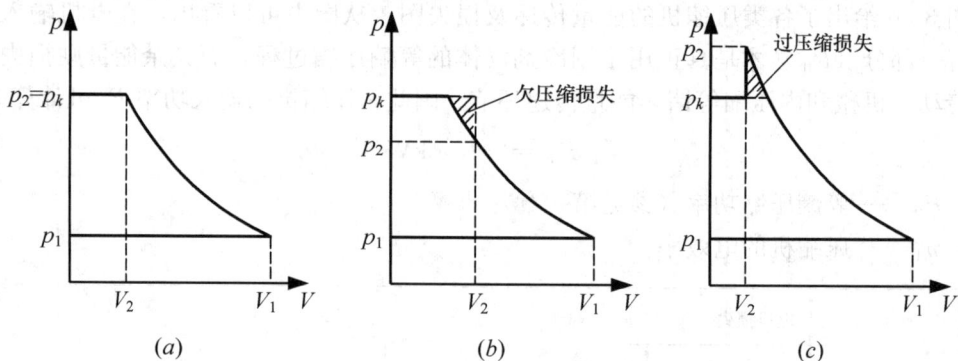

图 3-37 压缩过程的欠压缩与过压缩
（a）$p_2 = p_k$；（b）$p_2 < p_k$；（c）$p_2 > p_k$

内容积比效率 η_n 是描述固定内容积比压缩机出现欠、过压缩对压缩机指示效率的影响程度，是图 3-37 中内压缩过程中的总功耗（黑框内的总面积）与额外功耗（标出带斜线的三角形面积）的差与总功耗的比值。可以看出，系统排气压力 p_k 偏离压缩终了压力 p_2 越远，则压缩机的内容积比效率 η_n 越低。图 3-38 为 $n=1.15$ 时，η_n 随系统外压缩比（p_k/p_1）的变化情况[35]。以内容积比 v_i 等于 2 为例，只有当系统的外压缩比等于压缩机的内压缩比（$\varepsilon_i = 2^{1.15} = 2.22$）时，压缩机的 η_n 才为 1（如图 3-38 和图 3-37a 所示）。系统的压缩比偏离压缩机内压缩比都将导致压缩机 η_n 下降，且 η_n 对过压缩更为敏感。

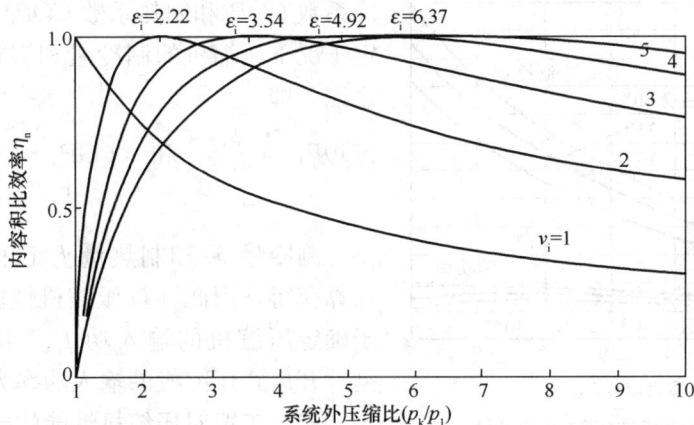

图 3-38 内容积比效率随系统外压缩比的变化情况

当然，有些压缩机具有内容积比调节装置，可根据运行工况的变化调节内容积比，从而解决上述问题。图 3-39 示出了不同内容积比和内容积比可调的 R22 螺杆式制冷压缩机的指示效率 η_i 随外压比的变化曲线[36]。可见，内容积比可调的压缩机的指示效率 η_i 比固定内容积比更高。

（2）机械效率 η_m：机械效率是指示功率与轴功率的比值。它主要受压缩机内动力传输过程的各种摩擦影响。因此，动力传输路径短、动态平衡性好的压缩机具有较高的机械效率。

此外，随着压缩比的增大，摩擦力将增加，因此压缩机的机械效率普遍降低。对于含油泵的压缩机，机械损失还包含油泵的能耗。

（3）传动效率 η_d：表征电机输出功率传递到压缩机轴的过程中的能量损耗情况。对于电机与压缩机共轴的情况，

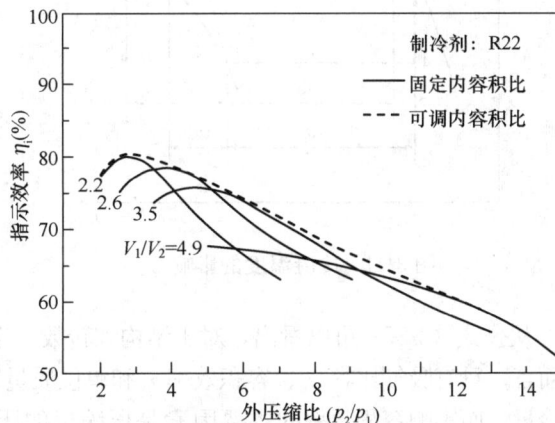

图 3-39 典型 R22 双螺杆压缩机的指示效率

传动效率 $\eta_d = 1$，当前，制冷空调压缩机多为此类。对于电机与压缩机通过增速齿轮连接的压缩机，传动效率 η_d 超过 0.98，非直连离心式压缩机属于此类；当电机与压缩机通过皮带连接时，传动效率 η_d 为 0.90～0.95。

（4）电机效率 η_{mo}：表示电机输出轴功率与电机输入电功率之比，其受到电机铜损、铁损等因素的影响。三相电机的效率普遍高于单相电机，直流无刷电机的效率高于交流感应电机。

在实际压缩机或系统性能计算中，除采用上述通用的效率法进行计算外，也可从压缩机生产厂家提供的基于实验结果的性能曲线中直接获得。图 3-40 即为某开启式活塞压缩机的性能曲线，图中给出了压缩机的制冷量和轴功率随冷凝温度和蒸发温度的定量变化关系。

（三）性能系数

压缩机的能效指标采用性能系数（Coefficient of Performance，COP）表示，包括制

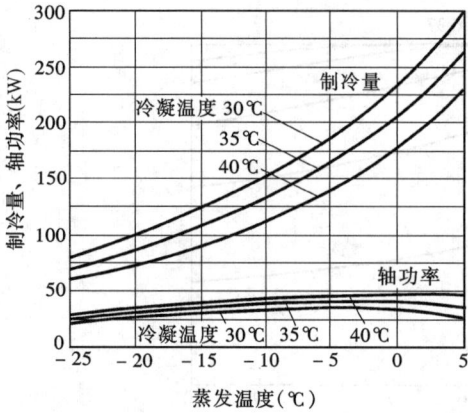

图 3-40　某开启式活塞压缩机的性能曲线

（再冷度 0℃，吸气温度 18.3℃）

冷系数 COP_c 和制热系数 COP_h，分别表示在给定工况下压缩机的制冷量和制热量与输入功率之比。即

$$COP_c = \frac{\phi_0}{P_{in}} \quad \text{和} \quad COP_h = \frac{\phi_k}{P_{in}} \quad \text{kW/kW}$$

(3-32)

制冷量 ϕ_0 和制热量 ϕ_k 已由前文所述方法计算获得，因此计算压缩机性能系数的重点在于确定压缩机的输入功 P_{in}。特别需要强调的是，开启式压缩机的输入功率为轴功率。

三、工况对压缩机性能的影响

压缩机的制冷量、输入功率、性能系数等性能参数随工况的变化而不同，其中影响最为显著的是冷凝温度和蒸发温度。

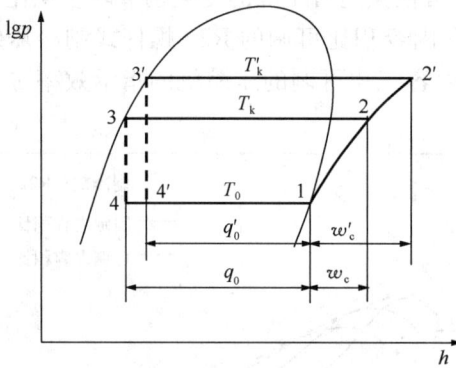

图 3-41　冷凝温度的影响

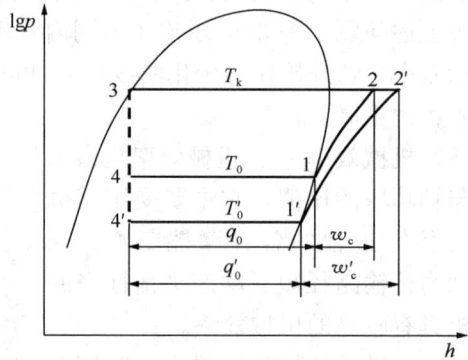

图 3-42　蒸发温度的影响

从公式 (3-27) 可以看出，对于结构和转数一定（或压缩机的理论输气量为常数）的压缩机而言，只有吸气比容 v_1、容积效率 η_v 和单位质量制冷能力 q_0（$q_0 = h_{e,o} - h_{e,i}$）影响压缩机的制冷量。而影响容积效率的主要因素是压缩机的压缩比（p_k/p_0），也就是说，随着排气压力（或冷凝压力）的增加、吸气压力（或蒸发压力）的降低，压缩机的容积效率 η_v 减小。

图 3-41 和图 3-42 分别表示出了冷凝温度和蒸发温度变化时对单位质量制冷能力 q_0、单位质量压缩功 w_c、吸气比容 v_1 的影响关系（图中，再冷度和过热度均为 0）。

从图 3-41 中可以看出：当蒸发温度不变时，随着冷凝温度的升高，单位质量制冷能力 q_0 减小，单位质量压缩功 w_c 增大，由于吸气比容 v_1 不变，故其质量流量 m_r（$= \eta_v V_h / v_1$）变化很小（其变化量仅取决于容积效率 η_v），因此，压缩机的制冷量 ϕ_0 减小，耗功率 P_{in} 增大，制冷系数 COP_c 降低。反之亦然。

从图 3-42 可知：当冷凝压力不变时，随着蒸发温度的升高，单位质量制冷能力 q_0 增大，吸气比容 v_1 减小使得制冷剂的质量流量 m_r 增大，二者共同影响使得压缩机的制冷量 ϕ_0 增大；另一方面，虽然单位质量压缩功 w_c 减小，但质量流量 m_r 增大，其综合效果体现在压缩机的耗功率 P_{in}（$= m_r w_c / \eta_{el}$）随蒸发温度的升高先逐渐增大（此时 m_r 增大占主导地位），达到最大值（$P_{in,max}$）后再逐渐减小（此时 w_c 减小占主导地位）。其中，耗功率最大值（$P_{in,max}$）时的工况通常称为最大功率工况。因此，在压缩机设计和运行调控时，必须关注最大功率工况的特点，以防电机过载而烧毁。

实际上，压缩机在制冷（热泵）系统设计或运行时，其工况与表 3-7 所述名义工况不可能一致，其性能参数也将随运行工况不同而变化，因此，工况不同的性能指标不具备可比性，换言之，未给定运行工况的热力性能指标是无意义的。

第五节　压缩机的运行界限

在压缩机的使用过程中，必须保证压缩机运行在厂家规定的运行界限范围内，否则，压缩机在恶劣条件下长期运行将导致压缩机损毁。压缩机的运行界限是指压缩机运行时的蒸发温度（蒸发压力）和冷凝温度（冷凝压力）的界限，通常表示为以蒸发温度为横坐标、冷凝温度为纵坐标的二维坐标图中的一个多边形区域。

图 3-43 分别给出了 R22 、R134a 和 R404A（或 R507）单级半封闭螺杆压缩机的运行界限。不同的压缩机、不同的制冷剂、不同的电机配置均导致压缩机的运行界限不同。

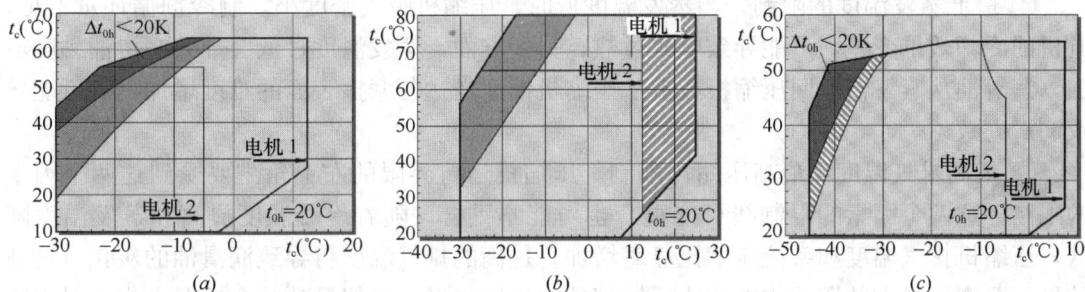

图 3-43　单级半封闭压缩机的运行界限

(a) R22；(b) R134a；(c) R404A 和 R507

实际上，制冷压缩机的运行界限受电机、润滑油、机械结构、效率等因素的综合影响。图 3-42 表示出了影响运行界限的主要原因。

概括起来，可以总结出如下结论（下列序号对应图 3-44 中多边形边上的序号）：

① 最高冷凝温度限制。当蒸发温度一定时，随着冷凝温度的提高，压缩机的功耗快速增加，由此导致电机负载快速增加。为防止电机过载烧毁，所以冷凝温度不应过高。此外，冷凝温度高时，冷凝压力也高，压缩机壳体和排气管路承受较高的对环境压力差，存在破裂的风险，这是限制冷凝温度不能过高的又一原因。

② 最低冷凝温度限制。理论上讲，当蒸发温度一定时，随着冷凝温度降低，压缩功将逐渐减小，压缩机的能效比将逐渐提升。但实际上，动力传输过程中的各种损耗并不随冷凝温度的降低而显著减小，由此导致压缩机总功耗并不显著降低。此外，对于固定内容积比压缩机，此时压缩机处于过压缩状态，内容积效率和指示效率将快速下降，导致压缩机效率大幅下降。因此，不同压缩机也限制了最低的冷凝温度降低。

③ 最高蒸发温度限制。蒸发温度高可以提高压缩机效率，但当蒸发温度过高时，压缩机吸气密度增加、质量流量增大，导致压缩机功耗大幅增加，因此存在压缩机过载的可能。此外，较高的蒸发温度意味着润滑油的油温较高，润滑油的润滑效果变差，可能导致

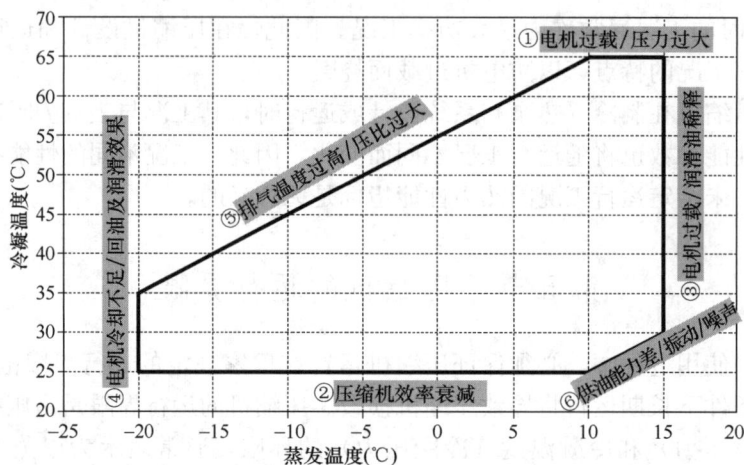

图 3-44　限制压缩机运行范围的主要因素

机械部件的严重磨损。

④ 最低蒸发温度的限制。当蒸发温度低时，压缩机吸气密度小，制冷剂循环量不足，电机的冷却效果变差，可能导致电机过热；另一方面，蒸发温度过低会导致润滑油黏度增加，润滑油从蒸发器返回压缩机或者从压缩机油池送达各摩擦表面的难度增加，有可能导致润滑失败。

⑤ 最高排气温度和最高压缩比限制。压缩机运行界限的左上角主要受到这两个因素的限制。这两个因素的限制线可能重合也可能不重合。随着冷凝温度提高和蒸发温度降低，压缩机排气温度和系统压缩比显著增加。过高的排气温度将导致润滑油的炭化。过高的排气温度和过大的压差均能造成压缩部件的过度变形，可能导致咬合情况发生。对于固定容积比压缩机而言，过高的系统压缩比将导致压缩机处于严重的欠压缩状态，不仅导致压缩机效率降低，而且在排气过程中大压差制冷剂回流冲击压缩部件，长期运行则存在疲劳断裂风险。

⑥ 最小压差限制。压缩机运行界限的右下角主要受到这一因素的限制。随着冷凝温度的降低和蒸发温度的提高，压缩比将逐渐减小，由此导致靠吸、排气压差供油的压缩机出现供油动力不足，润滑效果变差的问题。另外，部分压缩机依靠吸、排气压差或者压缩中段压力（背压）与吸气压力差实现部件密封或动力平衡，过小的压差将导致密封不严，运动部件稳定性降低，噪声增大。

受单级压缩机的运行界限的限制，为达到更低的蒸发温度或更高的冷凝温度，则需采取必要的技术措施以扩大压缩机的运行界限，包括采用多级压缩或复叠式制冷循环等。

思　考　题

1. 有人说"在蒸气压缩式制冷装置中，蒸发温度越高，压缩机的输入功率则越大"，请问这句话严谨吗？为什么？

2. 冷冻用制冷压缩机与空调用制冷压缩机能否互换？为什么？

3. 何谓压缩机的理论输气量 V_h？为何压缩机的实际输气量 V_r 小于理论输气量 V_h？V_r 与哪些因素有关？

4. 试分析压缩比 π（$=p_k/p_0$）对容积式压缩机容积效率 η_v 的影响规律。

5. 制冷压缩机的主要性能参数有哪些？试分析其影响因素。

6. 什么是压缩机的工况？名义工况有何意义？

7. 试分析压缩机转速、冷凝温度、蒸发温度对容积式和离心式压缩机制冷量的影响规律。

练 习 题

1. 以 R22 为制冷剂、理论输气量为 $100\text{m}^3/\text{h}$ 的双螺杆压缩机，设制冷循环的再冷度 $SL=8.3℃$，压缩机吸气温度为 $18.3℃$，机械效率与电机效率的乘积 $\eta_m \cdot \eta_{mo}=0.8$，容积效率 η_v 和指示效率 η_i 采用图 3-29 和图 3-39 的数据（按可调内容积比选取）。请计算并回答下列问题：

(1) 绘制出类似图 3-40 所示的压缩机性能曲线（即制冷量 ϕ_0、输入功率 P_{in} 随 t_0、t_k 的变化曲线）；

(2) 绘制压缩机制冷系数 COP_c 随 t_0、t_k 的变化曲线；

(3) 根据 (1)、(2) 的计算结果，分析 t_0 与 t_k 对压缩机 ϕ_0、P_{in} 和 COP_c 的影响规律。

2. 一台 R22 半封闭压缩机和两台蒸发器（蒸发温度不同）构成的制冷装置原理图如图 3-45 所示。如果忽略管道的压力损失和热损失，压缩机的机械效率 $\eta_m=0.90$、电机效率为 $\eta_{mo}=0.80$，容积效率 η_v 和指示效率 η_i 以及其他已知条件如表 3-8 所示。

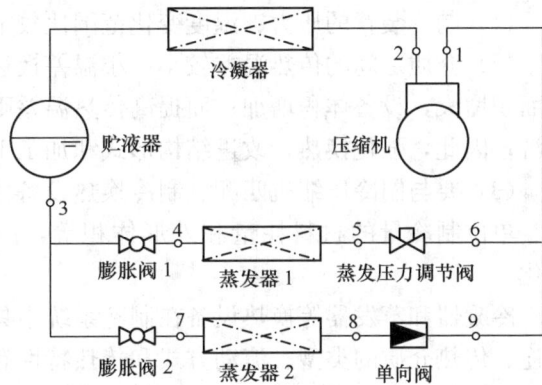

图 3-45 题 2 图

题 2 的计算条件　　　　　　　　　　　　　　　　表 3-8

项　　目	蒸发器 1	蒸发器 2
制冷量 ϕ_0	7kW	14kW
蒸发温度 t_0/蒸发压力 p_0	0℃/0.498MPa	−20℃/0.2453MPa
过热度 SH	8℃	3℃
冷凝温度 t_k/冷凝压力 p_k	35℃/1.352MPa	
再冷度 SL	5℃	
压缩机容积效率 η_v	$\eta_v = 0.844 - 0.0245\ (p_k/p_0)$	
压缩机指示效率 η_i	$\eta_i = 0.948 - 0.0513\ (p_k/p_0)$	

(1) 请将该装置的制冷循环表示在 $\lg p\text{-}h$ 图上（要求各状态点与原理图一一对应，蒸发压力调节阀相当于膨胀阀，具有节流降压功能）；

(2) 计算该制冷装置所采用压缩机的理论输气量 V_h（m^3/s）；

(3) 压缩机的输入功率 P_{in}（kW）以及制冷系数 COP 各为多少？

(4) 如果采用两台独立制冷装置向不同蒸发温度区域供冷，各已知条件均与图中相同，请计算这两台制冷装置的制冷系数 COP_1、COP_2 和总耗电量 ΣP_{in}（kW）；

(5) 根据上述计算结果，分析两类技术方案（第一类采用蒸发压力调节阀制冷装置，第二类采用两台制冷装置）的特点。

第四章 制冷装置的换热设备

蒸气压缩式制冷循环是由压缩、放热、节流和吸热四个主要热力过程组成。制冷装置的基本热力设备，除了具有心脏作用的压缩机和节流降压作用的节流装置以外，还应具有基本换热设备——冷凝器与蒸发器，它们是制冷装置四大件中的两大件；另外，在制冷装置中，根据需要还可能设有再冷却器、回热器、中间冷却器和冷凝－蒸发器等。这些设备的传热效果，直接影响制冷装置的性能以及运行经济性。

制冷装置的换热设备与其他热力装置中的换热设备相比，具有以下特点：

（1）制冷装置的压力、温度变化范围比较窄。

（2）介质之间的传热温差较小。小温差换热导致设备的热流密度小，传热系数低，传热面积增大，设备体积增加；而提高传热温差则加大制冷循环的不可逆损失，整机运行不经济；因此，强化换热，改进结构形式和加工工艺，是设计和制造换热设备的正确途径。

（3）要与制冷压缩机匹配。制冷换热设备性能的优劣，不仅要考虑传热系数、流动阻力、单位制冷量的材料耗量和外形体积等，同时还要考虑导致制冷压缩机所耗功率的变化。

冷凝器和蒸发器等换热设备在制冷系统中具有重要的作用，而换热设备的选用又与其用途、传热介质的类型、流动方式和传热特性有关，同时不同形式制冷装置使用的换热器又多种多样，本章着重介绍氟利昂和氨蒸气压缩式制冷装置涉及的典型冷凝器和蒸发器，最后简要介绍再冷却器、回热器、中间冷却器和冷凝－蒸发器、气体冷却器等其他换热设备。

第一节 冷凝器种类和工作原理

冷凝器的作用是将制冷压缩机排出的高温高压气态制冷剂予以冷却、使之液化，以便制冷剂在系统中循环使用。

根据冷却剂种类的不同，冷凝器可归纳为四类，即：水冷、风冷、水－空气冷却（蒸发式和淋水式）以及靠制冷剂或其他工艺介质进行冷却的冷凝器。空气调节用制冷装置中主要使用前三类冷凝器。

一、水冷式冷凝器

水冷式冷凝器是用水冷却高压气态制冷剂而使之冷凝成高压液体制冷剂的设备。冷却水可以是地下水、地面水、经冷却后再利用的循环水，后者使用最为广泛。由于水的温度比较低，换热系数高，故采用水冷式冷凝器可获得较低的冷凝温度，对制冷系统的制冷能力和运行经济性均有利。

常用的水冷式冷凝器有壳管冷凝器、套管式冷凝器和焊接板式冷凝器，现分别叙述如下。

（一）壳管冷凝器

壳管冷凝器分卧式和立式两大类。立式冷凝器以前在大型氨制冷系统中有应用，目前已很少使用，故这里只介绍卧式冷凝器。

图 4-1 为卧式壳管冷凝器。卧式壳管冷凝器水平方向装设，筒体两端焊有管板，板上焊接或胀接若干根传热管，此外，筒体上设有进气管、出液管、均压（平衡）管和安全阀。氨卧式壳管冷凝器下部还设有集油罐和放油管。高温高压气态制冷剂由上部进入管束外部空间，冷凝后的液体由下部排出。

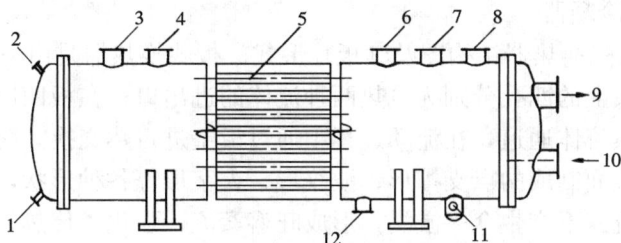

图 4-1　卧式壳管冷凝器

1—泄水管；2—放空气管；3—进气管；4—均压管；5—传热管；6—安全阀接头；7—压力表
接头；8—放气管；9—冷却水出口；10—冷却水入口；11—放油管；12—出液管

卧式壳管冷凝器筒体两端管板的外面用带有隔板的封盖封闭，从而把全部管束分隔成几个管组（也称为流程），冷却水从一端封盖的下部进入，顺序通过每个管组，最后从同一端封盖上部流出。这样，可以提高管内冷却水的流动速度，增加冷却水侧的对流换热系数，同时，由于冷却水的行程较长，可以提高冷却水进、出口温差，减少冷却水用量。

氨卧式壳管冷凝器的管束多采用外径为 $\phi25\sim\phi32$mm 的钢管。氟利昂卧式壳管冷凝器多采用管束外径为 $\phi16\sim\phi25$mm 的外肋铜管，肋高 0.9～1.5mm，肋节距 0.64～1.33mm，肋化系数（外表面总面积与管壁内表面积之比）等于或大于 3.5，以强化氟利昂侧的冷凝换热；制冷剂 R22 在水流速为 1.6～2.8m/s 时传热系数可达 1200～1600W/(m² · K)。近年来，高效冷凝管得到快速发展，已应用于大中型氟利昂制冷装置的冷凝器中。

卧式壳管冷凝器的优点是传热系数较高，冷却水用量较少，操作管理方便，但是，对冷却水的水质要求较高。目前大、中型氟利昂和氨制冷装置普遍采用这种冷凝器。

（二）套管式冷凝器

套管式冷凝器是由不同直径的管子套在一起，并弯制成螺旋式或者蛇形的一种水冷换热器。该冷凝器的外管一般为无缝钢管，管内套有一根或数根铜管，其外形参见图 4-2。

冷却水在内管流动，流向为下进上出；高压气态制冷剂则在外套管自上向下流动，冷凝后的液体从下部流出（也有制冷剂在内管内流动、冷却水在外套管内流动的套管式冷凝器），从而能够比较理想地进行逆流式换热。套管式冷凝器的盘管总长度不宜太长，否则不仅传热管内流体的流动阻力较大，更由于盘管下部会积聚较多的冷凝液，使得传热管的传热面积不能充分利用。

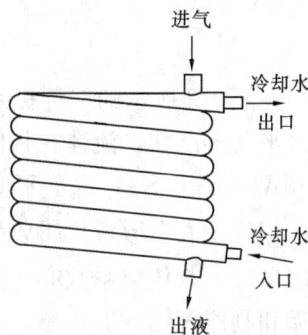

图 4-2　套管式冷凝器

同卧式壳管冷凝器相似，目前使用的套管式冷凝器的传热管也多采用铜制高效冷凝管，且制冷剂蒸气同时受传热管内冷却水和无缝钢管外的空气冷却，加上制冷剂和冷却水的纯逆向流动，故传热效果较好。对于 R22，套管式冷凝器以冷凝管外面积为基准的传热系数通常大于 1200 W/(m² · K)。

套管式冷凝器具有结构紧凑、制造简单、价格便宜、冷凝液体再冷度较大、冷却水耗量较少等优点；但两侧流体的流动阻力均较大，且清除水垢较困难。目前多用于单机制冷量较小的氟利昂制冷机组中。

（三）焊接板式冷凝器

图 4-3 给出了板式换热器结构图及其板片形式。板式换热器是由一组不锈钢波纹金属板叠装焊接而成；板上的四孔分别为冷热两种流体的进出口；在板四周的焊接线内，形成传热板两侧的冷、热流体通道，在流动过程中通过板壁进行热交换。两种流体在流道内呈逆流流动；而板片表面制成的点支撑形、波纹形、人字形等各种形状，有利于破坏流体的层流边界层，在低流速下产生众多漩涡，形成旺盛紊流，强化了传热；由于板式换热器板片间形成许多支撑点，承压约 3MPa 的换热器板片的厚度仅为 0.5mm 左右（板距一般为2～5mm）。这样，在相同的换热量条件下，板式换热器的体积仅为壳管式换热器的 1/3～1/6，重量只有壳管式的 1/2～1/5，所需的制冷剂充注量约为壳管式的 1/7。以水为冷却剂举例，在相同传热量和同样水速的条件下，板式换热器的传热系数可达 2000～4650W/(m² · K)，是壳管式换热器的 2～5 倍。

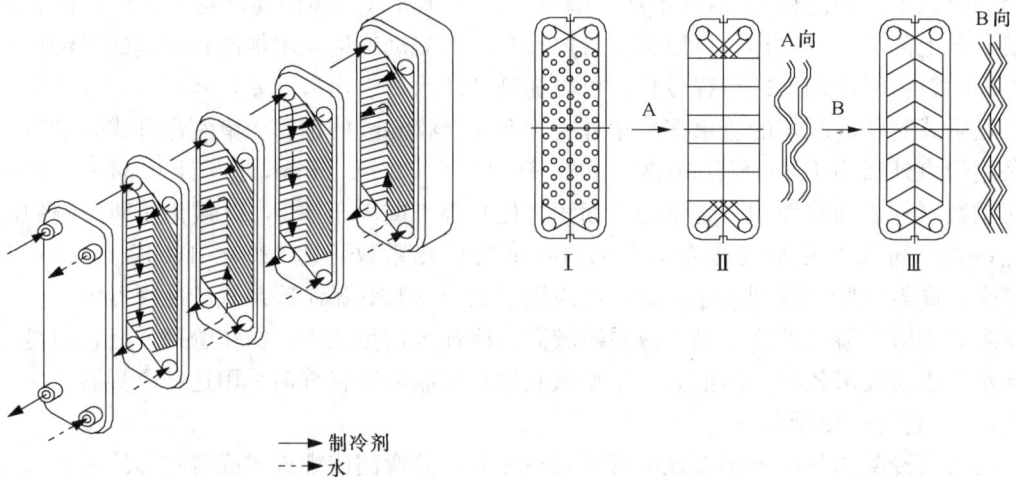

图 4-3 焊接板式冷凝器

在图 4-3 所示的三种板片形状中，点支撑形板片是在板上冲压出交错排列的一些半球形或平头形凸状，流体在板间流道内呈网状流动，流动阻力较小，其传热系数 K 值可达 4650W/(m² · K)；水平平直波纹形板片，其断面形状呈梯形，传热系数可达 5800W/(m² · K)；人字形板片属典型网状流板片，它将波纹布置成人字形，不仅刚性好，且传热性能良好，其传热系数亦可达 5800W/(m² · K)。板式换热器在使用过程中也会产生水侧结垢和制冷剂侧油垢现象，而使传热系数下降，所以在板式换热器选型时传热系数推荐采用 2100～3000W/(m² · K)。

由于板式换热器具有体积小、重量轻、传热效率高、可靠性好、加工过程简单等优点，近年来得到广泛应用。但是板式换热器也存在内容积小、难以清洗、内部渗漏不易修复等缺点，在使用时需加以注意。

当板式换热器作为冷凝器使用时，冷却水下进上出，制冷剂蒸气从上面进入，冷凝后的液态制冷剂从下面流出。当制冷系统中存在不凝性气体时，由于含有不凝性气体的制冷剂蒸气在板式冷凝器表面冷凝时，不凝性气体将会积聚在表面附近，阻挡蒸气接近冷凝表面，因此在板式冷凝器中，即使存在很少量不凝性气体，也会使得传热系数大大降低，所以采用板式冷凝器的制冷系统更要注意消除不凝性气体的存在。此外，板式冷凝器的内容积很小，冷凝后的制冷剂液体应该及时排出，否则冷凝液将会淹没一部分传热面积，因此系统中应装设贮液器。再者，冷凝器工作温度较高，如果水质不好，就容易产生结垢、堵塞问题，所以采用板式冷凝器必须提高冷却水水质。

二、风冷式冷凝器

风冷式冷凝器完全不需要冷却水，而是利用空气使气态制冷剂冷凝的。制冷剂在风冷式冷凝器中的传热过程和水冷式冷凝器相似，分降低过热、冷凝和再冷三个阶段。图 4-4 给出 R22 气态制冷剂通过风冷式冷凝器时的状态变化，以及冷却用空气的温度变化。从图中可以看出，约 90％ 传热负荷用于制冷剂冷凝，在冷凝段内制冷剂的温度基本不变（由于制冷剂流经冷凝器具有流动阻力，实际上制冷剂温度稍有降低）。

风冷式冷凝器有自然对流式和强制对流式之分，图 4-5 为强制对流式风冷冷凝器。气态制冷剂从上部进入肋管管内，冷凝液从下部流出。借助轴流或离心风机，使空气横掠肋管管束，吸收管内制冷剂放出的热量。

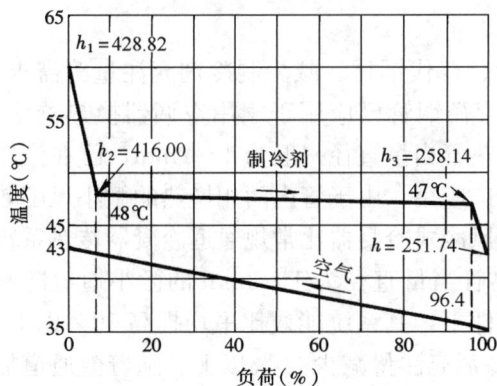

图 4-4　风冷式冷凝器的换热状况

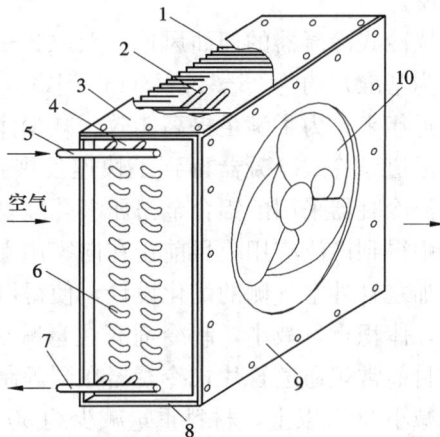

图 4-5　强制对流式风冷冷凝器
1—肋片；2—传热管；3—上封板；4—左端板；
5—进气集管；6—弯头；7—出液集管；8—下
封板；9—前封板；10—风机

由于空气侧的对流换热系数远小于管内制冷剂冷凝时的对流换热系数，所以在空气侧采用肋管强化空气侧的传热。肋管通常采用铜管铝片，也有采用钢管钢片或铜管铜片的；传热铜管有光管和内螺纹管两种；肋片多为连续整片，肋片根部用二次翻边与基管外壁接触，经机械或液压胀管后，二者紧密接触以减少其传热热阻。风冷冷凝器的常见传热管、肋片规格尺寸见表 4-1。

风冷冷凝器的结构参数（单位：mm） 表 4-1

传热管规格	肋片厚度	肋片间距
$\phi 7 \times 0.35$	0.12～0.15	1.5～2.2
$\phi 9.52 \times 0.35$	0.12～0.15	1.8～2.2
$\phi 12.7 \times 0.5$	0.15～0.2	2.2～3.0
$\phi 15.8 \times 0.75$	0.15～0.2	2.2～3.5

风冷式冷凝器肋管的回路设计极为重要。一般来自制冷压缩机的高压气态制冷剂从上部分几路进入各个肋管，形成多通路；气态制冷剂在肋管中产生一定冷凝后，可合并、减少通路路数；最后，集中为少数几个通路，布于空气进口侧，构成再冷段，直至出液。这样，可以保证制冷剂在肋管内有较高的流动速度，又不至于造成较大的流动阻力，以达到良好的传热效果，又使液态制冷剂有适当的再冷度。

风冷冷凝器的管簇可以顺排，也可以叉排。空气流过叉排管簇时，所受到的扰动大于顺排管簇。试验表明，空气流过叉排管簇时的传热系数，比顺排管簇高 10% 以上；为使弯头规格统一，叉排管簇以正三角形排列。

沿空气流动方向的管排数越多，单位迎风面积的传热面积越大，但后面排管的传热量越小，使得换热能力不能得到充分利用。为提高换热面积的利用率，管排数以取 2～6 排为宜。对于冷凝负荷较大的风冷冷凝器，其外形除像图 4-5（一面进风）外，还可以布置成为 V 形或 U 形，空气从机组多面进风，在保证很大迎风面积的情况下，可使制冷机组更紧凑。

风冷式冷凝器的迎面风速一般取 2～3m/s，此时风冷式冷凝器的传热系数 K（以外表面积为基准）约为 25～40W/(m² · K)。

近年来，为了满足提高能效、减少体积重量、替代铜材、减少制冷剂充注量等需求，微小通道风冷式冷凝器得到了快速发展。5mm 管径铜管已应用于家用空调器换热器中。平行流冷凝器采用的铝合金挤压多孔扁管，其换热管当量直径一般为 1～2mm，已在汽车空调中得到广泛应用，目前正在向家用空调器推广应用。由于管内两相换热的微小尺度效应，加之管外空气侧的优化设计，使得微小通道风冷式冷凝器比常规通道冷凝器传热系数提高，体积重量减小，制冷剂充注量减少。换热管当量直径为 1～2mm 的微小通道冷凝器与目前常规通道管片式冷凝器在同等制冷量条件下，其系统能效比平均提高 30% 以上，体积减小 30% 以上，材料重量减少约 50%，制冷剂充注量减少 30% 以上。随着微通道加工工艺提升和制作成本降低，换热管当量直径有进一步减小的趋势。

风冷式冷凝器与水冷式冷凝器相比较，初投资和运行费较高，且由于夏季室外空气温度较高，冷凝温度一般可达 50℃，为了获得同样的制冷量，制冷压缩机的容量约需增大15%。但是，采用风冷式冷凝器的制冷系统组成简单，可缓解水源紧张，并易于构成空气源热泵，故目前中小型氟利昂制冷机组多采用风冷式冷凝器。

三、蒸发式冷凝器

蒸发式冷凝器主要是利用盘管外侧喷淋冷却水蒸发时的汽化潜热而使盘管内制冷剂蒸气凝结的。蒸发式冷凝器主要由换热器、水循环系统及风机三部分组成，结构如图 4-6 所示。

换热器为一个蛇形管组的冷凝盘管，处于下部水槽中的冷却水由淋水泵提升到盘管上部的淋水器喷出，淋洒在盘管外表面上，水吸收气态制冷剂放出的热量，一部分蒸发变成水蒸气，其余则落入下部水槽，循环使用。喷淋水的水量配置和均匀布水对蒸发式冷凝器盘管的换热效果影响很大。根据经验，喷淋水量以全部润湿盘管表面并形成连续水膜为最佳，以获得最大的传热系数，并减少水垢的产生。室外空气自下向上流经盘管，这样不仅可以强化盘管外表面的换热，而且可以及时带走蒸发形成的水蒸气，以加速水的蒸发，提高冷凝

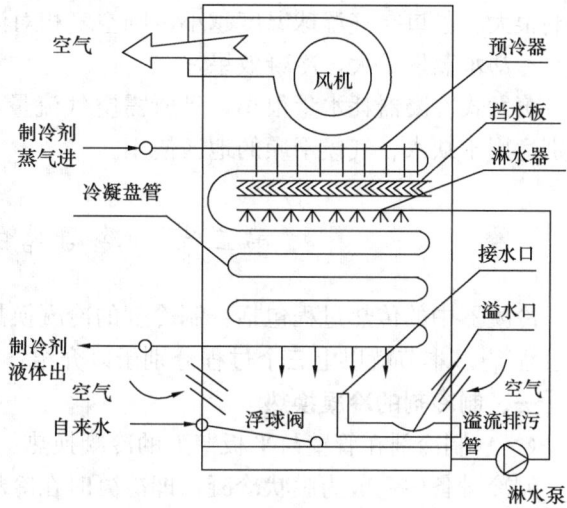

图 4-6　蒸发式冷凝器原理图

效果。为了防止空气带走水滴，喷水管上部装有挡水板，挡水板将热湿空气中夹带的水滴挡住，减少水的吹散损失，一般一个高效挡水板能控制水的损失率为水循环总量的0.002%～0.2%。蒸发式冷凝器的风机有吸入式和压送式两种。由于吸入式气流可均匀地通过冷凝盘管，冷凝效果好，故较多应用，但此时风机在高温高湿下运行，故必须提高电机的防潮、绝缘等级。压送式则与之相反。

蒸发式冷凝器的换热盘管一般采用圆形光管，但随着对换热管研究不断深入，出现了异型管蒸发式冷凝器。目前采用的异型管主要有：椭圆管、异滴形管、波纹管和交变曲面波纹管等新型高效盘管[37]。为了改善水膜在管表面的分布，一些厂家对换热盘管表面进行纳米亲水导热涂层处理，使水膜均匀地覆盖整个盘管表面，减小水膜厚度，提高传热性能。

填料蒸发式冷凝器[38]将冷凝器和冷却塔合二为一，在冷凝盘管下部保留一段有填料的热交换层。在盘管部分水流和空气流平行同方向流入，再错流流出；而空气流在填料热交换层部分主要采用错流形式（图 4-7）。这种冷凝器在填料热交换层中空气和水进行了二次热质交换，大大降低了冷却水温，进而提高了冷凝盘管的单位面积换热量。

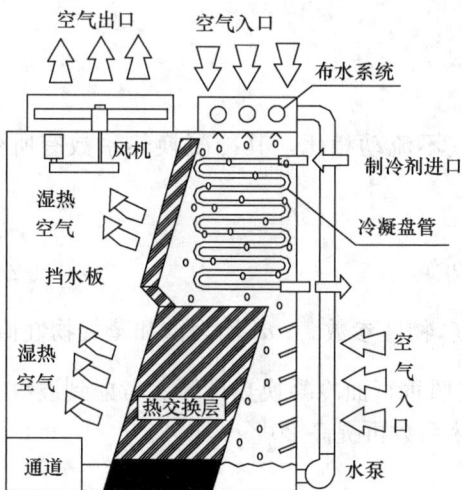

图 4-7　填料蒸发式冷凝器

如前所述，蒸发式冷凝器基本上是利用水的汽化以带走制冷剂蒸气冷凝过程放出的凝结潜热，因此，理论上讲蒸发式冷凝器所消耗的冷却水量仅为需带走的冷凝负荷除以水的汽化潜热（2450kJ/kg）获得的水量。鉴于挡水板效率不能达到100%，空气中灰尘对水的污染，需要经常更换水槽中部分水等原因，故实际上补充的水量为水冷式的1/25～1/50。

蒸发式冷凝器进口空气湿球温度对换热量

影响很大。进口空气湿球温度越小，则空气相对湿度越小，在同样的冷凝温度和风量情况下，冷却水蒸发量大，冷凝效果好。

蒸发式冷凝器耗水量很小，且所需空气流量不足风冷式冷凝器所需空气流量的 1/2，特别适用于缺水、气候干燥的地区使用。

第二节 冷凝器的传热过程

冷凝器中的传热过程包括：制冷剂的冷凝换热，金属壁、垢层的导热以及冷却剂的吸热过程[39]。本节就以上三个过程分别予以介绍。

一、制冷剂的冷凝换热

（一）制冷剂在管壁与平板壁上的冷凝换热

制冷设备中一般为膜状冷凝，即冷凝时在冷却表面上形成一层液膜，气态制冷剂放出的热量必须通过液膜才能传到冷却表面。

蒸气不流动时，制冷剂的冷凝换热系数 α_c（W/(m²·K)）可按努谢尔特公式计算：

$$\alpha_c = c \left(\frac{\beta}{\Delta t \times l}\right)^{0.25} = c' \left(\frac{\beta}{\psi \times l}\right)^{\frac{1}{3}} \tag{4-1}$$

式中　c、c'——系数，对于水平单管 $c = 0.725$，$c' = 0.65$；对于垂直面（如立式壳管式冷凝器的竖管、竖壁）液膜呈层流流动时，$c = 0.943$，$c' = 0.925$；液膜呈波浪形流动时，$c = 1.13$，$c' = 1.18$；

　　l——定形尺寸，对于水平单管取管外径 d_o，m；垂直面取其高度 H，m；

　　Δt——冷凝温度与壁面温度之差，℃；

　　ψ——热流密度，W/m²；

　　β——物性系数，等于 $\dfrac{\lambda^3 \rho^2 gr}{\mu}$，W³·N/(m⁶·K³·s)；

　　λ——冷凝液的导热系数，W/(m·K)；

　　ρ——冷凝液的密度，kg/m³；

　　r——制冷剂的比潜热，J/kg；

　　μ——冷凝液的动力黏度，N·s/m²；

　　g——重力加速度，m/s²。

如果被冷凝蒸气相对冷凝表面运动时，与蒸气不流动相比，其冷凝换热系数有所变化，可按下式考虑：

$$\alpha_v = \varepsilon_v \alpha_c \tag{4-2}$$

$$\varepsilon_v = 0.43 Re'' Pr'' \tag{4-2a}$$

其中　$Re'' = \dfrac{v'' d_o}{\nu''}$，$Pr'' = \dfrac{\nu''}{a''}$；$v''$ 为制冷剂蒸气速度，物性参数 ν''、a'' 均为饱和蒸气物性值。

对于焊接板式冷凝器中的制冷剂冷凝，可以按照垂直面冷凝换热计算。考虑到波纹板比平板传热性能好，按照式（4-2）计算出来的换热系数再提高 20%～30%。

（二）水平管束上的冷凝

对于蒸气在水平光管管束外表面上（如卧式壳管冷凝器水平管束）的冷凝换热，由于下落的冷凝液可使下部管束外侧液膜增厚，换热系数有所降低，即：

$$\alpha_z = \varepsilon_z \alpha_c = Z^{-\frac{1}{6}} \alpha_c \tag{4-3}$$

式中　Z——水平管束上下重叠的平均排数，顺排时等于垂直方向的平均排数；正三角形错排时近似等于 $0.6N^{0.5}$，N 为管总根数。

对于数根传热铜管的套管式冷凝器，由于制冷剂蒸气进入套管式冷凝器的流速对凝结换热的影响远大于管束的影响，且管束根数较少，故可以不考虑管束的影响。

（三）水平肋管表面的冷凝

水平肋管表面冷凝的计算目前比较常用的方法是将肋管总表面积 A 分为两部分，一部分为水平面积 A_p（包括肋间根部和肋顶端部），另一部分为垂直面积 A_f（肋表面），如图 4-8 所示。若其相应冷凝换热系数为 α_p 与 α_f，则水平肋管冷凝换热系数为：

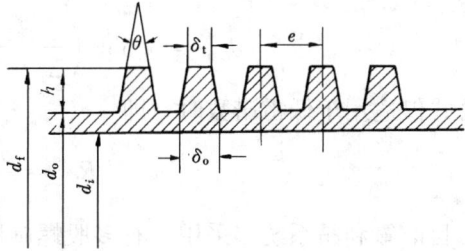

图 4-8　梯形低肋管

$$\alpha_{c\cdot f} = \alpha_p \frac{A_p}{A} + \alpha_f \frac{\eta_f A_f}{A} \tag{4-4}$$

式中　$\alpha_p = \alpha_c = 0.725 \left(\dfrac{\beta}{\Delta t \cdot d_o}\right)^{\frac{1}{4}}$，$W/(m^2 \cdot K)$；

$\alpha_f = 0.943 \left(\dfrac{\beta}{\Delta t \cdot \eta_f \cdot H_e}\right)^{\frac{1}{4}}$，$W/(m^2 \cdot K)$；

H_e——肋片当量高度，等于 $\dfrac{\pi}{4}\left(\dfrac{d_f^2 - d_o^2}{d_f}\right)$，m；

$A_p = (\pi d_o(e - \delta_o) + \pi d_f \delta_t)\dfrac{1}{e}$，$m^2/m$；

$A_f = \dfrac{\pi(d_f^2 - d_o^2)}{2}\dfrac{1}{e}$，$m^2/m$；

η_f——肋片效率，等于 $\dfrac{th(ml)}{ml}$，对于滚轧低肋片管可取 $\eta_f = 1$；

$m = \sqrt{\dfrac{2\alpha_c}{\lambda_f \delta_f}}$，$m^{-1}$；

δ_f——肋片平均厚度，m；

λ_f——肋片材料导热系数，$W/(m \cdot K)$；

$l = \dfrac{d_f - d_o}{2}\left(1 + 0.805 \times \lg\left(\dfrac{d_f}{d_o}\right)\right)$，m。

这样，经整理，式（4-4）则成为

$$\alpha_{c.f} = \left[1.3\eta_f^{0.75}\frac{A_f}{A}\left(\frac{d_o}{H_e}\right)^{0.25} + \frac{A_p}{A}\right]\alpha_c = \varepsilon_f \alpha_c \tag{4-5}$$

式中　ε_f——肋管修正系数。

当然，制冷剂在水平肋管管束外表面的冷凝换热系数，应按下式计算：

$$\alpha_{c.f.z} = \varepsilon_z \alpha_{c.f} = \varepsilon_z \varepsilon_f \alpha_c \tag{4-6}$$

（四）水平管内的冷凝

对于风冷式冷凝器和蒸发式冷凝器，制冷剂在水平管内冷凝。冷凝器水平光管内制冷剂一般呈气液分层流动状态，相当于全部光管内表面面积的平均冷凝换热系数，可按以下公式计算：

对于氟利昂

$$\alpha_{c.n} = 0.555 \left(\frac{\beta}{\Delta t \cdot d_i}\right)^{0.25} = 0.455 \left(\frac{\beta}{\psi \cdot d_i}\right)^{\frac{1}{3}} \tag{4-7}$$

该公式仅适用于低雷诺数时，即

$$Re'' = \frac{\rho'' v d_i}{\mu''} < 35000$$

目前氟利昂系统多采用具有多股螺旋形微内肋的高效冷凝管，即在 $\phi4\sim16mm$ 的铜管内壁轧制呈三角状的微形肋，以强化换热；这种微内肋高效冷凝管的平均冷凝换热系数约为光管的 $2\sim3$ 倍，使用时应予以注意。

对于氨制冷剂，管内冷凝时的换热系数可按照下式计算

$$\alpha_{c.n} = 2116\Delta t^{-1/6} d_i^{-1/4} = 86.88 \times \psi^{0.2} d_i^{-1/3} \tag{4-8}$$

对于制冷剂蒸气在水平蛇管内冷凝时，可按下式进行计算

$$\alpha_{c.n.s} = \varepsilon_s \alpha_{c.n} = 0.25\psi^{0.15}\alpha_{c.n} \tag{4-9}$$

式（4-7）、式（4-8）中，制冷剂物性值按冷凝器进口蒸气状态计算。以上计算公式只考虑了影响冷凝换热的基本因素，但实际上还有其他影响因素，主要为：

（1）不凝性气体。热流密度比较小时，不凝性气体影响很大，此时，靠近传热面形成不凝性气体膜层，气态制冷剂必须经过此膜层才能向冷却表面传热，从而使冷凝换热系数显著降低。但是，热流密度比较大时，气态制冷剂流速提高，带动不凝性气体膜层向冷凝器末端移动，从而对大部分冷凝表面影响不大。

（2）冷凝表面的粗糙度。壁面越粗糙，液膜流动阻力越大，使液膜增厚，冷凝换热系数降低。

（3）蒸气含油。由于氨油不相溶，润滑油会附着在制冷剂传热表面上，形成油膜，造成附加热阻。但是，在一些实验中未发现氨冷凝器冷凝表面有润滑油膜存在，而是被冷凝下的氨液冲掉，并带入蒸发器，故在冷凝器计算时可不考虑此项的影响。对于氟利昂系统，制冷剂含油将影响传热效果，致使一定压力下的饱和温度提高，所以，制冷剂的含油浓度宜小于 $5\%\sim6\%$。

二、冷却剂的换热

（一）冷却水

1. 冷却水在管内的对流换热

（1）对于卧式壳管冷凝器，冷却水在管内流动，多呈旺盛湍流，此时管内对流换热系数为

$$\alpha_w = \beta\frac{v^{0.8}}{d_i^{0.2}} \quad W/(m^2 \cdot K) \tag{4-10}$$

式中　　v——水流速，m/s；

d_i——管内径，m；

β——物性系数。

物性系数 β 由下式求得

$$\beta = 0.021 \frac{\bar{\lambda}}{\bar{\nu}^{0.37} \bar{a}^{0.43}} \tag{4-11}$$

当水温在 $0 \sim 50℃$ 内，物性系数可用下式计算

$$\beta = 1430 + 22\bar{t} \tag{4-11a}$$

式中　$\bar{\lambda}$——管内流动介质的平均导热系数，$W/(m \cdot K)$；

　　　$\bar{\nu}$——管内流动介质的平均运动黏度，m^2/s；

　　　$\bar{a}$——管内流动介质的平均导温系数，m^2/s；

　　　$\bar{t}$——管内流动介质的平均温度，$℃$。

当流动呈过渡流（$2100 < Re < 10^4$）时，式（4-10）的计算值应乘以修正系数 $F(Re)$，其值见表 4-2。

修正系数 $F(Re)$　　　　　　　　　　　　　表 4-2

Re	2500	3000	4000	5000	6000	8000	10000
$F(Re)$	0.4	0.57	0.72	0.81	0.88	0.96	1.0

（2）冷却水在立管内的膜状流动

在立式壳管式冷凝器中，冷却水沿管内壁向下呈膜状流动，此时管内对流换热系数可用下式计算

$$\alpha_w = 0.01 \frac{\lambda}{d_i} (GaPrRe)^{2/3} \quad Re > 2000 \tag{4-12a}$$

$$\alpha_w = 0.67 \frac{\lambda}{d_i} (GaPrRe)^{1/9} \quad Re < 2000 \tag{4-12b}$$

式中，格拉晓夫准则数 $Ga = gH^3/\nu^2$，雷诺数 $Re = G/(900U\mu)$；H 为竖管高度，m；G 为冷却水流量，kg/h；U 为冷却水在管内的接触周界，m，当有 n 根立管时，U 为 $n\pi d_i$；其余符号同前。

2. 冷却水在管外对流换热

对于环形流道（如单根换热管套管式冷凝器），由于换热只发生在内管外壁面，其换热系数可按下式计算

$$\alpha_w = \beta' \frac{v^{0.8}}{d_e^{0.2}} \left(\frac{d_0}{d_i}\right)^{0.18} \tag{4-13}$$

$$\beta' = 0.017 \frac{\lambda}{(\nu \cdot a)^{0.4}} \tag{4-13a}$$

式中　d_e——当量直径，m；等于外环直径与内环直径之差。

（二）空气

由于管外侧的对流换热系数很小，故在管外装设肋片以强化换热，以下分析空气横掠肋管管束的表面换热。

1. 肋片形式

肋管的形式较多，有绕片管、轧片管、缠丝管、套片管等。肋片有圆肋片、正方形肋片、矩形肋片、正六边形肋片以及连续整体肋片，见图 4-9；整体肋片可以是平肋片、波

纹肋片和冲缝肋片，见图 4-10。

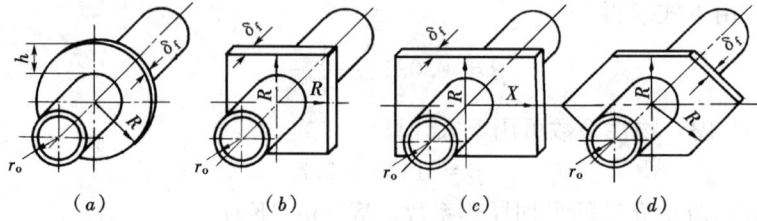

图 4-9　肋片形式

(a) 圆肋片管；(b) 正方形肋片管；(c) 矩形肋片管；(d) 正六边形肋管

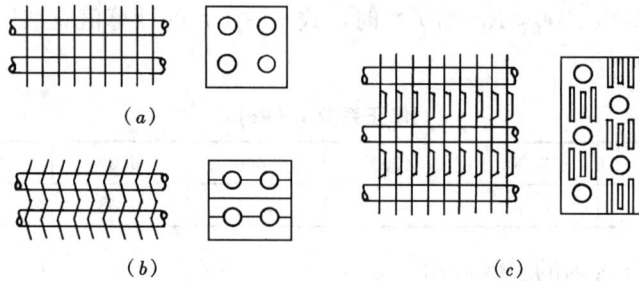

图 4-10　连续整体肋片

(a) 平肋片；(b) 波纹肋片；(c) 冲缝肋片

一般肋片厚度为 $0.12\sim0.25$mm；节距 $1.5\sim4$mm，冷却空气温度低于$-10℃$时，节距增大至 $5\sim6$mm 或更大；肋高为 $0.6\sim0.7d_o$（基管外径）。而基管多为铜管，管径 $\phi10\sim16$mm，壁厚 $0.35\sim0.75$mm，必要时可达 1.0mm。

管束的排列有顺排和错排两种，整体肋片管束的排列如图 4-11 所示。肋片管总外表面与基管内表面之比，称为肋化系数，用符号 τ 表示。

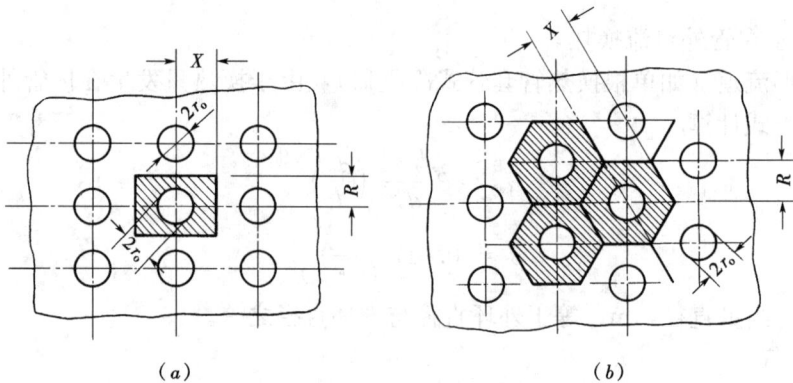

图 4-11　肋片管束

(a) 顺排；(b) 错排

2. 整体肋片管外对流换热系数

(1) 平肋片管外对流换热系数

平肋片管外对流换热系数，可采用 A. A. 果戈林提出的公式计算

$$\alpha_a = C_1 C_2 \left(\frac{\lambda}{d_e}\right)\left(\frac{L}{d_e}\right)^n Re^m \tag{4-14}$$

式中　λ——空气平均导热系数，$W/(m \cdot K)$；

d_e——空气通道断面的当量直径，参见图 4-12，

$$d_e = \frac{2(s_1 - d_o)(e - \delta)}{(s_1 - d_o) + (e - \delta)}，m； \tag{4-14a}$$

Re——雷诺数，$Re = \dfrac{v d_e}{\nu}$；

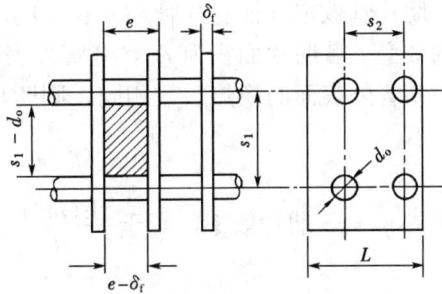

图 4-12　整体肋片管计算尺寸示意图

v——净通道断面空气流速，m/s；

ν——空气平均运动黏度，m^2/s；

s_1——管间距，mm；

e——肋片节距，mm；

δ——肋片厚度，mm；

L——沿气流方向肋片长度，m；

n——指数，$n = -0.28 + 8 \times 10^{-5} Re$；

m——指数，$m = 0.45 + 0.0066 L/d_e$；

C_1——与气流状态有关的系数，

$$C_1 = 1.36 - 0.00024 Re$$

C_2——与结构尺寸有关的系数，

$$C_2 = 0.518 - 2.315 \times 10^{-2} \left(\frac{L}{d_e}\right) + 4.25 \times 10^{-4} \left(\frac{L}{d_e}\right)^2 - 3 \times 10^{-6} \left(\frac{L}{d_e}\right)^3$$

式 (4-14) 的适用范围：$Re = 500 \sim 10000$，$\dfrac{e}{d_o} = 0.18 \sim 0.35$，$\dfrac{L}{d_e} = 4 \sim 50$，$\dfrac{s_1}{d_o} = 2 \sim 5$。

式 (4-14) 适合于顺排管束，错排时应乘以 $1.1 \sim 1.15$ 的系数。

(2) 波纹肋片管外对流换热系数

空气通过波纹肋片管束时管外对流换热系数可用下式计算[40]

$$\alpha_a = 0.143 Re_d^{-0.375} \tag{4-15}$$

$$Re_d = \frac{v_{max} d_o}{\nu} \tag{4-15a}$$

式中，v_{max} 为肋片管最窄处风速。式 (4-15) 适用范围：管外径 $\phi 7.94 \sim 12.77mm$，管排 $2 \sim 4$ 排，片距 $1.956 \sim 2.794mm$，管距 $25.4 \sim 31.75mm$，迎风速度 $3.0 \sim 4.6m/s$。

(3) 冲缝肋片管外对流换热系数

空气通过冲缝肋片管束时管外对流换热系数可用下式计算[40]

$$\alpha_a = 0.479 Re_d^{-0.644} F_a \tag{4-16}$$

$$F_a = 1 + 1.093 \times 10^3 \left(\frac{\delta}{e - \delta}\right)^{1.24} \phi_s^{-0.944} Re_d^{-0.58} + 1.097 \left(\frac{\delta}{e - \delta}\right)^{2.09} \phi_s^{2.66} Re_d^{0.88}$$

$$\tag{4-16a}$$

式中　F_a——无量纲数；

ϕ_s ——肋片上开缝隙面积与肋片总面积之比；

Re_d 计算同式（4-15a）。

3. 肋片管效率

肋片管效率表征肋片管与光管之间的温度效应，也就是考虑肋片热阻后的整个换热表面的效率。若肋片面积为 A_f，基管外表面积为 A_p，肋片管外表面积 $A = A_f + A_p$，而且肋片与基管外表面的换热系数相同，则肋片管效率等于

$$\eta_{f.b} = \frac{\eta_f A_f + A_p}{A} \tag{4-17}$$

式中　η_f ——肋片效率，等于 $\dfrac{th(ml)}{ml}$ ；

$$m = \left(\frac{2\alpha_a}{\lambda_f \times \delta}\right)^{\frac{1}{2}} \quad m^{-1};$$

λ_f ——肋片导热系数，$W/(m \cdot K)$；

l ——当量肋高，m，对于圆形、正方形和正六边形肋片可按以下公式计算

$$l = (aR - r_o)\left[1 + 0.805 \times \lg\left(\frac{aR}{r_o}\right)\right]$$

对于圆肋片（图 4-9a）　　　$a = 1$

对于正方形肋片（图 4-9b）　　$a = 1.145$

对于正六边形肋片（图 4-9d）　$a = 1.065$

对于矩形肋片（图 4-9c），可按以下公式计算

$$l = (R - r_o)\left[1 + 0.805 \times \lg\left(1.28\frac{R}{r_o}\sqrt{(x/R) - 0.2}\right)\right]$$

这样，如以基管表面温度为准，作为冷凝器(只有干工况情况)肋片管外的对流换热系数为

$$\alpha_{a.e} = \eta_{f.b}\alpha_a \tag{4-18}$$

（三）水和空气

蒸发式冷凝器管外对流换热包括管外表面与水膜的对流换热和水膜与空气间的对流换热。

（1）管外表面与水膜的对流换热

在蒸发式冷凝器中，冷却水沿水平管外膜状流动，此时管外表面与水膜的对流换热系数可用下式计算[41]

$$a_w = 704(1.39 + 0.022t_w)\left(\frac{\Gamma}{d_o}\right)^{1/3} \tag{4-19}$$

式中　t_w ——水膜温度，℃；

Γ ——喷淋密度，$kg/(m \cdot s)$；

d_o ——管外径，m。

（2）水膜与空气的对流换热

蒸发冷凝器管外水膜与空气的对流换热包括潜热交换和显热交换。管外空气当量对流换热系数 α_j 可用下式计算

$$\alpha_j = \frac{A\alpha_{wa}(h_w - h_m)A_w}{c_{pa}(t_w - t_m)A_o} \tag{4-20}$$

式中　t_w——水膜温度，℃；

　　　t_m——空气的平均温度，℃；

　　　h_w——水膜表面饱和空气焓值，kJ/kg；

　　　h_m——流动空气的平均焓值，kJ/kg；

　　　α_{wa}——管外水膜与空气的对流换热系数，W/(m² · K)；

　　　c_{pa}——空气的定压比热，kJ/(kg · K)；

A_w 和 A_o——分别为水膜与空气间的接触面积和管外表面积，m²，且 $A_w = \beta_w A_o$，$\beta_w = $ 1.3～1.5；

　　　A——与水膜温度有关的系数，其取值范围为 0.94～0.99。

管外水膜与空气的对流换热系数为[42]：

$$\alpha_{wa} = 0.297 \frac{\lambda_m}{d_o} \left(\frac{u_{fmax} d_o}{\nu_m} \right)^{0.602} \tag{4-21}$$

其中，最窄截面处空气流速 u_{fmax} 可由迎面风速 u_f 求得：$u_{fmax} = \frac{s}{s - d_o} u_f$，m/s；$s$ 为管间距，m；d_o 为管外径，m；λ_m 为空气在平均温度下的导热系数，W/(m · K)；ν_m 为空气在平均温度下的运动黏度，m²/s。

三、管壁与垢层的热阻

管壁热阻 R_p：对于铜管，导热系数高，可不考虑；对于钢管等，应考虑。

油膜热阻 R_{oil}：对于氨，取 $0.35 \times 10^{-3} \sim 0.6 \times 10^{-3}$ m² · K/W；对于氟利昂，可不考虑。

污垢热阻 R_{fou}：污垢热阻包括水垢、锈蚀以及其他污垢造成的附加热阻。冷凝器中的污垢热阻对冷水机组性能的影响可参见图 4-13[36]，图中设计选用污垢热阻为 0.44×10^{-4} m² · K/W，ε_ϕ 为冷水机组实际制冷量与设

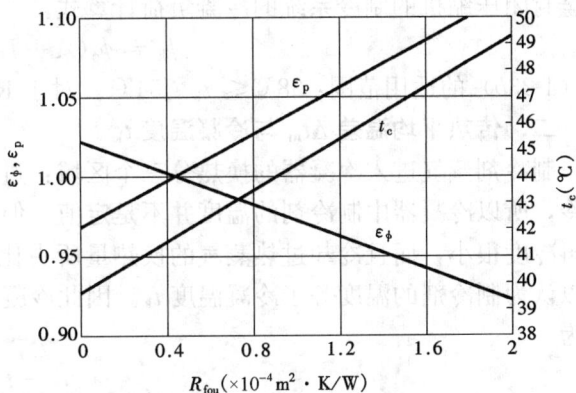

图 4-13　污垢热阻与冷水机组性能
（蒸发器出口水温 6.7℃，冷凝器进口水温 29.4℃）

计制冷量之比，ε_p 为冷水机组实际耗功率与设计耗功率之比，t_c 为冷凝温度。可以看出冷水机组制冷量随污垢热阻增加而呈线性降低，压缩机耗功率和冷凝温度随污垢热阻增加呈线性增加。对于水侧可取 $0.44 \times 10^{-4} \sim 0.86 \times 10^{-4}$ m² · K/W，如为易蚀管材应加倍；对于空气侧取 $0.1 \times 10^{-3} \sim 0.3 \times 10^{-3}$ m² · K/W。

接触热阻 R_c：对于肋片管若肋片与基管接触不严，形成接触热阻，可取 0.86×10^{-3} m² · K/W。

第三节　冷凝器的设计计算

冷凝器的设计计算是给定冷凝器的热负荷及工况条件，计算所需要的传热面积、结构

尺寸和冷却剂侧流动阻力。

冷凝器的传热计算式为

$$\phi_k = K_c A \Delta t_m \tag{4-22}$$

因此，只有知道了冷凝器热负荷 ϕ_k、传热平均温差 Δt_m 和冷凝器传热系数 K_c 后，就可以求出所需的传热面积 A。下面分别介绍 ϕ_k、Δt_m 和 K_c 的确定方法，然后给出冷却剂流动阻力的计算方法。

一、冷凝负荷

制冷系统从冷凝器中排放的热量即为冷凝负荷，其大小等于流经冷凝器的制冷剂质量流量与冷凝器进出口制冷剂比焓差的乘积（参见第一章和第三章）。然而，由于压缩机壳体、气缸套和排气管都存在一定的漏热，故在实际情况下，冷凝负荷并非是制冷量与压缩机的输入功率之和。工程统计结果表明，采用开启式压缩机的制冷系统的冷凝负荷一般更接近于制冷量与压缩机指示功率 P_i 之和，即

$$\phi_k = \phi_0 + P_i = \varphi \phi_0 \quad \text{kW} \tag{4-23a}$$

式中，系数 φ 与蒸发温度 t_0、冷凝温度 t_k、气缸冷却方式以及制冷剂种类有关。

对于采用全封闭压缩机的制冷系统，冷凝负荷等于制冷量与压缩机输入功率之和，再减去压缩机传到周围环境介质的热量。根据苏联 B.B. 雅柯勃松的试验数据，已整理出采用全封闭压缩机的制冷系统的冷凝负荷计算式

$$\phi_k = \phi_0 (A + B t_k) \tag{4-23b}$$

式（4-23b）的适用范围：$28℃ \leqslant t_k \leqslant 54℃$。对于 R22，$A = 0.86$，$B = 0.0042$。

二、传热平均温差 Δt_m 与冷凝温度 t_k

制冷剂蒸气进入冷凝器的换热分三个区域：过热蒸气冷却、饱和蒸气冷凝和冷凝液体再冷，所以冷凝器中制冷剂的温度并不是定值。但是在一般制冷设备中，冷凝器出口制冷剂再冷度很小，而且冷却过热蒸气的换热量所占比例一般也不很大，所以为了简化计算，可以认为制冷剂的温度等于冷凝温度 t_k。因此冷凝器内制冷剂和冷却剂的平均对数传热温差为

$$\Delta t_m = \frac{t_2 - t_1}{\ln \dfrac{t_k - t_1}{t_k - t_2}} \tag{4-24}$$

由上式可以看出，计算传热温差 Δt_m，首先要确定制冷剂的冷凝温度 t_k 和冷却剂的进出口温度 t_1、t_2。

冷凝温度与冷却剂进、出口温差涉及制冷系统经济问题。提高冷凝温度、减少冷却剂进出口温差，可以提高传热温差，减少所需传热面积，降低设备投资费用。然而，冷凝温度降低，可减少制冷压缩机的耗电量，而冷却剂进出口温差越大，所需冷却剂流量越少，输送能耗（水泵、风机耗能）越少，从而降低运行费用。因此，必须权衡利弊，合理确定冷凝温度与冷却剂进、出口温差。再者，为了保证冷凝器的热交换，冷凝温度必须高于冷却剂出口温度，且有一定低限。一般情况下，对于水冷式冷凝器，冷凝温度与冷却水进口温度差取 $7 \sim 14℃$，冷却水进、出口温差取 $4 \sim 10℃$；对于风冷式冷凝器，冷凝温度与空气进口温度差取 $10 \sim 16℃$，空气进、出口温差不宜大于 $8℃$。

三、传热系数

冷凝器的传热面多为小直径光管或肋管，内外两侧传热面积相差较大，计算传热系数

时应考虑此问题。

对于以外表面积为基准的水冷式冷凝器：

光管

$$K_c = \left[\left(\frac{1}{\alpha_z} + R_{oil} \right) + R_p \frac{A_o}{\overline{A}} + \left(R_{fou} + \frac{1}{\alpha_w} \right) \frac{A_o}{A_i} \right]^{-1} \quad W/(m^2 \cdot K) \tag{4-25a}$$

肋管

$$K_c = \left[\left(\frac{1}{\alpha_{c.f.z}} + R_{oil} \right) + R_p \frac{A_o}{\overline{A}} + \left(R_{fou} + \frac{1}{\alpha_w} \right) \frac{A_o}{A_i} \right]^{-1} \quad W/(m^2 \cdot K) \tag{4-25b}$$

对于以外表面积为基准的风冷式冷凝器

$$K_c = \left[\frac{1}{\alpha_{a.e}} + (R_c + R_p) \frac{A_o}{\overline{A}} + \frac{\tau}{\alpha_{c.n}} \right]^{-1} \quad W/(m^2 \cdot K) \tag{4-25c}$$

对于以外表面积为基准的水平蛇形盘管蒸发式冷凝器（忽略水膜热阻）

$$K_c = \frac{1}{\dfrac{A_o}{A_i \alpha_{c.n.s}} + \dfrac{A_o R_{oil}}{A_i} + R_p \dfrac{A_o}{\overline{A}} + R_{fou} + \dfrac{1}{\alpha_w} + \dfrac{1}{\alpha_j}} \quad W/(m^2 \cdot K) \tag{4-25d}$$

式中　$\overline{A}$——传热管内外表面面积的平均值。

各种冷凝器的热力性能推荐值见表 4-3。

各种冷凝器的热力性能　　　　　　　　　　　　　　表 4-3

冷凝器型式	制冷剂种类	K [W/(m² · K)]	热流密度（W/m²）	平均传热温差（K）
立式壳管	氨	700~800	3500~5000	5~7
卧式壳管	氨	800~1000	4500~6000	5~7
	氟利昂（低肋管）	700~900	3500~5000	5~7
	氟利昂（高效管）	1000~1500	5000~7000	5~7
套管式	氨、氟利昂	1000~1200	4000~6000	4~6
蒸发式	氨	600~750	1800~2800	3~4
	氟利昂	500~700	1500~2600	3~4
风冷式（强制对流）	氨、氟利昂	30~50	250~350	8~12

四、冷却剂侧阻力计算

冷却剂侧阻力计算分为冷却水和空气两种情况。

1. 冷却水流动阻力

冷却水在冷凝器传热管内的总流动阻力可用下式计算

$$\Delta p = \frac{1}{2} \rho u^2 \left[\xi N \frac{l}{d_i} + 1.5(N+1) \right] \quad Pa \tag{4-26}$$

式中　ρ——冷却水密度，kg/m^3；

　　　u——冷却水在管内的流速，m/s；

　　　ξ——沿程阻力系数；

　　　N——流程数；

　　　l——单根传热管长度，m；

　　　d_i——管子内径，m。

沿程阻力系数 ξ 可用下式求取

$$\xi = \frac{0.3164}{R_{ed}^{0.25}} \tag{4-27}$$

式（4-27）的适用范围：$R_{ed} = 4 \times 10^3 \sim 10^5$。

2. 空气流动阻力

冷凝器冷却介质采用空气时，空气在管外的流动阻力与管束的排列方式、肋片形式及气体的流动特性有关。管束顺排时，空气的流动阻力可根据下式进行计算

$$\Delta p = gA\left(\frac{L}{d_e}\right)(\rho u_{fmax})^{1.7} \quad \text{Pa} \tag{4-28}$$

式中　ρ——空气密度，kg/m^3；

$\quad\quad g$——重力加速度，m/s^2；

$\quad\quad A$——光管肋片$=0.007$，粗糙肋片$=0.0113$；

$\quad\quad L$——每根肋管的长度，m；

$\quad\quad d_e$——空气通道断面的当量直径，m，采用公式（4-14a）计算；

$\quad u_{fmax}$——空气在最窄截面上的流速，m/s。

对于错排布置的平板肋片管束，空气流动阻力应比根据公式（4-28）计算值增加 20%。

【例题 4-1】已知冷凝器热负荷为 75kW 的 R22 制冷系统，蒸发温度 $t_0 = 2℃$；冷却水进口温度 $t_1 = 32℃$；传热管采用紫铜肋管，$\lambda_f = 384$ W/(m·K)，$d_0 = 13.124mm$，$d_i = 11.11mm$，肋片外径 $d_f = 15.8mm$，肋片厚度 $\delta_t = 0.232mm$，$\delta_0 = 0.368mm$，平均肋片厚度 $\delta_f = 0.3mm$，肋片节距 $e = 1.025mm$；试设计一台卧式壳管冷凝器。

【解】按以下步骤计算：

1. 计算肋管特性参数（以 1m 长肋管计算）

肋管水平部分面积

$$A_P = \left[\pi d_0(e - \delta_0) + \pi d_f \delta_t\right]\frac{1000}{e} = 37.66 \times 10^{-3} m^2$$

肋管垂直部分面积

$$A_f = \frac{\pi(d_f^2 - d_0^2)}{2}\frac{1}{e} = 118.62 \times 10^{-3} m^2$$

肋管总外表面积

$$A = A_p + A_f = 156.28 \times 10^{-3} m^2$$

肋化系数

$$\tau = \frac{A}{A_i} = 4.48$$

肋片当量高度

$$H_e = \frac{\pi}{4}\frac{d_f^2 - d_0^2}{d_f} = 3.85 \times 10^{-3} m$$

基管平均表面积

$$\overline{A} = \frac{\pi(d_0 + d_i)}{2} = 38.1 \times 10^{-3} m^2$$

这样，$A_f/A = 0.759$；$A_p/A = 0.241$；$\dfrac{A}{A} = 4.1$。

2. 确定冷却水出口温度 t_2

设冷却水进出口温差 Δt_w 为 5℃，则 $t_2 = 32 + 5 = 37$℃。

3. 确定冷凝温度 t_k

一般取 $t_k - t_1 = 7 \sim 14$℃，如取 10℃，则 $t_k = 32 + 10 = 42$℃。

4. 计算平均传热温差

$$\Delta t_m = \frac{37 - 32}{\ln \dfrac{42 - 32}{42 - 37}} = 7.21 \text{ ℃}$$

5. 求冷却水流量

$$M_w = \phi_k / (c_p \times \Delta t_w \times 1000) = 3.59 \text{ kg/s}$$

6. 概算所需传热面积 A_c'

假设热流密度 $\psi = 6500\text{W/m}^2$，则 $A_c' = \phi_k / \psi = 11.54\text{m}^2$

7. 初步规划冷凝器结构

取管内水流速度 v 等于 2.5m/s，则每流程肋管数 m 为

$$m = \frac{M_w}{\left(\dfrac{\pi}{4} d_i^2 \rho v \right)} = 14.81$$

取 $m = 15$，这样，管束总长（即流程数 n 与肋管有效长度的乘积）等于

$$nl = A_c' / (Am) = 4.9 \text{ m}$$

如流程数 n 取 2，则冷凝器传热管有效长度为 2.45m；传热管总根数 $N = 30$ 根。

8. 按照公式（4-10）计算水侧换热系数

$$\alpha_w = \left(1430 + 22 \times \frac{32 + 37}{2} \right) \frac{(2.5)^{0.8}}{(0.01111)^{0.2}} = 1.1206 \times 10^4 \text{ W/(m}^2 \cdot \text{K)}$$

9. 计算制冷剂侧冷凝换热系数

首先，按公式（4-1）水平光管管外冷凝换热系数。

因为　$t_k = 42$℃，查物性表可得

$\lambda = 0.076\text{W/(m} \cdot \text{K)}$，$\rho = 1121.66\text{kg/m}^3$，$r = 163.6\text{kJ/kg}$，$\mu = 0.22 \times 10^{-3} \text{N} \cdot \text{s/m}^2$

这样　　　　　　　　　$$\beta^{1/3} = \left[\frac{\lambda^3 \rho^2 gr}{\mu} \right]^{1/3} = 1.63 \times 10^4$$

$$\alpha_c = 0.65 \times \left(\frac{\beta}{\psi d_o} \right)^{1/3} = 2411 \text{ W/(m}^2 \cdot \text{K)}$$

其次，按公式（4-5）计算水平肋管外冷凝换热系数。

根据公式（4-4）

$$m = \left[\frac{2\alpha_c}{\lambda_f \delta_f} \right]^{1/2} = \left[\frac{2 \times 2411}{384 \times 0.0003} \right]^{1/2} = 204.6 \text{ m}^{-1}$$

$$l = \frac{d_f - d_o}{2} \left[1 + 0.805 \lg \left(\frac{d_f}{d_o} \right) \right] = 0.001425 \text{ m}$$

肋片效率　　　　　　　　　$$\eta_f = \frac{\text{th}(ml)}{ml} = 0.9727$$

肋片修正系数　　$\varepsilon_f = \left[1.3 \eta_f^{0.75} \dfrac{A_f}{A} \left(\dfrac{d_o}{H_e} \right)^{0.25} + \dfrac{A_p}{A} \right] = 1.54$

这样　　$\alpha_{c.f} = \varepsilon_f \times \alpha_c = 1.54 \times 2411 = 3713 \, \text{W/(m}^2 \cdot \text{K)}$

最后，按公式（4-6）计算水平肋管束外冷凝换热系数

$$\alpha_{c.f.z} = \varepsilon_z \times \alpha_{c.f} = (0.6 N^{0.5})^{-0.167} \times \alpha_{c.f} = 3044 \, \text{W/(m}^2 \cdot \text{K)}$$

10. 实际的热流密度 ψ'

取污垢热阻 $R_{fou} = 0.86 \times 10^{-4} \, \text{m}^2 \cdot \text{K/W}$，按公式（4-25$b$）

$$K_c = \left[\frac{1}{3044} + \frac{0.001}{384} \times 4.10 + \left(0.000086 + \frac{1}{11206} \right) \times 4.48 \right]^{-1} = 889 \, \text{W/(m}^2 \cdot \text{K)}$$

这样，实际热流密度 $\psi' = K_c \times \Delta t_m = 6410 \, \text{W/m}^2$

$$\left| \frac{\psi' - \psi}{\psi'} \right| \times 100\% = 1.4\% < 5\%$$

计算的传热系数有效。如若 $|(\psi' - \psi)/\psi'| > 5\%$，则应重算。

11. 计算实际传热面积，布置管束

$$A_c = \phi_k / (K_c \times \Delta t_m) = 11.7 \, \text{m}^2$$

保持上述确定的 $m = 15$，$n = 2$，冷凝器有效管长为：

$$l = A_c / (Amn) = 2.5 \, \text{m}$$

12. 冷却水流动阻力

根据冷却水进出口平均水温 $t_f = \dfrac{32 + 37}{2} = 34.5 \, ℃$，查取水的物性为 $\nu_f = 0.75 \times 10^{-6} \, \text{m}^2/\text{s}$，所以 $R_e = \dfrac{u d_i}{\nu_f} = \dfrac{2.5 \times 0.01111}{0.75 \times 10^{-6}} = 37033$。

冷却水流动阻力按公式（4-26）和（4-27）计算为

$$\Delta p = \frac{1}{2} \rho u^2 \left[\xi N \frac{l}{d_i} + 1.5 (N+1) \right]$$

$$= 0.5 \times 993.95 \times 2.5^2 \left[\frac{0.3164}{37033^{0.25}} \times 2 \times \frac{2.5}{0.01111} + 1.5(2+1) \right]$$

$$= 45860 \text{Pa}$$

【例题 4-2】冷凝负荷为 30kW 的 R22 制冷机组，采用蒸发式冷凝器，冷凝温度 t_k 为 37℃，冷凝器空气进口干球温度为 $t_1 = 31℃$，相对湿度为 50%，冷凝风量为 2400m³/h，冷却水的喷淋速率为 0.04kg/(m·s)。蒸发式冷凝器换热盘管采用 ϕ16mm×0.5mm 光滑紫铜圆管，正三角形排列，管间距 $s = 38$mm，盘管布置如图 4-14 所示。试计算蒸发式冷凝器的传热面积。

【解】按以下步骤计算：

（一）确定空气各参数

1. 蒸发式冷凝器进口空气状态

根据进口空气干球温度和相对湿度，由焓湿图可查得进口空气焓值 $h_1 = 67.3$kJ/kg。

2. 水膜处空气状态（为饱和状态）

假设水膜温度 $t_w = 34℃$，则水膜处饱和空气焓 $h_w = 122.6$kJ/kg。

3. 出口空气状态

由 $\phi_k = m_a(h_2 - h_1)$，计算得冷凝器出口空气焓值 $h_2 = 108\text{kJ/kg}$；根据图 4-15 给出的蒸发式冷凝器中空气状态变化过程，出口状态 2 处于 $1-w$ 直线上，则可以确定出口空气干球温度 $t_2 = 33℃$。

4. 管外空气的平均焓和平均温度

由公式 $h_m = h_w - \dfrac{h_2 - h_1}{\ln\dfrac{h_w - h_1}{h_w - h_2}}$ 求得空气平均焓值为 92kJ/kg，根据图 4-15 空气变化过程由焓湿图可查得空气平均温度 $t_m = 32℃$。

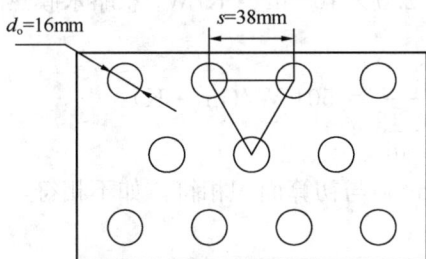

图 4-14　蒸发式冷凝器
盘管布置图

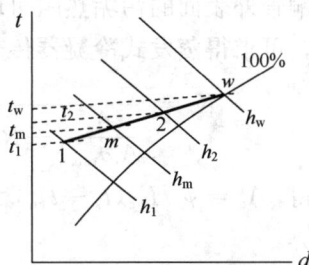

图 4-15　蒸发式冷凝器中空气的
状态变化过程

（二）计算对流换热系数

1. 水膜与流动空气间的对流换热系数 α_{wa}

取空气迎风风速 $u_f = 2.0\text{m/s}$，则最窄截面处空气流速

$$u_{fmax} = \frac{s}{s - d_o} u_f = 3.45\text{m/s}$$

空气温度为 32℃时，空气参数

$\lambda_m = 2.689 \times 10^{-2}\text{W/(m·K)}, \nu_m = 16.192 \times 10^{-6}\text{m}^2/\text{s}, c_{pm} = 1.005\text{kJ/(kg·K)}$

则管外水膜与空气对流换热系数为：

$$\alpha_{wa} = 0.297 \frac{\lambda_m}{d_o}\left(\frac{u_{fmax}d_o}{\nu_m}\right)^{0.602} = 66.8\ \text{W/(m}^2\cdot\text{K)}$$

管外空气当量对流换热系数：

$\alpha_j = \dfrac{A\alpha_{wa}(h_w - h_m)A_w}{c_{pm}(t_w - t_m)A_o} = 1243\ \text{W/(m}^2\cdot\text{K)}$，其中 A 取值为 0.94，$\beta_w = \dfrac{A_w}{A_o} = 1.3$

热流密度 $\psi = \alpha_j(t_w - t_m) = 2486\text{W/m}^2$

初算换热面积 $A_o' = \varphi_k/\psi = 30000/2486 = 12\text{m}^2$

2. 水平管内制冷剂的冷凝换热系数

查 R22 饱和液体在冷凝温度 37℃时的物性表可得：

$\lambda = 0.078\text{W/(m·K)}, \rho = 1142.2\ \text{kg/m}^3, r = 170.21\text{kJ/kg}, \mu = 0.14 \times 10^{-3}\text{N·s/m}^2$

这样，$\beta^{\frac{1}{3}} = \left[\dfrac{\lambda^3 \rho^2 gr}{\mu}\right]^{\frac{1}{3}} = 1.95 \times 10^4$

忽略管外水膜厚度，则管内热流密度：$\psi = \psi A_o / A_i = 2652 W/m^2$

$$\alpha_{c.n} = 0.455 \left(\frac{\beta}{\psi \cdot d_i}\right)^{\frac{1}{3}} = 2599 \ W/(m^2 \cdot K)$$

$$\alpha_{c.n.s} = \varepsilon_s \alpha_{c.n} = 0.25 \psi^{0.15} \alpha_{c.n} = 2120 \ W/(m^2 \cdot K)$$

3. 铜管外表面与水膜的对流换热系数

$$a_w = 704(1.39 + 0.022 t_w) \left(\frac{\Gamma}{d_o}\right)^{1/3} = 2120 \ W/(m^2 \cdot K)$$

（三）传热系数和传热面积的计算

从制冷剂蒸气到空气的传热量为 $\phi_k = A_o K_c (t_k - t_{am})$，对于氟利昂系统，油污的热阻可以忽略，铜管外表面的污垢热阻可取 $R_{fou} = 2.0 \times 10^{-4} m^2 \cdot K/W$，忽略水膜热阻和铜管壁导热热阻，可求得蒸发式冷凝器传热系数

$$K_c = \frac{1}{\dfrac{A_o}{A_i a_{c.n.s}} + R_{fou} + \dfrac{1}{a_w} + \dfrac{1}{a_j}} = 501 \ W/(m^2 \cdot K)$$

计算可得，$A_o = \phi_k / K_c (t_k - t_{am}) = 11.76 \ m^2$，与初算面积相符。如不相符，重新假设水膜温度计算。

第四节　蒸发器种类和工作原理

蒸发器的作用是通过制冷剂蒸发（沸腾），吸收载冷剂（被冷却物）的热量，从而达到制冷目的。

蒸发器的形式很多，按照载冷剂的不同可分为用于冷却空气或冷却各种液体的蒸发器。

根据制冷剂供液方式的不同，蒸发器可分为以下四种：

（1）满液式蒸发器，如图 4-16(a) 所示。这种蒸发器内充满液态制冷剂，可使传热面与液态制冷剂充分接触，因此，沸腾换热系数较高；但是，这种蒸发器需充入大量制冷剂，而且，若采用能溶于润滑油的制冷剂，则润滑油难以返回压缩机。

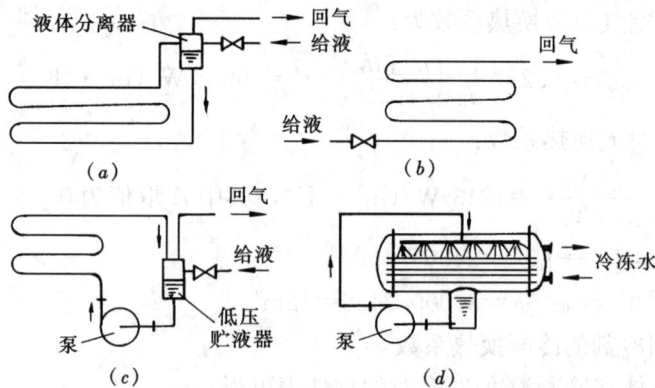

图 4-16　蒸发器的型式

(a) 满液式；(b) 非满液式；(c) 循环式；(d) 淋激式

（2）非满液式蒸发器，如图 4-16 (b) 所示。液态制冷剂经膨胀阀进入蒸发器管内，随

着在管内流动，不断吸收管外载冷剂的热量，逐渐汽化，故蒸发器内制冷剂处于气液共存状态；这种蒸发器虽克服了满液式蒸发器的缺点，但是，有较多的传热面与气态制冷剂接触，故传热效果不如满液式蒸发器。

（3）循环式蒸发器，如图4-16（c）所示。这种蒸发器是通过液泵使制冷剂在蒸发器内进行强迫循环，循环量约为制冷剂蒸发量的4～6倍，因此，与满液式蒸发器相似，沸腾换热系数较高，而且，润滑油不易在蒸发器内积存；但是，这种蒸发器的设备费较高，多用于大型冷藏库。

（4）淋激式蒸发器，如图4-16（d）所示。这种蒸发器是借助液泵将液态制冷剂喷淋在传热面上，进行沸腾换热，这样，不但可以减少制冷剂充注量，更重要的是可以消除制冷剂静液高度对蒸发温度的影响；由于其设备费颇高，故适用于蒸发温度很低或蒸发压力很低的制冷装置。目前开始应用的降膜式蒸发器类似淋激式蒸发器，但其不同点在于，它不是借助于液泵而是利用一定的结构将从膨胀阀流出的液体喷淋在传热面上。

以上四种不同供液方式的蒸发器中，满液式蒸发器和非满液式蒸发器在制冷设备中最常用，故这里只介绍这两种蒸发器。

一、满液式蒸发器

主要有卧式壳管蒸发器和水箱式蒸发器两种，载冷剂均为液体。

（一）卧式壳管蒸发器

为了降低液体温度，制冷系统多采用卧式壳管蒸发器，其构造与卧式壳管冷凝器相似，如图4-17所示。

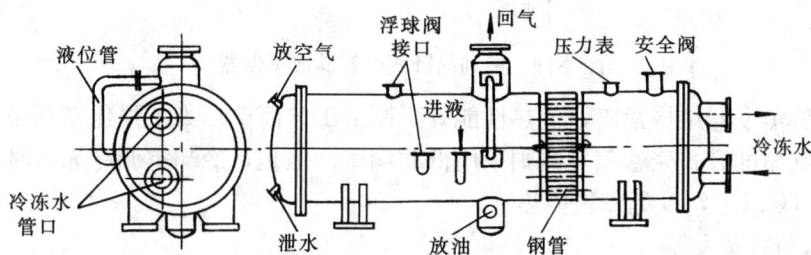

图4-17　氨卧式壳管蒸发器

卧式壳管蒸发器的筒体由钢板焊制而成，筒体两端焊有管板，板间焊接或胀接许多根水平传热管。两端管板外侧装有带隔板的封盖，靠隔板将水平管束分为几个管组（流程），使被冷却液体顺序流过各管组，以提高管中液体流速，增强传热。

液态制冷剂经膨胀阀降压以后，从筒体下半部进入，充满管外空间，受热后形成的气泡，不断浮升至液面，这样，传热表面基本均与液态制冷剂接触。在满液式蒸发器中，由于制冷剂汽化、形成大量气泡，使其液面高于静止时的液面，因此，为了避免液态制冷剂被带出蒸发器，充注的液量不应浸没全部传热面；一般，氨充液高度约为筒径的70%～80%，氟利昂产生泡沫现象比较严重，充液高度约为筒径的55%～65%。吸热后形成的气态制冷剂经筒体顶部液体分离器流出，被吸入压缩机。

由于满液式蒸发器制冷剂充注量大，且有回油问题，所以原来多用于价格较低廉且难溶于润滑油的氨制冷剂系统中。氨卧式壳管蒸发器筒体底部焊有集油罐，随制冷剂被带入的润滑油，因密度较大而沉于其中，以便定期排放，如图 4-17 所示。近年来，由于提高制冷机组性能系数的需要，氟利昂制冷剂冷水机组采用满液卧式壳管蒸发器逐渐增多。氟利昂满液式蒸发器如图 4-18 所示，由于使用的氟利昂和润滑油在蒸发温度下部分互溶，且润滑油密度小于氟利昂，故在氟利昂满液式蒸发器液态制冷剂上部液体中存在一个集油层。采用的回油措施有：（1）在蒸发器液位附近水平方向开几个回油口，利用压缩机的高压排气，把蒸发器内的含油浓度较高的液体连续引射回压缩机；（2）在蒸发器液位附近水平方向开几个回油口，利用压缩机吸气管中高速气流把含油浓度较高的液体带回压缩机；（3）在蒸发器液位附近上下方向开两个回油口，利用高度差，使含油浓度较高的液体落入集油容器，利用压缩机高压排气把这些液体压回压缩机；（4）蒸发器液位附近开一个回油口，利用高度差，使蒸发器内的液体落入一热交换器，制冷剂液体吸收从冷凝器出来的高温液体的热量而蒸发，剩余的油被压缩机高压排气压回压缩机。

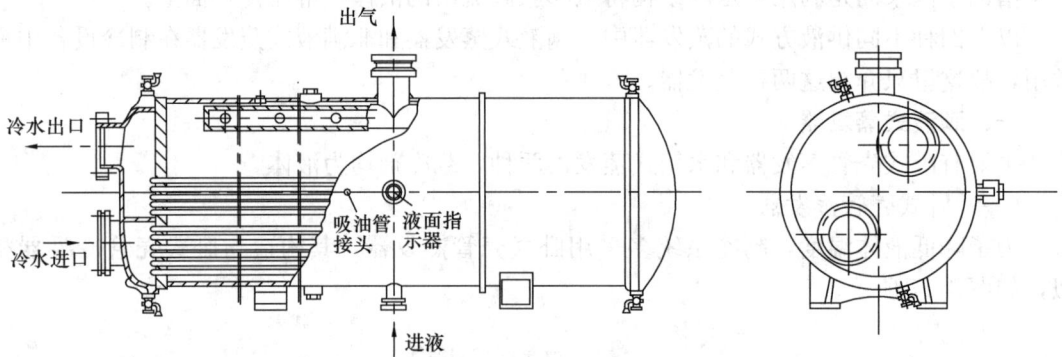

图 4-18　氟利昂卧式壳管满液蒸发器

卧式壳管蒸发器结构紧凑，传热性能好，制造工艺简单；为了强化氟利昂侧的沸腾换热，用于氟利昂的卧式壳管蒸发器则采用低肋铜管。但是，冷却空调冷冻水时，其出水温度应控制在 3℃ 以上，以免冻裂传热管。

（二）水箱式蒸发器

卧式壳管蒸发器存在两个缺点：其一，使用时需注意蒸发压力的变化，避免蒸发压力过低，导致冷冻水冻结，胀裂传热管；其二，蒸发器水容量小，运行过程的热稳定性差，水温易发生较大变化。而水箱式蒸发器可消除此缺点。

水箱式蒸发器由水箱和蒸发盘管组成，水箱由钢板焊接而成，盘管可为立管、螺旋型盘管或蛇形盘管。图 4-19 为氨立管式水箱式蒸发器，水箱中装有两排或多排管组，每排管组由上下集管和介于其间的许多钢制立管组成；上集管焊有液体分离器，下集管焊有集油罐，集油罐上部接有与回气管相通的均压管。

进液管从中间一根较粗的立管上部插入蒸发管组，几乎伸至下集管（见图 4-19 中剖面Ⅰ-Ⅰ），这样，可保证液体直接进入下集管，均匀分配给各个立管；吸热汽化后的制冷剂，上升至上集管，经液体分离器分液后，返回压缩机。在立管式蒸发器中，制冷剂为下进上出，符合液体沸腾过程的运动规律，故循环良好，沸腾换热系数较高。

为了使水以一定速度在水箱内循环，箱内装有纵向隔板和搅拌器，水速可达 0.5～0.7m/s。

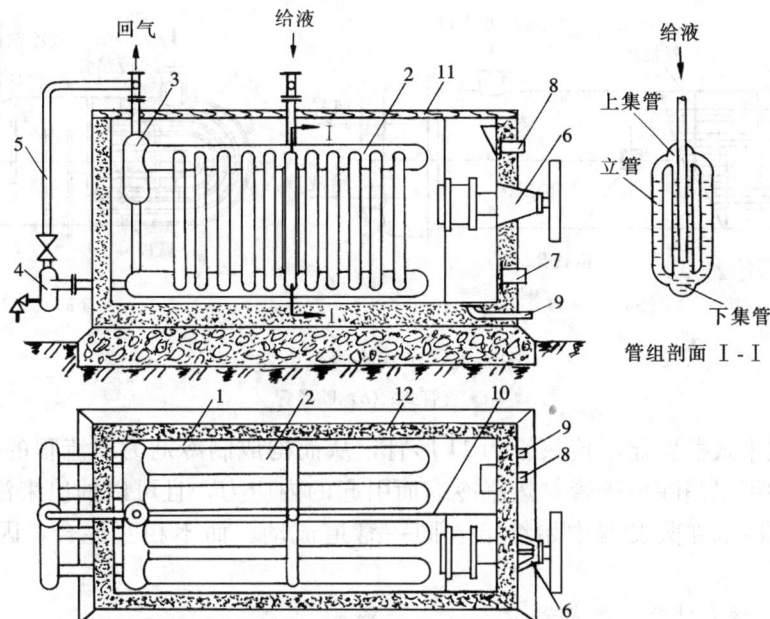

图 4-19 氨立管式水箱式蒸发器

1—水箱；2—管组；3—液体分离器；4—集油罐；5—均压管；6—螺旋搅拌器；
7—出水口；8—溢流口；9—泄水口；10—隔板；11—盖板；12—保温层

二、非满液式蒸发器

非满液式蒸发器按照冷却介质可分为冷却液体干式蒸发器和冷却空气干式蒸发器（直接蒸发式空气冷却器），其中冷却液体干式蒸发器主要有干式壳管蒸发器和焊接板式蒸发器，而焊接板式蒸发器从结构型式和特点上与本章第一节中所述焊接板式冷凝器相似，故这里不再赘述。下面分别叙述干式壳管蒸发器和直接蒸发式空气冷却器。

（一）干式壳管蒸发器

干式壳管蒸发器的构造与满液式壳管蒸发器相似，它与满液式壳管蒸发器的主要不同点在于：制冷剂在管内流动，而被冷却液体在管束外部空间流动，筒体内横跨管束装有若干块隔板，以增加液体横掠管束的流速。

液态制冷剂经膨胀阀降压，从下部进入管组，随着在管内流动不断吸收热量，逐渐汽化，直至完全变成饱和蒸气或过热蒸气，从上部接管流出，返回压缩机。由于蒸发器的传热面几乎全部与不同干度的湿蒸气接触，故属于非满液式蒸发器；其充液量只为管内容积的 40% 左右即可；而且，管内制冷剂流速大于一定数值（约 4m/s），即可保证润滑油随气态制冷剂顺利返回压缩机。此外，由于被冷却液体在管外，故冷量损失少，还可以缓解冻结危险。

干式壳管蒸发器按照管组的排列方式不同可分为直管式和 U 形管式两种，见图 4-20。

直管式干式壳管蒸发器可以采用光管或具有多股螺旋型微内肋的高效蒸发管作为传热管。由于载冷剂侧的对流换热系数较高，所以一般不用外肋管。因为随着制冷剂沿管程流动，其蒸气含量逐渐增加，所以后一流程的管数应多于前一流程，以满足蒸发管内制冷剂湿蒸气比容逐渐增大的需要。

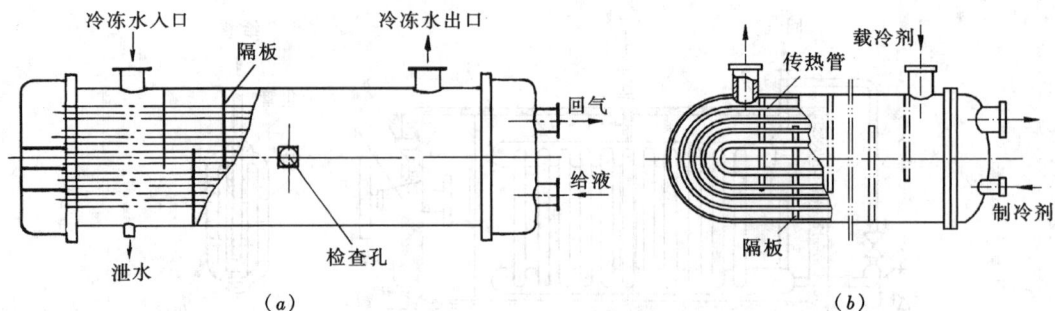

图 4-20　干式壳管蒸发器
(a) 直管式；(b) U 形管

U 形管式干式蒸发器，传热管为 U 形管，从而构成制冷剂为二流程的壳管式结构。U 形管式结构可以消除由于管材热胀冷缩而引起的内应力，且可以抽出来清除管外的污垢。再者，制冷剂在蒸发器中始终沿着同一管道流动，而不相互混合，因而传热效果较好。

(二) 直接蒸发式空气冷却器

直接蒸发式空气冷却器，即冷却空气用干式蒸发器，按照空气的运动状态分自然对流和强制对流两种形式。自然对流形式常用于冰箱、冷藏柜、冷藏车、冷藏库等处。例如冷藏库多采用安装在顶棚下或墙壁的排管冷却库内空气，排管为光管或片距 6～12mm 的肋管。采用氨制冷系统，多为满液式或循环式；采用氟利昂系统多为非满液式或循环式。由于空气侧为自然对流，故这种冷排管的传热系数很低。

为了增强传热，在间冷式冰箱的冷冻室、空调机组、冷藏库及除湿机等处多采用强制对流式的直接蒸发式空气冷却器。图 4-21 为空调用强制对流直接蒸发式空气冷却器构造示意图，来自节流装置的低压制冷剂湿蒸气通过分液器分成多通路，吸热蒸发后为气态制冷剂，汇集到集管中流出；而空气以一定流速从肋片管的肋片间掠过，将热量传给管内流动的制冷剂，温度降低。直接蒸发式空气冷却器一般由 2～8 排肋管组成，管材为直径 $\phi6$～$\phi12$mm 的铜管（为强化管内沸腾，目前多采用内螺纹高效蒸发管），外套连续整体铝片，片厚 0.1～0.2mm，片间距 1.6～3mm；蒸发温度较低时，考虑到肋片处结露或结霜，应加大肋片间距。强制对流蒸发器与自然对流蒸发器相比，具有传热效果好、

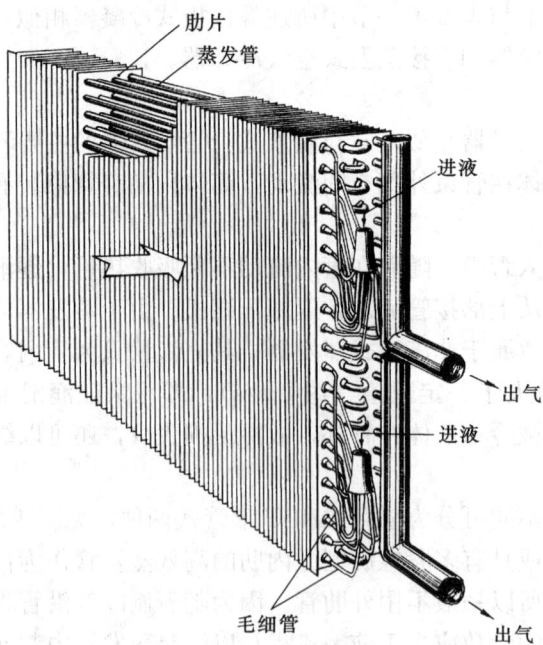

图 4-21　直接蒸发式空气冷却器

结构紧凑等优点，在冷冻、空调设备中得到广泛应用。

单根分液管的制冷量（kW）（管长＝1m，压力损失＝50kPa） 表 4-4

蒸发温度（℃）	分液管内径（mm）					
	3		4		5	
	R134a	R22	R134a	R22	R134a	R22
10	1.85	2.45	3.85	5.10	7.20	11.00
5	1.65	2.20	3.35	4.55	6.40	8.50
0	1.45	1.85	3.00	3.95	5.60	7.40
−5	1.30	1.65	2.55	3.35	4.90	6.40
−10	1.05	1.40	2.20	2.90	4.20	5.50
−15	0.95	1.15	1.85	2.45	3.50	4.60
−20	0.75	1.00	1.55	2.10	3.00	3.95
−25	0.65	0.85	1.35	1.75	2.50	3.30

注：分液管壁厚为1mm。

　　分液器和分液管是保证将液态制冷剂均匀分配给直接蒸发式空气冷却器各通路的主要部件。由于液态制冷剂流经膨胀阀降压后，呈气液两相状态，处理不当，则导致各通路分液不均；为了解决此问题，除在膨胀阀后设置分液器增强气液混合以外，还设置一定长度的分液管，增加各通路阻力，保证各通路分液均匀。分液管为内径颇小的毛细管，其尺寸选择可参见表4-4。

　　图4-22是五种常见的分液器示意图。图中(a)是离心式分液器，来自膨胀阀的制冷剂沿切线方向进入一小室，充分扰动后的气液混合物，从小室顶部沿径向出流，至各分液管。(b)、(c)是碰撞式分液器，来自膨胀阀的制冷剂以高速进入分液器后，首先与壁面碰撞，形成均匀的气液混合物，然后再进入各路分液管。(d)、(e)是降压式分液器，其中(d)为文氏管型，压力损失较小；这三种类型的分液

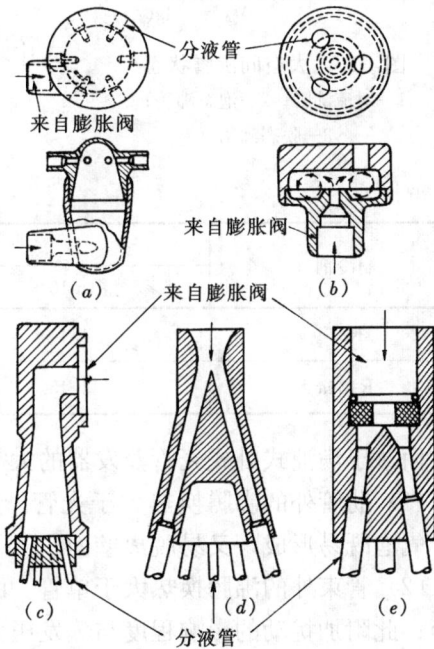

图 4-22　典型分液器示意图

器是使制冷剂首先通过缩孔，增高流速，克服重力影响，以达到气液充分混合物，从而保证制冷剂均匀分配给各路分液管。分液器应垂直使用。

第五节　蒸发器的传热过程

　　蒸发器中的传热过程包括：制冷剂侧的沸腾换热，载冷剂（液体或空气）侧的对流换

热以及通过金属壁与垢层的导热。本节将对制冷剂在蒸发器中的沸腾换热和载冷剂在蒸发器中的换热分别进行分析。

一、制冷剂在蒸发器内的沸腾换热

制冷剂在常用蒸发器中的沸腾换热，可分为水平管外大空间沸腾换热（如满液式卧式壳管蒸发器）和管内沸腾换热（如水箱式蒸发器、冷却液体干式蒸发器和直接蒸发式空气冷却器）。

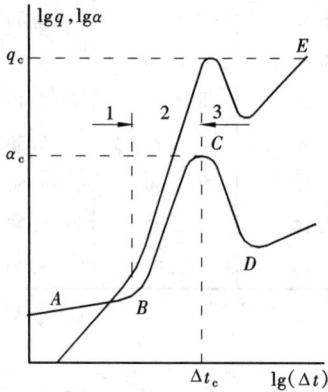

图 4-23 大空间沸腾状态
1—对流沸腾；2—泡态沸腾；
3—膜态沸腾

（一）水平管外大空间沸腾换热

从图 4-23 可以看出，液体在大空间沸腾时，其表面过热度 Δt（壁面温度与液体饱和温度之差），或者说热流密度 ψ，对沸腾换热影响很大。随着表面过热度 Δt 的增加，沸腾出现三个基本状态，即对流沸腾，泡态沸腾和膜态沸腾，其中膜态沸腾中的 CD 段为不稳定的膜态沸腾（也称过渡态沸腾）。

对于光管外的大空间泡态沸腾换热系数可用以下公式表示

$$\alpha_b = C \times \psi^n \tag{4-29}$$

式中　n——指数，对于氟利昂可取 0.745；

　　　C——常数，其值与制冷剂物性和蒸发温度等有关，可参见表 4-5。

常数 C 值　　表 4-5

制冷剂	蒸发温度（℃）		
	−10	0	10
R22	4.44	5.40	6.44
R134a	3.45	4.19	5.24

而对于满液式卧式壳管蒸发器的大空间沸腾换热，还要说明以下几点：

（1）肋管外的沸腾换热大于光管。由于加肋，在 t_0 和 ψ 相同条件下，气泡核心数增加，气泡既易形成，又易脱离壁面。

（2）管束外的沸腾换热大于单管。由于下排管表面产生的气泡上浮时，引起附加扰动所至；此附加扰动的影响程度与蒸发压力 p_0、热流密度和管间距等有关。

对于 R22 在错排正三角形肋管管束外表面的沸腾换热系数，可用下式计算

$$\alpha_{b.f.z} = 33\psi^{0.45} p_o^{0.25} \quad W/(m^2 \cdot K) \tag{4-30}$$

此式的适用范围为 $2000 \leqslant \psi \leqslant 6000$ W/m²，纵向管排数小于 10。

如果不按热流密度 ψ 的大小分区，管束平均沸腾换热系数也可按下式计算

氨：　　　　$$\alpha_{b.z} = 13\psi^{0.6} \quad W/(m^2 \cdot K) \tag{4-31}$$

R22：　　　$$\alpha_{b.z} = 16.4\psi^{0.5} p_o^{0.25} \left(\frac{s}{d_o}\right)^{-0.45} \quad W/(m^2 \cdot K) \tag{4-32}$$

公式（4-31）和（4-32）的适用范围为 $\psi = 10^3 \sim 10^4\,\mathrm{W/m^2}$，$t_0 = -30 \sim 0℃$，$s/d_o =$ 1.15～1.43，纵向管排数 $z = 15 \sim 20$。

（3）沸腾换热与制冷剂物性有关。例如，氨的沸腾换热系数大于 R22。

（4）制冷剂中含油量影响沸腾换热。当含油浓度超过 4%～5% 时，将使沸腾换热系数降低。

（二）管内沸腾换热

管内沸腾换热由于沸腾空间的限制，沸腾产生的蒸气与液体相混，形成气液两相混合物，故管内沸腾换热涉及管内两相流的流动问题。管内沸腾换热分垂直管内沸腾换热和水平管内沸腾换热。

1. 垂直管内沸腾换热

图 4-19 所示氨立管式蒸发器，饱和状态的液态制冷剂从下部进入管内，被加热而产生气泡，呈泡状流、块状流状态，属于泡态沸腾；继续被加热，气态制冷剂比例增加，呈环状流状态，汽化过程在气液交界面进行，属于液膜对流沸腾；随后，气液流入上集管。其平均沸腾换热系数可按下式计算

$$\alpha_b = 4.57(1 + 0.03t_o)\psi^{0.7} \quad \mathrm{W/(m^2 \cdot K)} \tag{4-33}$$

2. 水平管内沸腾换热

对于制冷剂在水平管内的沸腾，可分为湿壁区、蒸干区和过热蒸气区。一般，干度较低的制冷剂进入管内后，吸热汽化，呈泡状流、块状流，以后进入环状流，局部沸腾换热系数逐步增加，直至制冷剂干度达到80% 左右，均属湿壁区；但是，当质量流速较低时，由于重力的影响，气和液将趋于分别集聚在上部和下部，呈波状流，就不一定形成完整的环状流。制冷剂干度大于 80% 左右，则进入蒸干区，呈雾状流，管内壁基本无液膜，局部沸腾换热系数迅速降低。制冷剂继续向前流动，则为过热

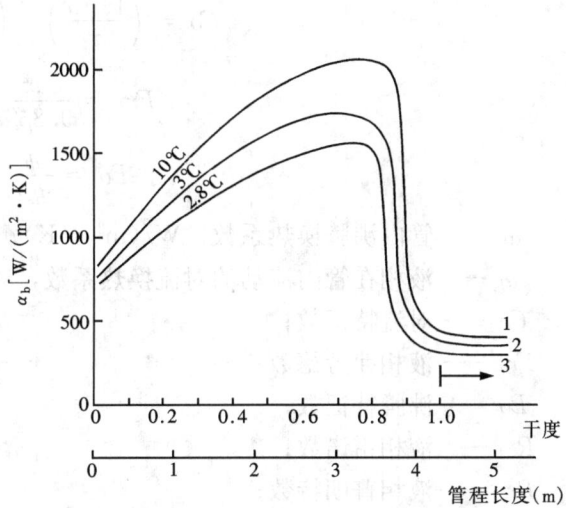

图 4-24　水平管内沸腾换热系数的典型变化

蒸气区，属于单相流动换热。不同蒸发温度情况下 R22 在水平管内沸腾换热系数的典型变化如图 4-24 所示[43]。

水平管内平均沸腾换热系数可按下式计算

$$\alpha_b = A\frac{v_m^{0.4} \cdot \Psi^{0.4}}{d_i^{0.6}} \tag{4-34}$$

式中　A——物性系数，等于 $0.00573\lambda_1\mu_1^{-0.8}$，可参见表 4-6；

v_m——质量流速，$\mathrm{kg/(m^2 \cdot s)}$；

d_i——管内径，m。

物性系数 A　　　　　　　　　　　　　　　　　　表 4-6

蒸发温度（℃）	−10	−5	0	5	10
R22	0.461	0.472	0.482	0.492	0.503
R134a	0.354	0.355	0.364	0.373	0.383

国内外学者对制冷剂在管内沸腾换热进行了大量研究，一方面积累了大量的试验数据，另一方面在管内两相流和传热的理论研究取得了很大的进展。根据这些研究成果，20世纪 80 年代，一部分学者提出适用于多种制冷剂的半经验通用关联式。1983 年 Kandlikar 提出制冷剂管内沸腾的通用关联式，并于 1987 年经过改进提出了具有更高精度的通用关联式[44]，该关联式用于 R134a 也有很好的精度，Kandlikar 关联式为

$$\frac{\alpha_b}{\alpha_l} = c_1 \, (Co)^{c_2} \, (25Fr_l)^{c_5} + c_3 \, (Bo)^{c_4} \, F_{fl} \tag{4-35}$$

$$\alpha_l = 0.023 Re_l^{0.8} Pr_l^{0.4} \frac{\lambda_l}{d_i}$$

$$Re_l = \frac{v_m(1-x)d_i}{\mu_l}$$

$$Co = \left(\frac{1-x}{x}\right)^{0.8} \left(\frac{\rho_g}{\rho_l}\right)^{0.5}$$

$$Fr_l = \frac{v_m^2}{9.8\rho_l^2 d_i}$$

$$Bo = \frac{\psi}{v_m r}$$

式中　α_b ——管内沸腾换热系数，W/(m² · K)；

　　　α_l ——液相在管内流动的对流换热系数，W/(m² · K)；

　　　Co ——对流特征数；

　　　Fr_l ——液相弗劳德数；

　　　Bo ——沸腾特征数；

　　　Re_l ——液相雷诺数；

　　　Pr_l ——液相普朗特数；

　　　λ_l ——液相导热系数，W/(m · K)；

　　　d_i ——管内径，m；

　　　v_m ——质量流率，kg/(m² · s)；

　　　x ——制冷剂干度；

　　　μ_l ——液相动力黏度，Pa · s；

　　　ρ_g ——气相密度，kg/m³；

　　　ρ_l ——液相密度，kg/m³；

　　　ψ ——热流密度，W/m²；

　　　r ——汽化比潜热，J/kg。

F_{fl} 是与制冷剂性质有关的一个无量纲系数，可以按照表 4-7 取值。

$c_1 \sim c_5$ 为常数，它们数值大小取决于 Co

$$Co < 0.65: c_1 = 1.136; c_2 = -0.9; c_3 = 667.2; c_4 = 0.7; c_5 = 0.3$$

$$Co > 0.65: c_1 = 0.6683; c_2 = -0.2; c_3 = 1058; c_4 = 0.7; c_5 = 0.3$$

各种制冷剂 F_{fl} 值

表 4-7

制冷剂	F_{fl}	制冷剂	F_{fl}
水	1.00	R152a	1.1
R22	2.2	R134a	1.63

CO_2 物性与氟利昂差别较大，且与氟利昂相比，其蒸发压力较高，所以 CO_2 在蒸发器内部的沸腾换热特性与氟利昂制冷剂不尽相同，国内外学者对不同类型的 CO_2 蒸发器内部沸腾传热特性开展了大量的实验研究。对于研究较多的水平圆管管内沸腾，Fang[39] 对比了 34 组换热特性经验关联式，并使用 2956 组实验数据进行可行性验证，得到了平均绝对偏差最低（15.5%）的关联式[45]：

$$Nu = 0.00061(S+F)Re_l Fa^{0.11} Pr_l^{0.4} \Big/ \left[\ln\left(\frac{1.024\mu_{lf}}{\mu_{lw}}\right) \right] \tag{4-36}$$

$$S = 41000 Bo^{1.13} - 0.275$$

$$F = \left(\frac{x}{1-x}\right)^a \left(\frac{\rho_l}{\rho_g}\right)^{0.4}$$

$$a = \begin{cases} 0.48 + 0.00524 \left(Re_l Fa^{0.11}\right)^{0.85} - 5.9 \times 10^{-6} \left(Re_l Fa^{0.11}\right)^{1.85} \\ Re_l Fa^{0.11} < 600 \\ 0.87 \\ 600 \leqslant Re_l Fa^{0.11} \leqslant 6000 \\ 160.8 / \left(Re_l Fa^{0.11}\right)^{0.6} \\ Re_l Fa^{0.11} > 6000 \end{cases}$$

式中 μ_{lf}，μ_{lw} 分别是液体制冷剂温度和管壁面温度对应的液相动力黏度，Pa·s。

两相流的对流换热系数计算公式为

$$h_{tp} = Nu\lambda_l / D_h \tag{4-37}$$

公式（4-36）中的无量纲数分别定义为

$$Re_l = \frac{(1-x)GD_h}{\mu_l}$$

$$Bo = \frac{q}{Gh_{lg}}$$

$$Fa = \frac{(\rho_l - \rho_g)\sigma}{G^2 D_h}$$

式中 G ——质量流量，kg/(m²·s)；

D_h ——当量直径，m；

x —— CO_2 的干度；

σ——表面张力，N/m；

无量纲数 Fa ＝（浮力／重力）×（表面张力／惯性力），第一项浮力与重力的比值，影响气泡的分离；第二项影响气泡的形成。因此无量纲数 Fa 表征了 CO_2 在相变时气泡的形成和分离。

该经验关联式适用的条件是：$D_h = 0.529 \sim 7.75\text{mm}$；$G = 97.5 \sim 1400\text{kg/(m}^2 \cdot \text{s)}$；$q = 3.39 \sim 40\text{kW/m}^2$；$t_{sat} = -40 \sim 26.8\,℃$；$x = 0.0046 \sim 0.998$。

二、载冷剂在蒸发器中的换热

载冷剂分为液体和空气两种情况。

（一）液体载冷剂

对于满液式卧式壳管蒸发器，载冷剂在管内流动换热，与卧式壳管冷凝器中冷却水在管内的对流换热系数计算方法相同，计算公式见式（4-10）。

对于干式壳管蒸发器，由于管束装有若干块折流板，载冷剂在管束外部作纵向、横向交错流动，其对流换热系数可以用下式计算

$$\alpha_f = C \frac{\lambda}{d_o} Re_f^{0.6} Pr_f^{0.33} \tag{4-38}$$

式中，C 为系数，壳管内表面光滑时，$C=0.25$，粗糙时 $C=0.22$；Re_f 为管外载冷剂雷诺数；Pr_f 为载冷剂普朗特数；λ 为载冷剂的导热系数；d_o 为管外径；准则数 Re_f、Pr_f 的定性温度取管外载冷剂的平均温度。

（二）空气

当直接蒸发式空气冷却器的表面温度低于被冷却空气的露点温度时，空气中的水蒸气在蒸发器外表面结露；当蒸发器表面温度低于水的凝固温度时，空气中的水分将在蒸发器表面结霜。在结露或结霜情况下，蒸发器肋片管外的对流换热系数可在公式（4-18）的基础上进行修正。

以基管表面温度为准，当蒸发器表面结露时，肋片管外的对流换热系数为

$$\alpha_{a.e} = \eta_{f.b} \xi \alpha_a \tag{4-39}$$

式中，ξ 为析湿系数，即总热交换量与显热交换量之比。

当蒸发器表面结霜时，肋片管外的对流换热系数为

$$\alpha_{a.e} = \eta_{f.b} \left[\frac{1}{\xi \alpha_a} + \frac{\delta_s}{\lambda_s} \right]^{-1} \tag{4-40}$$

式中，δ_s、λ_s 分别为霜层的厚度和导热系数。

第六节　蒸发器的设计计算

蒸发器的设计计算有两种方法，一种是整体计算法，一种是分布计算法。整体计算法是将蒸发器看作一个整体，根据制冷剂和载冷剂的质量流量和进、出口温度进行计算；该方法计算简单快捷，并可以获得满足工程应用的精度，所以在设计计算中仍大量采用。分布计算法是将蒸发器分为多个区段，以上一区段的出口条件作为下一区段的进口条件，对每一区段进行计算，将全部区段叠加就可以求得整个蒸发器换热情况；该方法常用于蒸发

器计算机模拟计算，具有计算精度高，获得信息量大的优点，该方法在蒸发器性能分析和设计计算中也已得到越来越多的应用。本节仅介绍整体计算法。

用于冷却水或其他液体的满液式蒸发器，制冷剂在管束外表面沸腾换热，载冷剂在管内进行强迫流动，其选择计算的主要任务是根据已知条件决定所需要的传热面积，选定定型结构的蒸发器，并计算流体通过蒸发器的流动阻力，其计算方法与水冷式冷凝器基本相似，故不重复介绍。本节仅就蒸发器的传热温差，管内沸腾换热的质量流速与压力降等特殊问题以及直接蒸发式空气冷却器的计算做必要的介绍。

一、蒸发温度 t_0 与平均传热温差 Δt_m

对于实际工程，蒸发器液体载冷剂进出口温度和被冷却空气进出口温度由空调系统决定；而蒸发温度 t_0 与平均传热温差 Δt_m，既受传热过程的约束，又要使初投资和运行费经济合理。蒸发温度 t_0 下降，制冷循环的外部不可逆损失加大，制冷系统的运行经济性恶化；而在相同条件下，蒸发温度 t_0 下降，将使平均传热温差 Δt_m 加大，又减少了蒸发器初投资。至于水或空气的温度降 $(t_1 - t_2)$ 大小也是经济问题，加大 $(t_1 - t_2)$，制冷循环的外部不可逆损失加大，但是可以减小管道尺寸或降低水泵（风机）的耗功。

一般，用于冷却水或盐水的蒸发器，被冷却液体的温度降 $(t_1 - t_2)$ 可取 $5\sim8℃$。蒸发温度 t_0 比被冷却液体的出口温度 t_2 低 $2\sim3℃$，就是说，平均传热温差 Δt_m 约为 $5\sim7℃$。蒸发器的热流密度约 $2000\sim3000W/m^2$。

对于直接蒸发式空气冷却器，由于空气侧的换热系数低，为了不使结构尺寸偏大，所以取较大的传热温差。通常蒸发温度 t_0 比被冷却空气的出口温度 t_2 低 $6\sim8℃$，就是说，平均传热温差 Δt_m 约为 $11\sim13℃$。以外肋表面为基准的热流密度约 $450\sim500\ W/m^2$。

但是，蒸发温度 t_0 并非定值，这是由于受静液高度和流动阻力影响所致。

（一）关于静液高度

对于满液式壳管蒸发器和水箱式蒸发器来说，由于其中液态制冷剂有一定高度，因此下部制冷剂的压力较大，相对应的蒸发温度较高。再者，不同制冷剂，液面蒸发温度不同，受静液高度影响的程度也不同，参见表4-8。

静液高度对蒸发温度的影响　　　　　　　　　　　　　　　　　　　　表4-8

液面蒸发温度（℃）	1m 深处的蒸发温度（℃）			
	R123	R134a	R22	R717
−10	2.23	−8.34	−8.97	−9.46
−30	−7.73	−26.70	−28.06	−28.86
−50		−43.23	−45.94	−47.68
−70		−54.57	−61.16	−63.25

从表中可以看出，蒸发温度越低，静液高度对蒸发温度的影响越大；大气压力下沸点越高的制冷剂，受静液高度的影响越大。因此，对于低温蒸发器和制冷剂蒸发压力很低的蒸发器来说，必须设计成具有较低的静液高度，甚至使其不受静液高度影响；否则，为了保持传热温差不变，将造成制冷压缩机吸气压力降低，制冷能力下降，或者，加大蒸发器传热面积，以补偿由于平均蒸发温度升高所造成的影响。

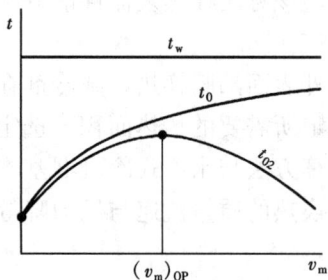

图 4-25　蒸发温度与质量
流速的关系

（二）制冷剂质量流速和压力降

对于制冷剂在管内蒸发的干式壳管式蒸发器和直接蒸发式空气冷却器，管内制冷剂的流速或质量流速 v_m [kg/(m² · s)] 越大，管内沸腾换热系数就越高，可以减小传热温差，提高蒸发温度；然而，流速的加大，必将引起传热管内制冷剂压力降的增加，致使蒸发器出口处制冷剂压力更加低于入口处的压力，相对应的蒸发温度 t_{02} 大大低于 t_{01}，致使制冷压缩机吸气压力降低，压缩机制冷能力下降，能耗增加；因此，必然存在最优质量流速 $(v_m)_{op}$，如图 4-25 所示。实际设计计算时，可按表 4-9 选取 v_m 值和每个制冷剂通程的传热管长度。

制冷剂的质量流速 v_m [kg/(m² · s)]　　　　表 4-9

热流密度 ψ (W/m²)	R134a		R22	
	v_m	l/d_i	v_m	l/d_i
1160	75～95	2500～3200	85～120	3200～4300
2320	85～115	1500～2000	100～140	1800～2500
5800	105～150	800～1100	120～180	900～1300
11600	120～190	450～700	140～220	500～800

注：l/d_i 为单路管长与管内径之比。

管内制冷剂流动沸腾（或冷凝）为两相流动状态，计算压力降时除考虑摩擦阻力和局部阻力以外，还应计入由于相态变化而引起的动能变化。沸腾（或冷凝）状态下管内压力降可按式（4-41）近似计算

$$\Delta p = \left[f\frac{l}{d_i} + n(\zeta_1 + \zeta_2) + \frac{2(x_2 - x_1)}{\overline{x}} \right] \frac{\overline{v} \cdot v_m^2}{2} \tag{4-41}$$

式中　f ——两相流动的阻力系数，含油小于 6% 时，$f = 0.037 \left(\dfrac{K'}{Re}\right)^{0.25}$；

　　　K' ——沸腾准则数，等于 $\dfrac{4\psi}{d_i \cdot v_m \cdot g}$；

　　　Re ——雷诺数，等于 $\dfrac{v_m \cdot d_i}{\mu}$；

　　　v_m ——质量流速，kg/(m² · s)；

　　　μ ——蒸发温度下，制冷剂饱和液的动力黏度，N · s/m²；

　　　$\overline{v}$ ——制冷剂的平均比容，m³/kg；

$x_1, x_2, \overline{x}$ ——进口、出口和平均制冷剂的干度；

　　　l ——传热管直管段长度，m；

　　　ζ_1 ——弯头的局部阻力系数，无油时，等于 0.8～1.0；

　　　ζ_2 ——弯头的摩擦阻力系数，无油时，$\zeta_2 = 0.094 \dfrac{R}{d_i}$，$R$ 是曲率半径；

　　　n ——弯头数目。

如果根据热流密度，按表 4-9 选取 v_m，并把 l/d_i 限定在适宜的范围，一般来说，压力降是经济合理的；对于空调用制冷系统，R134a 在蒸发管内的压力降应不大于 40kPa，R22 则应不大于 60kPa。

二、传热系数

冷却液体载冷剂的蒸发器，传热系数的计算与冷凝器基本相同。对于直接蒸发式空气冷却器的传热系数计算，详见式（4-47）。蒸发器传热系数的概略值见表 4-10。

蒸发器传热系数的概略值　　　　　　　　　　　　　表 4-10

蒸发器型式			传热系数 [W/(m²·K)]	热流密度 （W/m²）	相关条件
满液式	卧式壳管	氨-水	550～650	2300～3500	$\Delta t_m = 4～6℃$ 水速 $v_m = 1～1.5$m/s
		氟利昂-水	500～600	2000～3200	$\Delta t_m = 4～6℃$ 水速 $v_m = 1～1.5$m/s
	水箱式	氨-水	500～600	2000～3000	$\Delta t_m = 4～6℃$
		氨-盐水	450～550	2000～2800	水速 $v_m = 0.4～0.7$m/s
非满液式	干式壳管	氟利昂-水	450～550	2000～2800	$\Delta t_m = 4～6℃$
			1600		内螺纹管
	直接蒸发式 空气冷却器	氟利昂-空气	30～60	450～650	以外肋面积为准， $\Delta t_m = 15～17℃$ 风速 $v_a = 2～3$ m/s
	自然对流式冷排管	氟利昂-空气	14		光管 $\Delta t_m = 8～10℃$
		氟利昂-空气	5～10		以外肋管表面积计， $\Delta t_m = 8～10℃$

三、直接蒸发式空气冷却器的计算方法

蒸发式冷凝器、冷却塔以及直接蒸发式空气冷却器，都是湿空气与水膜表面之间进行能量交换，既有显热交换，又有潜热交换。

（一）直接蒸发式空气冷却器表面与湿空气之间的热湿交换

由于直接蒸发式空气冷却器外表面温度低于湿空气干球温度，所以，湿空气向蒸发器外表面放热；如果蒸发器外表面温度低于湿空气露点温度，湿空气中部分水蒸气将在外表面上凝结，形成一层水膜，这样二者之间就要同时进行热、湿两种交换过程。

微元表面积的显热交换量应为

$$d\phi_s = \alpha_a(t - t_s)dA \qquad W$$

式中　α_a——蒸发器外表面的显热换热系数，W/(m²·K)；

$t - t_s$——湿空气与水膜之间的温度差，约等于湿空气干球温度与蒸发器外表面温度之差。

微元表面积的潜热交换量应为

$$d\phi_l = \sigma(d - d_s)r \cdot dA \qquad W$$

式中　σ——表面湿交换系数，$kg/(m^2 \cdot s)$；

d、d_s——湿空气与水膜表面饱和湿空气的含湿量，kg/kg 干空气；

r——水的比潜热，J/kg。

因此，微元表面积的总热交换量应为

$$d\phi = d\phi_s + d\phi_1 = [\alpha_a(t - t_s) + \sigma(d - d_s)r]dA \quad W$$

若刘伊斯数 $Le = \dfrac{\alpha_s}{c_p \cdot \sigma} = 1$，则

$$d\phi = \sigma[c_p[t - t_s] + r(d - d_s)]dA \quad W$$

因为湿空气的比焓 $h = c_p \cdot t + r \cdot d$，所以，上式可改写为

$$d\phi \approx \sigma(h - h_s)dA = \frac{\alpha_a}{c_p}(h - h_s)dA \quad W \tag{4-42}$$

从公式（4-42）可以看出，推动湿空气与水膜之间热湿交换的动力是比焓差，而不是温差，因而，直接蒸发式空气冷却器的冷却能力与湿空气的比焓值有直接关系，或者说直接受湿空气湿球温度影响。

（二）直接蒸发式空气冷却器的冷却效率

湿空气通过直接蒸发式空气冷却器时，其热湿交换进行的程度，可以用冷却效率表示，冷却效率的定义式为

$$\eta = \frac{h_1 - h_2}{h_1 - h_s} \tag{4-43}$$

也可写成

$$\eta = 1 - \frac{t_2 - t_{m2}}{t_1 - t_{m1}} \tag{4-43a}$$

式中，t_{m1}、t_{m2} 分别表示空气状态 1、2 对应的湿球温度。

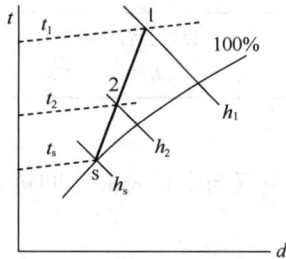

图 4-26　空气冷却减湿

为了简化设计过程，进风状态 1、出风状态 2 和空气冷却器外表面饱和空气层的状态 s，三者可近似视为直线关系，如图 4-26 所示。这样，当给定状态 1 和状态 2 以后，利用湿空气的焓湿图，找出所要求的表面温度 t_s 和边界层饱和湿空气的比焓 h_s，从而根据公式（4-43）求得直接蒸发式空气冷却器应具有的冷却效率。

直接蒸发式空气冷却器的冷却效率与哪些因素有关呢？依照能量守恒，直接蒸发式空气冷却器表面吸收的热量应等于空气的放热量，即

$$-M_a dh = \frac{\alpha_a}{c_p}(h - h_s)dA$$

$$\frac{dh}{h - h_s} = -\frac{\alpha_a}{M_a c_p}dA$$

积分、代入式（4-43）得出

$$\eta = 1 - \frac{h_2 - h_s}{h_1 - h_s} = 1 - \exp\left(-\frac{\alpha_a A}{M_a c_p}\right) \tag{4-44}$$

又因为

$$M_a = f_a \cdot v_a \cdot \rho \quad kg/s$$

而每排肋管外表面积与迎风面积之比，称为肋通系数，即

$$a = \frac{A/N}{f_a} = \frac{A}{N \cdot f_a}$$

这样可得
$$\eta = 1 - \exp\left(-\frac{\alpha_a \cdot a \cdot N}{c_p \cdot \rho \cdot v_a}\right) \tag{4-44a}$$

式中　M_a——空气质量流量，kg/s；

　　　A——空气冷却器的总外表面积，m^2；

　　　N——空气冷却器的肋管排数；

　　　f_a——空气冷却器的迎风面积，m^2。

对于某种结构（包括管径、肋片厚度、肋片高度、肋片节距及管间距）的肋管来说，其肋通系数是定值，空气侧的换热系数一般又与迎面风速的 n 次方成正比，即 $\alpha_a \propto v_a{}^n$（n 是小于 1 的正数），因此，从公式（4-44a）可知，直接蒸发式空气冷却器的冷却效率只与肋管排数、迎面风速以及空气的物性有关，排数越多，迎面风速越小，其冷却效率越高。

（三）直接蒸发式空气冷却器的传热系数

直接蒸发式空气冷却器的总换热量与显热换热量之比，称为析湿系数，即
$$\xi = \frac{\phi}{\phi_s} = \frac{h_1 - h_2}{c_p(t_1 - t_2)}$$

这样，微元面积上的总换热量也可用下式表示
$$d\phi = \xi \cdot d\phi_s = \xi \cdot \alpha_a(t - t_s) \cdot dA \tag{4-45}$$
对于肋管来说，如果以基管外表面温度 t_p 为计算基准，上式应改写为
$$d\phi = \xi \cdot \alpha_a \cdot \eta_{f.b}(t - t_p) \cdot dA = \alpha_{a.e}(t - t_p) \cdot dA \tag{4-45a}$$
根据稳定传热原理，冷却空气干式蒸发器的总热交换量也可按以下公式计算
$$\phi = K \cdot A \cdot \Delta t_m \tag{4-46}$$
若忽略管壁热阻和管内垢层热阻，传热系数 K 应为
$$K = \left[\frac{1}{\alpha_{a.e}} + R_f + \frac{\tau}{\alpha_b}\right]^{-1} \tag{4-47}$$

式中　$\alpha_{a.e}$——湿工况下肋管外表面的当量换热系数，$W/(m^2 \cdot K)$；

　　　R_f——外表面积灰等所形成的附加热阻，可取 $0.0003m^2 \cdot K/W$；

　　　α_b——管内制冷剂沸腾换热系数，$W/(m^2 \cdot K)$；

　　　τ——肋化系数。

设计空调用直接蒸发式空气冷却器时，为了防止外表面结霜，蒸发温度不应低于表 4-11 所列数值。

空调用冷却空气干式蒸发器的蒸发温度下限值　　　　　　表 4-11

出口空气湿球温度（℃）	不同迎面风速下的蒸发温度（℃）			出口空气湿球温度（℃）	不同迎面风速下的蒸发温度（℃）		
	1.5m/s	2.0m/s	2.5m/s		1.5m/s	2.0m/s	2.5m/s
7	0	0	0	13	0	−0.5	−1
10	0	0	0	15	−3	−3.5	−4

（四）冷却面积的计算

直接蒸发式空气冷却器的传热面积计算一般以肋管外表面为基准，按公式（4-46）计算。至于计算传热温差时，可不考虑制冷剂在管内的压力降，视蒸发温度为定值；但是，

由于蒸发器内制冷剂有 5℃左右的过热，按公式（4-46）计算出的传热面积稍稍偏小，应视具体情况予以考虑。

（五）空气侧阻力计算

与风冷式冷凝器空气侧的干工况不同，直接蒸发式空气冷却器空气侧是湿工况，所以空气流动阻力先按照风冷冷凝器空气侧流动阻力公式（4-28）计算，然后再乘以表 4-12 的修正系数即可。

湿工况时空气流动阻力修正系数 表 4-12

迎面风速（m/s）	1.5	2.0	2.5	3.0
水平气流	1.65	1.53	1.50	1.48
垂直向上气流	1.28	1.30	1.32	1.34

【例题 4-3】某空气调节工程需要将 3.33kg/s 的空气，由干球温度 $t_1=23℃$、相对湿度 $\varphi_1=60\%$，冷却到干球温度 $t_2=12℃$、相对湿度 $\varphi_2=90\%$。冷凝器出口为 40℃的饱和液体，制冷剂采用 R22，试设计一台直接蒸发式空气冷却器。

【解】

（一）确定制冷负荷

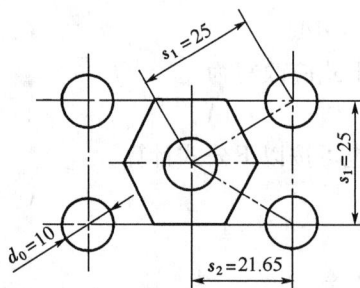

图 4-27　管束排列方式及尺寸

从湿空气 h-d 图可查出空气初状态点 1 的比焓 $h_1=49.8kJ/kg$，空气终状态点 2 的比焓 $h_2=32.0kJ/kg$，因此，制冷负荷为

$$\varphi=M_a(h_1-h_2)=3.33\times(49.8-32.0)=59.3kW$$

（二）确定肋片管束形式

采用连续整体套片，基管外径 $d_o=10mm$，壁厚 $\delta_p=0.35mm$ 的铜管；铝肋片厚 $\delta_f=0.12mm$，导热系数 $\lambda=204W/(m\cdot K)$；肋片节距 $e=2.5mm$，管束为正三角形排列（见图 4-27），管中心距 $s_1=25mm$，$s_2=s_1\cdot\sin60°$，结构参数计算如下：

每米肋管长的肋片表面积 A_f

$$A_f=\left(s_1\cdot s_2-\frac{\pi}{4}d_o^2\right)\times2\times\frac{1000}{e}=\left(\frac{\sqrt{3}}{2}s_1^2-\frac{\pi}{4}d_o^2\right)\times2\times\frac{1000}{e}=0.370m^2/m$$

每米肋管长的肋片间基管外表面积 A_p

$$A_p=\frac{1000}{e}\pi\cdot d_o(e-\delta_f)=0.0299m^2/m$$

每米肋管长总外表面积 A

$$A=A_f+A_p=0.3999m^2/m$$

每米肋管长内总表面积 A_i

$$A_i=\pi d_i=0.0292m^2/m$$

肋化系数

$$\tau=\frac{A}{A_i}=13.70$$

肋通系数 $a=\frac{A}{f_a}=\frac{A}{s_1\cdot1}=15.996$

净断面比（最窄流通断面积与迎风面积之比）

$$\varepsilon = \frac{(s_1 - d_o)(e - \delta_f)}{s_1 \cdot e} = 0.571$$

（三）所需冷却效率

在湿空气 h-d 图，将空气初状态点与终状态点连成直线，其与相对湿度 100% 的交点，就是所需肋管外表面的平均状态点 s，$t_s = 9.0℃$，$h_s = 27.0\text{kJ/kg}$。因此，所需冷却效率为

$$\eta = \frac{h_1 - h_2}{h_1 - h_s} = \frac{49.8 - 32.0}{49.8 - 27.0} = 0.78$$

（四）计算空气侧的换热系数

1. 设迎面风速 $v_a = 2.5\text{m/s}$，则最小流动断面的速度为

$$v = \frac{v_a}{\varepsilon} = \frac{2.5}{0.571} = 4.38\text{m/s}$$

2. 设沿气流方向肋管的排数为 $N=6$

3. 根据公式（4-14）计算肋片外表面的换热系数

肋片空气通道的当量直径

$$d_e = \frac{2(s_1 - d_o)(e - \delta_f)}{(s_1 - d_o) + (e - \delta_f)} = \frac{2 \times (25 - 10)(2.5 - 0.12)}{(25 - 10) + (2.5 - 0.12)} = 4.11$$

气流方向的肋片长度 $L = N \cdot s_2 = 6 \times 25 \times \sin 60° = 129.9\text{mm}$

计算雷诺数 $\quad Re = \frac{\bar{\rho} \cdot v \cdot d_e}{\bar{\mu}} = \frac{1.2 \times 4.38 \times 0.00411}{0.187 \times 10^{-4}} = 1155$

计算系数与指数

$$C_1 = 1.36 - 0.00024 \cdot Re = 1.08$$

$$C_2 = 0.518 - 2.315 \times 10^{-2} \left(\frac{L}{d_e}\right) + 4.25 \times 10^{-4} \left(\frac{L}{d_e}\right)^2 - 3 \times 10^{-6} \left(\frac{L}{d_e}\right)^3 = 0.116$$

$$n = -0.28 + 0.08 Re/1000 = -0.188$$

$$m = 0.45 + 0.0066 L/d_e = 0.658$$

因此 $\quad \alpha_a = 1.1 \times 1.08 \times 0.116 \times \left(\frac{0.026}{0.00411}\right)\left(\frac{0.1299}{0.00411}\right)^{-0.188} (1155)^{0.658} = 47.2\text{W/(m}^2 \cdot \text{K)}$

4. 校核肋管排数

根据冷却效率 η 公式（4-44a）有

$$\eta = 0.78 = 1 - \exp\left(-\frac{47.2 \times 15.996 \times N'}{1000 \times 1.2 \times 2.5}\right) = 1 - \exp(-0.252N')$$

所以 $\quad N' = 6.01 \approx 6$ 排，与假设一致。

（五）初步确定迎风面积和总传热面积

1. 迎风面积

$$f_a = M_a/(\rho v_a) = 3.33/(1.2 \times 2.5) = 1.11\text{m}^2$$

2. 总传热面积

$$A = f_a \cdot a \cdot N = 1.11 \times 15.996 \times 6 = 106.5\text{m}^2$$

（六）计算传热系数

1. 求肋管外表面当量换热系数

析湿系数 $\qquad \xi = \dfrac{h_1 - h_2}{c_p(t_1 - t_2)} = \dfrac{49.8 - 32.0}{1 \times (23 - 12)} = 1.62$

肋片形状参数 $\quad m = \left(\dfrac{2\xi\alpha_a}{\lambda_f\delta_f}\right)^{0.5} = \left(\dfrac{2 \times 1.62 \times 47.2}{204 \times 0.00012}\right)^{0.5} = 79.04$

当量肋高 $\quad l = (aR - r_o)\left(1 + 0.805 \lg \dfrac{aR}{r_o}\right)$

$$= (1.065 \times 12.5 - 5)\left(1 + 0.805 \times \lg \dfrac{1.065 \times 12.5}{5}\right) = 11.16 \text{mm}$$

肋片效率 $\quad \eta_f = \dfrac{\text{th}(m \cdot l)}{m \cdot l} = \dfrac{\text{th}(79.04 \times 11.16 \times 10^{-3})}{79.04 \times 11.16 \times 10^{-3}} = 0.8$

根据式（4-39）、（4-17）计算当量换热系数

$$\alpha_{a.e} = \left(\dfrac{\eta_f \cdot A_f + A_p}{A}\right)\xi \cdot \alpha_a = \dfrac{0.8 \times 0.37 + 0.0299}{0.3999} \times 1.62 \times 47.2 = 62.3 \text{W}/(\text{m}^2 \cdot \text{K})$$

2. 计算制冷剂侧换热系数

肋管内表面热流密度 $\psi = \dfrac{\phi}{A/\tau} = \dfrac{59300 \times 13.7}{106.5} = 7628 \text{W}/\text{m}^2$

空气出口温度 $t_2 = 12℃$，取蒸发温度 t_0 比 t_2 低 8℃，且不考虑制冷剂在蒸发器中的压力降，则蒸发器进出口制冷剂状态参数见表 4-13。

制冷剂状态参数 表 4-13

状态点	温度（℃）	比焓（kJ/kg）	干度	比容（m³/kg）
冷凝器出口	40	249.7	0	
蒸发器入口	4	249.7	0.223	0.00988
蒸发器出口	4	406.8	1	0.04159

则制冷剂循环量为 $\qquad M_R = \dfrac{59.3}{406.8 - 249.7} = 0.377 \text{kg/s}$

根据肋管内表面热流密度，按照表 4-10，取制冷剂质量流速 $v_m = 160 \text{kg}/(\text{m}^2 \cdot \text{s})$，则并列肋管的路数为

$$n = \dfrac{0.377}{\dfrac{\pi}{4} \times 0.0093^2 \times 160} = 34.7$$

取 $n = 36$，管内实际制冷剂质量流速 $v_m = 154 \text{ kg}/(\text{m}^2 \cdot \text{s})$。

根据公式（4-34）求管内制冷剂换热系数

$$\alpha_b = 0.49 \dfrac{(7628)^{0.4} \times (154)^{0.4}}{(0.0093)^{0.6}} = 2173 \text{W}/(\text{m}^2 \cdot \text{K})$$

3. 取空气侧污垢热阻 $R_f = 0.0003$

4. 计算传热系数

$$K = \left[\dfrac{1}{62.3} + 0.0003 + \dfrac{13.7}{2173}\right]^{-1} = 44.1 \text{W}/(\text{m}^2 \cdot \text{K})$$

（七）校核蒸发温度

所需传热温差　　　$\Delta t'_m = \dfrac{\phi}{K \cdot A} = \dfrac{59300}{44.1 \times 106.5} = 12.6℃$

即，所需蒸发温度为 4.1℃，与假设的 4℃基本一致。

（八）空气冷却器的主要结构参数

蒸发器高度　　　　　　$H = s_1 \cdot n = 0.025 \times 36 = 0.9\text{m}$

蒸发器长度　　　　　　$B = f_a / H = 1.11 / 0.9 = 1.23\text{m}$

蒸发器厚度　　　　　　$L = N \cdot s_1 \cdot \sin 60° = 0.13\text{m}$

（九）管内制冷剂压力降

沸腾准则数　　$K' = \dfrac{4\Psi}{d_i \cdot v_m \cdot g} = \dfrac{4 \times 7628}{0.0093 \times 154 \times 9.81} = 2172$

雷诺准则数　　　$Re = \dfrac{v_m \cdot d_i}{\mu} = \dfrac{154 \times 0.0093}{2.01 \times 10^{-4}} = 7125$

摩擦阻力系数　　　　$f = 0.037 \left(\dfrac{K'}{Re} \right)^{0.25} = 0.0275$

平均干度为 0.61；平均比容为 0.0258m³/kg；弯头 5 个；

局部阻力系数 $\zeta_1 = 1.0$；摩擦阻力系数 $\zeta_2 = 0.094 \times R/d_i = 0.126$；

根据公式（4-41），制冷剂的压力降为

$$\Delta p = \left[0.0275 \times \dfrac{1.23 \times 6}{0.0093} + 6 \times (1 + 0.126) + \dfrac{2 \times (1 - 0.223)}{0.61} \right] \times \dfrac{0.0258 \times 154^2}{2} = 9523\text{Pa}$$

相当温度降低 0.5℃。

（十）计算空气侧的阻力

干工况下空气侧流动阻力按照（4-28）计算

$$\Delta p_1 = gA \left(\dfrac{L}{d_e} \right) (\rho v)^{1.7} = 9.8 \times 0.007 \times \left(\dfrac{129.9}{4.11} \right) \times (1.2 \times 4.38)^{1.7} = 36.41\text{Pa}$$

对于错排布置的蒸发器，阻力增加 20%，即

$$\Delta p_2 = 1.2 \times \Delta p_1 = 1.2 \times 36.41 = 43.69\text{Pa}$$

湿工况按表 4-12 查修正系数。

查得修正系数为 1.50，这样，该蒸发器空气侧流动阻力为

$$\Delta p = 1.5 \times \Delta p_2 = 65.54\text{Pa}$$

第七节　其他换热设备

制冷装置的换热设备除了冷凝器和蒸发器外，为了提高制冷装置工作效率或达到所需要的低温，还有其他一些换热设备，其中包括再冷却器、回热器、中间冷却器、冷凝-蒸发器和气体冷却器。

一、再冷却器

对于冷凝器来说，希望能使冷凝后的液态制冷剂达到一定的再冷度，以便提高制冷系统的制冷能力和有利于液态制冷剂的输送。为了获得较大的再冷度一般有两种方法：一种

是使冷凝器底部的部分传热管浸没在被冷凝下来的液态制冷剂中；另一种则是另外设置再冷却器。

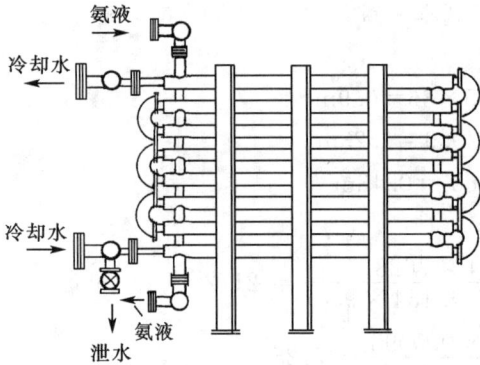

图 4-28　套管式氨再冷却器

采用冷凝下来的液态制冷剂浸泡部分传热管时，由于液态制冷剂与刚进入冷凝器的冷却水通过管壁进行热交换，可使液态制冷剂有较大的再冷。但是，浸泡式传热面的换热属于自然对流换热，传热系数颇低。

图 4-28 为套管式氨再冷却器。冷却水在内管中自下而上流动，氨液在内管外部环形空间中自上而下流动。这种与冷凝器分离的再冷却器，一则可以使之进行强迫对流换热，再则可使冷却水与氨液之间呈逆流式热交换，因此，再冷却能力较强。

二、回热器

回热器是指氟利昂制冷装置中用于使节流装置前制冷剂液体与蒸发器出口制冷剂蒸气进行换热的气液热交换器，它的作用是：（1）对于 R12、R134a 和 R502，通过回热提高制冷装置的制冷系数；（2）使得节流装置前制冷剂液体过冷以免汽化，保证正常节流；（3）使蒸发器出口制冷剂蒸气中夹带的液体汽化，以防止压缩机液击故障。对于大中型制冷装置多采用盘管式回热器；0.5～15kW 容量的制冷装置可采用套管式和绕管式。对于电冰箱等小型制冷装置，将供液管和吸气管绑在一起或并行焊接在一起，或将作为节流装置的毛细管同吸气管绑在一起，或者直接插入吸气管中，构成最简单的回热器。

盘管式回热器如图 4-29 所示。回热器外壳为钢制圆筒，内装铜制螺旋盘管。来自冷凝器的高压高温制冷剂液体在盘管内流动，而来自蒸发器的低压低温制冷剂蒸气则从盘管外部空间通过，使液体再冷却。

为了防止润滑油沉积在回热器的壳体内，制冷剂蒸气在回热器最窄截面上的流速取 8～10m/s；设计时，制冷剂液体在管内的流速可取 0.8～1.0m/s，这时回热器的传热系数约为 $240～300W/(m^2 \cdot K)$。

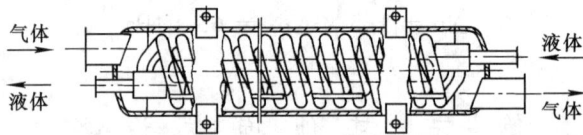

图 4-29　套管式回热器

三、中间冷却器

中间冷却器用于双级压缩制冷装置，它的结构随循环的形式而有所不同。

双级压缩氨制冷装置采用中间完全冷却，所以其中间冷却器用来同时冷却高压氨液及低压压缩机排出的氨气。氨中间冷却器结构见图 4-30。低压级压缩机排气经顶部的进气管直接通入氨液中，冷却后所蒸发的氨气由上侧接管流出，进入高压级压缩机的吸气侧。

用于冷却高压氨液的盘管置于中间冷却器的氨液中，其进出口一般经过下封头伸到壳外。进气管上部开有一个平衡孔，以防止中间冷却器内氨液在停机后压力升高时进入低压级压缩机排气管。氨中间冷却器中蒸气流速一般取 0.5m/s，盘管内的高压氨液流速取 0.4～0.7m/s，端部温差取 3～5℃，此时，传热系数为 600～700W/(m² · K)。

双级压缩氟利昂制冷装置采用中间不完全冷却，所以其中间冷却器只用来冷却高压制冷剂液体。氟利昂中间冷却器结构见图 4-31，其结构比氨中间冷却器简单。高压氟利昂液体由上部进入，在盘管内被冷却后由下部流出。另一支路高压氟利昂液体经节流后由右下方进入，蒸发的蒸气由左上方流出，其流量由热力膨胀阀来控制。氟利昂中间冷却器的传热系数约 350～400W/(m² · K)。

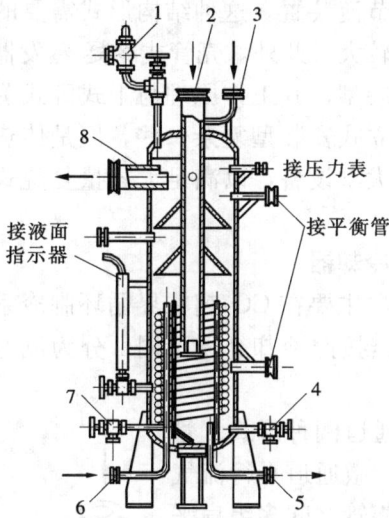

图 4-30 氨中间冷却器

1—安全阀；2—低压级排气进口管；3—中间压力氨液进口管；4—排液阀；5—高压氨液出口管；6—高压氨液进口管；7—放油阀；8—氨气出口管

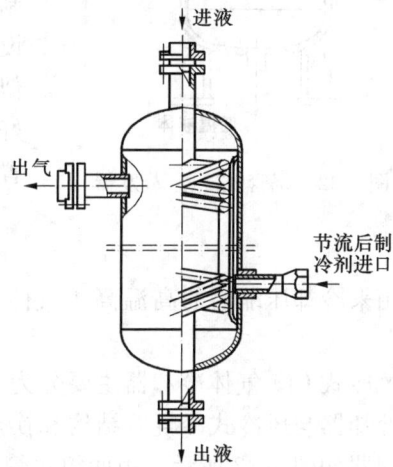

图 4-31 氟利昂中间冷却器

四、冷凝-蒸发器

冷凝-蒸发器用于复叠式制冷装置，它是利用高温级制冷剂制取的冷量，使低温级压缩机排出的气态制冷剂冷凝，既是高温级循环的蒸发器，又是低温级循环的冷凝器。常用的结构形式有套管式、绕管式和壳管式。

(一) 套管式

套管式冷凝-蒸发器与套管式冷凝器结构相似，它是将两个直径不同的管道套在一起后弯曲而成。一般高温级循环制冷剂在管间蒸发，低温级制冷剂蒸气在管内冷凝。这种蒸发-冷凝器结构简单，加工制作方便，但外形尺寸较大，当套管太长时，蒸发和冷凝两侧的流动阻力都较大，故它适用于小型复叠式制冷装置。

(二) 绕管式

绕管式冷凝-蒸发器的结构如图 4-32 所示，它是由一组多头的螺旋型盘管装在一个圆形的壳体内组成的。高温级制冷剂由上部供入，在管内蒸发，蒸气由下部导出；低温级制冷剂在管外冷凝。这种冷凝-蒸发器结构及制造工艺较其他形式复杂，但是它传热效果好，

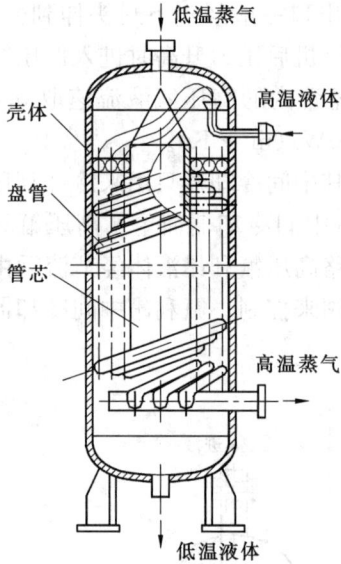

图 4-32　绕管式冷凝-蒸发器

制冷剂充注量较小。由于其壳体内容积较大，必要时还可以起到膨胀容器的作用。

（三）壳管式

壳管式冷凝-蒸发器在结构上是将直管管束设置在壳筒内，以取代螺旋盘管，其形式与壳管式冷凝器结构基本相同。它可以设计成立式安装型，高温级制冷剂液体从下部进入管内蒸发，蒸气由上部集管引出到高温级压缩机；低温级制冷剂蒸气由上封头的接管进入壳内，在管外冷凝成液体后由下封头的接管引出，进入低温级的节流装置。这种结构形式需要的高温级制冷剂充注量较大。此外，壳管式冷凝-蒸发器还可以设计成卧式安装型，其工作原理与干式卧式蒸发器相似，其结构较立式安装型复杂一些，但是传热效果较好，可以作成大型设备，以满足大容量复叠式制冷装置的需要。

五、气体冷却器

气体冷却器主要在 CO_2 超临界循环制冷系统中使用，用来冷却压缩后的高温高压气体。气体冷却器按照冷却介质不同，分为风冷式和水冷式。

风冷式 CO_2 气体冷却器主要分为管翅式和微通道两种形式。管翅式冷却器与风冷式冷凝器结构和换热特性相似。微通道平行流气体冷却器如图 4-33 所示。由两组集管和插在两组集管之间多组扁平微通道换热管组成，折叠翅片安装在扁平换热管之间。集管内装有隔板（如图 4-33 中虚线所示），制冷剂可以在两个集管中来回流动。微通道的形状可以采用三角形、方形、圆形和 H 形，CO_2 微通道冷却器多采用圆形。这种"双入口"集管的形式，可以减小集管质量，提高换热器的紧凑性。无论是耐压性能、结构尺寸还是换热性能，微通道气体冷却器都要优于管翅式气体冷却器。随着合理的流程布置、微通道数选择等方面的全面优化，加之微通道气体冷却器的制造工艺的进步及批量化加工的成本降低，微通道气体冷却器将成为未来研究和发展的主流方向。

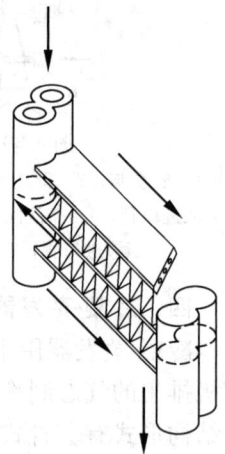

图 4-33　微通道平行流气体冷却器

水冷式气体冷却器主要用于 CO_2 超临界循环热泵热水器中，主要采用套管式。由于 CO_2 侧压力高，CO_2 在内管内流动，冷却水走内、外套管之间的环状断面。

思　考　题

1. 试描述冷凝器的传热过程，并分析风冷冷凝器和水冷冷凝器的最大热阻处于哪一侧？为了最有效地提高冷凝器换热能力，应该在换热管内侧还是外侧加肋？

2. 与风冷式冷凝器相比较，蒸发式冷凝器强化换热的机理是什么？使用蒸发式冷凝器应注意哪些问题?

3. 比较满液式蒸发器和干式蒸发器的优缺点,它们各适用于什么场合?

4. 氨制冷系统用满液式蒸发器是否可以直接用于氟利昂制冷系统? 如果不能,需要做哪些改动?

5. 在直接蒸发式空气冷却器设计中,管内制冷剂流速选取应考虑哪些因素? 应该如何确定制冷剂通路的分支数?

6. 直接蒸发式空气冷却器是空调热泵机组中最常用的蒸发器,试提出改善直接蒸发式空气冷却器传热能力的措施。

7. 与常规蒸气压缩式制冷系统的冷凝器相比,用于 CO_2 超临界制冷系统的气体冷却器有何特点? 传热过程有何不同?

练 习 题

1. 已知一 R134a 制冷系统的冷凝负荷为 16kW,采用风冷式冷凝器。已知:冷凝器进口干空气温度为 39℃,出风温度为 47℃,传热管为外径为 ϕ10mm、管壁厚 0.6mm 的紫铜管,采用正三角形错排设置,管间距为 25mm;肋片为平直套片(铝片),片厚 $\delta_f=$ 0.12mm,片宽 $L=44$mm。试设计该风冷式冷凝器。

2. 忽略管壁厚度,R22 水冷卧式壳管冷凝器和制取冷水的 R22 干式壳管蒸发器的换热管管径都从 10mm 减少到 6mm,假设管数、管长和传热量都对应不变,试分别计算两台换热器制冷剂侧的换热系数各增加了多少? 并分析这一计算结果说明了什么?

3. 已知制冷量为 128kW 的冷水机组,制冷剂为 R22,采用干式壳管蒸发器,冷水入口温度为 $t_1=14$℃,试选择确定出水温度和蒸发温度,并估算该蒸发器的传热面积(传热系数可在表 4-10 中查得)。

4. 有一将 15℃的水冷却至 7℃的蒸发器,制冷剂的蒸发温度为 5℃,经过一段时间使用后,其蒸发温度降低至 0℃才能保证出水温度为 7℃。请问蒸发器的传热系数降低了多少?

第五章　节流装置和辅助设备

前几章介绍了制冷装置的主要设备——压缩机、蒸发器和冷凝器。但是，为了实现连续制冷，还必须根据制冷剂的种类以及蒸发器的类型，设置节流装置（也称为节流机构）、辅助设备，用管道将其连接，组成制冷系统，并通过控制机构对制冷系统进行控制和管理。

第一节　节　流　装　置

节流装置是组成制冷系统的重要部件，被称为制冷系统四大部件之一，其作用为：

（1）对高压液态制冷剂进行节流降压，保证冷凝器与蒸发器之间的压力差，以使蒸发器中的液态制冷剂在要求的低压下吸热蒸发，从而达到制冷降温的目的；同时使冷凝器中的气态制冷剂，在给定的高压下放热冷凝。

（2）调节供入蒸发器的制冷剂流量，以适应蒸发器热负荷变化，从而避免因部分制冷剂在蒸发器中未及时蒸发汽化，而进入制冷压缩机，引起湿压缩甚至液击事故；或因供液不足，导致蒸发器的传热面积未充分利用，引起制冷压缩机的吸气压力降低、过热度增大，制冷能力下降。

由于节流装置有控制进入蒸发器制冷剂的流量功能，也称为流量控制机构；又由于高压液态制冷剂流经此部件后，节流降压膨胀为湿蒸气，故也称为节流阀或膨胀阀。常用的节流装置有手动膨胀阀、浮球式膨胀阀、热力膨胀阀、电子膨胀阀、毛细管和节流短管等。

一、手动膨胀阀

手动膨胀阀的构造与普通截止阀相似，只是阀芯为针形锥体或具有 V 形缺口的锥体，如图 5-1 所示。阀杆采用细牙螺纹，当旋转手轮时，可使阀门开度缓慢增大或减小，保证良好的调节性能。

由于手动膨胀阀要求管理人员根据蒸发器热负荷变化和其他因素的影响，利用手动方式不断地调整膨胀阀的开度，且全凭经验进行操作，管理麻烦，故目前手动膨胀阀大部分被其他节流装置取代，只是在氨制冷系统、试验装置或安装在旁路中作为备用节流装置情况下还有少量使用。

二、浮球式膨胀阀

满液式蒸发器要求液位保持一定高度，一般均采用浮球式膨胀阀。

根据液态制冷剂流动情况的不同，浮球式膨胀阀有直通式和非直通式两种，如图 5-2 和图 5-3 所示。这两种浮球式膨胀阀的工作原理都是依靠浮球室中的浮球因液面的降低或升高，控制阀门的开启或关闭。浮球室装在蒸发器一侧，上、下用平衡管与蒸发器相通，保证二者液面高度一致，以控制蒸发器的液面高度。

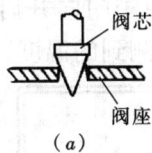

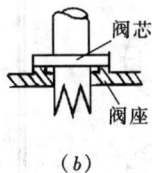

图 5-1 手动膨胀阀阀芯
(a) 针型阀芯；(b) 具有 V 形缺口的阀芯

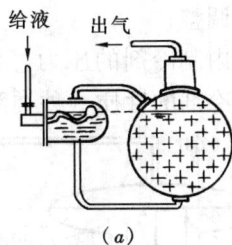

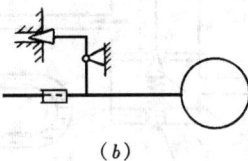

图 5-2 直通式浮球膨胀阀
(a) 安装示意图；(b) 工作原理图

　　这两种浮球式膨胀阀的区别在于：直通式浮球膨胀阀供给的液体是通过浮球室和下部液体平衡管流入蒸发器，其构造简单，但由于浮球室液面波动大，浮球传递给阀芯的冲击力也大，故容易损坏。而非直通式浮球膨胀阀阀门机构在浮球室外部，节流后的制冷剂不通过浮球室而直接流入蒸发器，因此浮球室液面稳定，但结构和安装要比直通式浮球膨胀阀复杂一些。目前非直通式浮球阀应用比较广泛。

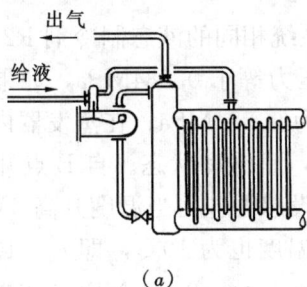

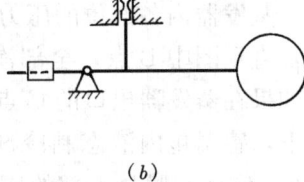

图 5-3 非直通式浮球膨胀阀
(a) 安装示意图；(b) 工作原理图

三、热力膨胀阀

　　热力膨胀阀是通过蒸发器出口气态制冷剂的过热度控制膨胀阀开度，故广泛地应用于非满液式蒸发器。

　　按照平衡方式的不同，热力膨胀阀可分内平衡式和外平衡式两种。

　　（一）内平衡式热力膨胀阀

　　图 5-4 是内平衡式热力膨胀阀的工作原理图。从图中可以看出，它由阀芯、阀座、弹性金属膜片、弹簧、感温包和调整螺钉等组成。以常用的同工质充液式热力膨胀阀为例进行分析，弹性金属膜片受三种力的作用：

　　p_1——阀后（蒸发器入口）制冷剂的压力，作用在膜片下部，使阀门向关闭方向移动；

　　p_2——弹簧作用力，也施加于膜片下方，使阀门向关闭方向移动，其作用力大小可

135

通过调整螺丝予以调整；

p_3——感温包内制冷剂的压力，作用在膜片上部，使阀门向开启方向移动，其大小取决于感温包内制冷剂的性质（种类和状态）和感温包检测到的温度。

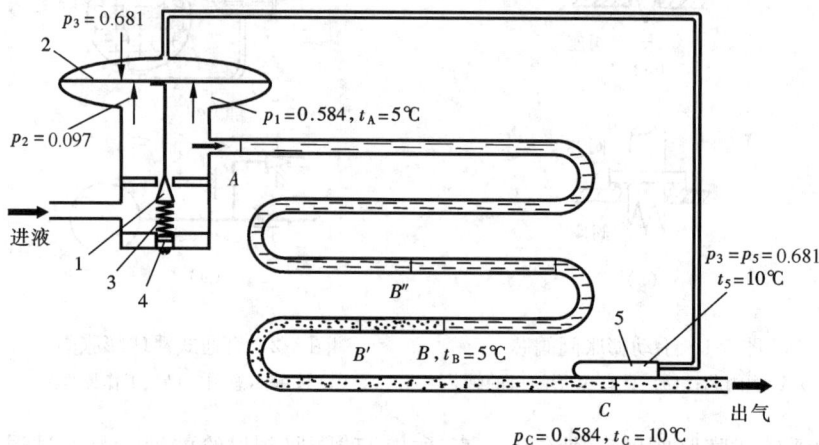

图 5-4　内平衡式热力膨胀阀的工作原理
1—阀芯；2—弹性金属膜片；3—弹簧；4—调整螺钉；5—感温包

对于任一运行工况，此三种作用力均会达到平衡，即 $p_1 + p_2 = p_3$，此时，膜片不动，阀芯位置不动，阀门开度一定。

如图 5-4 所示，感温包内定量充注与制冷系统相同的液态制冷剂 R22，若进入蒸发器的液态制冷剂的蒸发温度为 5℃，相应的饱和压力等于 0.584MPa，如果不考虑蒸发器内制冷剂的压力损失，蒸发器内各部位的压力均为 0.584MPa；在蒸发器内，液态制冷剂吸热沸腾，变成气态，直至图中 B 点，全部汽化，呈饱和状态。自 B 点开始制冷剂继续吸热，呈过热状态；如果在蒸发器出口的 C 点装设感温包，当温度升高 5℃ 即达到 10℃ 时，在达到热平衡条件下，感温包内液态制冷剂的温度也为 10℃，即 $t_5 = 10℃$，相应的饱和压力等于 0.681MPa，作用在膜片上部的压力 $p_3 = p_5 = 0.681MPa$。如果将弹簧作用力调整至相当膜片下部受到 0.097MPa 的压力，则 $p_1 + p_2 = p_3 = 0.681MPa$，膜片处于平衡位置，阀门稳定在一定开度的状态，保证蒸发器出口制冷剂的过热度为 5℃。

当外界条件发生变化使蒸发器的负荷减小时，蒸发器内液态制冷剂沸腾减弱，制冷剂达到饱和状态点的位置后移至 B′，此时感温包处的温度将低于 10℃，致使 $(p_1 + p_2) > p_3$，阀门稍微关小，制冷剂供应量有所减少，膜片达到另一平衡位置；由于阀门稍微关小，弹簧稍有放松，弹簧作用力稍有减少，蒸发器出口制冷剂的过热度将小于 5℃。反之，当外界条件改变使蒸发器的负荷增加时，蒸发器内液态制冷剂沸腾加强，制冷剂达到饱和状态点的位置前移至 B″，此时感温包处的温度将高于 10℃，致使 $(p_1 + p_2) < p_3$，阀门稍微开大，制冷剂流量增加，蒸发器出口制冷剂的过热度将大于 5℃。由此可知，热力膨胀阀可根据蒸发器出口的过热度（即感温包处的温度和蒸发器内压力对应的温度之差）控制其开度大小，以适应蒸发器的负荷大小。

然而，当蒸发盘管较细或相对较长，或者多根盘管共用一个热力膨胀阀通过分液器并联时，因制冷剂流动阻力较大，若仍使用内平衡式热力膨胀阀，将导致蒸发器出口制冷剂的过热度很大，蒸发器传热面积未被有效利用。若制冷剂在图 5-4 中蒸发器内的压力损失为 0.036MPa，则蒸发器出口制冷剂的蒸发压力等于 0.584−0.036＝0.548MPa，相应的饱和温度为 3℃，此时，蒸发器出口制冷剂的过热度则增加至 7℃；蒸发器内制冷剂的阻力损失越大，过热度增加得越大，这时就不应使用内平衡式热力膨胀阀。一般情况下，当 R22 蒸发器内压力损失达到表 5-1 规定的数值时，应采用外平衡式热力膨胀阀。

使用外平衡式热力膨胀阀的蒸发器阻力损失值（R22）　　　　表 5-1

蒸发温度（℃）	10	0	−10	−20	−30	−40	−50
阻力损失（kPa）	42	33	26	19	14	10	7

（二）外平衡式热力膨胀阀

图 5-5 为外平衡式热力膨胀阀工作原理图。从图中可以看出，外平衡式热力膨胀阀的构造与内平衡式热力膨胀阀基本相同，只是弹性金属膜片下部空间与膨胀阀出口不相通，而是通过一根小口径平衡管（可认为是压力信号管）与蒸发器出口相连，这样，膜片下部承受的是蒸发器出口制冷剂的压力，从而消除了蒸发器内制冷剂流动阻力的影响。仍以图 5-4 中相同的膨胀阀出口参数为例，进入蒸发器的液态制冷剂的蒸发温度为 5℃，相应的饱和压力等于 0.584MPa，蒸发器内制冷剂的压力损失为 0.036MPa，则蒸发器出口制冷剂的蒸发压力即 $p_1＝0.548$MPa（相应的饱和温度为 3℃），再加上相当于 5℃过热度的弹簧作用力 $p_2＝0.097$MPa，则 $p_3＝p_1＋p_2＝0.645$MPa，对应的饱和温度约为 8℃，膜片处于平衡位置，保证蒸发器出口气态制冷剂过热度基本上等于 5℃。

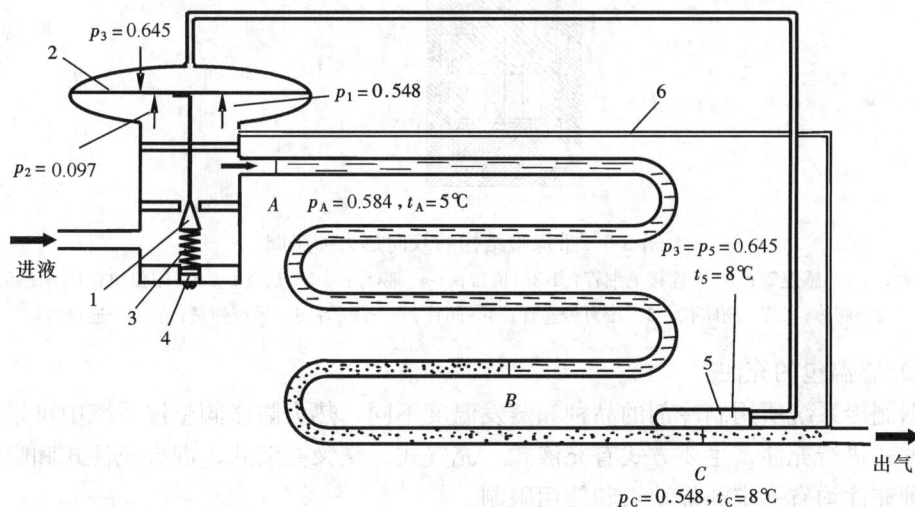

图 5-5　外平衡式热力膨胀阀
1—阀芯；2—弹性金属膜片；3—弹簧；4—调整螺钉；5—感温包；6—平衡管

现有各种热力膨胀阀，均是通过感温包感受蒸发器出口制冷剂温度变化来调节制冷剂流量的。当感温包发生泄漏故障时，膨胀阀将会关闭，供给蒸发器的制冷剂流量为零，导致系统无法工作。针对这一问题，一种带保险结构的双向热力膨胀阀被提出[46]，如图 5-6 所示。当感温包未发生泄漏时，其原理和外平衡式热力膨胀阀一样；当发生泄漏时，阀芯

5 与阀座孔 2-1 之间的节流通道关闭，限位块 1-6 及膜片 1-4 在通过压力传递管 3 传递的蒸发器出口制冷剂压力的作用下向上移动，并带动阀针 4 向上移，使阀芯 5 内的轴向通孔开启，成为节流通道，继续向蒸发器供液，保证系统继续工作。

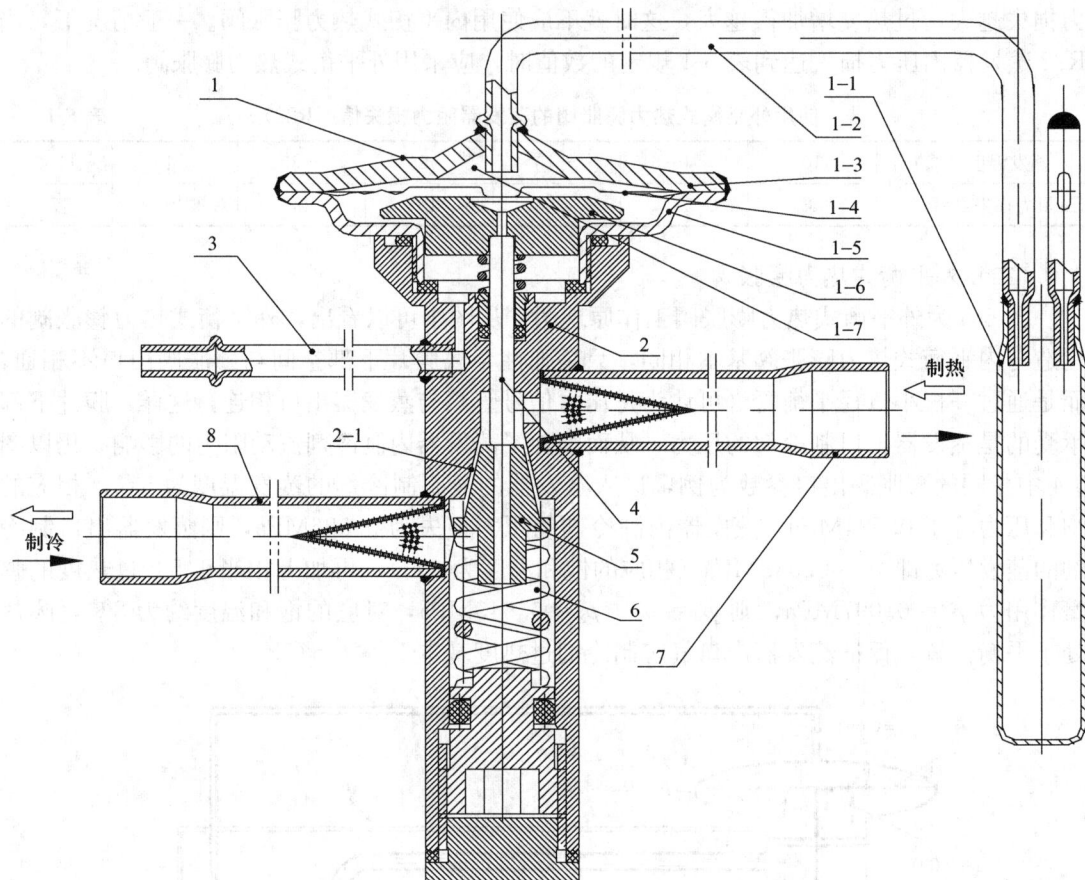

图 5-6　带保险结构的双向热力膨胀阀

1—膜盒；1-1—感温管；1-2—连接毛细管；1-3—顶盖；1-4—膜片；1-5—底盖；1-6—限位块；1-7—感温剂；
2—阀体；2-1—阀座孔；3—压力传递管；4—阀针；5—阀芯；6—平衡弹簧；7，8—连接管

（三）感温包的充注

根据制冷系统所用制冷剂的品种和蒸发温度不同，热力膨胀阀感温系统中可采用不同物质和方式进行充注，主要方式有充液式、充气式、交叉充液式、混合充注式和吸附充注式，各种充注均有一定的优缺点和使用限制。

1. 充液式热力膨胀阀

上面讨论的就是充液式热力膨胀阀，充注的液体数量应足够大，以保证任何温度下，感温包内均有液体存在，感温系统内的压力为所充注液体的饱和压力。

充液式热力膨胀阀的优点是阀门的工作不受膨胀阀和平衡毛细管所处环境温度的影响，即使温度低于感温包感受的温度，也能正常工作。但是，充液式热力膨胀阀可随蒸发温度的降低，过热度具有明显上升趋势，图 5-7 示出了 R22 充液式热力膨胀阀过热度的变化情况，图中下面曲线为 R22 的饱和压力—温度关系曲线，自然也是对应蒸发温度下作

用在膨胀阀金属膜片下部的压力 p_1，加上弹簧作用力 p_2（任何蒸发温度下弹簧作用力均取 $p_2=0.097MPa$），即为膨胀阀开启力 p_3 与蒸发温度的关系曲线（图中上面曲线）。从图中可以看出，当蒸发温度为5℃时，蒸发器出口制冷剂过热度为5℃（线段 ab）；当蒸发温度为-15℃与-40℃时，蒸发器出口制冷剂过热度分别为8℃（线段 cd）与15℃（线段 ef）。所以充液式热力膨胀阀蒸发温度适应范围较小。

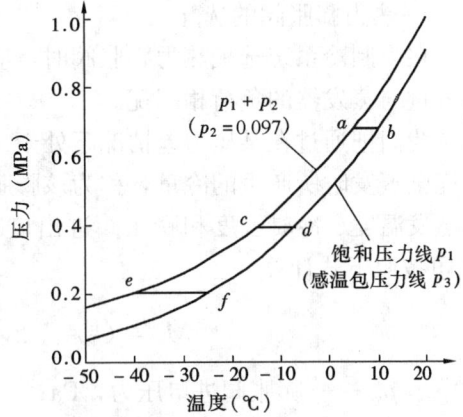

图 5-7 充液式热力膨胀阀的过热度

2. 充气式热力膨胀阀

充气式热力膨胀阀感温系统中充注的也是与制冷系统相同的制冷剂，但是，充注的液体量取决于热力膨胀阀工作时的最高蒸发温度，在该温度下，感温系统内所充注的液态制冷剂应全部汽化为气体，如图5-8。当感温包的温度低于 t_A 时，感温包内的压力与温度的关系为制冷剂的饱和特性曲线；当感温包的温度高于 t_A 时，感温包内的制冷剂呈气态，尽管温度增加很大，但压力却增加很少。因此，当制冷系统的蒸发温度超过最高限定温度 t_M 时，蒸发器出口气态制冷剂虽具有很大的过热度，但阀门基本不能开大。这样就可以控制对蒸发器的供液量，以免系统蒸发温度过高，导致制冷压缩机的电机过载。

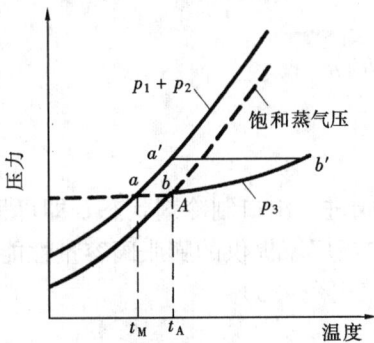

图 5-8 充气热力膨胀阀感
温包内制冷剂特性

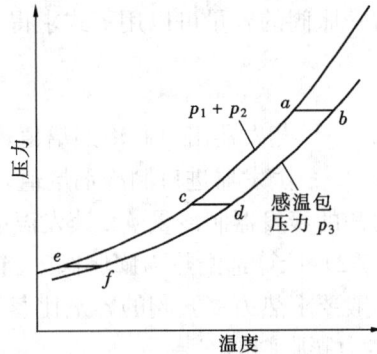

图 5-9 交叉充液式热力
膨胀阀的特性

3. 其他充注式热力膨胀阀

除上述两种充注方式以外，还有交叉充液式，即感温包内充注与制冷系统不同的制冷剂；混合充注式，即感温包内除了充注与制冷系统不同的制冷剂以外，还充注一定压力的不可凝气体；吸附充注式，即在感温包内装填吸附剂（如活性炭）和充注吸附性气体（如二氧化碳）。图5-9为交叉充液式热力膨胀阀的特性曲线，可以看出，不同蒸发温度情况下，均可以保持蒸发器出口制冷剂过热度几乎不变。采用不同充注方式的目的在于，使弹性金属膜片两侧的压力按两条不同的曲线变化，以改善热力膨胀阀的调节特性，扩大其适用温度范围。

（四）热力膨胀阀的选配和安装

1. 热力膨胀阀的选配

在为制冷系统选配热力膨胀阀时，应考虑到制冷剂种类和蒸发温度范围，且使膨胀阀的容量与蒸发器的负荷相匹配。

我们把通过在某压力差情况下处于一定开度的膨胀阀的制冷剂流量，在一定蒸发温度下完全蒸发时所产生的冷量，称为该膨胀阀在此压差和蒸发温度下的膨胀阀容量。在一定的蒸发温度、冷凝温度和膨胀阀进出口制冷剂温度的情况下，通过膨胀阀的制冷剂流量 M_r 可按照下式计算

$$M_r = C_D A_v \sqrt{2(p_{vi} - p_{vo})/v_{vi}} \qquad \text{kg/s} \qquad (5\text{-}1)$$

式中　p_{vi}——膨胀阀进口压力，Pa；

　　　p_{vo}——膨胀阀出口压力，Pa；

　　　v_{vi}——膨胀阀进口制冷剂比容，m^3/kg；

　　　A_v——膨胀阀的通道面积，m^2；

　　　C_D——流量系数；

$$C_D = 0.02005 \sqrt{\rho_{vi}} + 6.34 \cdot v_{vo}$$

　　　ρ_{vi}——膨胀阀进口制冷剂密度，kg/m^3；

　　　v_{vo}——膨胀阀出口制冷剂比容，m^3/kg。

热力膨胀阀的容量可以用下式求得：

$$\phi_0 = M_r(h_{eo} - h_{ei}) \qquad (5\text{-}2)$$

式中　　h_{eo}——蒸发器出口制冷剂焓值，kJ/kg；

　　　　h_{ei}——蒸发器进口制冷剂焓值，kJ/kg。

由已知的蒸发器制冷量 ϕ_0、蒸发温度以及膨胀阀进、出口制冷剂状态，即可采用公式(5-1)、(5-2)计算选配热力膨胀阀，当然也可以按照厂家提供的膨胀阀容量性能表选择，选配时一般要求热力膨胀阀的容量比蒸发器容量大 20%~30%。

2. 热力膨胀阀的安装

热力膨胀阀的安装位置应靠近蒸发器，阀体应垂直放置，不可倾斜，更不可颠倒安装。由于热力膨胀阀依靠感温包感受到的温度进行工作，且温度传感系统的灵敏度比较低，传递信号的时间滞后较大，易造成膨胀阀频繁启闭，供液量波动，因此感温包的安装非常重要。

（1）感温包的安装方法

正确的安装方法旨在改善感温包与吸气管中制冷剂的传热效果，以减小时间滞后，提高热力膨胀阀的工作稳定性。

通常将感温包缠绑在吸气管上，感温包紧贴管壁，包扎紧密；接触处应将氧化皮清除干净，必要时可涂一层防锈层。当吸气管外径小于 22mm 时，管周围温度的影响可以忽略，安装位置可以任意，一般包扎在吸气管上部；当吸气管外径大于 22mm 时，感温包安装处若有液态制冷剂或润滑油流动，水平管上、下侧温差可能较大，因此将感温包安装在吸气管水平轴线以下 45°之间（一般为 30°），如图 5-10 所示。为了防止感温包受外界温

度影响，故在扎好后，务必用不吸水绝热材料缠包。

（2）感温包的安装位置　感温包安装在蒸发器出口或压缩机的吸气管段上，并尽可能装在水平管段部分。但必须注意不得置于有积液、积油之处，如图 5-11 所示。为了防止因水平管积液、膨胀阀操作错误，蒸发器出口处吸气管需要抬高时，抬高处应设存液弯，否则，只得将感温包安装在立管上。当采用外平衡式热力膨胀阀时，外部平衡管一般连接在感温包后的压缩机吸气管上，连接口应位于吸气管顶部，以防被润滑油堵塞。

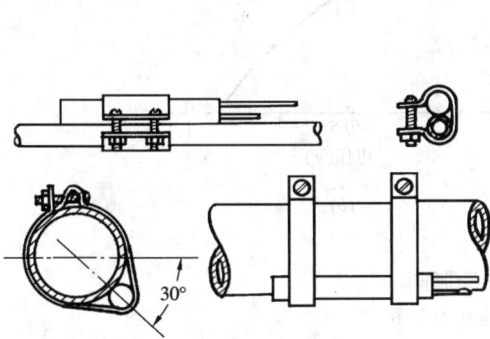

图 5-10　感温包的安装方法

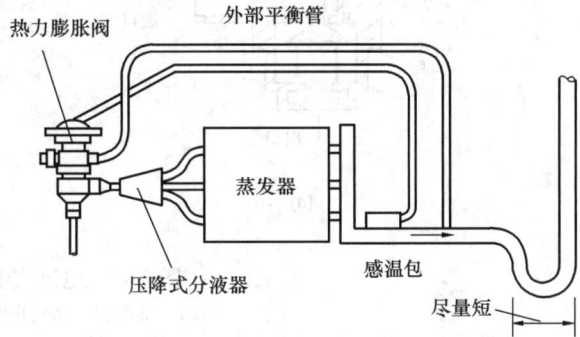

图 5-11　感温包的安装位置

四、电子膨胀阀

无级变容量制冷系统制冷剂供液量调节范围宽，要求调节反应快，传统的节流装置（如热力膨胀阀）难以良好胜任，而电子膨胀阀可以很好地满足要求。电子膨胀阀利用被调节参数产生的电信号，控制施加于膨胀阀上的电压或电流，进而达到调节供液量目的[47]。

按照驱动方式分，电子膨胀阀分为电磁式和电动式两类。

1. 电磁式电子膨胀阀

电磁式电子膨胀阀的结构如图 5-12（a）所示，它是依靠电磁线圈的磁力驱动针阀。电磁线圈通电前，针阀处于全开位置。通电后，受磁力作用，针阀的开度减小，开度减小的程度取决于施加在线圈上的控制电压。电压越高，开度越小（阀开度随控制电压的变化如图 5-12（b）所示），流经膨胀阀的制冷剂流量也越小。

电磁式电子膨胀阀的结构简单，动作响应快，但是在制冷系统工作时，需要一直提供控制电压。

2. 电动式电子膨胀阀

电动式电子膨胀阀是依靠步进电机驱动针阀，分直动型和减速型两种。

（1）直动型

直动型电动式电子膨胀阀的结构见图 5-13（a）。该膨胀阀是用脉冲步进电机直接驱动针阀。当控制电路的脉冲电压按照一定的逻辑关系作用到电机定子的各相线圈上时，永久磁铁制成的电机转子受磁力矩作用产生旋转运动，通过螺纹的传递，使针阀上升或下降，调节阀的流量。直动型电动式电子膨胀阀的工作特性见图 5-13（b）。

直动型电动式电子膨胀阀驱动针阀的力矩直接来自于定子线圈的磁力矩，限于电机尺寸，故力矩较小。

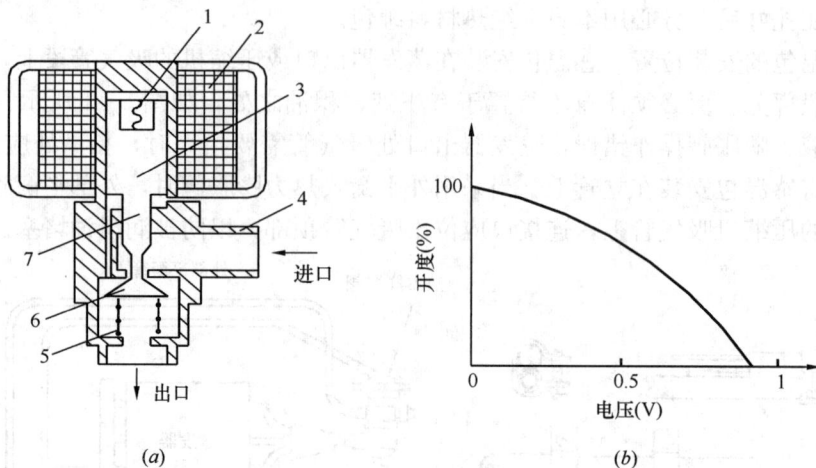

图 5-12 电磁式电子膨胀阀
(a) 结构图；(b) 开度-电压关系图
1—柱塞弹簧；2—线圈；3—柱塞；4—阀座；5—弹簧；6—针阀；7—阀杆

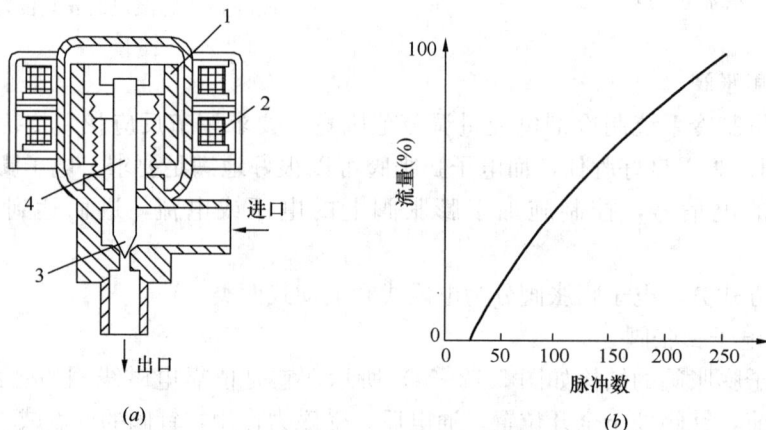

图 5-13 直动型电动式电子膨胀阀
(a) 结构图；(b) 流量-脉冲数关系图
1—转子；2—线圈；3—针阀；4—阀杆

（2）减速型

减速型电动式电子膨胀阀的结构见图 5-14 (a)。该膨胀阀内装有减速齿轮组。步进电机通过减速齿轮组将其磁力矩传递给针阀。减速齿轮组放大了磁力矩的作用，因而该步进电机易与不同规格的阀体配合，满足不同调节范围的需要。节流阀口径为 $\phi 1.6\,\mathrm{mm}$ 的减速型电动式电子膨胀阀工作特性见 5-14 (b)。

采用电子膨胀阀进行蒸发器出口制冷剂过热度调节，可以通过设置在蒸发器出口的温度传感器和压力传感器（有时也利用设置在蒸发器中部的温度传感器采集蒸发温度）来采集过热度信号，采用反馈调节来控制膨胀阀的开度；也可以采用前馈加反馈复合调节，消除因蒸发器管壁与传感器的热容造成的过热度控制滞后，改善系统调节品质，在很宽的蒸

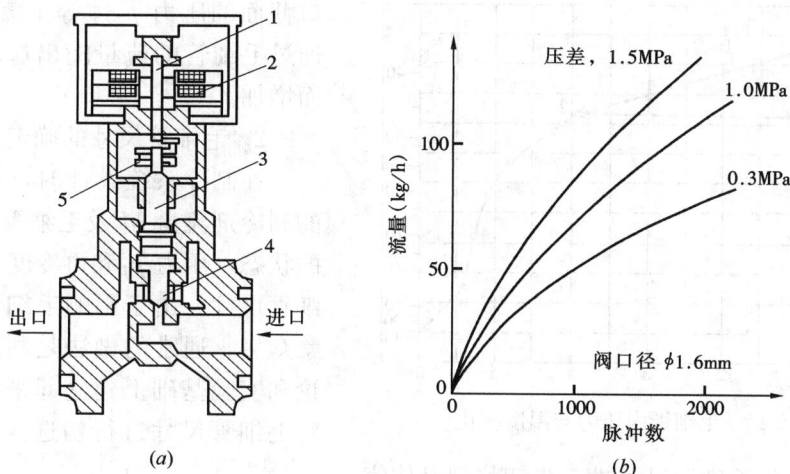

图 5-14 减速型电动式电子膨胀阀
(a) 结构图；(b) 流量-脉冲数关系图
1—转子；2—线圈；3—阀杆；4—针阀；5—减速齿轮组

发温度区域使过热度控制在目标范围内。除了蒸发器出口制冷剂过热度控制，通过指定的调节程序还可以将电子膨胀阀的控制功能扩展，如用于热泵机组除霜、压缩机排气温度控制等。此外，电子膨胀阀也可以根据制冷剂液位进行工作，所以除用于干式蒸发器外，还可用于满液式蒸发器。

五、毛细管

随着封闭式制冷压缩机和氟利昂制冷剂的出现，开始采用直径为 $0.7 \sim 2.5 \text{mm}$，长度为 $0.6 \sim 6\text{m}$ 的细长紫铜管代替膨胀阀，作为制冷循环流量控制与节流降压元件，这种细管被称为毛细管或减压膨胀管。毛细管已广泛用于小型全封闭式制冷装置，如家用冰箱、除湿机和房间空调器，当然，较大制冷量的机组也有采用。

1. 毛细管工作原理

毛细管是根据"液体比气体更容易通过"的原理工作的。当具有一定再冷度的液态制冷剂进入毛细管后，沿管长方向压力和温度的变化如图 5-15 所示。1→2 段为液相段，此段压力降不大，并且呈线性变化，同时，该段制冷剂的温度为定值。当制冷剂流至点 2，即压力降至相当于饱和压力后，管中开始出现气泡，直到毛细管末端，制冷剂由单相液态流动变为气-液两相流动，其温度相当于所处压力下的饱和温度；由于在该段饱和气体的百分比（干度）逐步增加，因此，压力降呈非线性变化，越接近毛细管末端，单位长度的压力降越大。

毛细管的供液能力主要取决于毛细管入口制冷剂的状态（压力 p_1 和温度 t_1）以及毛细管的几何尺寸（长度 L 和内径 d_i）。而蒸发压力 p_0，在通常工作条件下对供液能力的影响较小，这是因为蒸气在等截面毛细管内流动时，会出现临界流动现象；当毛细管后面的背压等于临界压力 p_{cr}，即 $p_0 = p_{cr}$，通过毛细管的流量达到最高；当毛细管后面的背压低于临界压力 p_{cr}，管出口截面的压力 p_2 等于临界压力 p_{cr}，通过毛细管的流量保持不变，其压力的进一步降低将在毛细管外进行；只有当毛细管出口的背压高于临界压力 p_{cr}，管出

143

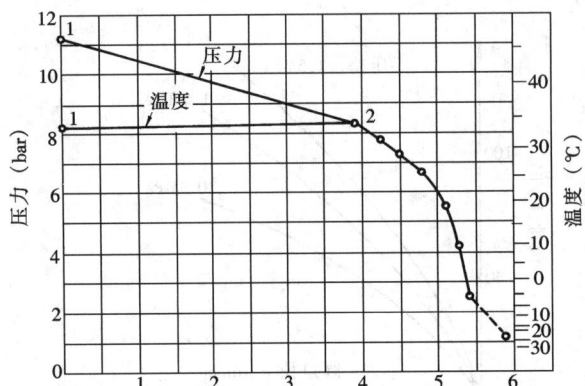

图 5-15 毛细管内压力与温度变化

口截面的压力 p_2 才等于蒸发压力 p_0，通过毛细管的流量随出口压力的降低而增加。

2. 毛细管尺寸的确定

在制冷系统设计时，需根据要求的制冷剂流量 M_r 及毛细管入口制冷剂的状态（压力 p_1 和再冷度 Δt）确定毛细管尺寸。由于影响毛细管流量的因素众多，通常的做法是利用在大量理论和实验基础上建立起来的计算图线对毛细管尺寸进行初选，然后通过装置运行实验，将毛细管尺寸进一步调整到最佳值。

首先根据毛细管入口制冷剂的状态（压力 p_1 或冷凝温度 t_k，再冷度 Δt）通过图 5-16 确定标准毛细管的流量 M_a，然后利用式（5-3）计算相对流量系数 Ψ，再根据 Ψ 查图 5-17 确定初选毛细管的长度和内径。当然也可以根据给定毛细管尺寸，确定它的流量初算值。

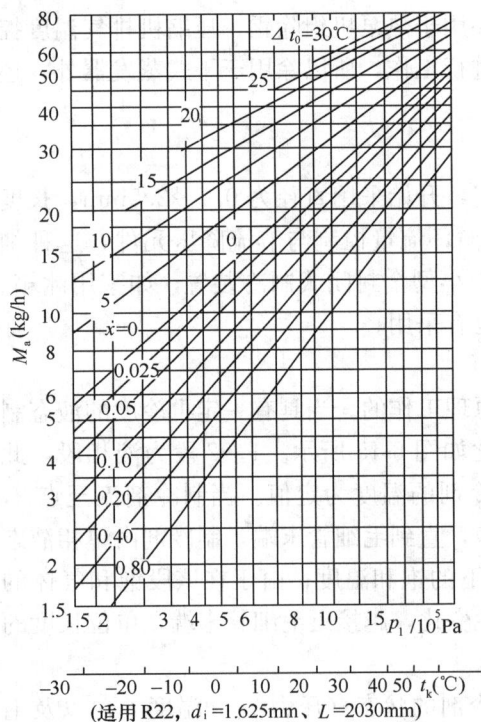

图 5-16 标准毛细管进口状态与流量关系图

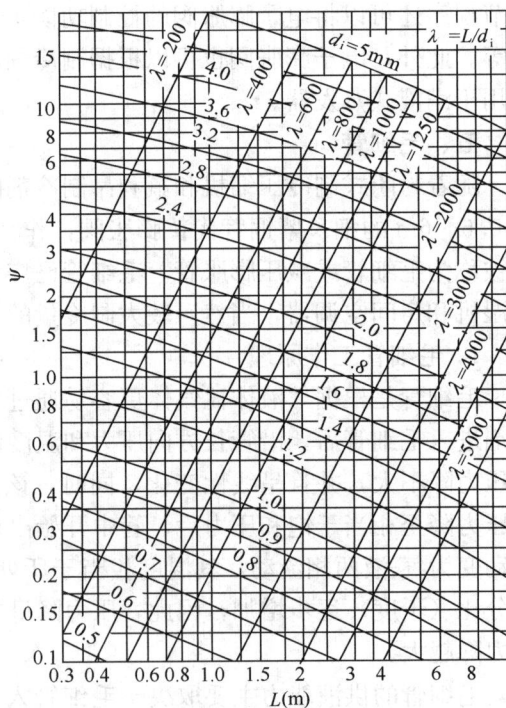

图 5-17 毛细管相对流量系数 Ψ 与几何尺寸关系图

$$\Psi = \frac{M_r}{M_a} \tag{5-3}$$

另外，毛细管的几何尺寸关系到供液能力，长度增加或内径减小，供液能力减小。据

有关试验介绍，在工况相同、流量相同条件下，毛细管的长度近似与其内径的 4.6 次方成正比，即

$$\frac{L_1}{L_2} = \left(\frac{d_{i1}}{d_{i2}}\right)^{4.6} \tag{5-4}$$

也就是说，若毛细管的内径比额定尺寸大 5%，为了保证供液能力不变，其长度应为原定长度的 1.25 倍，因此，毛细管内径的偏差影响显著。

毛细管的优点是结构简单，无运动部件，价格低廉；使用时，系统不装设贮液器，制冷剂充注量少，而且压缩机停止运转后，冷凝器与蒸发器内的压力可较快地自动达到平衡，减轻电动机的启动负荷。

毛细管的主要缺点是调节性能较差，供液量不能随工况变化而任意调节，因此，宜用于蒸发温度变化范围不大，负荷比较稳定的场合。

六、节流短管

节流短管是一种定截面节流孔口的节流装置，已被应用于部分汽车空调、少量冷水机组和热泵机组中。例如，应用于汽车空调中的节流短管通常是指长径比为 3~20 的细铜管段，将其安放在一根塑料套管内，在塑料套管上有一个或两个 O 形密封圈，铜管外面是滤网，结构如图 5-18 所示。来自冷凝器的制冷剂在 O 形密封圈的隔离下，只能通过细小的节流孔经过节流后进入蒸发器，滤网用于阻挡杂质进入铜管。采用节流短管的制冷系统需在蒸发器后面设置气液分离器，以防止压缩机发生湿压缩。短管的主要优点是价格低廉、制造简单、可靠性好、便于安装，取消了热力膨胀阀系统中用于判别制冷负荷大小所增加的感温包等，具有良好的互换性和自平衡能力。

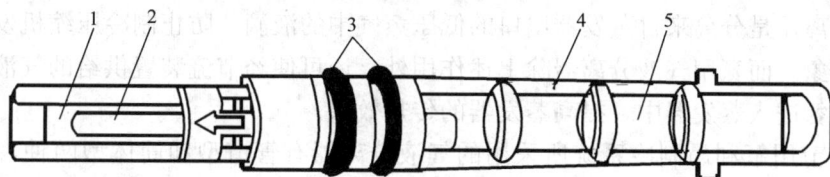

图 5-18 节流短管结构示意图
1—出口滤网；2—节流孔；3—密封圈；4—塑料外壳；5—进口滤网

第二节 辅 助 设 备

在蒸气压缩式制冷系统中，除必要的四大部件和再冷却器、回热器、中间冷却器和冷凝-蒸发器等其他换热设备外，还要有一些辅助设备，以实现制冷剂的储存、分离与净化，润滑油的分离与收集，安全保护等，以改善制冷系统的工作条件，保证正常运转，提高运行的经济性和可靠性。当然，为了简化系统，一些部件可以省略。

一、贮液器

贮液器在制冷系统中起稳定制冷剂流量的作用，并可用来存贮液态制冷剂。贮液器有卧式和立式两种，图 5-19 为氨用卧式贮液器示意图。筒体由钢板卷制焊成，贮液器上设有进液管、出液管（插至筒体中线以下）、安全阀、液位指示器等。

如图 5-20 所示，贮液器安装在冷凝器下面，储存高压液态制冷剂，故又称"高压贮液器"。对于小型制冷装置和采用干式蒸发器的氟利昂制冷系统，由于系统中充注的制冷剂很少，系统气密性较好，可以采用容积较小的贮液器，或者在采用卧式壳管冷凝器时利用冷凝器壳体下部的空间存储一定的制冷剂，不单独设置贮液器。

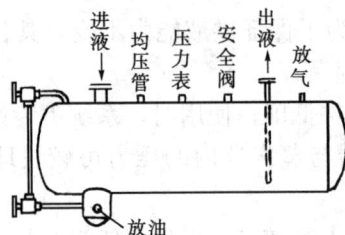

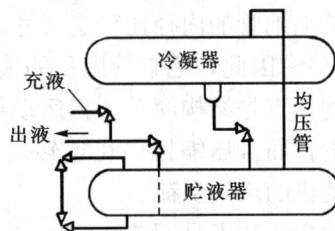

图 5-19　贮液器　　　　　　　　　　图 5-20　贮液器与冷凝器的连接

贮液器的容量一般应能容纳系统中的全部充液量，为了防止温度变化时因热膨胀造成危险，贮液器的储存量不应超过本身容积的 80%。

采用泵循环式蒸发器的制冷系统，需设置低压贮液器，低压液态制冷剂从其底部引出，经液泵增压送入蒸发器，蒸发后的气体与未蒸发的液体一同返回低压贮液器，因此，它也称为低压循环贮液器。低压贮液器除了起到气液分离作用外，还可防止液泵的气蚀。低压贮液器的存液量应不少于液泵小时循环量的 30%，其最大允许储存量为筒体容积的 70%。

二、气液分离器

气液分离器是分离来自蒸发器出口的低压蒸气中的液滴，防止制冷压缩机发生湿压缩甚至液击现象。而氨用气液分离器除上述作用外，还可使经节流装置供给的气液混合物分离，只让液氨进入蒸发器中，提高蒸发器的传热效果。

空气调节用氟利昂制冷系统所采用的气液分离器有管道型和筒体型两种，筒体型气液分离器见图 5-21。来自蒸发器的含液气态制冷剂，从上部进入，依靠气流速度的降低和方向的改变，将低压气态制冷剂携带的液或油滴分离；然后通过弯管底部具有油孔的吸气管，将稍具过热度的低压气态制冷剂及润滑油吸入压缩机；吸气管上部的小孔为平衡孔，防止在压缩机停机时分离器内的液态制冷剂和润滑油从油孔被压回压缩机。对于热泵式空调机，为了保证在融霜过程中压缩机的可靠运行，气液分离器是不可或缺的部件。

用于大中型氨制冷系统中的气液分离器有立式和卧式两种，图 5-22 为一种立式气液分离器，是个具有多个管接头的钢制筒体。来自蒸发器的氨气从筒体中部的进气管进入分离器，由于流体通道截面积突然扩大和流向改变，蒸气中夹带的液滴被分离出来，落入下部的氨液中；节流后的湿蒸气从筒体侧面下部进入分离器，液体落入下部，经底部出液管靠自身重力返回蒸发器或进入低压贮液器，而湿蒸气中的氨气则与来自蒸发器的蒸气一起被压缩机吸走。气液分离时氨气流动方向和氨液沉降方向相反，保证了分离效果。

选择气液分离器时，应保证筒体横截面的气流速度不超过 0.5m/s。

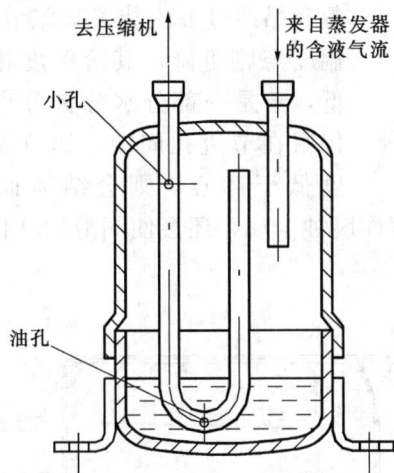

图 5-21 氟利昂用筒体型气液分离器

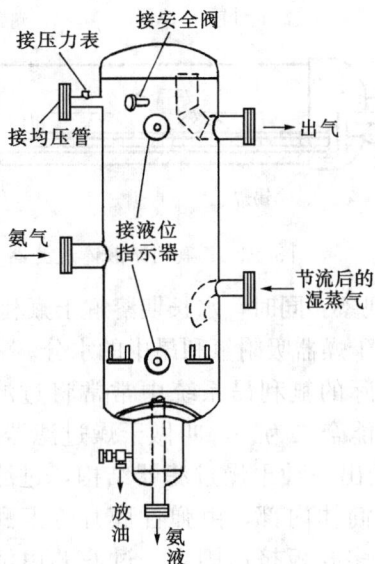

图 5-22 氨用立式气液分离器

三、过滤器和干燥器

1. 过滤器

过滤器是用来清除制冷剂蒸气和液体中的金属屑、油污等杂质。氨制冷系统中有氨液过滤器和氨气过滤器，它们的结构如图 5-23 所示。氨过滤器一般用 2~3 层 0.4mm 网孔的钢丝网制作。氨液过滤器一般设置在节流装置前的液氨管道上，氨液通过滤网的流速小于 0.1m/s；氨气过滤器一般安装在压缩机吸气管道上，氨气通过滤网的流速为 1~1.5m/s。

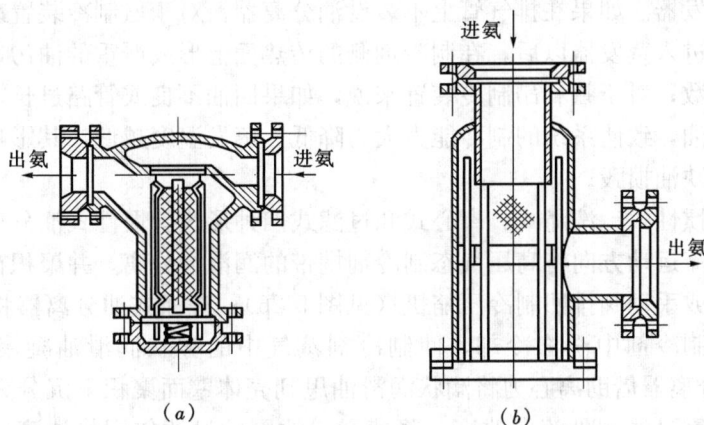

图 5-23 氨过滤器

(a) 氨液过滤器；(b) 氨气过滤器

图 5-24 为氟利昂液体过滤器。它是用一段无缝钢管作为壳体，壳体内装有 0.1~0.2mm 网孔的铜丝网，两端盖用螺纹与筒体连接并用锡焊焊牢。

2. 干燥器

如果制冷系统干燥不充分或制冷剂含有水分，则系统中会存在水分。水在氟利昂中的

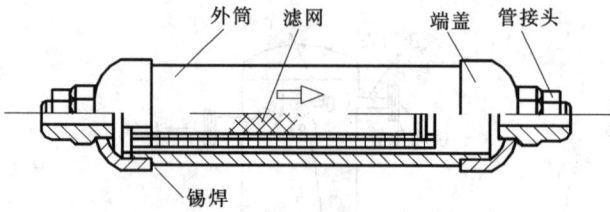

图 5-24　氟利昂液体过滤器

溶解度与温度有关，温度下降，水的溶解度减少，当含有水分的氟利昂通过节流装置膨胀节流时，温度急剧下降，其溶解度相对降低，于是一部分水分被分离出来停留在节流孔周围，如节流后温度低于冰点，则会结冰而出现"冰堵"现象。同时，水长期溶解于氟利昂中会分解而腐蚀金属，还会使润滑油乳化，因此需利用干燥器吸附氟利昂中的水分。

在实际的氟利昂系统中常常将过滤和干燥功能合二为一，叫做干燥过滤器。图 5-25 给出一种干燥过滤器结构，过滤芯设置在筒体内部，由弹性膜片、聚酯垫和波形多孔板挤压固定，过滤芯由活性氧化铝和分子筛烧结而成，可以有效地除去水分、有害酸和杂质。干燥过滤器应装在氟利昂制冷系统的节流装置前的液管上，或装在充注液态制冷剂的管道上。氟利昂通过干燥层的流速应小于 0.03m/s。

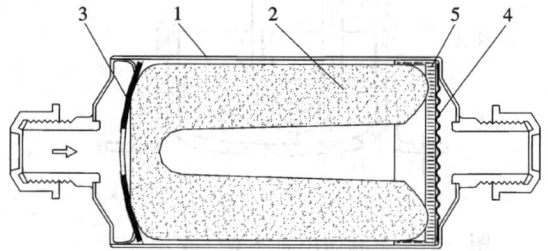

图 5-25　干燥过滤器
1—筒体；2—过滤芯；3—弹性膜片；4—波形多孔板；5—聚酯垫

四、油分离器

制冷压缩机工作时，总有少量滴状润滑油被高压气态制冷剂携带进入排气管，并可能进入冷凝器和蒸发器。如果在排气管上不装设油分离器，对于氨制冷装置来说，润滑油进入冷凝器，特别进入蒸发器以后，在制冷剂侧的传热面上形成严重的油污，降低冷凝器和蒸发器的传热系数；对于氟利昂制冷装置来说，如果回油不良或管路过长，蒸发器内可能积存较多的润滑油，致使系统的制冷能力大为降低；蒸发温度越低，其影响越大，严重时还会导致压缩机缺油损毁。

油分离器有惯性式、洗涤式、离心式和过滤式四种形式。惯性式油分离器依靠流速突然降低并改变气流运动方向将高压气态制冷剂携带的润滑油分离，并聚积在油分离器的底部，通过浮球阀或手动阀排回制冷压缩机（见图5-26）；洗涤式油分离器将高压过热制冷剂蒸气通入液态制冷剂中洗涤冷却，使制冷剂蒸气中的雾状润滑油凝聚分离（见图5-27）；离心式油分离器借助离心力将滴状润滑油甩到壳体壁面聚积下沉分离（见图5-28）；过滤式油分离器靠过滤网处流向改变、降速和过滤网的过滤作用将油滴分离出来（见图5-29）。

过滤式油分离器气流通过滤层的速度为 0.4～0.5m/s，其他形式的油分离器气流通过筒体的速度应不超过 0.8m/s。

五、集油器

由于氨制冷剂与润滑油不相溶，所以，在冷凝器、蒸发器和贮液器等设备的底部积存有润滑油，为了收集和放出积存的润滑油，应设置集油器。

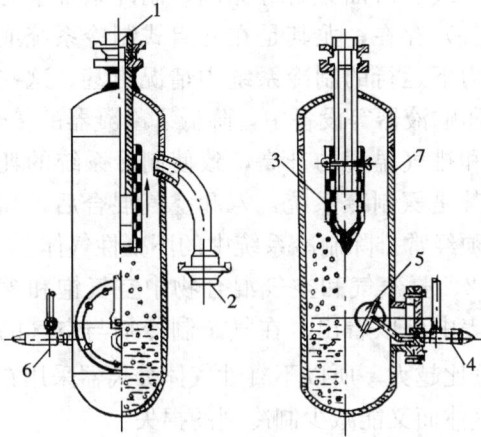

图 5-26 惯性式油分离器

1—进口；2—出口；3—滤网；4—手动阀；

5—浮球阀；6—回油阀；7—壳体

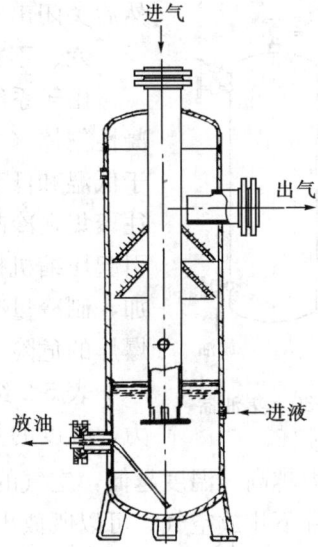

图 5-27 洗涤式油分离器

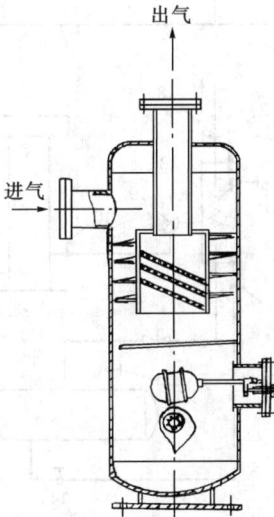

图 5-28 离心式油分离器

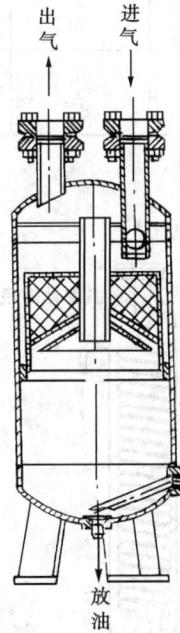

图 5-29 过滤式油分离器

集油器为钢板制成的筒状容器，其上设有进油管、放油管、出气管和压力表接管，如图 5-30 所示。出气管与压缩机的吸气管相连，放油时，首先开启出气阀，使集油器内压力降低至稍高于大气压；然后开启进油阀，将设备中积存的润滑油放至集油器。当润滑油达到集油器内容积的 60%～70% 时，关闭进油阀，再通过出气管使集油器内的压力降低，

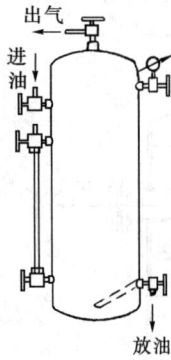

图 5-30　集油器

然后关闭出气阀，开启放油阀放出润滑油。

六、不凝性气体分离器

由于系统渗入空气或润滑油分解等原因，制冷系统中总会有不凝性气体（主要是空气）存在，尤其是在开启式制冷系统或经常处于低温和低于大气压力下运行的制冷系统中情况更甚。这些气体往往聚集在冷凝器、高压贮液器等设备中，降低了冷凝器的传热效果，引起压缩机排气压力和排气温度的升高，致使制冷系统的耗功率增加，制冷量减少。尤其是氨制冷系统，氨和空气混合后，高温下有爆炸的危险。因此必须经常排除制冷系统中的不凝性气体。

表 5-2 给出了 R22、氨蒸气和空气混合物中空气饱和含量与压力、温度的关系。由表中可以看出，在气态制冷剂与空气的混合物中，压力越高，温度越低，空气的质量百分比越大。所以不凝性气体分离器采用在高压和低温条件下排放空气，可以既放出不凝性气体而又能减少制冷剂的损失。

空气的饱和含量（质量百分比，%）　　　　　　表 5-2

压力 （bar）	温度 （℃）	空气饱和含量		压力 （bar）	温度 （℃）	空气饱和含量	
		R717	R22			R717	R22
12	20	41	10	8	20	8	0
	−20	90	55		−20	82	40
10	20	20	3	6	20	0	0
	−20	87	50		−20	76	30

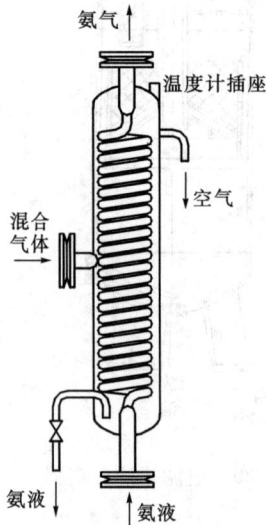

图 5-31　盘管式不凝性气体分离器

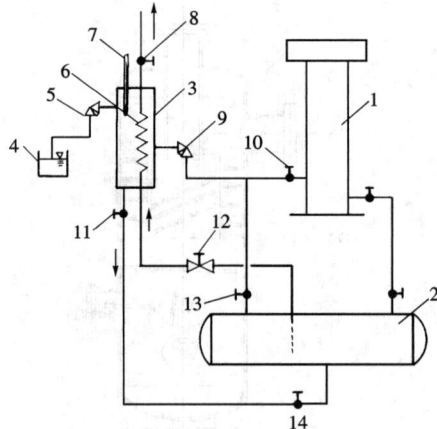

图 5-32　不凝性气体分离器工作原理
1—冷凝器；2—贮液器；3—不凝性气体分离器；4—玻璃容器；5—放空气阀；6—蒸发盘管；7—温度计；8—制冷剂蒸气排出阀；9、10、11、13、14—阀门；12—膨胀阀

在氨制冷系统中，常用的不凝性气体分离器有四层套管式和盘管式两种。图 5-31 示

出了盘管式不凝性气体分离器，它实际上是个冷却设备，分离器的圆形筒体为钢板卷焊制成，内装有冷却盘管。不凝性气体分离原理如图 5-32。放空气时，首先打开阀门 9、10、13，使冷凝器或贮液器上部积存的混合气体进入分离器的筒体中，再开启与压缩机吸气管道相连的出气阀 8，并稍微开启膨胀阀 12，使低压液体制冷剂进入蒸发盘管 6，以冷却管外的混合气体，使其温度降低、制冷剂冷凝析出，从而提高混合气体中空气的含量。被冷凝出来的制冷剂沉于分离器的底部，打开阀门 11、14，通过回液管流入贮液器，而不凝性气体则集聚在分离器的上部，通过放空气阀 5 放出。由于制冷剂在分离器的冷凝过程中为潜热交换，故温度不会显著变化；随着不凝性气体含量增多，分离器内的温度将显著降低，所以在分离器的顶部装有温度计 7，当温度明显低于冷凝压力下的制冷剂饱和温度时，说明其中存在较多的不凝性气体，应该放气。

对于空气调节用制冷系统，除了使用高温制冷剂（如 R11 或 R123）的离心式制冷系统外，系统工作压力高于大气压力，特别是采用氟利昂作为制冷剂时，不凝性气体难于分离（见表 5-2），再则经常使用全封闭或半封闭制冷压缩机，一般可不装设不凝性气体分离器。

七、安全装置

制冷系统中的压缩机、换热设备、管道、阀门等部件在不同压力下工作。由于操作不当或机器故障都有可能导致系统内压力异常，有可能引发事故。因此在制冷系统运转中，除了严格遵守操作规程，还必须有完善的安全设备加以保护。安全设备的自动预防故障能力越强，发生事故的可能性越小，所以完善的安全设备是非常必要的。常用的安全设备有安全阀、熔塞和紧急泄氨器等。

1. 安全阀

安全阀是指用弹簧或其他方法使其保持关闭的压力驱动阀，当压力超过设定值时，就会自动泄压。图 5-33 为微启式弹簧安全阀，当压力超过规定数值时，阀门自动开启。

安全阀通常在内部净容积大于 $0.28m^3$ 的容器中使用。安全阀可装在压缩机上，连通吸气管和排气管。当压缩机排气压力超过允许值时，阀门开启，使高低压两侧串通，保证压缩机的安全。通常规定吸、排气压力差超过 1.6MPa 时，应自动启跳（若为双级压缩机的低压机，吸、排气压力差为 0.6MPa）。安全阀的口径 D_g 可按下式计算：

$$D_g = c_1 \sqrt{V} \qquad mm \qquad (5-5)$$

式中　V——压缩机排气量，m^3/h；

　　　c_1——系数，见表 5-3。

安全阀也常安装在冷凝器、贮液器和蒸发器等容器上，其目的是防止环境温度过高（如火灾）时，容器内的压力超过允许值而发生爆炸。此时，安全阀的口径 D_g 可按下式计算：

$$D_g = c_2 \sqrt{DL} \qquad mm \qquad (5-6)$$

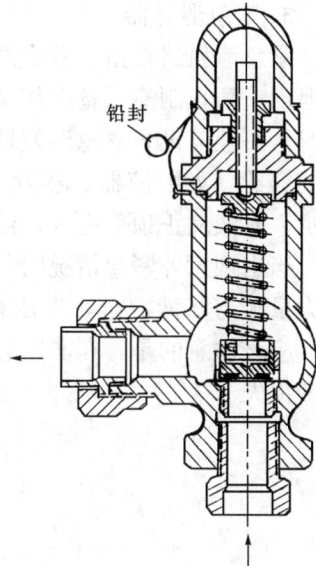

图 5-33　安全阀

铅封

式中　D——容器的直径，m；

　　　L——容器的长度，m；

　　　c_2——系数，见表5-3。

安全阀的计算系数　　　　　　　　　　　表 5-3

制冷剂	c_1	c_2		制冷剂	c_1	c_2	
		高压侧	低压侧			高压侧	低压侧
R22	1.6	8	11	R717	0.9	8	11

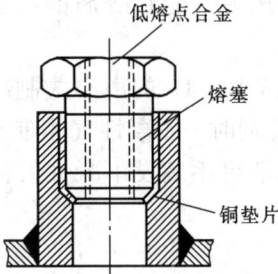

图 5-34　熔塞

2. 熔塞

熔塞是采用在预定温度下会熔化的构件来释放压力的一种安全装置，通常用于直径小于152mm，内部净容积小于$0.085m^3$的容器中。采用不可燃制冷剂（如氟利昂）时，对于小容量的制冷系统或者不满$1m^3$的压力容器可采用熔塞代替安全阀。图 5-34 为熔塞的结构示意图，其中低熔点合金的熔化温度一般在75℃以下，合金成分不同，熔化温度也不同，可以根据所要控制的压力选用不同成分的低熔点合金。一旦压力容器发生意外事故时，容器内压力骤然升高，温度也随之升高；而当温度升高到一定值时，熔塞中的低熔点合金即熔化，容器中的制冷剂排入大气，从而达到保护设备及人身安全的目的。需要强调的是，熔塞禁止用于可燃、易爆或有毒的制冷剂系统中。

3. 紧急泄氨器

紧急泄氨器是指在发生意外事故时，将整个系统中的氨液溶于水中泄出，防止制冷设备爆炸及氨液外逸的设备。制冷系统充注的氨较多时，一般需设置紧急泄氨器，它通过管路与制冷系统中存有大量氨液的容器（如贮液器、蒸发器）相连。紧急泄氨器的结构如图 5-35 所示，氨液从正顶部进入，给水从壳体上部侧面进入，其下部为泄水口。当出现意外紧急情况时，将给水管的进水阀与氨液泄出阀开启，使大量水与氨液混合，形成稀氨水，排入下水道，以防引起严重事故。应该注意的是，在非紧急情况下，严禁使用此设备，以避免造成氨的损失。

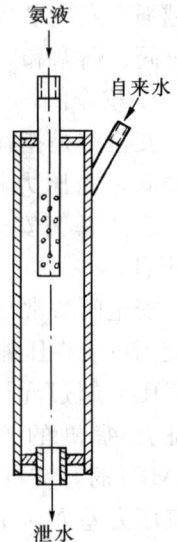

图 5-35　紧急泄氨器

第三节　控　制　机　构

在实际运行过程中，制冷装置的负荷总要发生变化，即使负荷一定，其外部条件也在不断发生变化，制冷量与负荷之间的不平衡是客观存在的，因此制冷系统的实际运行是一个动态过程。为使制冷装置能够在不同条件下安全、经济和可靠地运行，把外界变化引起的影响程度降至最小，需要对制冷系统进行控制，保持制冷剂压力和温度保持在一定值或者不超过要求极限；并且，制冷系统应能根据需要，对制冷剂流程进行通断控制和改变，因此多种控制机构得到广泛的应用[48]。

本节介绍制冷系统常用的控制机构，主要包括制冷剂压力调节阀、压力开关、温度开关和电磁阀。

一、制冷剂压力调节阀

制冷剂压力调节阀主要包括蒸发压力调节阀、压缩机吸气压力调节阀和冷凝压力调节阀。

（一）蒸发压力调节阀

外界负荷变化，系统供液量就会随之变化，会引起压力波动，这不仅影响被冷却对象的温控精度还会影响系统的稳定性。蒸发压力调节阀通常安装在蒸发器出口处，根据蒸发压力的高低自动调节阀门开度，控制从蒸发器中流出的制冷剂流量，以维持蒸发压力的恒定。

蒸发压力调节阀根据容量大小分为直动型和控制型两类。

直动型蒸发压力调节阀是一种受阀进口压力（蒸发压力）控制的比例型调节阀，如图 5-36 所示。

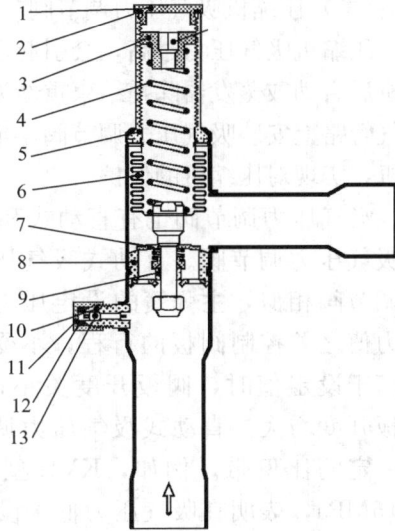

图 5-36　直动型蒸发压力调节阀结构图
1—密封帽；2—垫片；3—调节螺母；4—主弹簧；5—阀体；6—平衡波纹管；7—阀板；8—阀座；9—阻尼装置；10—压力表接头；11—盖帽；12—垫片；13—插入物

阀门开度与蒸发压力值和主弹簧设定压力值之差成正比，平衡波纹管有效面积与阀座面积相当，阀板的行程不受出口压力影响。当蒸发压力高于主弹簧的设定压力时，阀被打开，制冷剂流量增加，蒸发压力降低；当蒸发压力小于设定压力时，阀被逐渐关小，制冷剂流量减少，蒸发压力升高，实现对蒸发压力的调节控制。为防止制冷系统出现脉动现象，蒸发压力调节阀中装有阻尼装置，能够保证调节器长久使用，同时不削弱调节精度。

图 5-37 所示控制型蒸发压力调节阀是将定压导阀（控制阀）和主阀组合使用调节蒸发压力，一般用于需要准确调节蒸发压力的制冷系统中。图中，A 为导阀流口，p_e 是蒸发压力，p_c 是从系统

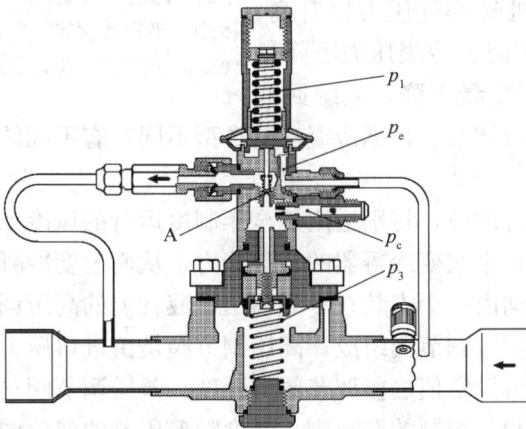

图 5-37　控制型蒸发压力调节器

高压侧引过来的压力，p_1 和 p_3 为弹簧力。通过调节弹簧压力 p_1 设定蒸发压力，使之与蒸发压力 p_e 平衡。当蒸发压力 p_e 降低时，弹簧力 p_1 大于蒸发压力 p_e，导阀流口关小，在主阀活塞上端形成高压 p_c，主阀将在 p_c 大于 p_3 时关闭，从而蒸发器中的压力将上升；反之，当蒸发压力 p_e 大于 p_1 时，导阀流口开大，压力 p_c 通过 A 卸掉，主阀活塞上方的压力降低，在 p_3 的作用下打开主阀，从而降低蒸发器中的压力。通过这样动态的变化，控制主阀的开度，实现制冷剂的流量控制，使得蒸发压力近似保持为设定值。

（二）压缩机吸气压力调节阀

压缩机吸气压力过高，会引起电机负荷过大，严重者会导致电机烧毁。尤其是在长期停机后启动或蒸发器除霜结束重新返回制冷运行时，吸气压力会很高。因此可在压缩机的吸气管路上安装吸气压力调节阀，也称为曲轴箱压力调节阀，避免因过高的吸气压力损坏电机，实现对压缩机的保护。

吸气压力调节阀也有直动式和控制式两种，图5-38为直动式吸气压力调节阀。直动式吸气压力调节阀工作原理和蒸发压力调节阀相似，主弹簧的设定压力值和作用在阀板下部的吸气压力值之差控制阀板的行程，不受进口压力的影响。当吸气压力高于设定值时，阀板开度关小；当吸气压力低于设定值时，阀板开度增大。直动式吸气压力调节阀也是比例型调节阀，存在一定的比例带。例如，KVL 型吸气压力调节阀的比例带为0.15MPa，表明在吸气压力低于设定压力的值在 0.15MPa 以内时，阀的开度与其压差成比例，当超过该比例带值时，阀将保持全开。

此种吸气压力调节阀一般用于低温制冷系统，使用时注意接管尺寸不宜选得太小，避免因入口处气流速度过快产生噪声。对于大、中型制冷设备，一般采用控制式吸气压力调节阀。

（三）冷凝压力调节阀

当负荷发生变化、冷却介质的温度和流量的变化都会引发冷凝压力的改变。冷凝压力升高，使得压缩机吸排气压力比升高，压缩机耗功增加，制冷量减小，系统 COP 下降；冷凝压力下降过低，会导致膨胀阀的供液动力不足，造成制冷量下降，系统回油困难等问题。因此有必要对系统冷凝压力进行调节。根据冷凝器的类型不同，有不同的冷凝压力调节方式。

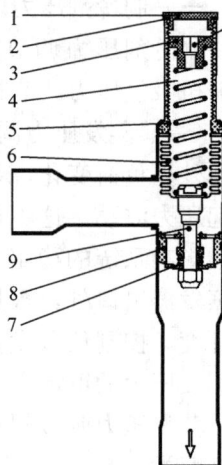

图 5-38　直动式压缩机吸气压力调节阀

1—密封帽；2—垫片；3—调节螺母；4—主弹簧；5—阀体；6—平衡波纹管；7—阀板；8—阀座；9—阻尼装置

风冷冷凝器一般通过冷凝压力调节器进行调节，特别适用于全年制冷运行的风冷系统中。其原理是通过改变冷凝器的有效传热面积来改变冷凝器的传热能力，从而改变冷凝压力，是一种有效的调节方法。冷凝压力调节阀由一个安装在冷凝器出口液管上的高压调节阀和跨接在压缩机出口与高压贮液器之间的差压调节阀组成，高压调节阀是由进口压力控制的比例型调节阀，通过进口压力和冷凝压力设定值之差调节阀的开度；差压调节阀是受阀前后压差（冷凝器和高压调节阀的压降之和）控制的调节阀，开度随着压差的变化同步变化，当压差减小到设定值时，阀门关闭。当冷凝压力过低时，高压调节阀关闭，压缩机排出的制冷剂在冷凝器中冷凝，冷凝器有效传热面积减少，压力逐渐升高，差压调节阀前后产生压差，阀门开启，压缩机排气直接进入贮液器顶部，贮液器内的压力升高，保证膨胀阀前压力稳定；当冷凝压力逐渐升高时，高压调节阀逐渐开启，差压调节阀由于压差逐渐减小而逐渐关闭。当温度升高到使得系统在冷凝压力设定值以上正常运行时，高压调节阀全开、差压调节阀全关，制冷剂走正常循环路径。

图 5-39～图 5-41 所示分别示出了高压调节阀、差压调节阀的结构和冷凝压力调节阀在制冷系统中的设置位置。

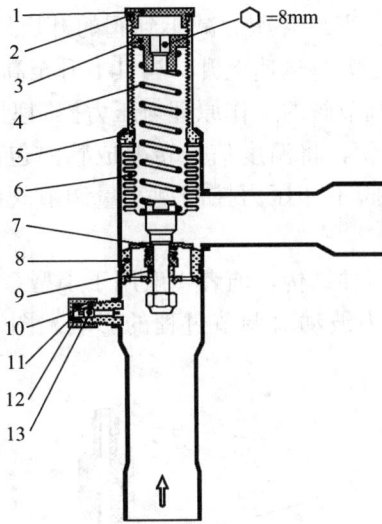

图 5-39 高压调节阀结构图

1—密封帽；2—垫片；3—调节螺母；4—主弹簧；

5—阀体；6—平衡波纹管；7—阀板；8—阀座；

9—阻尼装置；10—压力表接头；11—盖帽；

12—垫片；13—自封阀

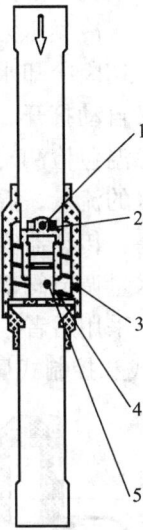

图 5-40 差压调节阀结构图

1—活塞；2—阀片；3—活塞导向器；

4—阀体；5—弹簧

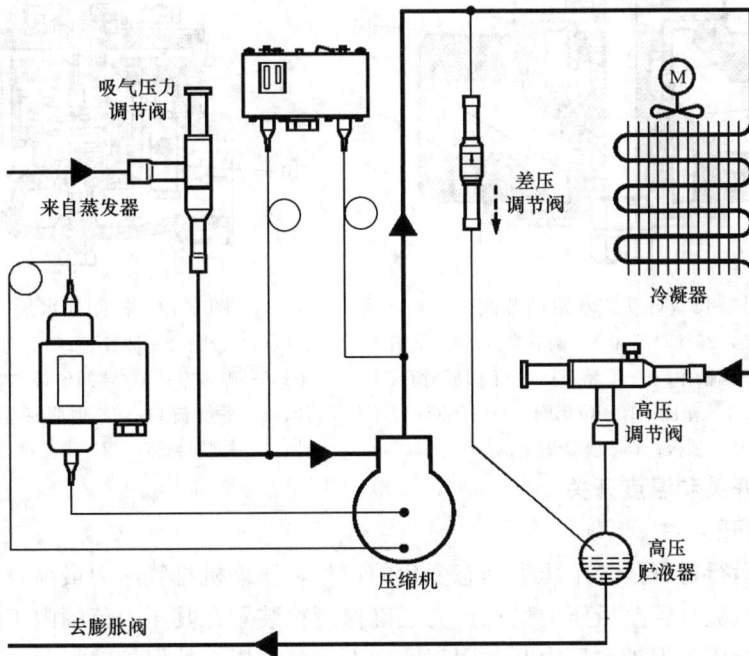

图 5-41 采用冷凝压力调节阀的制冷系统（局部）

　　水冷冷凝器一般通过调节冷却水流量的方法调节冷凝压力。安装在冷却水管上的水量调节阀，根据冷凝压力变化相应地改变其开度，实现冷凝压力调节。根据控制水量调节阀的参数不同，可以分为压力控制型和温度控制型。

压力控制型水量调节阀以冷凝压力为信号对冷却水的流量进行比例调节，冷凝压力越高，阀开度越大，冷凝压力越低，阀开度越小，当冷凝压力减小到阀的开启压力以下时，阀门自动关闭，切断冷却水的供应，此后冷凝压力将迅速上升，当其上升至高于阀的开启压力时，阀门又自动打开。温度控制型水流量调节阀的工作原理与压力控制型相同，所不同的是，它以感温包检测冷却水出口的温度变化，将温度信号转变成感温包内的压力信号，调节冷却水的流量。温度控制型水量调节阀不如压力控制型水量调节阀的动作响应快，但工作平稳，传感器安装简单、便捷。

上述两种水量调节阀都有直动式和控制式两种结构，前者一般用于小型系统；对于大型制冷系统，应采用后者，可以减小冷却水压力波动对调节过程的影响。图 5-42、图 5-43 分别为直动式和控制式压力控制水量调节阀。

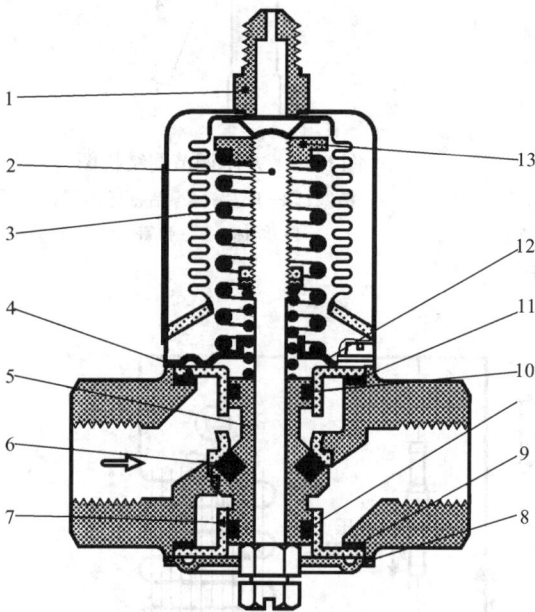

图 5-42 直动式水量调节阀

1—压力接头；2—调节杆；3—调节弹簧；4—上引导衬套；5—阀锥体；6—T 型环；7—下引导衬套；8—底板；9—垫圈；10—O 形圈；11—垫圈；12—顶板；13—弹簧固定器

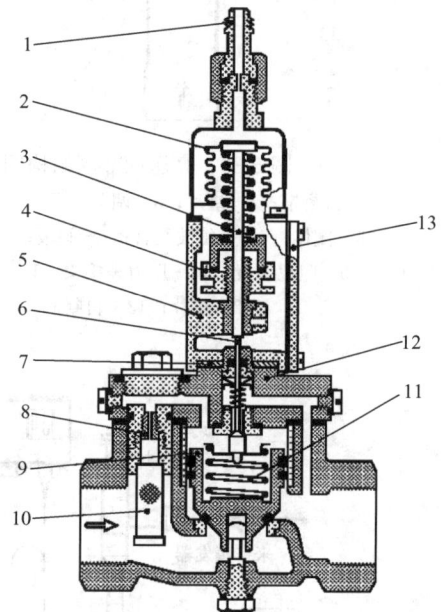

图 5-43 控制式水量调节阀

1—压力接头；2—波纹管；3—推杆；4—调节纳子；5—弹簧室；6—导阀锥体顶杆；7—绝缘垫片；8—平衡流口；9—伺服活塞；10—滤网组件；11—伺服弹簧；12—阀盖；13—端盖

二、压力开关和温度开关

（一）压力开关

制冷系统运行过程是一个压力动态变化的过程，压缩机排气压力最高，节流后压力降低，进入压缩机吸气管路后压力最低。为了确保制冷装置在其压力范围内工作，避免发生事故，需要进行压力保护，压力开关用于实现上述各个压力的保护[49]。

压力开关是一种受压力信号控制的电器开关，当吸排气压力发生变化，超出其正常的工作压力范围时，切断电源，强制压缩机停机，以保护压缩机。压力开关又称为压力控制器或压力继电器，根据控制压力的高低，有低压开关、高压开关、高低压开关等。对于采用油泵强制供油的压缩机，还需设置油压差开关。

1. 低压开关

如果压缩机的吸气压力过低，不仅会造成压缩机功耗加大，效率降低，而且对于食品冷冻冷藏会导致被冷却物的温度无谓地降低，增加食品的干耗，使食品品质下降。如果低压侧压力低于大气压力，还会导致空气、水分渗入制冷系统。因此，必须将压缩机的吸气压力控制在一安全值以上。

低压开关用于压缩机的吸气压力保护，当压力降到设定值下限时，切断电路，使压缩机停车，并报警；当压力升到设定值上限时，接通电路，系统重新运行。图5-44所示为低压开关的结构图，其原理图见图5-45。当系统中压力减小至设定值以下时，波纹管克服主弹簧的弹簧力推动主梁，带动微动开关移动，使触点1、4分开，而1、2闭合，如图5-45（a）中的状态，这时压缩机的电源

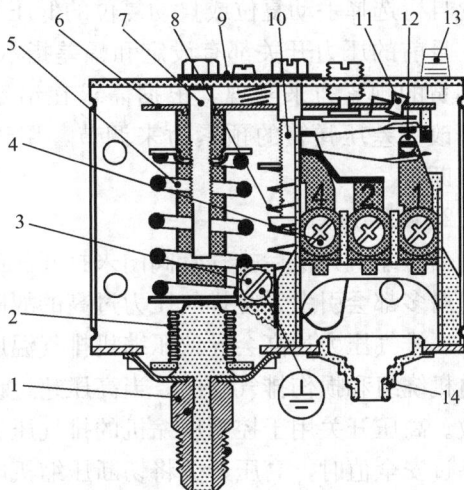

图 5-44 低压开关结构图

1—压力连接件；2—波纹管；3—接地端；4—接线端子；5—主弹簧；6—主梁；7—压力调整杆；8—差压弹簧；9—固定盘；10—差压调整杆；11—翻转器；12—旋钮；13—复位按钮；14—电线接口

将被切断，压缩机停止工作。当压力恢复至正常范围时，低压开关处于图5-45（b）中的状态，1、4触电闭合，接通电源，系统恢复正常运行。

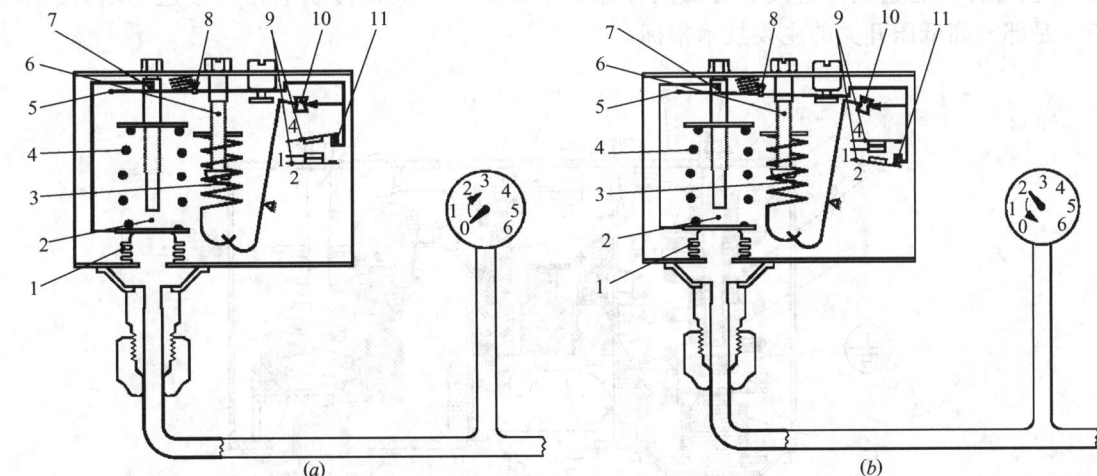

图 5-45 压力开关原理示意图

（a）保护状态；（b）正常状态

1—波纹管；2—顶杆；3—差压弹簧；4—主弹簧；5—主梁；6—差压调整杆；7—低压调整杆；8—杠杆；9—触点系统；10—翻转器；11—支撑架

图5-44所示的压力开关带有手动复位按钮。当压力恢复正常时，为保护系统，触点并不自动跳回，需在排除故障后再手动按一下复位按钮以使触点回到正常位置。也有把压力开关设计成自动复位的，这种情况下不需要人工干预即可自动复位。实际使用时可根据

情况自行选择手动复位或自动复位的低压开关。

目前的压力开关都有设定和幅差指示。压力开关的设定值可以通过压力调节杆改变主弹簧的预紧力来实现，根据需求在给定压力范围内进行调节。幅差可以通过差压调整杆改变差压弹簧的预紧力来调节，用于防止当被控压力在设定值附近时压力开关频繁通断。

2. 高压开关

当压缩机开机后排气管阀门未打开、制冷剂充注量过多、冷凝器风扇故障、不凝气体含量增多都会引发系统排气压力过高的故障，而排气压力过高是制冷系统中最危险的故障之一。排气压力过高会导致压缩机排气温度超高，致使润滑油和制冷剂损坏，还有可能烧毁电机绕组和损伤排气阀门。当高压超过设备的承受极限时，还可能发生爆炸，造成安全事故。高压开关用于控制压缩机的排气压力，使其不高于设定的安全值。当压缩机排气压力超过安全值时，高压开关将切断压缩机电源，使其停止工作，并报警。

高压开关与低压开关的结构和原理相同，只是波纹管和弹簧的规格略有不同，此处不再赘述。值得注意的是，高压开关跳开后，即使压力恢复到正常压力范围内，也不能自动接通压缩机电源，必须人为排除故障后，进行手动复位。

3. 高低压开关

高低压开关也称为双压开关，是高压开关和低压开关的组合体，如图 5-46 所示。它由低压部分、高压部分和接线部分组成，用于同时控制制冷系统中压缩机的吸气压力和排气压力。高、低压接头分别与压缩机的排气管和吸气管相连接，压力连接件接受压力信号后产生位移，通过顶杆直接和弹簧力作用，推动微动开关，控制电路的接通与断开。表5-4 是部分高低压开关的主要技术指标。

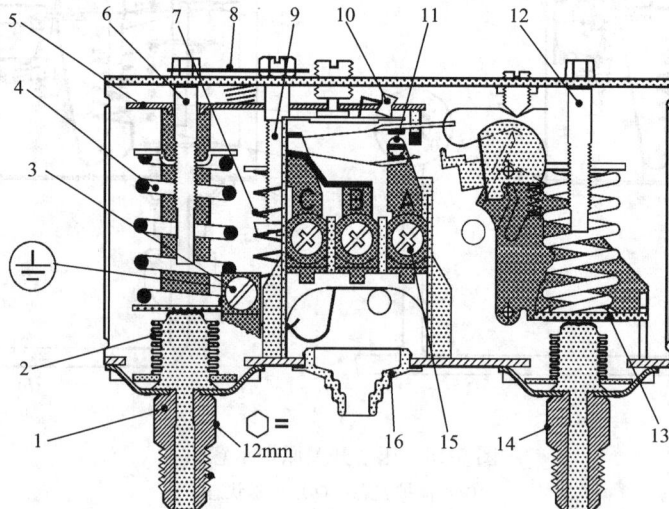

图 5-46 高低压开关结构图

1—低压连接件；2—波纹管；3—接地端；4—主弹簧；5—主梁；6—低压调整杆；7—差压弹簧；8—固定盘；9—差压调整杆；10—翻转器；11—旋钮；12—高压调整杆；13—支撑架；14—高压连接件；15—接线端子；16—电线接口

几种高低压开关的技术指标　　　　　　　　　　　　表 5-4

型号	高压（MPa）		低压（MPa）		开关触点容量	适用工质
	压力范围	幅差	压力范围	幅差		
KD155-S	0.6～1.5	0.3±0.1	0.07～0.35	0.05±0.1	AC 220/380，300VA	R12
KD255-S	0.7～2.0			0.15±0.1	DC 115/230V，50W	R22，R717
YK-306	0.6～3.0	0.2～0.5	0.07～0.6	0.06～0.2	DC 115/230V，50W	R12
YWK-11	0.6～2.0	0.1～0.4	0.08～0.4	0.025～0.1		
KP-15	0.6～3.2	0.4	0.07～0.75	0.07～0.4		R12，R22，R500

4. 油压差开关

采用油泵强制供油的压缩机，如果油压不足，就不能保证油路正常循环，严重时会烧毁压缩机，因此在该系统设置油压差开关进行保护。油压差开关如图 5-47 所示。在系统发生故障，油泵无法正常供油，不能建立油压差，或者油压差不足时，油压保护开关切断压缩机电源并报警。考虑到油压差总是在压缩机开机后逐渐建立起来的，所以因欠压令压缩机停机的动作必须延时执行，这样，压缩机开机前未建立起油压差也不会影响压缩机启动，这是油压差开关和一般压力开关不同之处。

（二）温度开关

温度开关又称为温度继电器或温度控制器，是一种受温度信号控制的电器开关，可以用于控制和调节冷库、冰箱等设备的冷藏温度，以及采用空调器房间的室内温度，也可以用于制冷系统的温度保护和温度检测，如压缩机的排气温度、油温等。根据感温原理的不同，制冷空调中常见的温度开关可以分为压力式、双金属式、电阻式和电子式。

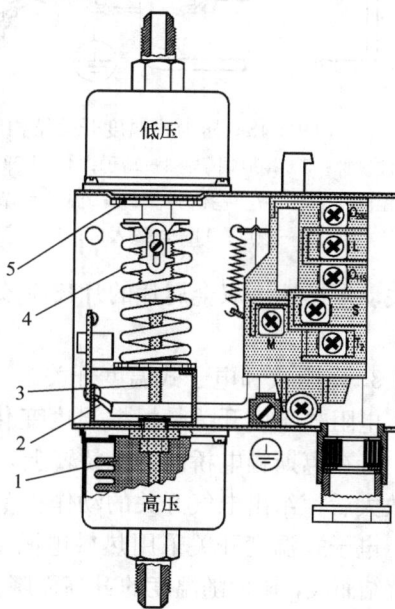

图 5-47　油压差开关
1—高压波纹管；2—杠杆；3—顶杆；
4—主弹簧；5—压差设置机构

1. 压力式温度开关

压力式温度开关主要由感温包、毛细管、波纹管、主弹簧、幅差弹簧、触点等部件组成。感温包、毛细管与波纹管组成一个密封容器，内充低沸点的液体。感温包感受被测介质温度后，利用其中充注的挥发性液体将温度信号转变成压力信号，经由毛细管作用在波纹管上，与由弹簧预紧力对应的设定压力进行比较，在幅差范围内给出电气通断信号，通过拨臂控制开关，实现温度控制的目的。

图 5-48 为一典型的压力式温度开关，和压力开关不同的是：压力开关是直接将被控压力信号引到波纹管上，而压力式温度开关则是通过感温包感知被控温度并将温度信号转化为压力信号，再送至波纹管上。

在选用压力式温度开关时需要注意它是否符合控制对象的特点和需求。要考虑控制温度范围、幅差、温包形状，还要考虑电气性能方面的容量、接点方式等；安装时感温包必

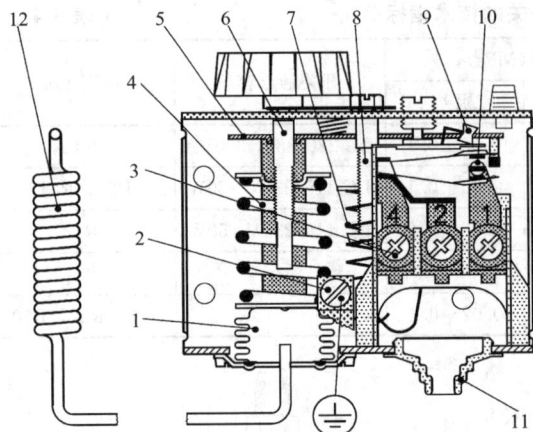

图 5-48 压力式温度开关结构图

1—波纹管；2—接地端子；3—端子；4—主弹簧；5—主梁
6—温度调节杆；7—差值弹簧；8—温差调节杆；9—翻转
器；10—触点；11—电缆入口；12—感温探头

须始终放置在温度比控制器壳体的毛细管低的地方保证温度开关的调节不受环境温度的影响，还要根据充注方式顾及感温包和波纹管所处环境温度之间的相互关系。另外也可以将两个控制不同温度的温度开关组合在一起，称为双温开关，用于防止压缩机的排气温度过高和控制压缩机中的油温。

2. 双金属式温度开关

金属都有热胀冷缩的特性，不同的金属随温度变化具有不同膨胀系数。双金属式温度开关就是将两种膨胀系数不同的金属焊接成双层金属片，受热时，因膨胀量不同而产生弯曲，使电气开关动作，实现温控，通常选用黄铜与钢的组合。为了使开关动作迅速，双金属片的片长应该足够大，较长时可以绕成盘簧形或螺旋形以实现结构紧凑。

3. 电阻式和电子式温度开关

电阻式温度开关是根据温度变化会引起金属电阻值变化的原理，将其作为温度传感器，接在惠斯顿电桥的一个桥臂上，将温度信号转变成传感电路的电压变化，经过电子线路放大后，给出电气开关的动作指令，可以实现双位控制和三位控制。

电子式温度开关采用热敏电阻或者热电偶作为感温元件。热敏电阻由 Mn、Ni、Co 等烧结而成，阻值随温度的升高而降低或升高，反应灵敏；热电偶是利用塞贝克（Seebeck）效应将温度转变为电势差，测量精度较高。

电阻式和电子式温度开关体积小，性能稳定，反应灵敏，和双金属式温度开关和压力式温度开关相比具有很大的优势，目前广泛应用在房间温度控制、压缩机启停控制、风机启停控制、除霜控制等过程中。

三、电磁阀

电磁阀是制冷系统中常见的开关式自动控制元件，它是受电气信号控制而进行开关动作的自控阀门，用于自动接通和切断制冷管路，广泛应用于制冷机系统中，属于流量控制元件的一种。它能适应各种介质，包括制冷剂气体、制冷剂液体、空气、水、润滑油等。

按照工作状态的不同，电磁阀可以分为常开型（通电关型）和常闭型（通电开型）两类。按照结构与工作原理的不同，电磁阀可以分为直接作用式和间接作用式两种。

（一）直接作用式电磁阀

直接作用式又称为直动式电磁阀（图 5-49），主要由阀体、电磁线圈、衔铁和阀板组成，直接由电磁力驱动，通常电磁阀口径在 3mm 以下的使用这种类型。

线圈通电后产生磁场，衔铁在磁场力作用下提起，带动阀板离开阀座，开启阀门；切断电流，电磁力消失，衔铁在重力、弹簧力作用下自动下落，压在阀座上，关闭阀门，切断供液通道。

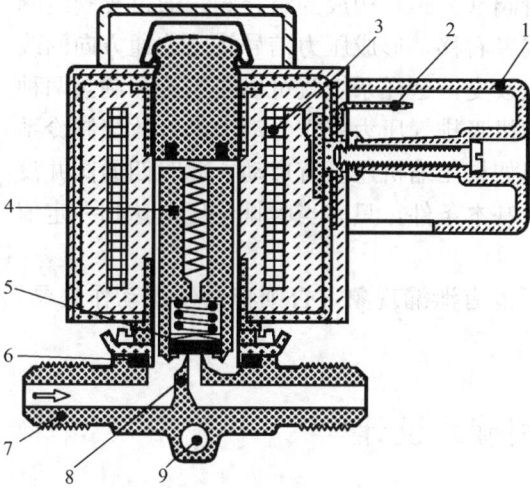

图 5-49　直接作用式电磁阀

1—接线盒；2—DIN 插头；3—线圈；

4—衔铁；5—阀板；6—垫片；7—阀体；

8—阀座；9—安装孔

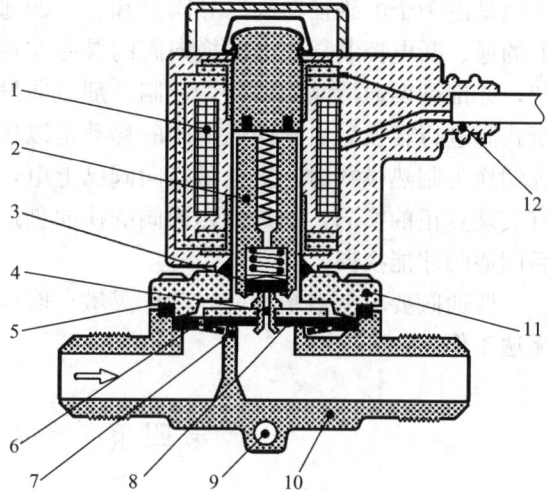

图 5-50　间接作用式电磁阀（膜片式）

1—线圈；2—衔铁；3—主阀芯；4—导阀阀芯；

5—垫片；6—平衡孔；7—阀座；8—膜片；

9—安装孔；10—阀体；11—阀盖；12—接头

直动式电磁阀动作灵敏，可以在真空、负压、阀前后压差为零的情况下工作；当进、出口压差较大时，会使得电磁阀开启困难，不能快速动作，因此直动式电磁阀仅适用于小型制冷系统。需要注意的是，如果电磁阀出口压力高于进口压力，阀板则始终处于开启状态，故电磁阀具有方向性。

（二）间接作用式电磁阀

间接作用式电磁阀又称为继动式电磁阀，有膜片式和活塞式两种，基本原理相同，属于双级开阀式，主要由阀体、导阀、线圈、衔铁、阀板等组成。

图 5-50 为膜片式间接作用电磁阀，其结构可分为两部分，上半部分是一个小口径的直动式电磁阀，起导阀作用，下半部分是阀体，其中装有膜片组件。导阀阀芯在膜片的中间，直接安装在衔铁上。膜片上有一个平衡孔，未通电时膜片上方与阀进口通过平衡孔达到平衡。

当线圈通电，电磁力将衔铁抬起，导阀阀芯打开，上方的小孔与阀出口连通，导阀上部的压力减小，这样在导阀上下形成压差，在压差的作用下膜片远离主阀芯，主阀被打开，电磁阀开启。切断电源后，衔铁在重力和弹簧力的作用下下落，导阀被关闭，阀前介质通过膜片上的平衡孔进入膜片上方空间，形成下低上高的压差，从而膜片落下，把主阀关闭。

这种电磁阀虽然结构较为复杂，但电磁阀圈只控制导阀阀芯的起落，可以大大减少线圈功率，缩小电磁阀体积，多用于中型制冷系统。值得注意的时，由于膜片的开启和维持要靠阀前后的压力差，因此对于间接作用式电磁阀有一个最小开阀压力，只有在阀前后压差大于这个最小开阀压力的情况下阀才能被打开；同时电磁阀必须安装在水平管路上。

（三）四通阀

四通阀也称为四通换向阀，主要用于热泵型空调机组或者逆循环热气除霜系统中。四通阀是由一个电磁换向阀（导阀）和一个四通滑阀（主阀）构成的组合阀，通过导阀线圈上的通、断电控制，使电磁换向阀的阀芯左移或者右移，形成压力信号管路连通方向的改变，并推动四通滑阀的移动，使制冷剂流向发生改变，这样系统就可以在制冷和制热两种模式间进行转换。由于四通滑阀的移动是以压缩机吸排气压力差作为动力的，故当制冷系统切换为制热模式时，虽电磁换向阀已上电，但如果压缩机还没有启动，此时四通阀并没有实现真正的换向，只是为四通阀的换向创造了基本条件，只有当吸排气压差达到一定值后四通阀才能换向。

四通阀要求制造精度高，动作灵敏，阀体不能有泄漏现象，否则将会使得动作失灵，无法工作。

第四节 制冷剂管路设计

对于制冷系统来说，选择适宜的主要设备和辅助设备是很重要的。但是，如果制冷剂管路设计不当，也会给系统正常运行带来困难，甚至引起事故，可以认为制冷剂管路是制冷系统中特殊而又重要的辅助设备。本节概括介绍制冷剂管路设计中的主要问题。

一、管路的布置原则

氟利昂管路常采用铜管，系统容量较大时也可采用无缝钢管。氨管则采用无缝钢管，禁止使用铜或铜合金管或管件。

为了减少管道耗材、制冷剂充灌量以及系统的压力降，配管应尽可能短而直。

管道的布置应不妨碍对压缩机及其他设备的正常观察、操作与管理，不妨碍设备的检修和交通通道以及门窗的开关。

管道与墙和顶棚之间、管道与管道之间应有适当的间距，以便安装保温层。

管道穿墙、地板和顶棚处应设有套管，套管直径应能安装足够厚度的保温层。

此外，各种设备之间的管路连接应符合下列要求。

（一）压缩机排气管

（1）为了使润滑油和可能冷凝下来的液态制冷剂不至流回制冷压缩机，排气管应有不小于 0.01 的坡度，坡向油分离器和冷凝器。

对于不设油分离器的氟利昂制冷系统，当冷凝器高于压缩机时，排气管道在靠近制冷压缩机处应先向下弯，然后再向上接至冷凝器，形成 U 形弯，如图 5-51 所示。这样可以防止冷凝的液态制冷剂及润滑油返流回到制冷压缩机；同时，制冷压缩机停车后，排气管的 U 形弯可起存液弯作用，防止制冷压缩机停车后，由于冷凝器的环境温度高，制冷压缩机的环境温度低，制冷剂自冷凝器蒸发而流回到排气管道中，当再次开车时造成液击事故。

（2）多台氟利昂压缩机并联，为了保证润滑油的均衡，各压缩机曲轴箱之间的上部应装有均压管，下部应装有均油管。

（3）对于有容量调节的制冷压缩机，

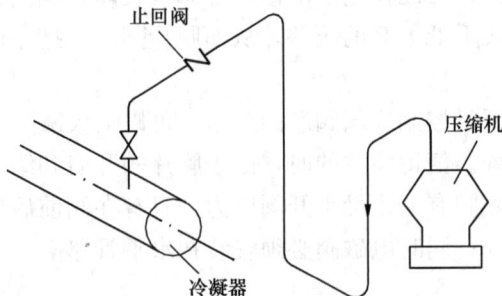

图 5-51 氟利昂压缩机排气管

应考虑在制冷系统低负荷运行时，能将润滑油从排气立管中带走。此时，可以采用双排气立管，见图5-52；其中管径较小立管 A 的管径必须保证制冷系统在最低负荷运行时，润滑油能够被气流带走；管径较大立管 B 的管径，必须考虑制冷系统满负荷时，不但制冷剂蒸气通过双排气管时能将润滑油带走，而且排气管道压力降亦应在允许范围内。该两根排气管下部，用集油弯管连接，当制冷系统在低负荷运行时，蒸气流速不能带走的润滑油存于集油弯管内，直至集满时将立管 B 封死，这时，制冷剂蒸气只通过立管 A，可以将润滑油带走。对于此种情况，排气立管前可装设油分离器，将回收的润滑油均匀地送回各台正在运行的压缩机。

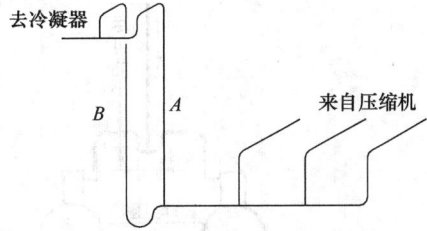

图 5-52　双排气立管管道连接

（4）并联的氨压缩机排气管上或在油分离器的出口处，应装有止回阀（见图5-53），防止一台压缩机工作时，未工作的压缩机出口处有较多的氨气不断冷凝成液态，启动时造成液体冲缸事故。

（二）压缩机吸气管

（1）对于氟利昂制冷系统，考虑润滑油应能从蒸发器不断流回压缩机，氟利昂制冷压缩机的吸气管应有不小于 0.01 的坡度，坡向压缩机，如图5-54（a）所示。

当蒸发器高于制冷压缩机时，为了防止停机时液态制冷剂从蒸发器流入压缩机，蒸发器的出气管应首先向上弯曲至蒸发器的最高点再向下通至压缩机，如图5-54（b）所示。

（2）并联氟利昂制冷压缩机，如果只有一台运转，压缩机又没有高效油分离器时，在未工作的压缩机的吸气口处可能积存相当多的润滑油，启动时会造成油液冲击事故。为了防止发生上述现象，并联氟利昂压缩机的吸气管应按图5-55安装。

（3）对于有容量调节的氟利昂制冷系统，可采用双吸气立管（见图5-56），其工作原理与双排气立管相同。制冷系统在低负荷运行时，立管内制冷剂蒸气流速可以将润滑油带回压缩机。

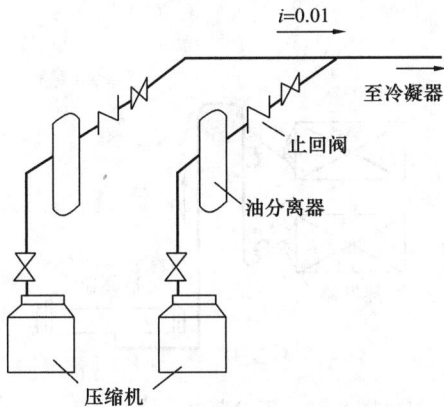

图 5-53　氨压缩机排气管

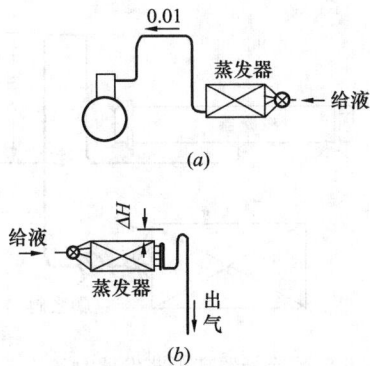

图 5-54　氟利昂压缩机吸气管

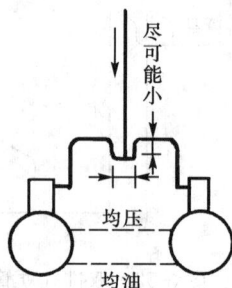

图 5-55 氟利昂压缩机并联　　　　　图 5-56 双吸气立管管道连接

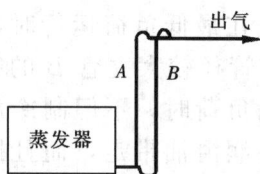

（4）氨压缩机的吸气管应有不小于 0.005 的坡度，坡向蒸发器，以防止液滴进入气缸。

（三）从冷凝器至高压贮液器的液管

冷凝器应高于贮液器，如图 5-20 所示。当两者之间无均压管（即平衡管）时，两者的高度差应不少于 300 mm。

对于蒸发式冷凝器，因本身没有贮液容积，单独一台与贮液器相连时，两者的高差应大于 300mm。如为多台并联后再与贮液器相连时，除在贮液器与蒸发式冷凝器的高压气管之间设有均压管以外，两者的高差一般应大于 600mm，液管的流速应小于 0.5 m/s。

（四）从高压贮液器或冷凝器至蒸发器的给液管

（1）当冷凝器高于蒸发器时，为了防止停机后液体进入蒸发器，给液管至少应抬高 2m 以后再通至蒸发器，如图 5-57 所示。但是，膨胀阀前设有电磁阀时，可不必如此连接。

（2）当蒸发器上下布置时，由于向上给液，管内压力降低，并伴随有部分液体汽化，形成闪发蒸气，为了防止闪发形成的蒸气集中进入最上层的蒸发器，给液管应如图 5-58 配置。

当数个高差较大的蒸发器由一根给液立管供液时，为了使闪发蒸气得到均匀分配，应按图 5-59 方式进行配管。

（3）对于氨制冷系统的给液管，为了防止积油而影响供液，在给液管路的低点和分配器的低点应设有放油阀，如图 5-60 所示。

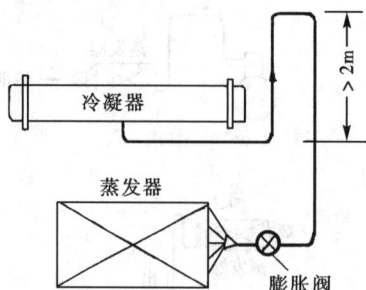

图 5-57 冷凝器高于蒸发器时的管道布置　　　图 5-58 闪发蒸气的均匀分配

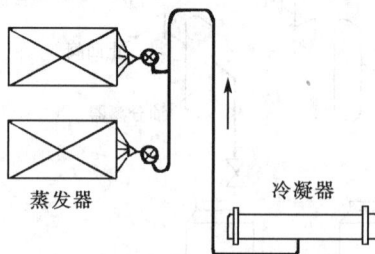

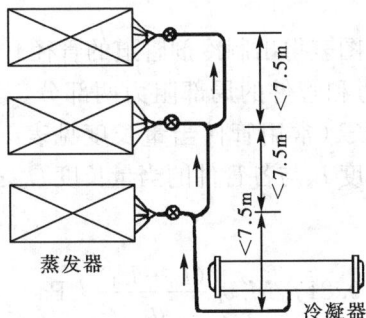

图 5-59　高差较大的蒸发器给液

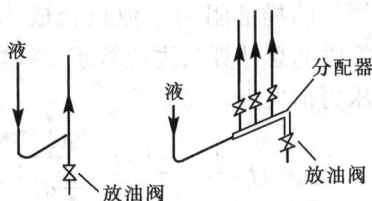

图 5-60　氨给液管的放油

二、制冷剂管道管径的确定

（一）管径确定原则

（1）制冷剂管道的管径确定应综合考虑经济、压力降和回油三个因素。从设备初投资上看，希望管径越小越好，但这将造成较大的压力损失，引起压缩机吸气压力降低和排气压力升高，导致系统的制冷能力和制冷系数降低。此外，对于氟利昂制冷系统来说，如果吸气管管径选择过大，还会造成润滑油回油不良问题。

（2）对于氟利昂制冷系统，其吸气和排气管路的压力损失希望不超过相当于蒸发温度降低 1℃ 或冷凝温度升高 1℃ 对应的损失；而氨制冷系统的吸、排气管路的压力损失希望均不超过蒸发或冷凝温度降低 0.5℃ 对应的损失。例如对于 R22 制冷系统，蒸发温度为 0℃ 时，吸气管路的压力损失应不超过 0.17 bar；冷凝温度为 30℃ 时，排气管路的压力损失应不超过 0.31 bar。

（3）从冷凝器至贮液器的液管，是靠重力使液态制冷剂自流进入贮液器，管中液体流速应小于 0.5m/s。从贮液器至膨胀阀的液管要防止液态制冷剂发生汽化而造成膨胀阀供液量不足，一般制冷剂离开冷凝器时均有 3～5℃ 的再冷度，管内流速可取 0.5～1.25 m/s，压力损失应不大于 0.5 bar；如果膨胀阀高于贮液器达 4m 时，需有 5℃ 的再冷度。

（4）氟利昂制冷系统的吸气管径应确保润滑油顺利返回制冷压缩机。向下或水平吸气管中的润滑油可靠重力流回压缩机；对于上升的吸气管（上升立管）来说，只有当管中气流速度足够高时，才能把润滑油带回压缩机。R22 上升立管的最低气流速度见图 5-61[1]，在实际设计时，上升立管的气流速度应取图中所给数值的 1.25 倍。压缩机排气管路的设计也应考虑携带润滑油问题，R22 排气管路的最低带油流速见图 5-61。

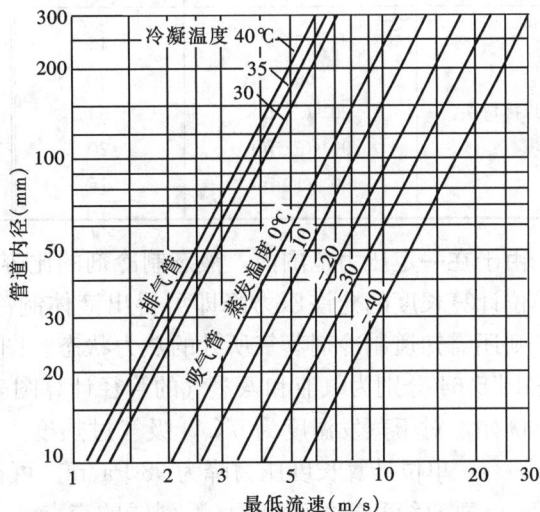

图 5-61　R22 气体上升立管的最低带油流速

（二）管径确定方法

根据单位当量管长的允许压力降，利用计算图表得出制冷剂管道的管径。

制冷剂管路的压力损失包括管段的摩擦阻力和管件的局部阻力两部分，为了计算方便，常把各管件的局部阻力系数折合成当量管长（常用管件当量长度见表5-5），这样，管路系统某管段的总计算长度应等于直线段的长度 L 与各管件的当量长度 L_d 之和，因此，该段管路的压力损失为

$$\Delta p = f_m \frac{(L+L_d)}{d_i}\left[\frac{M_r}{\frac{\pi}{4}d_i^2}\right]^2 \frac{v_r}{2} = 0.81 f_m M_r^2 v_r \frac{(L+L_d)}{d_i^5} \quad \text{Pa} \tag{5-7}$$

式中　f_m——摩擦阻力系数；

d_i——管道内径，m；

M_r——制冷剂的质量流量，kg/s；

v_r——制冷剂的比容，m³/kg。

从式（5-7）可以看出，对一定相对粗糙度的管道来说，管道直径与制冷剂的质量流量、每米计算长度的允许压力降和制冷剂的比容成函数关系，即

$$d_i = f\left(M_r, \frac{\Delta p}{L+L_d}, v_r\right)$$

常用管件当量长度与管内径比值（L_d/d_i）　　　　　　表5-5

管件名称		L_d/d_i	管件名称		L_d/d_i
阀门	直通截止阀（全开）	340	渐扩变径管	$d/D=1/4$	30
	角阀（全开）	170		$d/D=1/2$	20
	直通闸阀（全开）	8		$d/D=3/4$	17
	止回阀（全开）	80			
	球形阀（全开）	320			
丝扣弯头	90°	30			
	45°	14			
焊接弯头	45°	15	渐缩变径管	$d/D=1/4$	15
	60°	30		$d/D=1/2$	11
	90°（二节）	60		$d/D=3/4$	7
	90°（三节）	20			
	90°（四节）	15			

由于在一定压力范围内，液态制冷剂的比容变化很小，所以，已知制冷剂的质量流量和单位计算长度的允许压力降即可得出液体制冷剂管道管径；而计算气态制冷剂管道管径，则还需知道制冷剂蒸气所处的热力状态。图5-62为R22蒸气的管径计算图表，图5-63和图5-64分别为氨液和氨蒸气的管径计算图表[1]。

例如，对于蒸发温度为0℃，吸气过热度为10℃的R22吸气铜管道，制冷剂流量为0.4 kg/s，单位计算长度压力降为98 Pa/m。可在图5-62上，找到单位计算长度压力降为98 Pa/m垂直线和蒸发温度为0℃斜线的交点 A，从点 A 作水平线，与流量为0.4 kg/s的垂直线相交于 B 点，B 点在内径为60mm铜管道上，即可确定出吸气管的内径为60mm。

每米当量管长中摩擦压力降

| 0.98 | 0.196 | 0.294 | 0.49 | 0.98 | 1.96 | 2.94 | 4.9 | 9.8 | 19.6 | 29.4 | 49 | 98 | 196 | 294 | 490 | 980 | (Pa/m) |
| 0.01 | 0.02 | 0.03 | 0.05 | 0.1 | 0.2 | 0.3 | 0.5 | 1.0 | 2.0 | 3.0 | 5.0 | 10 | 20 | 30 | 50 | 100 | (kg/m²/m) |

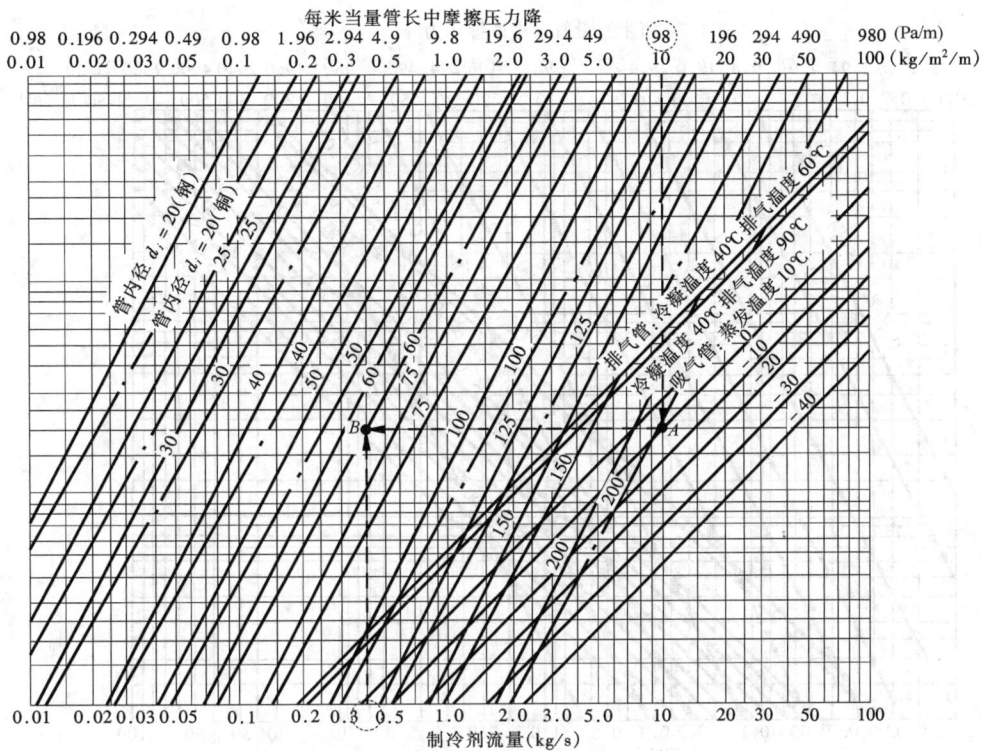

图 5-62　R22 蒸气在管道中的阻力损失

注：1. 铜管按光滑管计算；钢管绝对粗糙度为 0.06mm；
　　2. 吸气过热度为 10℃。

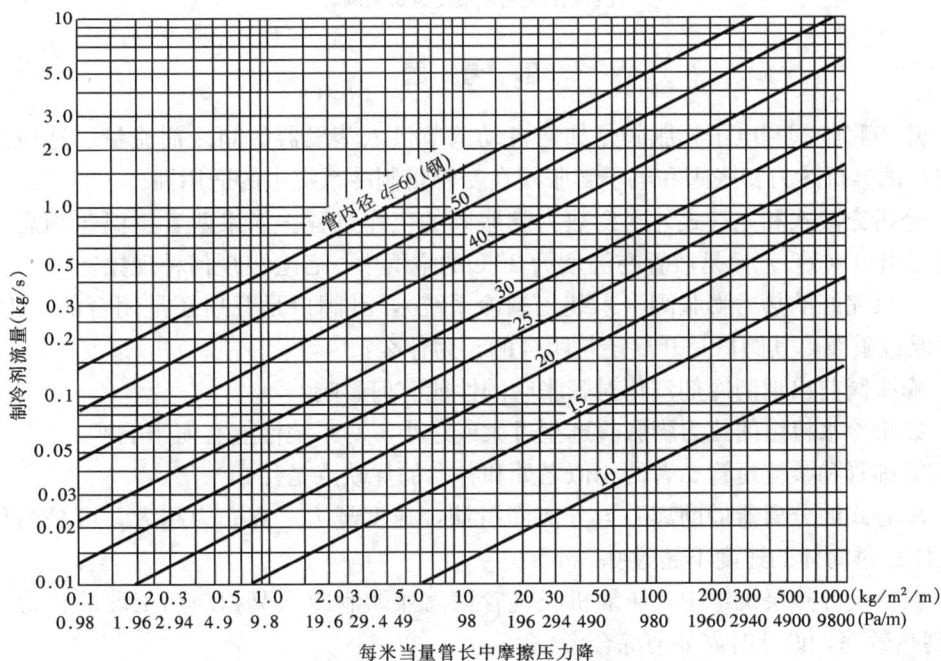

图 5-63　氨液在管道中的阻力损失

注：1. 钢管绝对粗糙度为 0.06mm；
　　2. 使用范围：无闪发蒸气产生。

每米当量管长中摩擦压力降

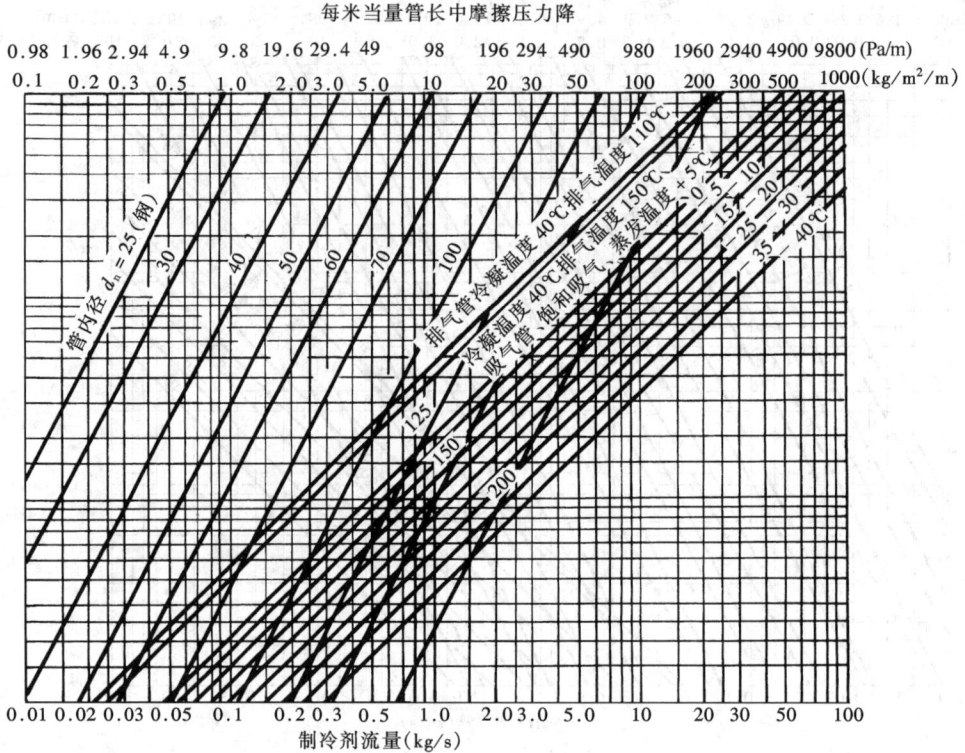

图 5-64　氨蒸气在管道中的阻力损失

注：钢管绝对粗糙度为 0.06mm。

思　考　题

1. 热力膨胀阀和电子膨胀阀是如何自动调节供入蒸发器的制冷剂流量以适应热负荷变化的？试分析热力膨胀阀和电子膨胀阀在变容量制冷系统中的适用性。

2. 分析充液式和充气式外平衡热力膨胀阀的工作过程。如果两者感温包均忘记安装于蒸发器出口（5℃）而是放置在温度为 30℃ 的空气中，各会出现何种现象？

3. 一只完好的热力膨胀阀（未装入制冷系统），其阀口是开启还是闭合的？为什么？如果感温包破裂，其阀口是开启还是闭合的？为什么？

4. 膨胀阀前出现制冷剂汽化对膨胀阀的性能有何影响？

5. 如果冷水机组的热力膨胀阀选型过大或过小，对系统性能有何影响？

6. 毛细管和节流短管二者的相似之处和各自的优缺点是什么？

7. 离心式油分离器借助离心力分离润滑油，速度越大，离心力越大，可是为什么要限制流体通过筒体的速度不超过 0.8m/s？

8. 在空气源热泵机组中，压缩机吸气管道需兼顾制冷工况和制热工况的正常工作和制冷/制热效率，设计时需如何综合考虑？

9. 请根据图 5-49 所示的直接作用式电磁阀的结构，分析其使用时是否需要注意其流向（提示：考察电磁阀的出口压力高于进口压力时是否具有关断功能）。

练 习 题

1. 充液式热力膨胀阀的过热度随蒸发温度变化而改变。在 R22 制冷系统中，分别采用感温包充注 R22、R134a、R600a 的充液式热力膨胀阀，试绘制三种情况下蒸发器的过热度随蒸发温度的变化曲线（弹簧预紧力均取 0.097MPa）。

2. R22 制冷系统的蒸发温度为 5℃，冷凝温度为 40℃，节流前液态制冷剂的再冷度为 5℃，当制冷剂设计流量为 40 kg/h 时，请计算选择毛细管的内径及长度。

3. 已知 R22 制冷系统的冷凝温度为 40℃，压缩机排气温度 90℃，制冷剂流量为 1 kg/s，5m 长的排气直管段总压力损失为 980 Pa，试确定排气管（铜）内径?

第六章 蒸气压缩式制冷装置及运行调节

制冷系统是一组按照一定次序连接、能够产生制冷效果的部件或设备的组合[50]，因此，按照制冷原理确定的顺序用制冷剂管道将压缩机、冷凝器、节流装置、蒸发器以及各种必要的辅助设备连接而成的整体就是蒸气压缩式制冷系统，如氟利昂制冷系统、双级压缩氨制冷系统等。制冷系统的实物体现就是制冷装置。制冷装置可以是将预制部件在施工现场组装而成的（如冷库制冷装置、多联式空调机组），也可以是在工厂内装配而成的（如冷水机组等）。为便于说明，本章在阐述与制冷原理有关的事项时采用"制冷系统"称谓，而在阐述冷水机组等具体设备时则采用"制冷装置"一词，二者没有本质区别。

第一节 蒸气压缩式制冷系统的典型流程

蒸气压缩式制冷系统有单级、双级和复叠等多种形式，其中单级压缩制冷系统是最为常用的系统，也是最基本的系统形式。本节将简要介绍氟利昂和氨制冷剂的单级制冷系统典型流程，以明确制冷原理、制冷剂、压缩机、换热设备、节流装置和辅助设备是如何在系统中应用的。

一、氟利昂制冷系统

氟利昂制冷系统广泛应用于空调用制冷设备和各种冷冻、冷藏工艺中，其中，用于冷冻、冷藏的氟利昂制冷系统更为复杂，更具有代表性，下面以此为例进行说明。

图 6-1 示出了具有两种蒸发温度的典型氟利昂冷库制冷系统原理图[4]。低压氟利昂蒸气进入压缩机，被压缩为高压过热蒸气，再进入冷凝器进行冷凝；冷凝后的高压液态氟利昂经热力膨胀阀膨胀节流成低压氟利昂湿蒸气，供入蒸发器（该系统设有两个不同蒸发温度的蒸发器）并在其中吸热蒸发，再返回压缩机被压缩。制冷剂在压缩机、冷凝器、膨胀阀和蒸发器这四大基本部件中的压缩、冷凝、节流和蒸发过程就构成了一个完整的制冷循环。从图中可以看出，制冷系统除上述四大基本部件外，还需设置一些辅助设备和控制元件，以保障系统运行的安全性和经济性。例如：

（1）氟利昂制冷系统可在压缩机的排气管上装设油分离器以减少润滑油进入冷凝器和蒸发器中。采用油分离器时，分离出的润滑油从油分离器底部经浮球阀减压后流回压缩机吸气管内；对于小型制冷系统或采用内设油分离器的压缩机，也可不设置油分离器。为了使带出的润滑油能顺利地返回压缩机，多采用干式蒸发器；采用满液式蒸发器时，由于温度较低时蒸发器内的润滑油将与制冷剂分离而浮于制冷剂液面（氟利昂的密度一般大于润滑油），故必须采取措施保证安全回油。

（2）杂质和水分的存在对制冷系统的危害很大，因此在贮液器和膨胀阀之间的液管上通常需要装设干燥过滤器以拦截和吸附系统中的杂质和水分；为便于更换，减少制冷剂的泄漏，故通常在干燥过滤器前后端设置开启时阻力很小的球阀。为了指示系统中的含水

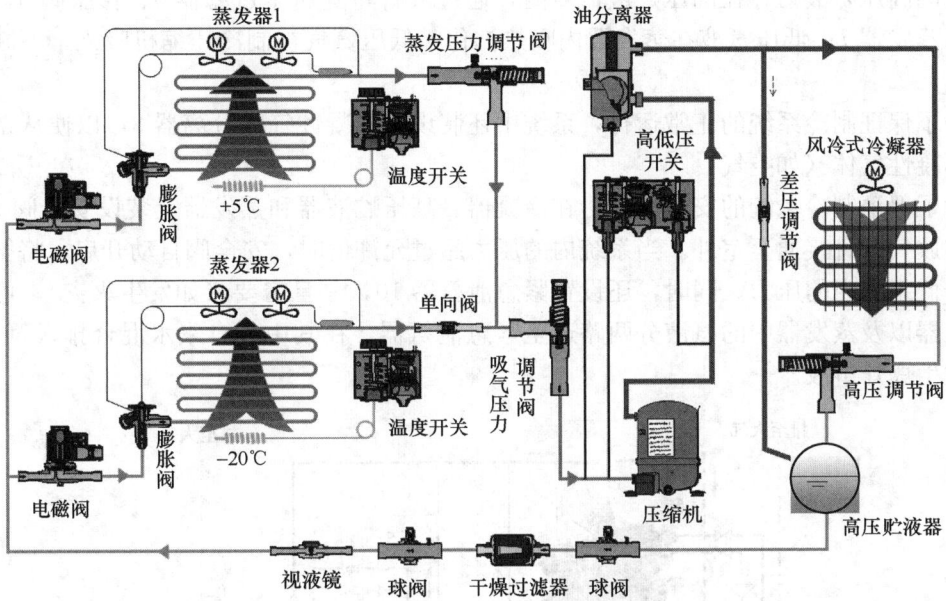

图 6-1 氟利昂制冷系统流程图

量，便于操作人员判断系统状况，在干燥过滤器后还会安装一个视液镜。当视液镜指示的颜色变成对应于含水量高的颜色时，系统的干燥过滤器就需要进行更换或将其滤芯进行再生。

（3）风冷式制冷系统的冷凝压力受环境温度的影响显著，故在系统中设置高压调节阀和差压调节阀，可保证在外温过低时系统仍具有适宜的冷凝温度，以避免因高低压差过小导致的制冷量下降、系统回油困难等问题。

（4）为提高控温精度并防止食品水分过多地蒸发（称为干耗），需在所有高蒸发温度蒸发器的出口处安装蒸发压力调节器，以稳定蒸发压力（或蒸发温度），并在最低蒸发压力的蒸发器的出口安装单向阀，以防止停机时制冷剂从高蒸发压力蒸发器进入低蒸发压力蒸发器中，导致低温冷间的库温过快回升（参见第三章练习题部分的图 3-43）。

在实际制冷系统中，除图 6-1 中的辅助设备和控制机构外，还有很多较为常用的部件，例如气液分离器、四通阀、分液头、气液热交换器等。在系统设计时，除选配四大基本部件外，还应根据需要设置必要的辅助设备或控制元件。其设置原则是，在确保工艺需求和系统安全性的前提下，综合考虑设备初投资和运行费用（效率），从全生命期的经济性出发统筹取舍并设计选型。

二、氨制冷系统

大型冷库普遍采用氨制冷系统，随着对自然工质呼声的不断提高，目前氨在工业热泵领域已得到应用，同时氨系统的小型化技术也开始起步，因此，下面简要介绍氨制冷系统的基本构成。

图 6-2 为采用活塞式制冷压缩机、卧式壳管冷凝器和满液式蒸发器的氨制冷系统流程图。低压氨气进入活塞式压缩机 1，被压缩为高压过热氨气；由于来自制冷压缩机的氨气中带有润滑油，故高压氨气首先进入油分离器 2，将润滑油分离出来，再进入冷凝器 3；

冷凝后的高压氨液贮存在高压贮液器 4 内,通过液管将其送至过滤器 5、膨胀阀 6,减压后供入蒸发器 7;低压氨液在蒸发器内吸热汽化,低压氨气被制冷压缩机吸入,不断进行循环。

为了保证制冷系统的正常运行,系统中还装设有不凝性气体分离器 8,以便从系统中放出不凝性气体(如空气)。

为了保证制冷系统的安全运行,在冷凝器、高压贮液器和蒸发器上装设安全阀 9,安全阀的放气管直接通至室外。当系统内的压力超过允许值时,安全阀自动开启,将氨气排出,降低系统内的压力。同时,还设置紧急泄氨器 10,一旦需要(如发生火灾),可将高压贮液器以及蒸发器中的氨液分两路通至紧急泄氨器,在其中与自来水混合排入氨水池,以免发生爆炸事故。

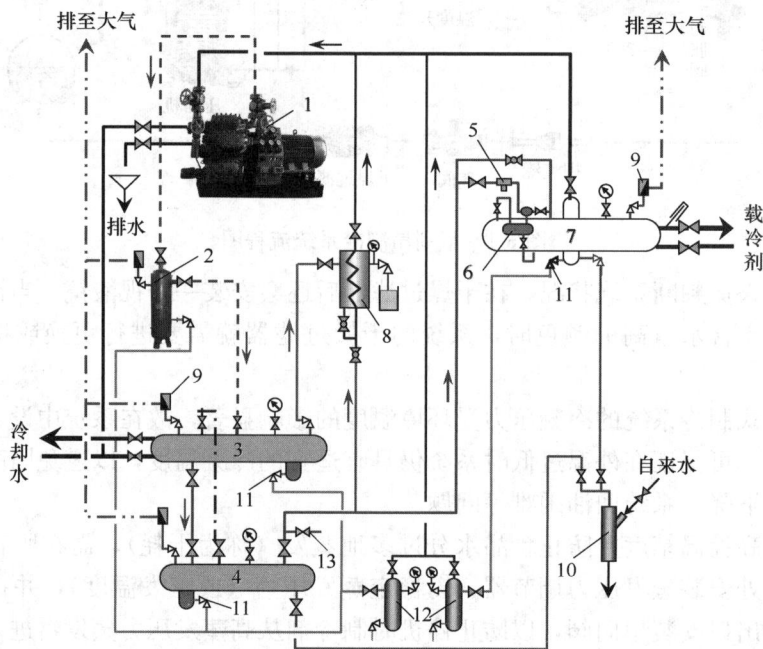

图 6-2　氨制冷系统流程图

1—压缩机;2—油分离器;3—卧式壳管冷凝器;4—高压贮液器;5—过滤器;6—膨胀阀;7—蒸发器;
8—不凝性气体分离器;9—安全阀;10—紧急泄氨器;11—放油阀;12—集油器;13—充液阀

被氨气从压缩机带出的润滑油,一部分在油分离器中被分离下来,但还会有部分润滑油被带入冷凝器、高压贮液器以及蒸发器。由于润滑油基本不溶于氨液,而且,润滑油的密度大于氨液的密度,所以,这些设备的下部积聚有润滑油。为了避免这些设备存油过多,影响系统的正常工作,在这三个设备的下部装有放油阀 11,并用管道分两路分别接至高、低压集油器 12,以便定期放油。

此外,还必须指出,当采用螺杆式制冷压缩机时,润滑油除用于润滑轴承等转动部件以外,还用于高压喷至转子之间以及转子与气缸体之间,用以保证其间的密封。因此,螺杆式压缩机(不论使用哪种制冷剂)排气带油量大,油温高,对油的分离和冷却有特殊要求,一般均设置两级或多级油分离器以及油冷却器等。

第二节　空调用蒸气压缩式制冷机组

制冷机组是在工厂内将制冷系统中的部分或全部设备配套组装为一个整体的制冷装置。这种机组结构紧凑、使用灵活、管理方便、安装简单，其中有些机组只需连接水源和电源即可使用，为制冷空调工程设计和施工提供了便利条件。制冷机组有压缩—冷凝机组、空调热泵机组等。压缩—冷凝机组是将压缩机、冷凝器、高压贮液器等组装成一个整体，只需为之选配合适的蒸发器、膨胀阀和控制系统，即可在施工现场组装成一个制冷系统；空调热泵机组则是将由压缩机、冷凝器、节流装置、蒸发器、辅助设备构成的制冷（热泵）系统及其自动控制系统组装成的一个整体，专门为空调系统或其他工艺过程提供不同温度的冷（热）水或冷（热）风。

空调热泵机组可根据放热侧（或热源侧）和使用侧（即用户侧）的载能介质的种类不同划分为 4 种基本形式（参见图 6-3）：空气—空气热泵、空气—水热泵、水—空气热泵和水—水热泵（"—"前、后分别为热源侧介质和使用侧介质）。

当使用侧载能介质为水（或液态载冷剂）时，称为冷（热）水机组（仅需提供冷水的机组常称为"冷水机组"），当采用空气时即为冷（热）风机组。当放热侧（或热源侧）载能介质为水（或液态载冷剂）时，称为水源（或水冷式）热泵机组，若为空气则称为空气源（或风冷式）热泵机组。为改善换热条件，在放热侧采用水与空气结合的复合载能介质的蒸发冷凝式冷水（风）机组已得到应用和发展，由于产量尚不大，目前在我国产品标准中暂且纳入风冷式机组范畴[51]。

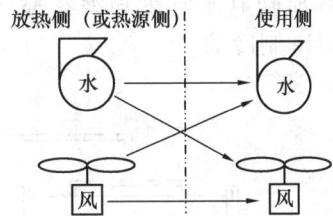

图 6-3　空调热泵机组的基本形式

空调热泵机组最终都是以冷风或热风方式向室内提供冷（热）量的。因而冷（热）水机组需要配套冷（热）水输配系统和空气处理末端设备（如：风机盘管、空调箱等），而冷（热）风机组则可直接向房间提供经过热湿处理后的空气。在冷（热）风机组中，可以将使用侧换热器直接设置在室内的送风位置（如：房间空气调节器、多联式空调机组等），也可以设置在远离送风位置（如：接风管型单元式空气调节机等），通过风道将处理后的冷（热）空气送入室内，实现供冷、供热目的。

下面简要介绍空调工程上常用的冷（热）水机组和冷（热）风机组。

一、冷（热）水机组

冷（热）水机组分为单冷型冷水机组和热泵型冷热水机组两大类。

（一）冷水机组

由于单冷型冷水机组的容量较大，通常与冷却塔配合使用，将冷凝负荷排放至冷却水中。目前市场上主要的机组类型为螺杆式和离心式冷水机组，对于更小容量的冷水机组则多采用一台或多台涡旋及其他类型的压缩机。

1. 螺杆式冷水机组

螺杆式冷水机组是由螺杆式制冷压缩机、冷凝器、节流阀、蒸发器、油分离器、自控元件和仪表等组成的一个完整制冷系统（见图 6-4）。螺杆式压缩机的调节性能优良，且在 50％～100％负荷率运行时，其功率消耗几乎正比于制冷量，致使其部分负荷性能系数优于活塞式冷水机组。

螺杆式压缩机的润滑油除具有润滑运动部件接触面的作用外，还具有密封、喷油冷却、驱动容量调节机构（滑阀）动作等功能，所以润滑油系统比较复杂。由于排气中含有大量的润滑油，所以不仅需采用高效的两级甚至多级油分离器，还要考虑装设油冷却器（尤其是低蒸发温度情况下）和油过滤器。目前螺杆式冷水机组的制冷剂通常为 R22、R134a、R407C 等，空调工况冷量多在 116～1758 kW 之间。

2. 离心式冷水机组

离心式冷水机组将离心式压缩机、冷凝器、节流装置和蒸发器等设备组成一个整体，图 6-5 为单级离心式冷水机组的系统示意图。电动机通过增速器带动压缩机的叶轮将来自蒸发器的低压气态制冷剂压缩成为高压蒸气，送入冷凝器，被冷凝后的液态制冷剂经浮球式膨胀阀节流后送到蒸发器中吸热制取冷水。离心式冷水机组目前大多采用 R123 和R134a 制冷剂。

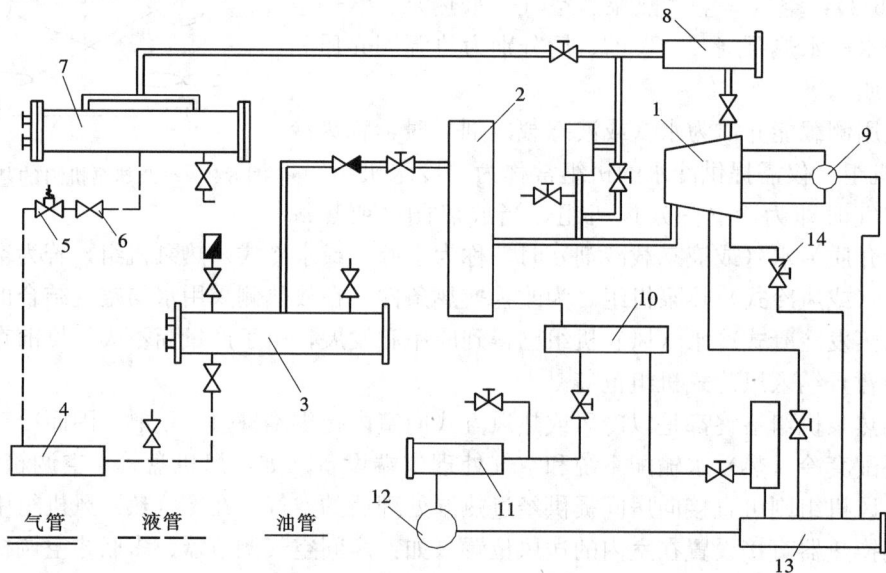

图 6-4　螺杆式冷水机组

1—压缩机；2—油分离器；3—冷凝器；4—干燥过滤器；5—电磁阀；6—节流阀；7—蒸发器；8—吸气过滤器；
9—容量调节四通阀；10—油冷却器；11—油粗滤器；12—油泵；13—油精滤器；14—喷油阀

离心式压缩机的转速非常高，一般采用齿轮箱进行变速，并采用滑动轴承支撑高转速轴。齿轮的啮合与滑动轴承通常需要大量的润滑油来润滑，因此离心式冷水机组需要加装油泵系统与非正常停机紧急润滑系统，否则将导致轴承失效而损毁。

离心式压缩机的结构及其工作特性决定了其制冷量一般不小于 350kW。在部分负荷工况下通过容量调节机构调节容量以适应需求侧的负荷要求。离心式冷水机组采用可调导叶方式，或变频调速和可调导叶协调控制等方式进行容量调节。

随着技术的进步，目前采用带经济器的双级或三级离心式冷水机组和带中间补气的准双级螺杆式冷水机组得到了普及；为简化系统、提高性能，已经研发出无油润滑的直驱式磁悬浮离心式冷水机组，使得离心式冷水机组的体积和重量大幅减小；采用膨胀机取代节流装置的冷水机组已研发成功，使得冷水机组的性能系数大大提高。

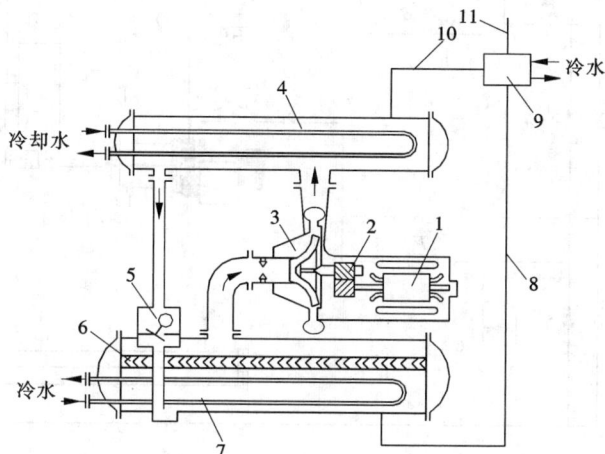

图 6-5　离心式冷水机组

1—电动机；2—增速器；3—压缩机；4—冷凝器；5—浮球式膨胀阀；6—挡液板；7—蒸发器；
8—制冷剂回收管；9—制冷剂回收装置；10—抽气管；11—放空管

（二）热泵型冷（热）水机组

在夏天需要供冷、冬季需要供热的空调工程中，可以采用热泵型冷（热）水机组作为空调冷热源。根据低位热源不同，热泵机组可分为空气源热泵和水源热泵，但是所有热泵机组的工作原理均相同。

1. 空气源热泵冷（热）水机组

图 6-6 为半封闭螺杆式空气源热泵冷（热）水机组的系统原理图。制冷运行时，从压缩机 1 排出的高压气态制冷剂通过四通阀 2 进入室外风冷换热器 12 被冷凝成液体，冷凝液通过单向阀 5′进入高压贮液器 6，然后经过干燥过滤器 7、视液镜 8，在制冷热力膨胀阀 11 处节流为低压气液混合物，进入水冷换热器 3 使冷水冷却，吸热蒸发后的低压气态制冷剂经过四通阀 2 和气液分离器 14 进入压缩机。

制热运行时，四通阀换向，从压缩机排出的高压气态制冷剂通过四通阀进入水冷换热器加热空调用水，冷凝液通过单向阀 5 进入高压贮液器，然后经过干燥过滤器、视液镜，在制热热力膨胀阀 10 处节流为低压气液混合物进入室外风冷换热器中，吸收室外空气中的热量汽化；低压气态制冷剂蒸气经过四通阀和气液分离器进入压缩机。冬季制热时机组运行一段时间后，室外风冷换热器的表面可能会结霜，影响换热器传热性能和系统的制热效果。此时机组将根据设定的除霜条件自动转换成制冷运行方式进行除霜（为充分利用压缩机排气热量，此时室外换热器风扇停止运行），经短时除霜后，机组再次返回制热模式运行。

为使系统配置简化，系统中采用的半封闭螺杆式压缩机带有内装油分离器和油过滤器，且自带喷油装置。该机组中采用喷液膨胀阀 15 向压缩腔喷液，用于吸收压缩热和冷却润滑油，保证压缩机正常工作。热泵机组中安装了两个不同容量的热力膨胀阀（制冷热力膨胀阀

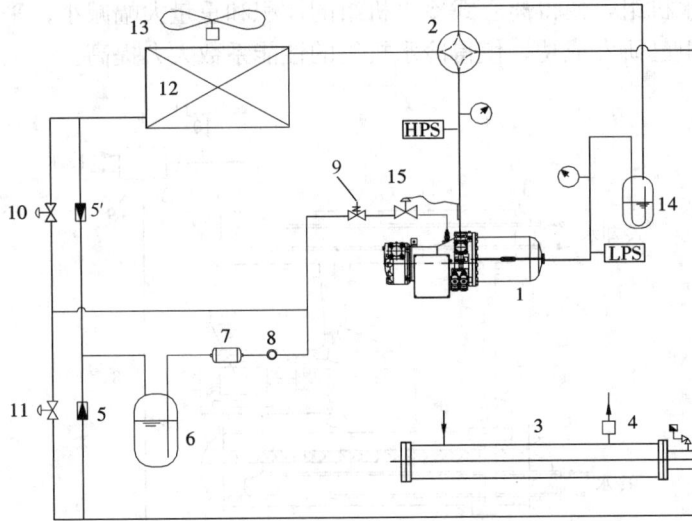

图 6-6　螺杆式热泵冷热水机组

1—半封闭螺杆式压缩机；2—四通阀；3—水冷换热器；4—水流开关；5—单向阀；6—高压贮液器；
7—干燥过滤器；8—视液镜；9—电磁阀；10—制热热力膨胀阀；11—制冷热力膨胀阀；
12—室外风冷换热器；13—风扇；14—气液分离器；15—喷液膨胀阀

和制热热力膨胀阀）以满足制冷和制热工况制冷剂流量不同的需求。由于热泵机组在不同的工况下运行，且冬季需要除霜运行，所以在压缩机吸气管道上必须设置气液分离器。

空气源热泵冬季制热运行时，机组的性能系数和制热量随着室外温度的降低而下降，可以采用带有经济器的压缩机中间补气热泵循环，以提高螺杆式空气源热泵机组在低外温条件下的性能系数和制热量。

空气源热泵的容量（名义制冷量）一般较小，故多采用转子式、涡旋式、螺杆式压缩机。为便于安装和系列化，常做成具有独立运行功能的标准容量模块，称之为空气源热泵"模块机组"。

2. 水源热泵冷（热）水机组

水源热泵冷（热）水机组（简称：水源热泵机组）是一种以循环流动于地埋管中的水或地下井水、江河湖海中的地表水、城市中水以及工业废水为冷（热）源，制取冷（热）风或冷（热）水的设备。地埋管水源热泵由于冬季制热时需要从循环水中取热，为防止水体冻结，有时需要向水体中添加防冻液，故水源热泵的"水"还包括"盐水"、"乙二醇水溶液"等类似功能的流体。

水源热泵机组按使用侧换热设备的形式分为冷（热）水型机组（water-to-water heat pump）和冷（热）风型机组（water-to-air heat pump）；按冷（热）源类型分为水环式机组（water-loop heat pump）、地下水式机组（ground-water heat pump）、地埋管式机组（ground-loop heat pump）和地表水式机组（surface-water heat pump）[52]。

上述机组的工作原理与空气源热泵机组基本相同，但由于所采用的水源温度不同，故在机组设计时需针对水源温度条件匹配制冷（热泵）系统。因其在制冷季需向这些水源排放制冷系统的冷凝热，且在制热季从水体中取热，故可在机组中设置四通阀改变制冷剂流向，实现制冷与制热模式的转换，也可以在外部水系统上设置阀门组件转换热源侧和用户侧的水体流动方向，实现向用户提供冷（热）水。

水源热泵机组的种类和形式很多，其容量覆盖面也很宽，故可小至几 kW，大至几千kW，故其压缩机也根据机组的容量大小采用转子式、涡旋式、螺杆式和离心式各种形式的压缩机。

二、冷（热）风机组

冷（热）风机组的种类很多，主要有房间空气调节器（简称房间空调器）、多联式空调（热泵）机组、单元式空气调节机和冷冻除湿机等。

（一）房间空调器

房间空调器根据结构形式可分为整体式和分体式，其中整体式又包括窗式、穿墙式和移动式，分体式的室内机有挂壁式、落地式、吊顶式、嵌入式等；根据供热方式不同，分单冷型、电热型和热泵型；根据压缩机容量调节方式的不同，可分为定速空调器和转速可控型（交流变频与直流调速）空调器[53]。

1. 窗式空调器

窗式空调器是整体式房间空调器应用最多的一种形式，它将所有设备都安装在一个壳体内，可开墙洞或直接安装在窗口上，空调制冷量一般为 1.6~4.5 kW。图6-7 为单冷型窗式空调器的示意图，图的上半部（室外侧）为全封闭压缩机和风冷式冷凝器，与室外相通，使冷凝器向外通风散热；图的下半部（室内侧）为离心式送风机和直接蒸发式空气冷却器，向房间内供给冷风。此外，机组上还设有与室外空气相通的进风门，可向室内补入一定量的

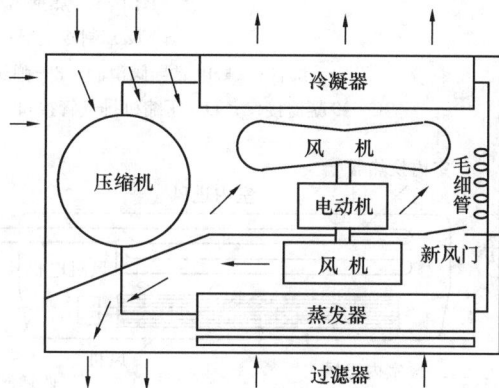

图 6-7　窗式空调器示意图

新鲜空气。窗式空调器结构紧凑，价格便宜，制冷剂不易泄漏，有新鲜空气补充，安装维修方便，但是噪声较大。

图 6-8 为热泵型空调器流程图，其工作原理与热泵型冷（热）水机组相同，它与单冷式空调器相比，增加了一个四通阀。制冷时四通阀断电，其工作情况与单冷式空调器相同，参见图 6-8 (a)；制热时四通阀通电换向，改变制冷剂的流动路线，室外侧换热器为蒸发器，而室内侧换热器为冷凝器，利用高压气态制冷剂加热室内空气，解决房间供暖问题，参见图 6-8 (b)。应用这种热泵型空调器供暖，比电热供暖节约电能2~3倍。

2. 分体式空调器

分体式空调器将压缩机、冷凝器和冷凝器风机等部件组装在室外机内，将蒸发器和蒸发器风机置于室内机中，室外机和室内机在安装现场通过制冷剂管道连接成为一个制冷（热泵）系统。这种空调器由于压缩机放置在室外，而室内风机采用贯流风机，所以噪音较小。

图 6-9 为最常用的分体式挂壁空调器的结构示意图。目前室内机常采用流线形壳体，使分体式挂壁、嵌顶式空调器成为集功能与装饰于一体的空气调节装置。

3. 转速可控型空调器

转速可控型空调器目前广泛采用直流调速压缩机，人们习惯将之简称为"变频空调

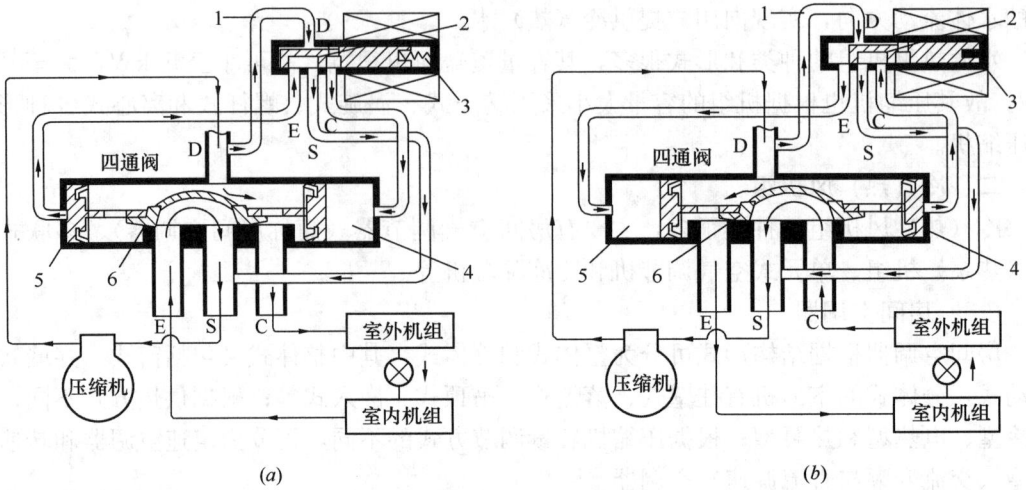

图 6-8　热泵型空调器流程图

（a）制冷工况；（b）制热工况

1—毛细管；2—电磁导阀滑阀；3—弹簧；4—右气缸；5—左气缸；6—滑阀；

C—冷凝器接口；D—压缩机排气管接口；E—蒸发器接口；S—压缩机吸气管接口

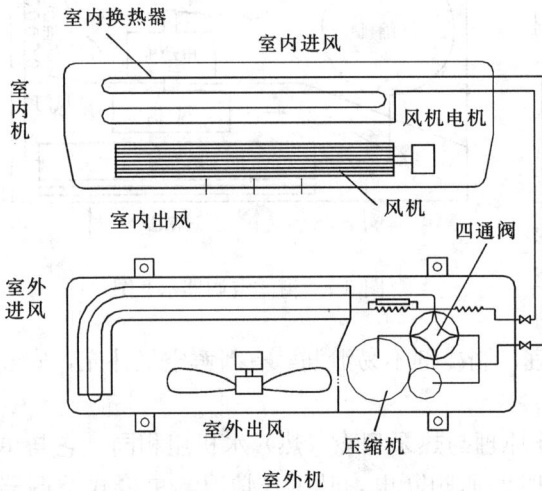

图 6-9　分体式挂壁空调器结构示意图

器"。它主要通过改变压缩机转速来调节其制冷（热）量以适应房间负荷变化，是一种变容量型房间空调器，具有以下优点：

（1）与定速空调器相比，在部分负荷时，压缩机以中低转速运行，能效比增大，提高了系统的全年运行效率，节能效果显著。

（2）直流调速压缩机转速范围宽，其启停次数显著减少，降低了启停损失。

（3）高转速运行可缩短房间降温（升温）时间，而且，转速连续调节可减小房间的温度波动，提高室内的热舒适性。

（4）可低转速启动，启动电流小，减小了对电网的冲击。

（5）在冬季室外温度较低情况下，可采用增加转速的方法提高空调器的制热能力。

上述优点使得转速可控型空调器得到越来越多的应用。

（二）多联式空调（热泵）机组

多联式空调（热泵）机组（简称：多联机）是由一台或多台容量可调的室外机与多台室内机组成，通过制冷剂实现冷（热）量的输配[54]，故可以将之看做是多室内机的变容量型房间空调器。多联机的室内、外机组以及整个系统的自动控制系统均在工厂内生产制造，现场施工时，只需将合理容量的室内、外机组用气体连接管、液体连接管、通信线和电源线按照一定规则连接，即可构建一个完整的、具有自动控制功能的变容量制冷（热泵）系统。

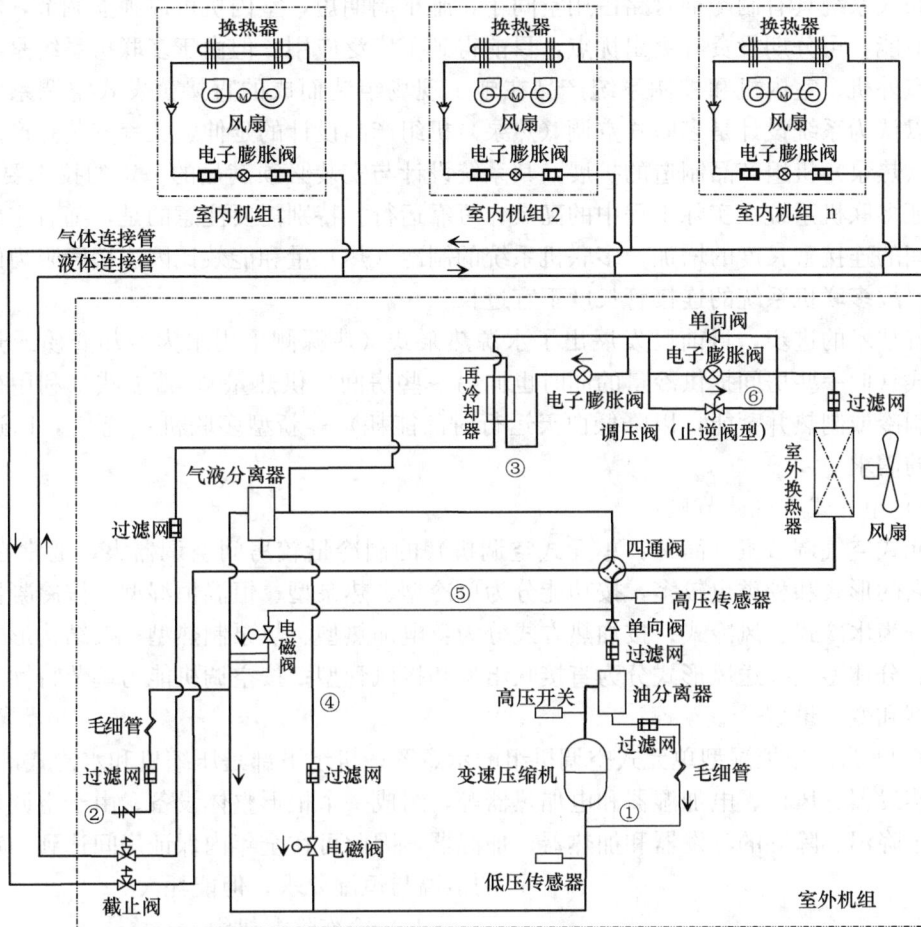

图 6-10 热泵型多联机系统原理图

图 6-10 是典型风冷式多联机空调（热泵）系统原理图[55]。室外机由制冷压缩机、室外热交换器和其他辅助设备组成，类似于分体式空调器的室外机；室内机由直接蒸发式空气冷却器和风机组成，与分体式空调器的室内机相似。采用变速或变容等调节方式和电子膨胀阀分别控制压缩机的制冷剂循环量和进入室内换热器的制冷剂流量，适时地满足室内空调负荷的要求。通过四通阀换向，可以实现制冷和制热模式的转换。

在多联机系统中，需要设置多种辅助回路和附属设备才能保证系统稳定、安全运行，参见图 6-10。如：设置单向阀，限定制冷剂流向；在毛细管（入口）和电子膨胀阀（进、出口）、电磁阀回路上设置过滤网防止其出现脏堵；为保证压缩机安全供油，在压缩机出口管路上设置油分离器；为防止高压液态制冷剂向室内机组远距离、高落差输送过程中出现闪发，必须使其具有足够的再冷度，故设置有再冷却器等。又如，辅助回路①是压缩机的回油回路；②是多个室外机模块的均油回路；③是保证制冷剂实现再冷的再冷却回路；④是从气液分离器向压缩机的回油辅助回路；⑤是热气旁通回路，实现卸载启动和极低负荷时的容量调节功能等；⑥是调压阀回路，当压力超高时打开，从而避免因运输或储存过程中管路内压力升高而导致对功能部件的损坏。

　　多联式系统具有制冷剂管路占用空间小，施工周期短，室内机可以独立调节，容易实现行为节能，可分期投资等突出优点，目前得到了广泛应用。但由于多联机系统是将工厂生产的室外机、室内机和控制系统产品在施工现场组装而成的直接蒸发式空调系统，因此，可以认为系统设计是多联式空调（热泵）机组产品设计的延伸，工程安装是产品多联式空调（热泵）机组产品制造的扩展，其系统设计与安装必须满足的一定的技术要求[56]，才能保证多联机系统在实际工程中的高效、可靠运行。特别需要注意的是，随着室内、外机组之间的连接管长度的增加，多联机系统的制冷（热）量和能效比因连接管阻力的增大而减小，故多联机系统的连接管长度不宜过长。

　　随着技术的进步，目前已发展出了水源热泵式（热源侧采用水为冷却介质或热源）、热回收式（向一些房间提供冷量的同时也向另一些房间提供热量）、蓄能式（利用夜间廉价电力制冷或制热并蓄能，以降低白天运行时的能耗）等新型多联机系统[57]，以适应不同场合的需求。

　　（三）单元式空气调节机

　　单元式空气调节机（简称：单元式空调机）的制冷量较房间空调器大，通常在 7kW 以上。它的形式和种类也较多，按功能分为单冷型、热泵型、恒温恒湿型；按冷凝器的冷却方式分为水冷式、风冷式；按加热方式分为：电加热型、热泵制热型；按结构形式分为整体型、分体型；按送风形式分为直接吹出型和接风管型；按空调机能力调节特性又分为定容量型和变容量型[58]。

　　图 6-11 为恒温恒湿型单元式空调机组的示意图。机组下部是压缩机和水冷式冷凝器，上部为蒸发器、风机、电加湿器和电加热器等，组成一个柜形整体设备。由于空调机组中装有用于降温、除湿的蒸发器和加热器、加湿器，因此可在全年内保证房间达到一定程度的恒温与恒湿要求，但能耗大。

　　（四）冷冻除湿机组

　　冷冻除湿机组是利用蒸气压缩式制冷机降低空气含湿量的设备，它包括制冷压缩机、冷凝器、直接蒸发式空气冷却器（蒸发器）和通风机等主要设备，冷冻除湿机组的工作流程见图 6-12。需

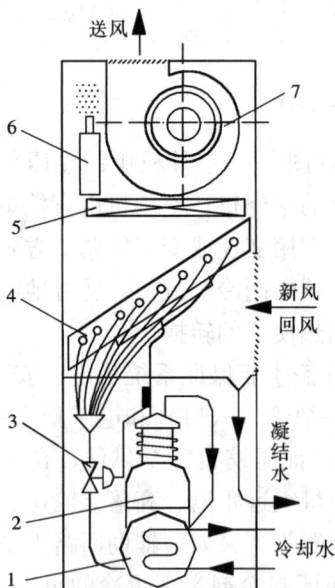

图 6-11　恒温恒湿型单元式空调机组

1—水冷式冷凝器；2—压缩机；3—热力膨胀阀；
4—蒸发器；5—电加热器；6—电加湿器；7—风机

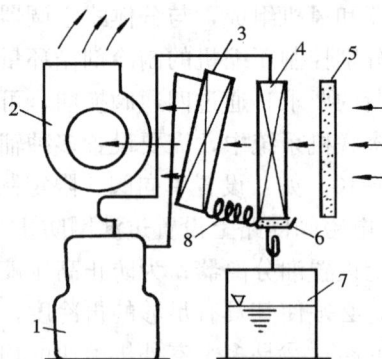

图 6-12　除湿机组的工作流程

1—压缩机；2—风机；3—冷凝器；4—蒸发器；5—空气
过滤器；6—凝结水盘；7—凝水箱；8—毛细管

要除湿的室内空气经空气过滤器被风机吸入，首先经蒸发器降温除湿（排出凝结水），然后经过风冷冷凝器进行再热，相对湿度降低后的空气再送入室内，循环往复。

第三节　蒸气压缩式制冷系统的工作特性

设计制冷系统，无论是厂家装配成的整体机组，还是现场组装的制冷装置，主要是选配压缩机、冷凝器、蒸发器、制冷剂流量控制机构以及风机、电动机等部件，并设计其自动控制系统。其步骤是：根据给定的设计条件（包括：冷水温度（或被冷却的空气温度）、流量和所采用的冷却水（或冷却用空气）入口温度、流量等），确定该制冷系统的设计工况（即选定蒸发温度和冷凝温度等系统的内部参数设计值），然后，按照设计工况选择或设计该制冷系统的各个组成部件，使之在运行过程中各个部件的能力相互匹配，以充分发挥每个部件的工作能力。

但是，一台制冷机组或制冷装置，在实际运行过程中，当外部参数（即冷凝器和蒸发器所通过的水流量或空气流量，以及水或空气的入口温度等）在一定范围内改变时，该机组或装置的性能如何变化、选配的各个组成部件是否匹配恰当，也是设计者必须考虑的问题。

所谓制冷系统（制冷机组或制冷装置）的特性，是指其制冷量和耗功率与外部参数之间的关系。分析制冷系统特性通常采用模拟解析法（又称为系统仿真）和图解法。模拟解析法实际上就是求解制冷系统中所有设备的工作特性方程（它们是制冷系统内部参数或外部参数的函数）以及能量平衡、质量平衡、动量平衡和制冷剂状态方程构成的联立方程组，消去其中所包括的系统内部参数（蒸发温度和冷凝温度），即可得出制冷系统运行时的工作特性。由于这些方程式比较复杂，需根据不同的研究目的，对方程进行必要的简化，利用集总参数法或分布参数法进行数值求解。而采用图解法分析制冷系统的稳态运行性能，不仅简单，而且还可以直接表明各主要参数的影响程度，使设计者便于估计改进某个部件对整个系统性能的影响效果。

下面以图解法为例，阐述制冷系统工作特性的分析方法。

一、主要部件的工作特性

（一）制冷压缩机

对于理论输气量 V_h 不变的制冷压缩机（简称定容量压缩机）而言，当所用的制冷剂一定时，其制冷量 ϕ_0、耗功率 P 以及需要从冷凝器排出的热量 ϕ_k 与蒸发温度 t_0 和冷凝温度 t_k（当忽略阻力损失时，即为压缩机吸、排气压力对应的饱和温度）呈函数关系，即

$$\phi_0 = f_{\phi_0}(t_0, t_k) \tag{6-1a}$$

$$P = f_p(t_0, t_k) \tag{6-1b}$$

$$\phi_k = \phi_0 + P = f_{\phi_k}(t_0, t_k) \tag{6-1c}$$

制冷压缩机的性能曲线一般以第三章图 3-40 的形式给出，它可以通过坐标变换，将性能曲线的横坐标变换为冷凝温度。图 6-13 就是以冷凝温度为横坐标、采用某制冷剂的压缩机性能曲线，其中图 6-13（a）表示在吸气过热度为 5℃，再冷度也为 5℃情况下，该压缩机的制冷量与系统内部参数（蒸发温度和冷凝温度）的关系。图 6-13（b）为制冷剂

冷凝并再冷 5℃时，应在冷凝器中排出的热量。
图 6-13（c）为上述工作条件下，该制冷压缩机的输入功率与蒸发温度和冷凝温度的关系。

（二）冷凝器与蒸发器

冷凝器和蒸发器同属热交换设备，其换热能力的表达式相似。

对于逆流式冷凝器来说，其冷凝热交换能力为

$$\phi'_k = \int_0^{A_c} d\phi'_k \qquad (6\text{-}2)$$

$$d\phi'_k = M_w c_w dt_w = K_c(t_k - t_w)dA$$

即

$$\frac{dt_w}{t_k - t_w} = \frac{K_c}{M_w c_w}dA$$

积分可得

$$\frac{t_k - t_{w2}}{t_k - t_{w1}} = \exp\left(-\frac{K_c A_c}{M_w c_w}\right) \qquad (6\text{-}2a)$$

冷却介质获得的热量

$$\phi'_k = M_w c_w(t_{w2} - t_{w1}) \qquad (6\text{-}2b)$$

设

$$\phi'_k = F_R K_c A_c(t_k - t_{w1}) \qquad (6\text{-}3)$$

由式（6-2a）、（6-2b）和（6-3）可以推导出式（6-3）中系数 F_R 的表达式为

$$F_R = \frac{M_w c_w}{K_c A_c}\left[1 - \exp\left(-\frac{K_c A_c}{M_w c_w}\right)\right] \qquad (6\text{-}4)$$

式中　M_w、c_w——冷却剂（水或空气）的质量流量和比热；

　　　K_c、A_c——冷凝器的传热系数和传热面积；

　　　t_{w1}、t_{w2}——冷却剂进、出口温度。

从公式（6-4）可以看出，对于某冷凝器来说，当冷却剂流量一定时，由于在一定热负荷范围内传热系数值变化不大，所以，系数 F_R 也基本不变。可以认为，给定冷凝器的热交换能力是冷凝温度和冷却剂进口温度的函数。图 6-14 为一台风冷式冷凝器，制冷剂的再冷度为 5℃、风量为 10800m³/h 时，从制冷剂向冷却剂（空气）的冷凝传热能力 ϕ'_k 与冷凝温度 t_k 和空气进口温度 t_{w1} 的关系曲线。

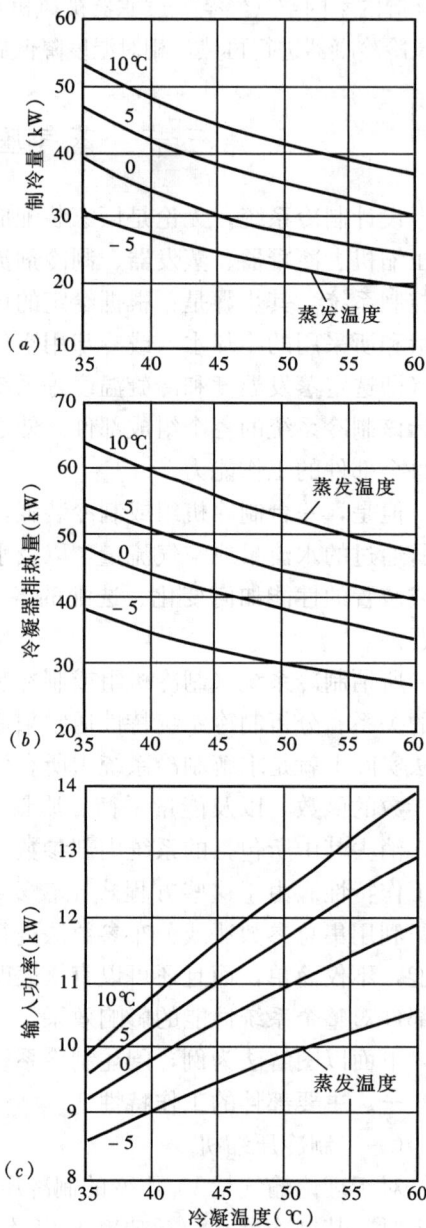

图 6-13　制冷压缩机的性能图
（制冷剂 R22，过热度 5℃，再冷度 5℃）

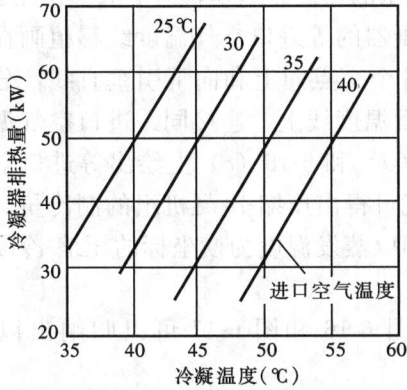

图 6-14　风冷式冷凝器性能曲线
(冷凝器风量＝10800m³/h，再冷度＝5℃)

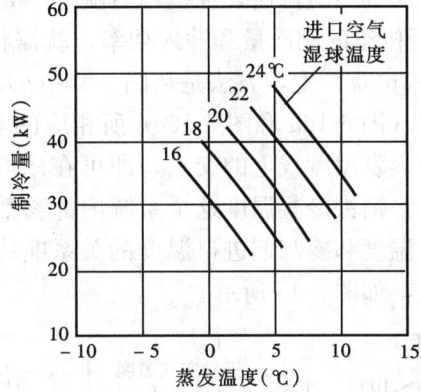

图 6-15　直接蒸发式空气冷却器性能曲线
(蒸发器风量＝6800m³/h，过热度＝5℃)

同样，蒸发器热交换能力可以用以下公式表达：

$$\phi'_0 = F_R K_0 A_0 (t_{c \cdot w1} - t_0) \tag{6-5}$$

$$F_R = \frac{M_{c \cdot w} c_{c \cdot w}}{K_0 A_0} \left[1 - \exp\left(-\frac{K_0 A_0}{M_{c \cdot w} c_{c \cdot w}} \right) \right] \tag{6-6}$$

式中，$M_{c \cdot w}$、$t_{c \cdot w1}$ 分别为冷水的质量流量与进口温度。但是，应该注意，对于直接蒸发式空气冷却器来说，由于热量交换与质量交换同时发生，能量传递的推动力是比焓差，或者说是空气湿球温度之差，故公式 (6-5) 和 (6-6) 应改写为

$$\phi'_0 = F_R K_{0 \cdot i} A_0 (t_{m \cdot 1} - t_0) \tag{6-5a}$$

$$F_R = \frac{M_{c \cdot a} c_{c \cdot a}}{K_{0 \cdot i} A_0} \left[1 - \exp\left(-\frac{K_{0 \cdot i} A_0}{M_{c \cdot a} c_{c \cdot a}} \right) \right] \tag{6-6a}$$

式中　$K_{0 \cdot i}$——以湿球温差为准的传热系数；

　　　$t_{m \cdot 1}$——进口空气的湿球温度；

　　　$c_{c \cdot a}$——比热，定压条件下，空气湿球温度每增加 1℃ 每 kg 湿空气所需的热量。

图 6-15 为一台直接蒸发式空气冷却器，当通过的空气量一定时，在不同进口空气湿球温度 $t_{m \cdot 1}$ 情况下，蒸发器的总换热能力（制冷能力）ϕ'_0 与蒸发温度 t_0 的关系曲线。

二、制冷压缩机—冷凝器联合工作特性

压缩—冷凝机组是目前应用很广的一种组合式整体机组，其工作性能不同于单独的压缩机，也不同于所配用的冷凝器，而是两者的联合工作特性，需联立求解方程式 (6-1)、(6-3) 和能量守恒方程 ($\phi_k = \phi'_k$)，或采用图解法得出。

采用图解法时，因为压缩机和冷凝器的冷凝温度相同，所以，可以把以冷凝温度为横坐标的图 6-13 和图 6-14 简单地重合，从而得出压缩—冷凝机组的工作性能。

图 6-16 就是求解压缩-冷凝机组性能的图示，其中图 6-16 (b) 是将图 6-14 简单地与图 6-13 (b) 重叠在一起而得到的，图中等进口空气温度线与等蒸发温度线的交点，就是该压缩机与该冷凝器联合运行时的一种工况点，如图中 A 点，A 点的横坐标值就是在此

工况运行时的冷凝温度，纵坐标值就是冷凝器排出的热量。但是，为了求得在此工况下该压缩-冷凝机组的制冷量和输入功率，就需将冷凝器的等进口空气温度线移植画在图 6-16（a）和 6-16（c）上，方法是从图 6-16（b）的各个交点向上和向下引垂直线，分别交在上、下图（图 6-16a 和图 6-16c）所相应的等蒸发温度线上，连接同一进口空气温度与对应的各个蒸发温度线上的交点，即可在图 6-16（a）和 6-16（c）上绘出等进口空气温度线。这样，消去冷凝温度这个系统内部参数，就可得出压缩-冷凝机组的制冷量、输入功率与蒸发温度和冷却剂进口温度的关系曲线，即以蒸发温度为横坐标的压缩-冷凝机组的性能曲线，如图 6-17 所示。

从图 6-16 和图 6-17 可以归纳出以下三点结论：

（1）由定容量压缩机构成的压缩-冷凝机组的工作性能与蒸发温度、冷却剂进口温度及其质量流量呈函数关系，可写为

$$\phi_0 = f_{\phi_0}(t_0, t_{w1}, M_w) \qquad (6\text{-}7a)$$

$$P = f_P(t_0, t_{w1}, M_w) \qquad (6\text{-}7b)$$

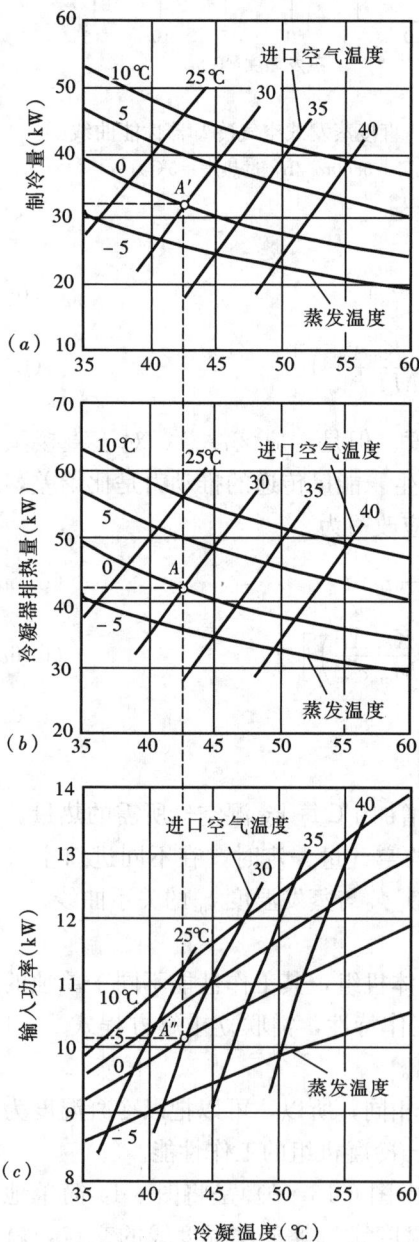

图 6-16 压缩-冷凝机组性能图（一）

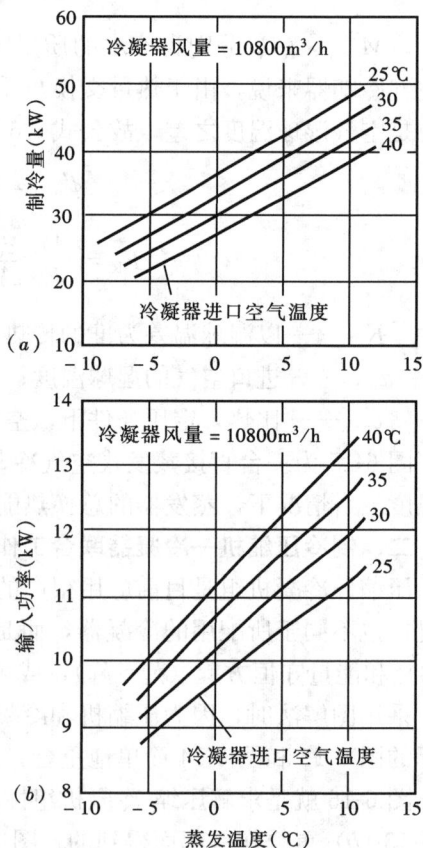

图 6-17 压缩-冷凝机组的性能图（二）

（2）由于冷凝器工作特性曲线的斜率 $\phi'_k/(t_k-t_{w1})$ 与 $F_R K_c A_c$ 三者乘积成正比（参看公式（6-3）），所以，设计时如果冷凝器传热面积取得较小，则冷凝器的工作特性曲线比较平缓，该机组的制冷能力就比较小。

（3）运行时，由于传热面结垢、机组内存在不凝性气体等，使传热系数降低；或者，由于冷凝器中存液过多，等于缩减了传热面积。这些情况均可使冷凝器的工作特性曲线变得平缓，与正常情况相比，机组的冷凝温度将有所上升，也将导致制冷能力降低。

三、压缩机-冷凝器-蒸发器联合工作特性

当采用节流装置时，现场组装的制冷系统以及整体式制冷机组（如单元式空调机组、冷水机组等）的工作特性均可认为是压缩机-冷凝器-蒸发器三者的联合工作特性。该联合工作特性可以通过求解压缩机－冷凝器联合特性方程式（6-7）、蒸发器特性方程式（6-5）和能量守恒方程（$\phi_0=\phi'_0$）这对联立方程组而得出。

采用图解法时，因为压缩－冷凝机组与蒸发器的蒸发温度相同，所以，同样可以将均以蒸发温度为横坐标的图 6-15 和 6-17 简单地重合在一起，以求得联合工作特性，如图 6-18 所示。通过图 6-18（a）中冷凝器进口空气的等温度线与蒸发器进口空气的等湿球温度线的交点，就可以得出在不同外在参数条件下运行时，该系统的蒸发温度和制冷量。如果从图 6-18（a）的每个交点向下引垂线，与图 6-18（b）（图 6-17b）上相应的冷凝器进口空气温度线相交，即可在压缩-冷凝机组的输入功率图上画出蒸发器进口空气的等湿球温度线，从而得出在不同外在参数下运行时该系统所需的输入功率。由此，消去系统内部参数（蒸发温度），就可以得出整个制冷系统的制冷量、所需输入功率与外部参数（两个进口温度 $t_{m.1}$、t_{w1}）的函数关系，即所谓整个系统的工作特性，见图 6-19。

从图 6-18 和图 6-19 可以得出以下三点结论：

（1）对于给定的定容量压缩机构成的制冷系统，其工作特性只与通过冷凝器和蒸发器的外部流体进口温度（若为直接蒸发式空气冷却器，则为空气进口湿球温度）和流量呈函数关系，即

$$\phi_0=f_{\phi_0}(t_{w1},t_{m.1},M_w,M_{c.a}) \qquad (6-8a)$$

$$P=f_P(t_{w1},t_{m.1},M_w,M_{c.a}) \qquad (6-8b)$$

（2）由于蒸发器工作特性曲线的斜率 $\phi'_0/(t_{m.1}-t_0)$ 与 $F_R K_0 A_{0.i}$ 三者乘积成正比（参看公式（6-5a）），所以，如果设计时蒸发器的传热面积取得较小，蒸发器工作特性曲线将比较平缓，影响该系统制冷能力的充分发挥。

（3）如果蒸发器传热面被污染，或因节流装置过小等造成供液不足，使部分传热面未与液态

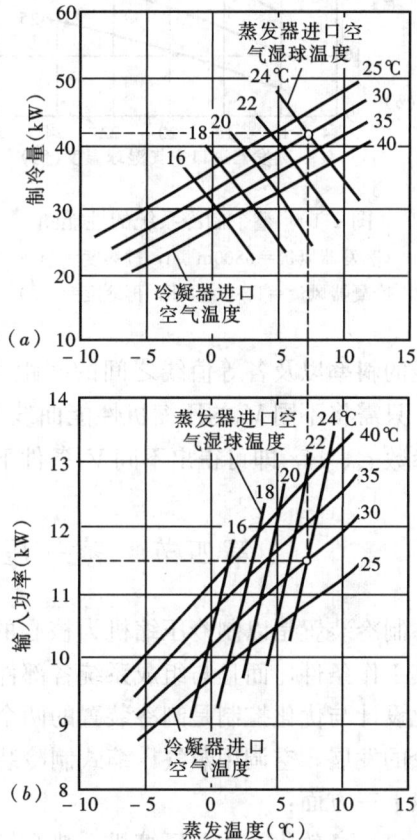

图 6-18 压缩机-冷凝器-蒸发器联合
工作性能图

（蒸发器风量＝6800m³/h，过热度＝5℃；
冷凝器风量＝10800m³/h，再冷度＝5℃）

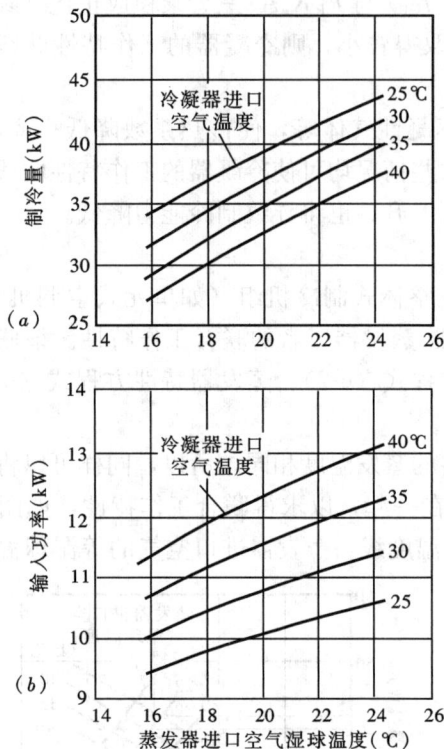

图 6-19　整个制冷系统的性能图
（蒸发器风量 = 6800m³/h，过热度 = 5℃；
冷凝器风量 = 10800m³/h，再冷度 = 5℃）

制冷剂相接触，则相当于降低了传热系数或缩减了传热面积，蒸发器的工作特性曲线变得平缓，与正常情况相比，该系统的蒸发温度必将降低，从而导致制冷能力下降。

值得注意的是，对于理论输气量 V_h 可调的制冷压缩机（简称：变容量压缩机）而言，其制冷量 ϕ_0、耗功率 P 以及需要从冷凝器排出的热量 ϕ_k 不仅与蒸发温度和冷凝温度有关，还与 V_h 有关，故描述压缩机性能的公式（6-1a）～（6-1c）则转化为

$$\phi_0 = f_{\phi_0}(V_h, t_0, t_k) \tag{6-1A}$$

$$P = f_p(V_h, t_0, t_k) \tag{6-1B}$$

$$\phi_k = \phi_0 + P = f_{\phi_k}(V_h, t_0, t_k) \tag{6-1C}$$

当理论输气量 V_h 恒定为某一数值时，变容量制冷系统则转化为定容量制冷系统，其性能分析方法与上述完全相同。如果 V_h 变化，当采用模拟解析法时，只需将公式（6-1a）～（6-1c）更换为（6-1A）～（6-1C）即可；而采用图解法时，需注意图 6-13 中在各冷凝温度和蒸发温度条件下的 ϕ_0、P 以及 ϕ_k 将随 V_h 的增大而增大，随 V_h 的减小而减小，其性能曲线的斜率以及各等值线之间的间距均会相应增大或减小。在分析变容量制冷系统性能时，只需将不同 V_h 的压缩机性能曲线与冷凝器、蒸发器性能曲线进行联立，消去系统内部参数 t_k、t_0，即可得出不同 V_h 条件下，ϕ_0、P 和 ϕ_k 随外部参数变化的工作特性。

第四节　蒸气压缩式制冷装置的性能调节

制冷装置是以制冷压缩机为核心的闭环气液两相流体管网系统[59]，其性能不仅取决于其工作条件，而且与组成系统各部件的性能以及这些部件的匹配关系密切相关，因此，优化设计与优化控制是制冷装置的两个重要课题。随着制冷技术、电子技术以及自动控制理论的发展，空调用蒸气压缩式制冷装置的系统形式和控制方式均取得了长足发展，体现在以下三方面：

（1）高效化：改善压缩机、热交换器、膨胀阀与风扇性能，加强对制冷循环特性的研究，实现了系统的小型化、低能耗、低噪音、高可靠性。

（2）多元化：从简单制冷系统发展到热泵、热回收多联机系统，拓展了直接蒸发式空调系统的应用范围，开辟了集中空调系统的新领域。

（3）智能化：从单一的温度控制发展到室内热环境特性（如 PMV 等）的综合控制，

从简单的启/停（on/off）控制发展到包括人工神经网络与模糊技术相结合的智能控制，以实现人们对节能和舒适性的要求。

制冷装置自动调节又称制冷装置自动控制，主要包括制冷装置容量控制、制冷剂流量控制和安全保护控制三个方面，通过各种调节作用，使制冷剂状态参数在各部件与制冷系统典型部位具有合理取值，以保证被控工艺参数的要求以及制冷装置的安全、稳定、节能运行。

（1）制冷装置容量控制：制冷装置的容量取决于构成循环的制冷压缩机、冷凝器、蒸发器以及节流装置的容量大小。欲保证被控工艺参数稳定，需根据负荷和外部扰动变化适时调节制冷装置的容量，有时制冷系统虽然能保证被控对象的负荷要求，但又有可能导致系统的内部参数（如：冷凝温度、蒸发温度、再冷度、过热度等）偏离工艺参数要求或导致系统能耗增大。故制冷装置容量控制需要对压缩机、冷凝器、蒸发器以及节流装置的容量分别进行调节或进行联合调节，以保证被控参数的工艺要求和制冷系统高效节能运行。

（2）制冷剂流量控制：制冷剂流量调节的目的是控制进入蒸发器的液态制冷剂的流量与蒸发器负荷相匹配。制冷剂流量控制元件是节流装置，通过调节节流装置的容量（开度），合理控制蒸发器出口过热度，既保证蒸发器能力得到充分发挥，又保证制冷系统稳定运行和压缩机安全运行（不会出现湿压缩或排气温度超高）。特别是，电子膨胀阀作为节流装置已在制冷装置中得到广泛应用，其功能已不局限于对蒸发器出口过热度的控制，例如，在多联机系统中，电子膨胀阀是控制室内换热器出口制冷剂状态参数（制冷时，控制室内蒸发器出口过热度；制热时，控制室内冷凝器出口再冷度）和室内温度的双重执行器；在房间空调器中，电子膨胀阀有时也作为蒸发器出口过热度和压缩机排气温度的双重执行器。

（3）安全保护控制：当外部参数变化或制冷装置出现故障时，以及在制冷装置容量调节过程中，有可能出现内在参数超越安全运行范围。为保护设备，需要在系统中设置辅助部件，以保证制冷装置的安全运行。

一、制冷装置的容量调节

制冷装置的容量调节，包括压缩机、冷凝器、蒸发器以及节流装置的容量调节。压缩机容量调节是改变压缩机的制冷能力，使之与变动的负荷相适应，是制冷装置容量调节的主要手段；冷凝器和蒸发器的容量调节实质上是对冷凝压力与蒸发压力的调节；节流装置的容量调节已在第五章进行了详细分析，本节不再赘述。

（一）容积式制冷压缩机的容量调节

由第三章公式（3-2）、（3-27）以及电机转速公式 $n=60f(1-s)/p$，可以得出制冷装置的制冷量 ϕ_0 的表达式

$$\phi_0 = mM_r q_0 = m\left[\eta_v \cdot \frac{\pi}{4}D^2L \cdot z \cdot \frac{f(1-s)}{p} \cdot \frac{1}{v_1}\right]q_0 \quad \text{kW} \qquad (6-9)$$

式中　m——压缩机台数；

　　　M_r——每台压缩机的制冷剂质量流量，kg/s；

　　　q_0——单位质量制冷剂的制冷能力，kJ/kg；

　　　η_v——压缩机的容积效率；

  D——气缸直径，m；

  L——活塞行程，m；

  z——每台压缩机的气缸数；

  f——电动机运转频率，Hz；

  s——电动机转差率；

  p——电动机极对数；

  v_1——压缩机入口气态制冷剂的比容，m^3/kg。

从式（6-9）可以看出，改变式中不同因素可以获得不同的容量调节方法，归纳起来，可划分为运转速度调节和机械式容量调节两大类，参见表6-1。

压缩机容量调节方法的分类 表 6-1

压缩机容量调节方法			调节原理	容量调节的连续性	适用压缩机
运转速度调节	改变电动机极对数		p	不连续	各种压缩机均可能
	改变电动机驱动电源频率		f	连续	各种压缩机均可能
机械式容量调节	压缩机结构不变	台数控制	m	不连续	各种压缩机均可能
		吸气节流	v_1	连续	各种压缩机均可能
		排气旁通	v_1	可实现连续	各种压缩机均可能
	压缩机结构变化	可变行程	L	连续	斜盘往复式压缩机
		吸气旁通	L	可实现连续	回转式压缩机
		卸载控制	z	不连续	多缸活塞式、双转子压缩机
			$T^{①}$	近似连续	涡旋压缩机

注：① t 表示在一个容量调节周期 T 内，数码涡旋压缩机动、静涡盘加载时间 T_0 的占空比，$t = T_0/T$。

1. 运转速度调节方法

运转速度调节方法是以改变压缩机驱动电动机的极对数 p 或运转频率 f，调节单位时间内通过压缩机的制冷剂流量 M_r 的容量调节方法。由于压缩机采用变频调速技术，使制冷系统具有响应速度快、控温精度高、节能效果明显等优点，目前在房间空调器、单元式空调机组、多联机等中小型制冷设备甚至大型离心式冷水机组中都得到广泛应用。

转速调节是指通过电力技术控制电机的转速从而调节压缩机在单位时间内的吸气量的容量调控技术。压缩机调速技术已经被深入研究且广泛应用，包括活塞式压缩机在内各种形式压缩机均有采用调速技术的机型。虽然转速调控技术可用于各种形式压缩机，但调速对于各种压缩机的性能的影响有所不同。图6-20示出了调速对往复式、滚动转子式和涡旋式三种压缩机的性能影响。纵坐标均以 60Hz 时涡旋式压缩机的对应指标为 100% 给出的[60]。从图中可以看出，涡旋式压缩机的容积效率 η_v 和指示效率 η_i 均高于滚动转子式和往复式；但三种压缩机的 η_v 开始均随频率 f 的增加而上升，但当频率超过 80Hz 以后，往复式的 η_v 开始下降，而涡旋式和滚动转子式的 η_v 却依然上升，可见，这两种压缩机适用于转速在较宽范围内变化的场合。三种压缩机的指示效率 η_i 在 $50\sim60$Hz 之间达到最大值，低频与高频时 η_i 均降低，这主要是因为高速运转时摩擦损失增大，低速运转时泄漏加剧所致。其中，考虑到振动、噪声和阀片响应时间等因素，往复式压缩机的频率变化范围受到一定限制。

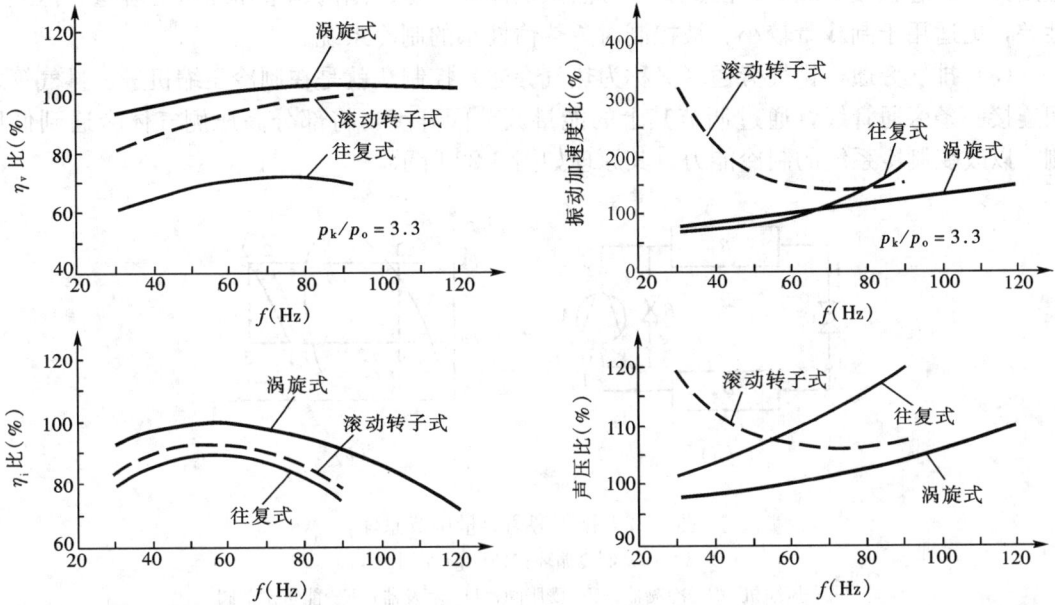

图 6-20　转速调节对压缩机性能的影响

2. 机械式容量调节方法

机械式容量调节方法是指压缩机转速不变、而以改变每个压缩周期的工作容积或实际输气量来调节单位时间内通过压缩机的制冷剂流量 M_r 的容量调节方法。其中，台数控制、吸气节流、排气旁通等容量调节方法，无需改变压缩机结构即可实现，故对于任何形式的压缩机均适用；而可变行程、吸气旁通和卸载控制方法，则要求压缩机具有相应的调节机构，故不同形式的压缩机需采取不同的调节方法。

（1）台数控制　多台定容量压缩机负责一个被冷却对象时，可以启/停部分压缩机，以改变该系统的制冷量，使之与被冷却对象的负荷相适应，故又称为启/停（on/off）控制。这种调节方式简单易行，但由于制冷量调节是分级进行的，故能级间的跃幅较大，常用于控温精度要求不高的场合。

对于容量较大的制冷系统，常采用多台定容量压缩机和一台变容量压缩机组合，以弥补定容量压缩机台数控制的缺陷，提高控温精度。

（2）吸气节流　在压缩机吸气管上设置调节阀，通过调节阀的节流作用，降低吸气压力以增大吸气比容，使压缩机实际吸入的制冷剂质量流量减小，从而改变压缩机的制冷量。图 6-21 中实线表示吸气节流容量调节时压缩机的 p-V 图和制冷循环 $\lg p$-h 图，虚线表示容量控制前压缩机的工作过程。吸气节流阀前的压力为蒸发压力 p_0，经节流后降为 p_0'，使得压缩机的压缩比增大，单位质量制冷剂的耗功率增大，排气

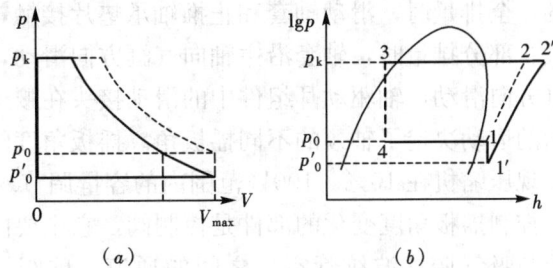

图 6-21　吸气节流容量调节原理
（a）p-V 图；（b）$\lg p$-h 图

温度升高，容积效率降低，因此，该方法虽然能在一定范围内调节压缩机的容量，但经济性差，更适用于制冷量较小、被控制对象热惰性小的制冷系统。

（3）排气旁通　排气旁通（又称为热气旁通）控制法就是在制冷压缩机进、排气管之间连接一条旁通管线，通过调节其上的能量调节阀开度，将部分高压侧气体旁通到低压侧，以改变制冷系统的制冷能力，其原理如图 6-22 所示。

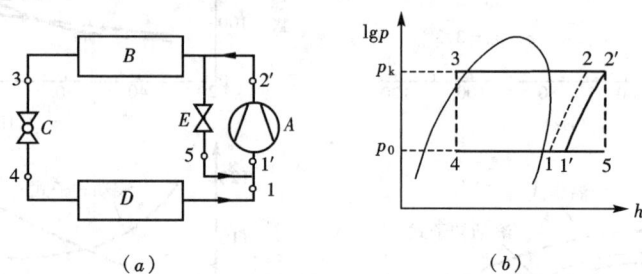

图 6-22　排气旁通容量调节原理

(a) 制冷循环；(b) lg$p$-h 图

A—压缩机；B—冷凝器；C—膨胀阀；D—蒸发器；E—能量调节阀

能量调节阀是由压缩机吸气压力控制的比例型气动调节阀，它根据吸气压力与设定的阀开启压力之间的偏差按比例改变阀的开度，调节高压气体向低压侧的旁通量。能量调节阀开启时，主要是由于高压气体向低压侧的旁通，减少供给蒸发器的制冷剂质量流量，致使系统制冷减少；当然，由于压缩机吸入的是蒸发器出口状态 1 与由高压侧旁通回来的高温蒸气 5 的混合气体，状态点为 $1'$，因 $v_1 < v_{1'}$，故压缩机的实际制冷剂流量减小，制冷量也会相应减小。由于这种方法使流经蒸发器的制冷剂流量减小，对蒸发器的回油不利，而且，压缩机的排气温度较高，为了解决这个问题，可以将压缩机的排气旁通至蒸发器入口或蒸发器中部，这样既可加大制冷剂在蒸发器中的流速，保证润滑油顺利返回压缩机，又能保证压缩机排气温度不致过高。

排气旁通阀有时也采用启停控制的电磁阀代替，虽可降低制冷装置的成本，但其容量调节范围和稳定性则受到限制。

（4）可变行程　在汽车空调系统中，由于压缩机的转速取决于发动机的转速，为调节任意车速和外界条件下车体内的温湿度，常采用可变行程的变排量压缩机。图 6-23 (a) 示出了一种变排量摇板式压缩机的结构[61]。压缩机的可变排量是通过改变摇板角度而获得的，全排量时，滑动轴套和止推轴承垫片接触，此时轴颈达到最大摇板角，活塞行程也最大；部分排量时，轴套沿主轴向气缸方向滑动，轴套同轴颈连接的轴颈轴销也沿轴线向气缸方向滑动，轴驱动耳组件中的滑动接头在腰形槽内运动，轴颈轴销和滑动接头在腰形槽内的运动决定了轴颈的不同摇板角。摇板角度的连续变化，致使活塞行程连续变化，从而实现压缩机在 10%～100% 范围内的容量调节。

控制摇板角度变化的部件是控制阀，它主要由锥阀和球阀两个阀门构成，锥阀控制摇板箱与吸气腔（波纹管室）之间的通道，球阀控制排气腔与摇板箱之间的通道，如图 6-23 (b)所示。当车内空调负荷增加时，压缩机吸气压力就会升高，高于控制阀的设定值后，会控制波纹管的收缩，推动控制阀阀杆关小球阀，开大锥阀，这样降低了摇板箱压力和吸气压力差，该压力差和其他作用在摇板上的力合在一起就会增大摇板的倾斜角，从而增加了活塞行程，提高了压缩机活塞排量，满足空调负荷增加的要求；当车内空调负荷减少时，以同样的作用机理来减少活塞行程和压缩机活塞排量。图 6-23（c）是可变行程压缩机容量调节的 p-V 图，由此可以看出，压缩行程减小，耗功量也降低。

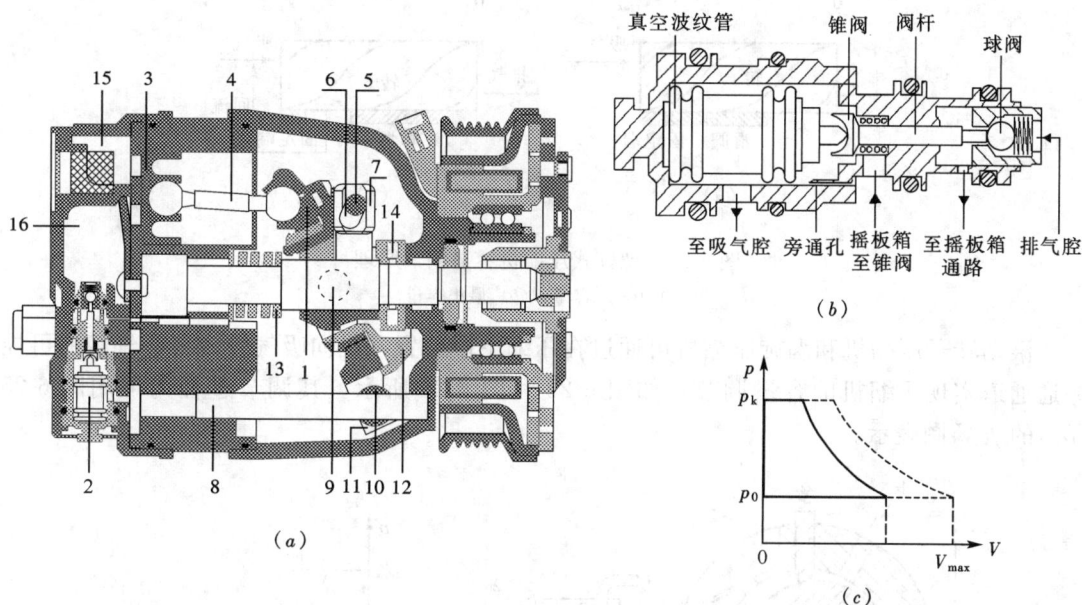

图 6-23　可变行程容量调节原理

(a) 变行程斜盘式压缩机；(b) 控制阀；(c) p-V 图

1—摇板；2—控制阀；3—活塞；4—活塞杆；5—滑动接头；6—腰形槽；7—轴驱动耳；8—导向杆；9—轴颈轴销；10—导球；11—导片；12—轴颈；13—复位弹簧；14—止推轴承；15—吸气腔；16—排气腔

　　蒸发压力恒定的内部控制型变排量压缩机是目前的主流机型，为适应负荷变化，近年来已开发出蒸发压力可变的外部控制型变排量压缩机，其运行效率得到进一步提高[62]。

　　(5) 吸气旁通　对于螺杆式、滚动转子式与涡旋式等回转式压缩机，可以通过压缩机的内部机构，将压缩过程中的气体旁通至吸气腔，从而减少排出压缩机的制冷剂流量，这种方法称为吸气旁通容量调节方法。

　　螺杆式压缩机的吸气旁通容量调节是通过油活塞带动的滑阀进行的，滑阀位于排气侧机体两内圆的交线处，并且能够在平行于气缸轴线方向往返滑动，其调节原理如图 6-24 所示[63]。当油活塞带动滑阀由排气侧移动到滑阀与吸气侧固定端贴合时，容量为 100%，这时螺杆式压缩机工作腔的长度全部有效。而当油活塞带动滑阀离开固定端时，二者之间形成回流孔口，于是随转子运转齿间容积从最大到逐渐减小的变化过程中，在回流孔口被全部堵断之前，已吸入到齿间容积中的气体经过孔口向压缩机吸气腔回流旁通，这段过程不产生气体压缩作用，只有当接触线移动到完全越过回流孔口，才开始发生随齿间容积变小的气体压缩过程，从而使压缩机实际输气量减小；滑阀连续移动可实现压缩机在 10%～100% 范围内的容量调节。

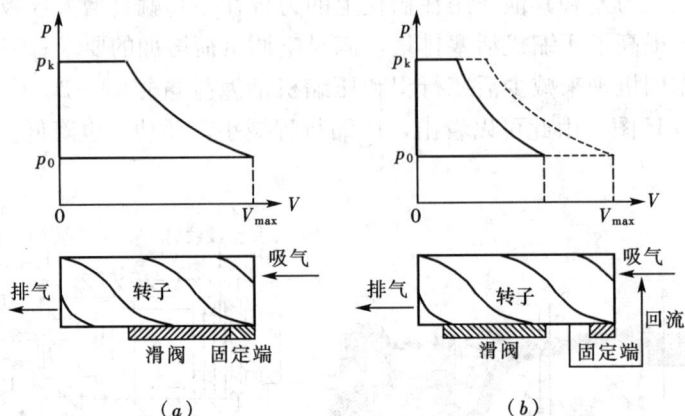

图 6-24　螺杆式压缩机容量调节原理

(a) 100%容量；(b) 最小容量

　　滚动转子压缩机和涡旋压缩机可通过在压缩中段位置开设向吸气管或者吸气腔的可控旁通通道实现压缩机的容量调节，如图 6-25 和图 6-26 所示，其调节过程均可用图 6-25 (b) 的 p-V 图表示。

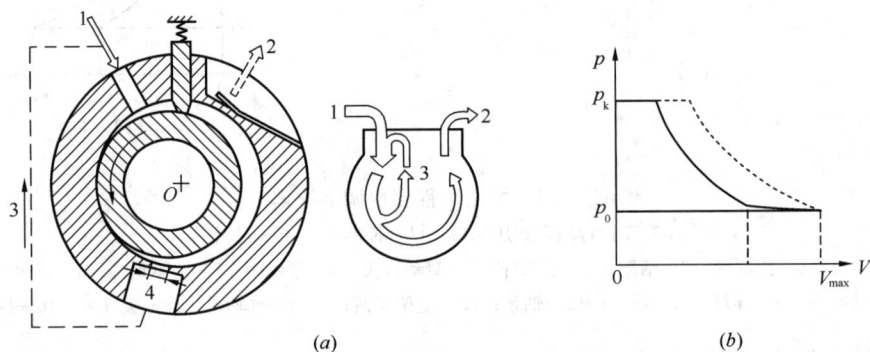

图 6-25　具有吸气旁通容量调节功能的滚动转子压缩机

(a) 压缩机结构；(b) p-V 图

1—吸气；2—排气；3—回流气体；4—旁通口

　　从图 6-24 和图 6-25 中的 p-V 图可以看出，吸气旁通相当于可变行程容量调节。

　　(6) 卸载控制　卸载控制是吸气旁通的特殊情形，是将整个压缩腔全程旁通到吸气腔的吸气旁通调节方式，常用于多缸往复式压缩机中，称之为气缸卸载。但随着技术的进步，卸载控制方式已在滚动转子和涡旋压缩机中得以应用。

　　① 活塞式压缩机的卸载控制

　　气缸卸载是通过改变工作气缸的数量来实现的，例如，对于第三章图 3-10 所示的具有八个气缸的 8AS-12.5 型活塞压缩机，通过图 6-27 所示的供油系统驱动油压启阀式卸载装置，停止两气缸、四气缸、六气缸的工作，使压缩机的输气量分别变为总输气量的75%、50%、25%。气缸卸载不仅可以实现阶跃式能量调节，还可以降低启动负荷，减小启动转矩，故常称之为"轻车启动"或"空车启动"。

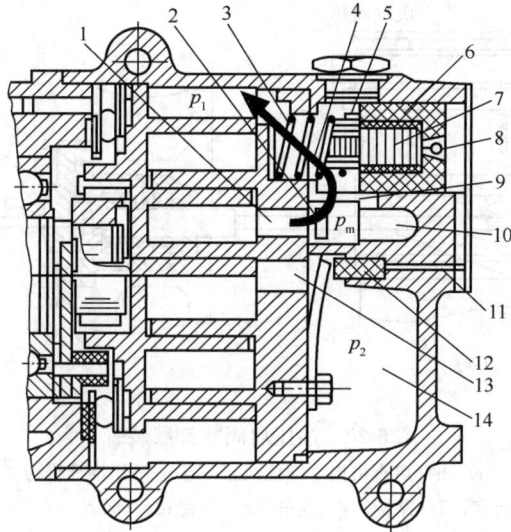

图 6-26 具有吸气旁通容量调节功能的涡旋压缩机

1—回流气体出口；2—舌簧阀；3—弹簧；4—回流气体；5—通气孔；6—活塞式控
制阀；7—波纹管；8—导向球阀；9—回流气体调节孔；10—中间压力腔；11—节
流孔；12—滤网；13—排气孔；14—排气腔

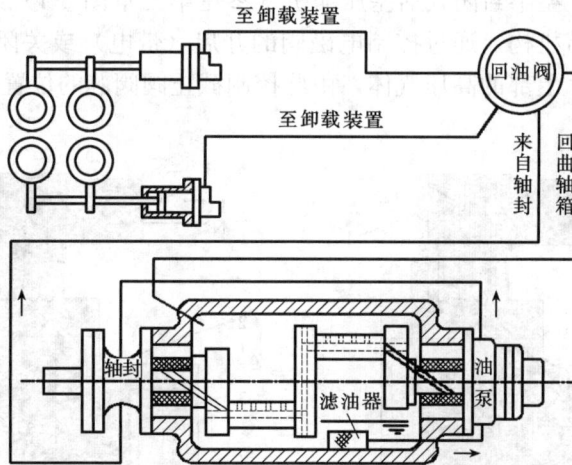

图 6-27 8AS-12.5 型活塞压缩机的供油系统示意图

油压启阀式卸载装置的结构如图 6-28 所示，它包括两个组件：一为顶杆启阀机构，另一为油压推杆机构。

顶杆启阀机构就是在吸气阀片下设有几根顶杆，顶杆上套有弹簧，其下端分别座于转动环上具有一定斜度的斜槽内，如图 6-28（a）。这样，当顶杆位于斜槽底部，顶杆与阀片不接触，阀片可以自由上下运动，该气缸处于正常工作状态；如果旋转转动环，则顶杆沿斜面上升，将吸气阀片顶开，此时，尽管活塞仍在气缸内往复运动，但气缸内气体不被压缩，故该气缸处于卸载（不工作）状态。

油压推杆机构是使气缸套外部的转动环旋转的机构，见图 6-28（b）。当油管内供入一

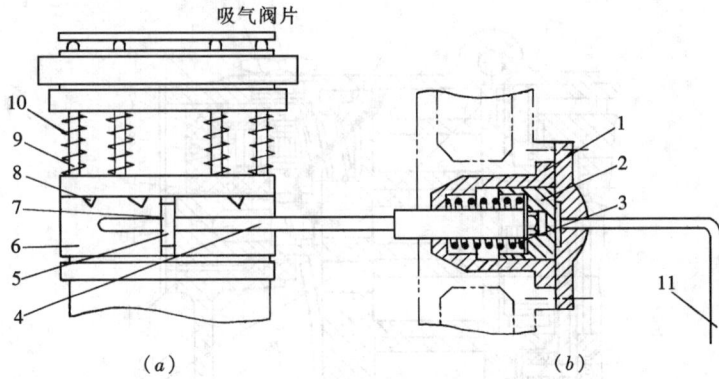

图 6-28　油压启阀式卸载装置

(a) 顶杆启阀机构（卸载状态）；(b) 油压推杆机构

1—油缸；2—活塞；3—弹簧；4—推杆；5—凸缘；6—转动环；7—缺口；8—斜
面切口；9—顶杆；10—顶杆弹簧；11—油管

定压力的润滑油时，油缸内的小活塞和推杆被推压向前移动，带动转动环稍微旋转，这时靠顶杆弹簧可将顶杆推至斜槽底部；反之，油管内没有压力油供入，则油缸内的小活塞和推杆在弹簧作用下向后移动，并带动转动环将顶杆推至斜面高点，顶开吸气阀片。

图 6-29 示出了 6F 型半封闭式活塞压缩机（参见第三章图 3-1）采用电磁阀控制活塞加载和卸载的容量调节机构。通过控制电磁阀的开启（带电）或关闭（失电），导通或切断截止阀阀芯（活塞）上部的高压气体，由此控制截止阀阀芯的位置，从而关闭或开启吸气通路。

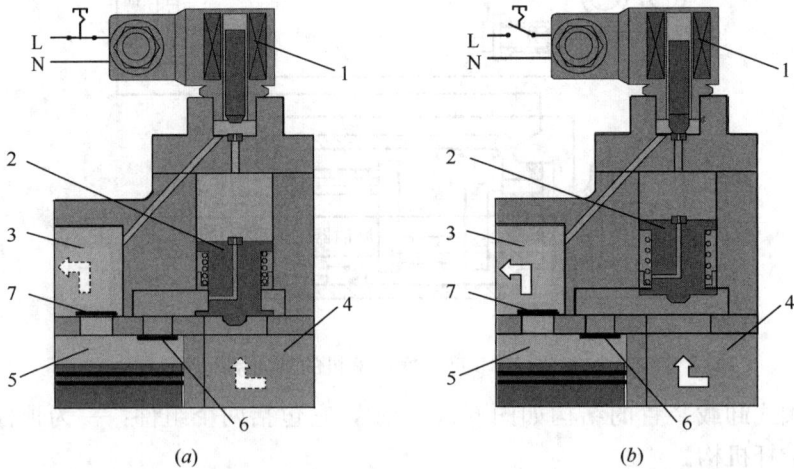

图 6-29　电磁阀控制的活塞卸载装置

(a) 卸载状态；(b) 加载状态

1—电磁阀；2—截止阀阀芯；3—排气腔；4—吸气腔；5—压缩腔；6—吸气阀；7—排气阀

② 转子式压缩机的卸载控制

图 6-30 示出了一种双转子压缩机采用卸载控制的容量调节原理图[64]。在上气缸的滑

板顶部设置复位弹簧，压缩机工作时一直处于工作状态；在下气缸的滑板顶部不设弹簧，而设置一块磁铁，通过设置在下气缸吸气管上的三通电磁换向阀，在下气缸工作时吸入低压气体，卸载时吸入高压气体，从而实现压缩机100％与50％两档容量控制。

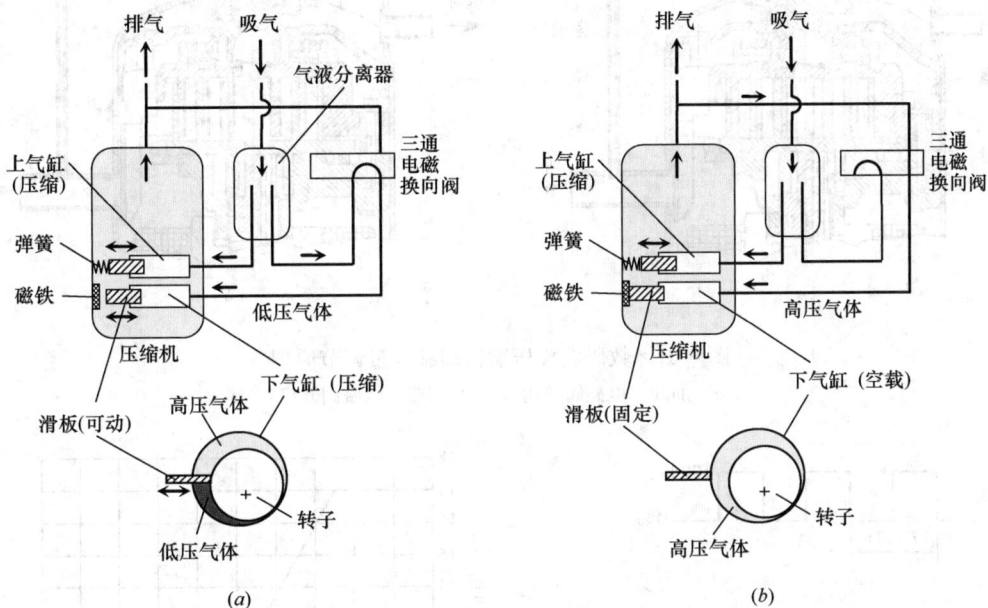

图 6-30 双转子压缩机卸载容量调节原理
(a) 100％容量；(b) 50％容量

压缩机工作在100％容量时，设有复位弹簧的上气缸压缩吸气，形成吸、排气压差，下气缸内进入低压气体，其滑板在该压差作用下往复移动，其转子加载实现压缩过程（图6-30a）；当电磁换向阀带电后，将上气缸压出的高压气体导入下气缸内，在压差的作用下，使下气缸的滑板向左推移并被磁铁吸引，使下气缸空载，实现50％的容量切换（图6-30b）。

当两个气缸的工作容积 V_g 不相等时，还可制造出不同容量配比要求的双转子压缩机。

③ 涡旋式压缩机的卸载控制

目前，将卸载技术应用于涡旋式压缩机，已开发出数码涡旋（Digital Scroll）变容量压缩机，其原理如图 6-31 所示[65]。

常规涡旋式压缩机的静涡盘是固定的，而数码涡旋压缩机采用轴向柔性结构，即在静涡盘顶部安装有一可上下移动的活塞；活塞顶部为调节室，通过 0.6mm 直径的排气孔与排气腔相通，此外，还通过设有电磁阀的旁通管与吸气管相连。电磁阀开启时，调节室内的排气被释放至低压吸气管，导致活塞上移（仅为 1mm），静涡盘也随之上移，使静涡盘与动涡盘分离卸载，导致无制冷剂蒸气被压缩；电磁阀关闭时，活塞上下侧的压力为排气压力，压缩机加载，恢复压缩过程；这样就可实现 0 和 100％两档容量调节。

通过改变电磁阀启/闭周期时间 T 以及启/闭时间的占空比 $t(t = T_0/T$，其中 T_0 为开启时间) 可实现压缩机 10％～100％无级容量调节。周期时间 T 可以是固定的，也可以是

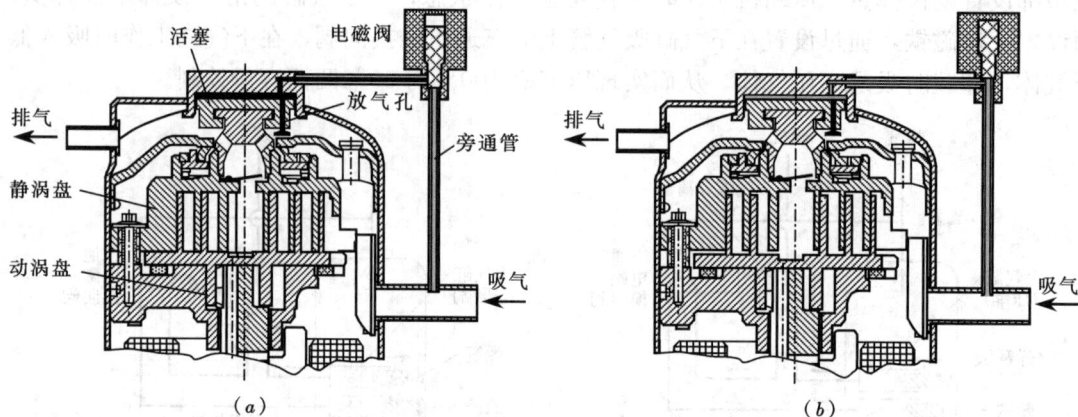

图 6-31 数码涡旋压缩机卸载容量调节原理

(a) 加载（电磁阀关闭）；(b) 卸载（电磁阀开启）

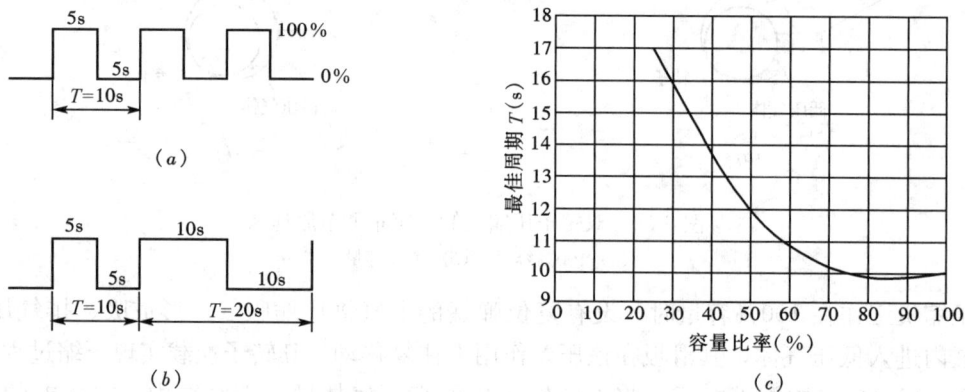

图 6-32 涡旋式压缩机卸载容量调节的周期时间

(a) 固定周期时间；(b) 可变周期时间；(c) 最佳周期时间曲线

变化的，参见图 6-32(a)、(b)。不同的容量值采用不同的周期时间可提高压缩机的运行效率，将效率最大值所对应的周期时间称为最佳周期时间，试验研究表明，最佳周期时间与容量调节比例呈反比趋势，容量比率越低，最佳周期时间越长，如图 6-32(c) 所示[65]。

（二）离心式制冷压缩机的容量调节

通常，离心式制冷压缩机的容量控制范围在 20%～100% 之间，其工作特性决定了离心式压缩机具有最小负荷率的限制，且一般情况下高负荷率时效率高，低负荷率时效率低。通过改进其能量调节技术以提高低负荷率时的性能系数是业内关注的课题。

离心式制冷压缩机的容量调节方式通常有四种：①叶轮入口导叶阀转角调节；②压缩机转速调节；③叶轮出口扩压器宽度调节；④热气旁通阀调节。当对部分负荷性能无特殊要求时，则较多采用①＋④的联合调节方式；而采用方式②＋③，或方式①＋②＋④则可有效地改善压缩机的部分负荷性能，并实现防喘振控制。

多数离心式压缩机采用控制导叶阀（Inlet Guide Vane，IGV）转角的方式来调节容量，其优点是控制简单，投资少，能在 20%～100% 间实现无级调节，但在部分负荷率条

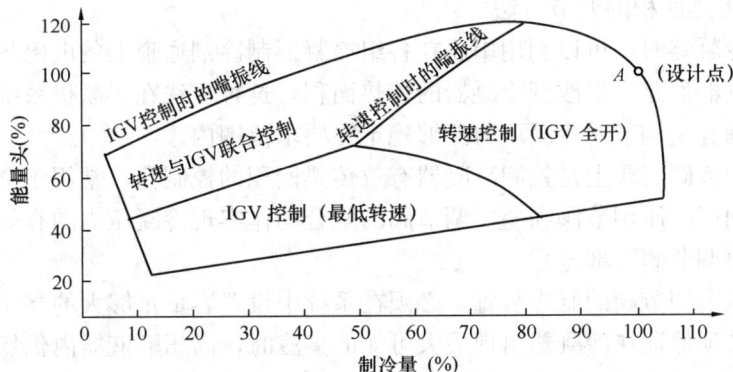

图 6-33　转速与导叶阀转角联合控制离心式压缩机容量

件下的效率偏低。

在获得相同制冷量时，调节转速比调节导叶阀转角压缩机所消耗的功率更小，但为避免喘振，其转速下限仅为设计转速的 70％ 左右，故仅依靠转速调节不可能获得更小的制冷量。将转速调节和导叶阀转角调节联合应用可实现大范围的容量控制（参见图 6-33[63]），同时具有很好的节能效果。

有些离心式制冷压缩机，采用导叶阀转角与叶轮出口扩压器宽度相结合的双重调节方法，使制冷量可以在 10％～100％ 范围内连续调节，即使在低负荷率时，流动仍然稳定，不易发生喘振，还可大幅度降低低负荷率时的功耗。

（三）冷凝压力调节

制冷装置运行时，其冷凝压力对系统性能有很大影响。当冷凝压力（或冷凝温度）偏高时，压缩比增大，容积效率减小，制冷量减小，耗功率增大，排气温度升高；冷凝压力越高，其不利影响程度越大。冷凝压力偏高的现象主要出现在夏季，这时应尽可能降低冷凝压力，以保证系统运行的经济性和可靠性。但是，对于全年运行的制冷装置，在冬季运行时又有可能出现冷凝压力过低的现象。当冷凝压力过低时，膨胀阀前后压差太小，膨胀阀容量减小，且容易出现阀前液体汽化，导致供液能力不足，蒸发器缺液，系统制冷量大幅度下降。因此，必须将冷凝压力控制在合理范围内，才能充分保证制冷装置的性能。

不同的冷凝器，其冷凝压力调节方法也不尽相同，其实质是通过调节冷凝器容量（即热交换能力）实现的。增大冷凝器容量，冷凝压力将降低，减小冷凝器容量，冷凝压力将升高。冷凝器的冷却剂主要有水和空气，调节其温度是改变冷凝压力的有效方法，但因冷却剂温度取决于环境，往往难以作为调节手段；冷凝器的传热系数主要取决于冷却剂流量，因此，调节冷却剂流量和冷凝器传热面积是调节冷凝压力的主要方法。

1. 冷却剂流量的调节方法

在水冷式冷凝器中，常采用水量调节阀调节制冷系统的冷凝压力，其调节原理参见第五章"冷凝压力调节阀"部分。

对于风冷式冷凝器，改变风量的调节方法有：采用变转速风扇电机、调节冷凝风扇的运转台数（但需防止气流短路），以及在冷凝器进风口或出风口设置风量调节阀。这些调节方法均可采用冷凝压力（冷凝温度）或环境温度为信号进行风量调节。

2. 冷凝器传热面积的调节方法

具有多组冷凝器时，可以利用串联在各组冷凝器制冷剂通道上的电磁阀的开/闭状态，开启或截断冷凝器通路，以改变冷凝器的传热面积，这种方法在多联机系统中应用，以适应压缩机大范围容量调节时冷凝压力能够稳定在要求范围内。

冷凝压力调节阀实质上是控制冷凝器有效传热面积的控制器，常用于全年制冷运行的制冷装置中，利用高压调节阀和差压调节阀的配合动作实现冷凝压力的有效调节（参见第五章"冷凝压力调节阀"部分）。

使用冷凝压力调节阀的制冷装置，必须在系统中设置容量足够大的高压贮液器，且制冷剂的充灌量必须保证在冷凝器出现最大可能的集液时，高压贮液器内仍然有液体，以保证高压贮液器的液封作用，否则将导致膨胀阀不能正常工作。

（四）蒸发压力调节

当外界条件和负荷变化时，会引起制冷装置蒸发压力（蒸发温度）变化。蒸发压力的波动，会使被控对象的控温精度降低，蒸发温度过低，不仅导致系统能效降低，而且会导致蒸发器结霜、冷水冻结；蒸发温度过高，又会出现压缩机过载、除湿能力下降等现象。因此需根据工艺要求，调节系统的蒸发压力。此外，对于多蒸发器制冷系统而言，必须控制每台蒸发器的蒸发压力，方能实现一台压缩机制冷系统的多蒸发温度运行。

蒸发压力的调节，实质上是调节蒸发器的容量，这一点与冷凝压力调节原理相似，增大被冷却介质流量（如风量、水量）与蒸发器传热面积，系统的蒸发压力将升高；反之，蒸发压力将降低。

蒸发压力控制还可以采用蒸发压力调节阀来实现（参见第五章"蒸发压力调节阀"部分）。蒸发压力调节阀安装在蒸发器出口，当蒸发压力降低时，减小阀开度，蒸发器流出的制冷剂流量减少，蒸发压力回升；当蒸发压力升高时，阀门开度变大，制冷剂流出量增加，抑制蒸发压力的升高。

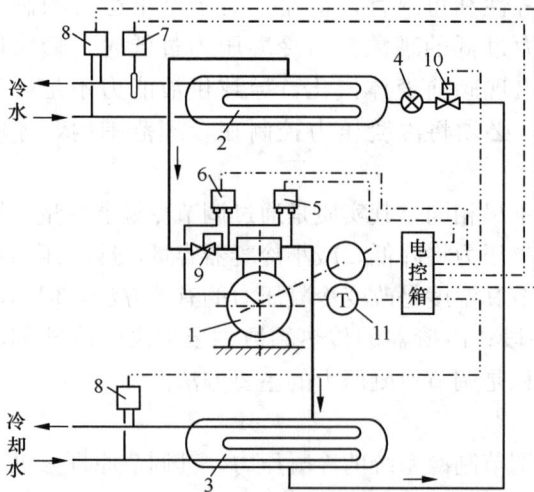

图6-34　氟利昂制冷装置自动保护系统

1—压缩机；2—蒸发器；3—冷凝器；4—节流装置；5—高低压开关；6—油压差开关；7—水温控制器；8—水流开关；9—吸气压力调节阀；10—电磁阀；11—排气温度控制器

调节压缩机、冷凝器、蒸发器及节流装置任一部件的容量都会影响整个制冷装置的性能和其他部件的内部参数，故在制冷装置的自动控制中，需要综合调节各部件的容量，使之达到制冷装置的容量需求，同时保证制冷装置各部位的制冷剂状态参数也在合理的范围内，因此制冷装置自动控制实质上是解决制冷循环的优化控制问题。

二、制冷装置的自动保护

制冷装置的事故可能有：液击、排气压力过高、润滑油供应不足、蒸发器内载冷剂冻结、制冷压缩机配用电动机过载等，为此，制冷装置均应针对具体情况设置一定的保护装置。图6-34是氟利昂制冷装置的典型自动保护系统。

从图中可以看出，该自动保护系统包括：

（1）高低压开关。接于制冷压缩机排气管和吸气管，防止压缩机排气压力过高和吸气压力过低。

（2）油压差开关。与制冷压缩机吸气管及油泵出油管相接，用于防止油压过低，压缩机润滑不良。

（3）温度控制器。水温控制器安装在壳管式蒸发器的冷水出水管路上，防止冷水冻结。在电子控制系统中，温度控制器可以用温度传感器代替。压缩机排气温度过高会使润滑条件恶化，润滑油碳化，影响压缩机寿命，因此在压缩机排气腔内或排气管上设置温度控制器或温度传感器，当压缩机排气温度过高时，指令压缩机降容或停机，当温度降低后，再恢复压缩机的运行状态。

（4）水流开关。分别安装在蒸发器和冷凝器的进、出水管之间，当冷水量或冷却水量过低时则自动停机，以防蒸发器冻结或冷凝压力过高。

（5）吸气压力调节阀。为避免压缩机在高吸气压力下过载运行，在压缩机吸气管上装有吸气压力调节阀。通过吸气节流，增大吸气比容，减小制冷剂循环量，从而防止压缩机过载导致电机烧毁。

此外，有些低温制冷装置（如小型冷库等）在膨胀阀前的液管上装有电磁阀，它的电路与压缩机电路联动。系统运行时，开启电磁阀向蒸发器供液，停机时，首先切断电磁阀线圈的电源，关闭阀门停止向蒸发器供液后，再切断制冷压缩机的电源，这样可以防止压缩机停机后大量高压侧制冷剂液体进入蒸发器，而造成再次启动时发生液击；同时利用电磁阀将高低压部位分开，以减少停机后液态制冷剂向低压部分的迁移量，防止压缩机启动时过载。

思 考 题

1. 氟利昂制冷系统与氨制冷系统有何区别？

2. 请查阅资料，了解目前常用的空调用蒸气压缩式制冷（热泵）机组有哪些种类？其适用范围如何？

3. 请问容积式制冷压缩机的容量调节方法有哪些？其调节机理是什么？

4. 请问离心式制冷压缩机常采用哪些容量调节方法？

5. 控制压缩机转速不仅是调节制冷装置容量的方式，同时也是调节冷凝压力和蒸发压力的有效手段。试分析压缩机转速的升高与降低对冷凝压力和蒸发压力有何影响？

6. 在定速压缩机制冷装置中，增大或减小冷凝器风速可调节其冷凝压力，请问该调节手段对蒸发压力有何影响？为什么？

7. 试分析转速可控型房间空调器的节能机理。

8. 一些工艺系统需要全年为其提供恒温冷水，请提出三种以上保证供水温度为 $20\pm0.2℃$ 的风冷式冷水机组技术方案，并比较其能耗特点。

练 习 题

1. 已知：吐鲁番地区夏季室外计算干球温度 41℃，湿球温度 17℃；广州夏季室外计算干球温度 34℃，湿球温度 28℃；室内设计参数均为干球温度 27℃，相对湿度 50%，热湿比为 10000kJ/kg。

（1）如果两地夏季均采用额定能效比 $EER = 3.4$（额定工况：室外侧干/湿球温度＝35/24℃，室内侧干/湿球温度＝27/19℃）的房间空调器进行制冷，试估算分析两地的房间空调器夏季运行时的能效比 EER 的大小，并评述其使用效果（提示：请参考房间空调器产品标准 GB/T 7725 给出的变工况性能评价方法）；

（2）请提出两地采用何种空调方案更为合理的建议（提示：关注各地室内、外空气状态，从而提出合理化建议）。

2. 一台采用 R22 的定转速压缩机风冷式冷水机组，其名义设计工况为：冷凝器入口风温 $t_{ain} = 35℃$，冷水的进/出水温度 $t_{win}/t_{wout} = 12/7℃$，冷凝器风量与蒸发器水量恒定不变。压缩机、冷凝器和蒸发器的性能曲线方程如下（各方程中，蒸发温度 t_e、冷凝温度 t_c、进风温度 t_{ain} 和进水温度 t_{win} 的单位为℃，制冷量 Q_e 和输入功率 P_{in} 的单位为 kW）：

① 压缩机

$$Q_e = c_1 + c_2 t_e + c_3 t_e^2 + c_4 t_c + c_5 t_c^2 + c_6 t_e t_c + c_7 t_e^2 t_c + c_8 t_e t_c^2 + c_9 t_e^2 t_c^2 \tag{6-10}$$

$$P_{in} = d_1 + d_2 t_e + d_3 t_e^2 + d_4 t_c + d_5 t_c^2 + d_6 t_e t_c + d_7 t_e^2 t_c + d_8 t_e t_c^2 + d_9 t_e^2 t_c^2 \tag{6-11}$$

式中，$c_1 = 137.402$，$c_2 = 4.60437$，$c_3 = 0.061652$，$c_4 = -1.118157$，$c_5 = -0.001525$，$c_6 = -0.0109119$，$c_7 = -0.00040148$，$c_8 = -0.00026682$，$c_9 = 0.000003873$；

$d_1 = 1.00618$，$d_2 = -0.893222$，$d_3 = -0.01426$，$d_4 = 0.870024$，$d_5 = -0.0063397$，$d_6 = 0.033889$，$d_7 = -0.00023875$，$d_8 = -0.00014746$，$d_9 = 0.0000067962$。

② 风冷冷凝器

$$Q_c = 9.39(t_c - t_{ain}) \tag{6-12}$$

③ 冷水蒸发器

$$Q_e = 6.0[1 + 0.046(t_{win} - t_e)](t_{win} - t_e) \tag{6-13}$$

试计算、分析下列问题：

（1）当冷凝器入口风温 $t_{ain} = 35℃$，分别制取出水温度 $t_{wout} = 5$、6、7、8、9℃冷水时，冷水机组的制冷量 Q_e、输入功率 P_{in}、性能系数（用 COP_c 表示）、冷凝温度 t_c、蒸发温度 t_e 分别为多少？

（2）当制取 7℃冷水，冷凝器入口风温分别为 $t_{ain} = 25$、30、35、40℃时，冷水机组的制冷量 Q_e，输入功率 P_{in}，性能系数 COP_c、冷凝温度 t_c、蒸发温度 t_e 分别为多少？

（3）根据（1）、（2）题的计算结果，分析工况条件对定转速压缩机冷水机组性能的影响规律。

3. 在 2 题的基础上，如果冷凝器、蒸发器不变，为调节冷水机组的容量，将定转速压缩机更换为变频压缩机，其性能曲线方程为：

$$\begin{aligned} Q_e = \frac{f - f_0}{f^* - f_0}(c_1 &+ c_2 t_e + c_3 t_e^2 + c_4 t_c + c_5 t_c^2 + c_6 t_e t_c \\ &+ c_7 t_e^2 t_c + c_8 t_e t_c^2 + c_9 t_e^2 t_c^2) \end{aligned} \tag{6-10a}$$

$$\begin{aligned} P_{in} = \frac{f}{f^*}(d_1 &+ d_2 t_e + d_3 t_e^2 + d_4 t_c + d_5 t_c^2 + d_6 t_e t_c \\ &+ d_7 t_e^2 t_c + d_8 t_e t_c^2 + d_9 t_e^2 t_c^2) \end{aligned} \tag{6-11a}$$

式中，f 为运行频率，f^* 为名义设计工况频率，取 $f^* = 70Hz$，$f_0 = 10Hz$。

当冷凝器入口风温 $t_{ain} = 35℃$，仍需制取 $t_{wout} = 7℃$ 的冷水时，请问：

（1）当压缩机运行在频率 $f = 30Hz$、$40Hz$、$70Hz$、$100Hz$ 时，请列表给出冷水机组的制冷量 Q_e、输入功率 P_{in}、性能系数 COP_c、冷凝温度 t_c 和蒸发温度 t_e。

（2）根据计算结果分析压缩机变频运行对冷水机组性能参数和对冷凝温度 t_c、蒸发温度 t_e 的影响规律。

4. 在转速可控型房间空调器中，已知：压缩机电机频率为 $50Hz$ 时的理论输气量 $V_h = 0.1m^3/s$，容积效率 $\eta_v = 0.8$，压缩过程的指示效率 $\eta_i = 0.9$，且 $\eta_m \eta_d \eta_{mo} = 0.85$，忽略冷凝器和蒸发器的阻力以及风扇功率，其他条件如图 6-35 所示（图中 1→2s 与 5→6s 为等熵压缩过程）。请计算或回答下列问题：

（1）忽略蒸发器至压缩机之间的吸气管阻力，其制冷循环为 1→2→3→4→1。计算该空调器的制冷量 ϕ_{01}、电机输入功率 P_{in1}、制冷能效比（用 EER_1 表示）；

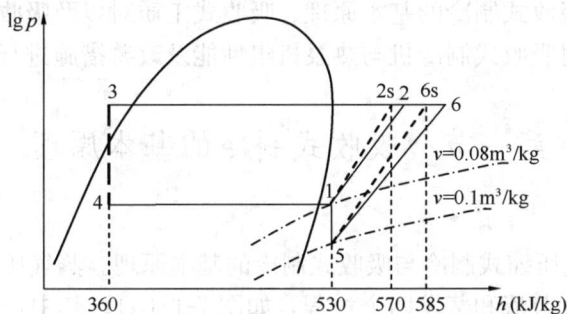

图 6-35　题 4 图

（2）如果室外机与室内机之间的连接管过长，即考虑蒸发器至压缩机之间的吸气管阻力，其制冷循环变为 5→6→3→4→1→5，设压缩机的容积效率 η_v 和电效率 η_{el} 不变，请问：此时空调器的制冷量 ϕ_{02}、电机输入功率 P_{in2} 以及制冷能效比 EER_2 又各为多少？

（3）设压缩机的理论输气量正比于电机频率，欲使 $\phi_{01} = \phi_{02}$，请问此时电机的运行频率应调整为多少 Hz？

第七章 吸收式制冷与热泵

吸收式制冷是液体汽化制冷的另一种形式，它和蒸气压缩制冷一样，是利用液态制冷剂在低温低压下汽化以达到制冷目的。所不同的是：蒸气压缩式制冷是靠消耗机械功（或电能）使热量从低温物体向高温物体转移，而吸收式制冷则依靠消耗热能来完成这种非自发过程。由于吸收式制冷机需要排出冷凝热和吸收热，故利用冷凝和吸收热的吸收式热泵则成为了吸收式制冷机的孪生兄弟。

本章将首先介绍吸收式制冷的基本原理、吸收式工质对以及吸收式制冷机，再介绍吸收式热泵，最后集中对吸收式制冷机与热泵机组性能及改善措施进行简要阐述。

第一节 吸收式制冷的基本原理

一、基本原理

图 7-1 示出了蒸气压缩式制冷与吸收式制冷的基本原理。蒸气压缩式制冷的整个工作循环包括压缩、冷凝、节流和蒸发四个过程，如图 7-1（a）。其中，压缩机的作用是，一方面不断地将完成了吸热过程而汽化的制冷剂蒸气从蒸发器中抽吸出来，使蒸发器维持低压状态，便于蒸发吸热过程能持续不断地进行下去；另一方面，通过压缩作用，提高气态制冷剂的压力和温度，为制冷剂蒸气向冷却介质（空气或冷却水）排放冷凝热创造条件。

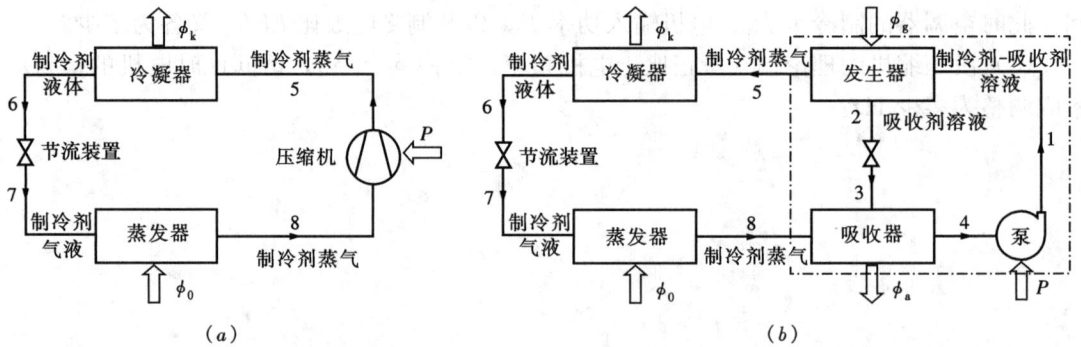

图 7-1 吸收式与蒸气压缩式制冷循环的比较
（a）蒸气压缩式制冷循环；（b）吸收式制冷循环

由图 7-1（b）可见，吸收式制冷机主要由四个热交换设备组成，即发生器、冷凝器、蒸发器和吸收器，它们组成两个循环环路：制冷剂循环与吸收剂循环。右半部为吸收剂循环（图中的点画线部分），属正循环，主要由吸收器、发生器和溶液泵组成，相当于蒸气压缩式制冷的压缩机。在吸收器中，用液态吸收剂不断吸收蒸发器产生的低压气态制冷剂，以达到维持蒸发器内低压的目的。吸收剂吸收制冷剂蒸气而形成的制冷剂-吸收剂溶液，经溶液泵升压后进入发生器。在发生器中该溶液被加热、沸腾，其中沸点低的制冷剂汽化成为高压气态制冷剂，与吸收剂分离进入冷凝器，浓缩后的吸收剂经降压后返回吸收器，再次吸收蒸发器中产生的低压气态制冷剂。

图 7-1（b）中的左半部和吸收剂循环部分构成一个制冷循环，属逆循环。发生器中产生的高压气态制冷剂在冷凝器中向冷却介质放热、冷凝为液态后，经节流装置减压降温进入蒸发器；在蒸发器内该液体被汽化为低压气体，同时吸取被冷却介质的热量产生制冷效应。这些过程与蒸气压缩式制冷是完全一样的。

对于吸收剂循环而言，可以将吸收器、发生器和溶液泵看作是一个"热力压缩机"，吸收器相当于压缩机的吸入侧，发生器相当于压缩机的压出侧。吸收剂可视为将已产生制冷效应的制冷剂蒸气从循环的低压侧输送到高压侧的运载液体。值得注意的是，吸收过程是将冷剂蒸气转化为液体的过程，和冷凝过程一样为放热过程，故需要由冷却介质带走其吸收热。

吸收式制冷机中的吸收剂通常并不是单一物质，而是以二元溶液的形式参与循环的，吸收剂溶液与制冷剂－吸收剂溶液的区别只在于前者所含沸点较低的制冷剂含量比后者少，或者说前者所含制冷剂的浓度较后者低。

二、吸收式制冷机的热力系数

蒸气压缩式制冷机用制冷系数 ε 评价其经济性。由于吸收式制冷机所消耗的能量主要是热能，故常以"热力系数"作为其经济性评价指标。热力系数 ζ 是吸收式制冷机所获得的制冷量 ϕ_0 与消耗的热量 ϕ_g 之比。即

$$\zeta = \frac{\phi_0}{\phi_g} \tag{7-1}$$

与蒸气压缩式制冷中逆卡诺循环的制冷系数最大相对应，吸收式制冷也有其最大热力系数。

如图 7-2 所示，发生器中热媒对溶液系统的加热量为 ϕ_g，蒸发器中被冷却介质对系统的加热量（即制冷量）为 ϕ_0，溶液泵的功率为 P，系统对周围环境的放热量为 ϕ_e（等于在吸收器中放热量 ϕ_a 与在冷凝器中放热量 ϕ_k 之和）。由热力学第一定律得

$$\phi_g + \phi_0 + P = \phi_a + \phi_k = \phi_e \tag{7-2}$$

设该吸收式制冷循环是可逆的，发生器中热媒温度等于 T_g、蒸发器中被冷却物温度等于 T_0、环境温度等于 T_e，并且都是常量，则吸收式制冷系统单位时间内引起外界熵的变化为：对于发生器的热媒是 $\Delta S_g = -\phi_g/T_g$，对于蒸发器中被冷却物质是 $\Delta S_0 = -\phi_0/T_0$，对周围环境是 $\Delta S_e = \phi_e/T_e$。由热力学第二定律可知，系统引起外界总熵的变化应大于或等于零，即

图 7-2 吸收式制冷系统与外界的能量交换

$$\Delta S = \Delta S_g + \Delta S_0 + \Delta S_e \geqslant 0 \tag{7-3}$$

或

$$\Delta S = -\frac{\phi_g}{T_g} - \frac{\phi_0}{T_0} + \frac{\phi_e}{T_e} \geqslant 0 \tag{7-4}$$

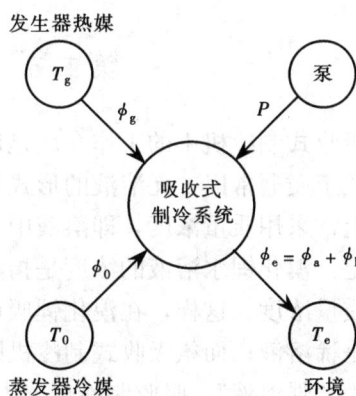

由式（7-2）和（7-4）可得

$$\phi_g \frac{T_g - T_e}{T_g} \geqslant \phi_0 \frac{T_e - T_0}{T_0} - P \tag{7-5}$$

若忽略泵的功率，则吸收式制冷机的热力系数

$$\zeta = \frac{\phi_0}{\phi_g} \leqslant \frac{T_0(T_g - T_e)}{T_g(T_e - T_0)} \tag{7-6}$$

最大热力系数 ζ_{max} 为

$$\zeta_{max} = \frac{T_g - T_e}{T_g} \cdot \frac{T_0}{T_e - T_0} = \eta_c \varepsilon_c \tag{7-6a}$$

热力系数 ζ 与最大热力系数 ζ_{max} 之比称为热力完善度 η_a，即

$$\eta_a = \frac{\zeta}{\zeta_{max}} \tag{7-7}$$

公式（7-6a）表明，吸收式制冷机的最大热力系数 ζ_{max} 等于工作在温度 T_0 和 T_e 之间的逆卡诺循环的制冷系数 ε_c 与工作在 T_g 和 T_e 之间的卡诺循环热效率 η_c 的乘积，它随热源温度 T_g 的升高、环境温度 T_e 的降低以及被冷却介质温度 T_0 的升高而增大。

由此可见，可逆吸收式制冷循环是卡诺循环与逆卡诺循环构成的联合循环，如图 7-3 所示，故吸收式制冷机与由热机直接驱动的压缩式制冷机相比，在对外界能量交换的关系上是等效的。只要外界的温度条件相同，

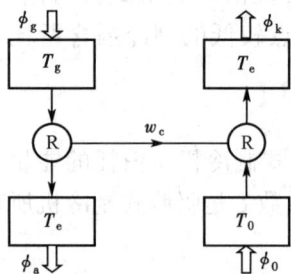

图 7-3 可逆吸收式制冷循环

二者的理想最大热力系数是相同的。因此，压缩式制冷机的制冷系数应乘以驱动压缩机的动力装置的热效率后，才能与吸收式制冷机的热力系数进行比较。

第二节 吸收式工质对的特性

吸收式制冷机中的工作介质是以吸收剂和制冷剂成对出现的，故称为吸收式工质对。吸收式工质通常以二元溶液的形式存在。溶液的组成可以用摩尔浓度、质量浓度等度量。工业上常采用质量浓度，即溶液中一种物质的质量与溶液质量之比。对于吸收式制冷机通常规定：溴化锂水溶液的浓度是指溶液中溴化锂的质量浓度；氨水溶液的浓度是指溶液中氨的质量浓度。这样，在溴化锂吸收式制冷机中，吸收剂溶液是浓溶液，制冷剂-吸收剂溶液是稀溶液；而氨吸收式制冷机则相反。为了统一起见，也可将吸收制冷剂能力强的溶液称为"强溶液"，吸收制冷剂能力弱的溶液称为"弱溶液"，故溴化锂浓溶液和氨水稀溶液为强溶液，溴化锂稀溶液和氨水浓溶液则为弱溶液。由此可见，制冷剂-吸收剂工质对（即二元溶液）的特性是吸收式制冷循环的关键问题之一。

一、二元溶液的基本特性

两种互相不起化学作用的物质组成的均匀混合物称二元溶液。所谓均匀混合物是指其内部各种物理性质，如压力、温度、浓度、密度等在整个混合物中各处完全一致，不能用纯机械的沉淀法或离心法将它们分离为原组成物质；所有气态混合物也都是均匀混合物。用做吸收式制冷机工质对的混合物，在使用的温度和浓度范围内都应当是均匀混合物。

下面介绍吸收式制冷循环中常用的二元溶液的基本特性。

（一）混合现象

两种液体混合时，混合前后的容积和温度一般都有变化。图 7-4（a）的容器中有一道隔板将 A 和 B 两种液体分开，ξkg 的液体 A 占有容积 ξv_A，而（$1-\xi$）kg 的液体 B 占有容积（$1-\xi$）v_B。其中，v_A、v_B 分别为液体 A、B 的比容。

混合前两种液体总容积 V_1

$$V_1 = \xi v_A + (1-\xi) v_B \tag{7-8}$$

如果除去隔板将 A、B 两液体混合，如图 7-4（b）所示，形成 1kg 浓度为 ξ 的均匀混合物，混合后两种液体的总容积为 V_2，一般

$$V_1 \neq V_2$$

不同液体在不同浓度下混合时，其容积可能缩小，也可能增大，需通过实验确定。

从图 7-4 容器中温度计的读数可以看到，虽然混合前两种液体温度相同（$t_A = t_B = t_1$），而混合后的温度则与混合前温度不同（$t_2 \neq t_1$）。在与外界无热交换的条件下，混合时有热量产生者，混合后温度升高；而混合时需要吸热者，混合后温度降低。因此，要想维持混合前后温度不变，就需要排出或加入热量。在等压、等温

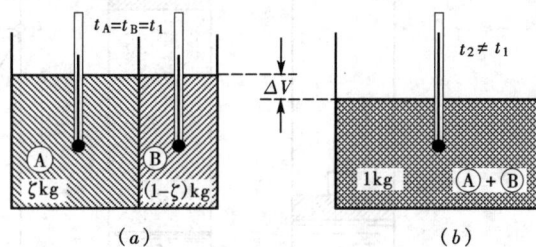

图 7-4　两种液体混合容积和温度的变化

条件下混合时，每生成 1kg 混合物所需要加入或排出的热量，称为混合物的混合热或等温热 Δq_ξ，它可以由实验测得。

两种液体混合前的比焓

$$h_1 = \xi h_A + (1-\xi) h_B \tag{7-9}$$

混合后的比焓

$$h_2 = h_1 + \Delta q_\xi = \xi h_A + (1-\xi) h_B + \Delta q_\xi \tag{7-10}$$

只要知道两种纯物质的比焓、混合物的混合热，则可利用上式计算出某温度下已知浓度混合物的比焓。溴化锂与水混合，以及水与氨混合时都会放出热量，故混合热为负值。

（二）二元溶液的压力—温度关系

图 7-5（a）和图 7-5（b）为在封闭容器中某一浓度的二元溶液定压汽化实验示意图。容器中的活塞上压有一重块，使容器内的压力在整个过程中维持不变。图 7-5（c）的温度—浓度简图上表示了该实验的状态变化过程。

状态 1 的未饱和二元溶液，浓度为 ξ_1，温度为 t_1，在定压下受热，温度逐渐升高。当温度达到 t_2 时，开始产生气泡，此时状态 2 的二元溶液为饱和液，浓度 $\xi_2 = \xi_1$，温度 t_2 即为该压力、该浓度下溶液的沸腾温度（或称饱和液温度，亦称泡点）。溶液在定压下进一步被加热，温度上升，液体不断汽化，形成气液共存的湿蒸气状态，如图 7-5（c）的状态 3，其温度为 t_3，浓度 ξ_3 仍应等于 ξ_1。但是，二元溶液的湿蒸气也是由饱和液 $3'$ 和饱和蒸气 $3''$ 组成，它们的温度均为 t_3，而浓度并不相同，饱和蒸气的浓度 ξ_3'' 大于饱和溶液的浓度 ξ_3'，即 $\xi_3'' > \xi_3 > \xi_3'$。在定压下继续加热，温度不断上升，液体逐渐减少，蒸气逐渐

增多，当温度达到 t_4 时，溶液全部变为蒸气，此状态 4 为干饱和蒸气，浓度 ξ_4 仍等于 ξ_1，温度 t_4 称为该压力、该浓度下蒸气冷凝温度（或称饱和蒸气温度，亦称露点）。若状态 4 的干饱和蒸气继续被加热，则将在等浓度下过热，如图 7-5（c）的状态 5。

图 7-5（c）中，2、$3'$ 等状态点是压力相同而浓度不同的饱和液状态点，其连线称为等压饱和液线；4、$3''$ 等状态点是压力相同而浓度不同的饱和蒸气状态点，其连线称为等压饱和气线。同一压力下，饱和液线和饱和气线在 $\xi=0$ 的纵轴上相交于 t_{I}，在 $\xi=1$ 的纵轴上相交于 t_{II}，t_{I} 和 t_{II} 分别为该压力下纯物质①和②的饱和温度。这样，饱和液线和饱和气线将二元混合物的温度-浓度图分为三区：饱和气线以上为过热蒸气区，饱和液线以下为再冷液体区，两曲线之间为湿蒸气区。

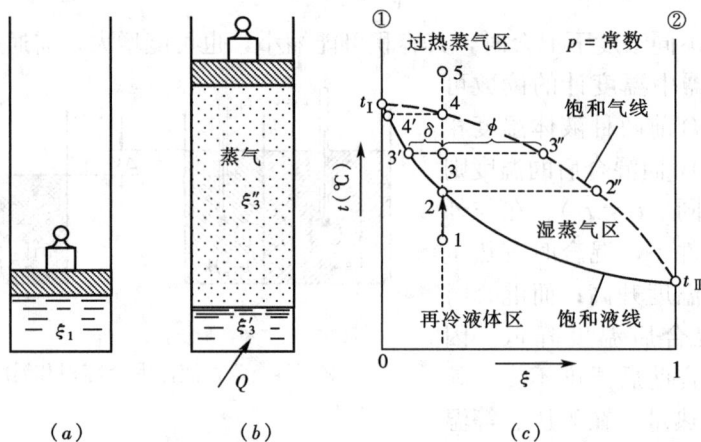

图 7-5　封闭容器内二元溶液的定压汽化

湿蒸气中气、液比例可按下法确定。图 7-5（c）中，1kg 状态 3 的湿蒸气中有 δkg 饱和蒸气和 ϕkg 饱和液：

$$\delta+\phi=1 \tag{7-11}$$

由于汽化前后总浓度不变，即

$$\xi_1=\xi_3=\delta\xi_3''+\phi\xi_3' \tag{7-12}$$

则

$$\delta=\frac{\xi_3-\xi_3'}{\xi_3''-\xi_3'} \qquad \phi=\frac{\xi_3''-\xi_3}{\xi_3''-\xi_3'} \tag{7-13}$$

得

$$\frac{\delta}{\phi}=\frac{\xi_3-\xi_3'}{\xi_3''-\xi_3} \tag{7-14}$$

从上式可看出，$\xi_1=\xi_3=$ 常数的线上的 3 点将直线 $\overline{3'3''}$ 分成线段 $\overline{3'3}$ 和 $\overline{33''}$，此两线段长度之比即为 δ 与 ϕ 之比。

如果用不同的压力重复前述实验，所得结果示于图 7-6，从图中状态点 1、2、3 可以看出，对于同一浓度的二元溶液，当压力 $p_3>p_2>p_1$ 时，饱和温度 $t_3>t_2>t_1$。若实验反向进行，使过热蒸气在定压下冷凝，其状态变化过程见图 7-7。

综上可见，二元溶液与纯物质有很大不同。纯物质在一定压力下只有一个饱和温度，其定压汽化或冷凝过程是定温过程。而二元溶液在一定压力下的饱和温度却与浓度有关。随着溶液的汽化，剩余液体中低沸点物质含量的减少，其温度将逐渐升高。所以，二元溶液的定压汽化过程是升温过程。同理，二元气态溶液的定压冷凝过程则是降温过程。

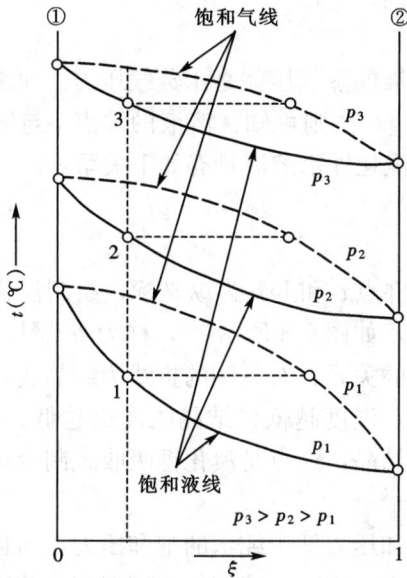

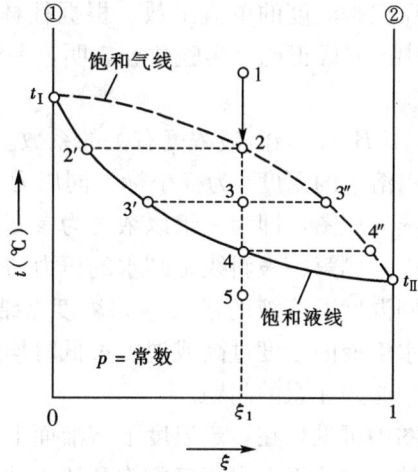

图 7-6 二元溶液在不同压力下的温度-浓度关系　图 7-7 封闭容器内二元气态溶液的定压冷凝

湿蒸气中饱和液与饱和气的温度相同而浓度不同，饱和液的浓度低于湿蒸气的浓度，饱和气的浓度高于湿蒸气的浓度。

对于一定浓度的二元溶液，其饱和温度随压力的增加而上升。

纯物质的饱和液或饱和气状态点只需压力或温度二者中一个参数即可确定，其他状态点，如过热水蒸气、湿蒸气等则需由两个状态参数确定。而二元溶液多了一个浓度变量，其饱和液或饱和气状态点必须由压力、温度、浓度中任意两个参数确定，而其他状态点，则需由压力、温度和浓度三个参数确定。

二、溴化锂水溶液的特性

溴化锂-水溶液是目前用于暖通空调领域的吸收式制冷与热泵机组的常用工质对。无水溴化锂是无色粒状结晶物，性质和食盐相似，化学稳定性好，在大气中不会变质、分解或挥发，此外，溴化锂无毒（有镇静作用），对皮肤无刺激。无水溴化锂的主要物性值如下：

分子式　　　　$LiBr$
分子量　　　　86.856
成　　分　　　Li：7.99%，Br：92.01%
比　　重　　　3.464（25℃）
熔　　点　　　549℃
沸　　点　　　1265℃

通常固体溴化锂中会含有一个或两个结晶水，则分子式应为 $LiBr \cdot H_2O$ 或 $LiBr \cdot 2H_2O$。

溴化锂具有极强的吸水性，对水制冷剂来说是良好的吸收剂。当温度 20℃ 时，溴化锂在水中的溶解度为 111.2g/100g 水。溴化锂水溶液对一般金属有腐蚀性。

由于溴化锂的沸点比水高得多，溴化锂水溶液在发生器中沸腾时只有水汽化，生成纯的冷剂水，故不需要蒸汽精馏设备，系统较为简单，热力系数较高。其主要缺点是由于以水为制冷剂，蒸发温度不能太低，系统内真空度很高。

（一）溴化锂水溶液的饱和压力-温度图

由于溴化锂水溶液沸腾时只有水汽化出来，溶液的蒸气压就是水蒸气压力。而水的饱和蒸气压仅是温度的单值函数。根据杜林（Dühring）法则可知：溶液的沸点 t 与同压力下水的沸点 t' 成正比。实验数据表明，一定浓度的溴化锂水溶液具有如下关系：

$$t = At' + B \tag{7-15}$$

式中　A，B——与溶液浓度有关的系数。

若以溶液的温度 t 为横坐标，同压力 p 下水的沸点 t' 和 $\lg p$ 为纵坐标，绘制溴化锂水溶液的蒸气压图，即为一组以浓度为参变量的直线，如图 7-8 所示[17]，称为 p-t 图。

图中左侧第一根斜线是纯水的压力与饱和温度的关系；右下侧的折线为结晶线，它表明在不同温度下溶液的最大饱和浓度（结晶浓度）。温度越低，结晶浓度也越低。因此，溴化锂水溶液的浓度过高或温度过低时均易于形成结晶，这点是溴化锂吸收式制冷机设计和运行中必须注意的问题。

从图中可见，在一定温度下溶液面上水蒸气饱和压力低于纯水的饱和压力，而且溶液的浓度越高，液面上水蒸气的饱和压力越低。当压力一定时，溶液的浓度越高，其所需的发生温度也越高。

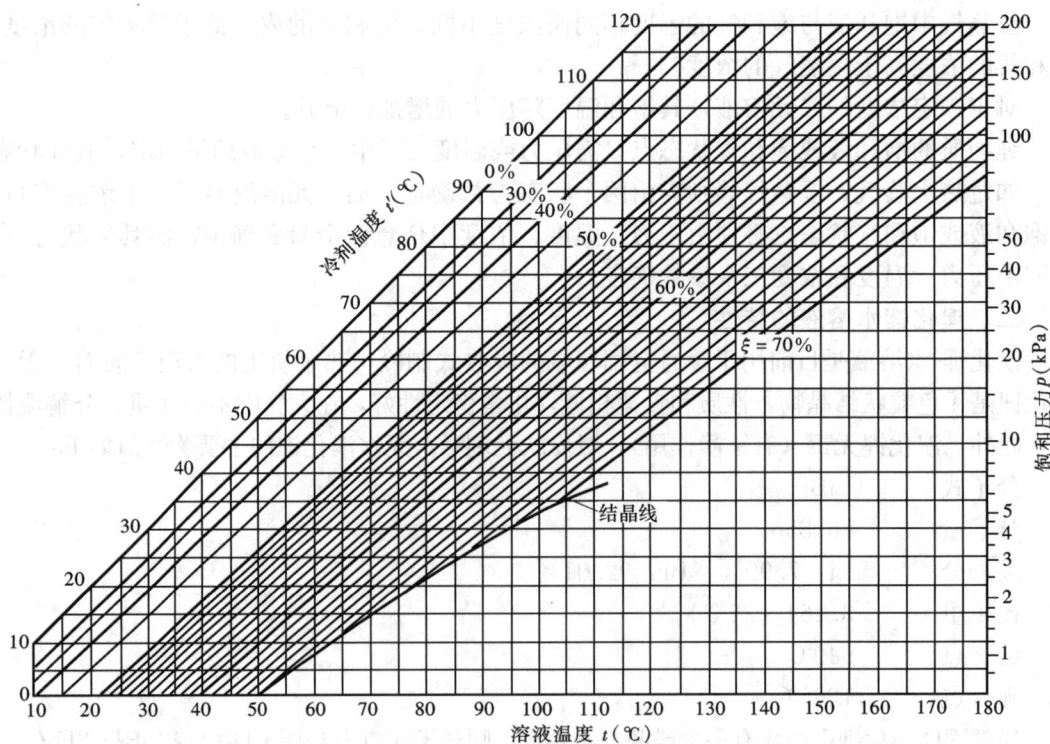

图 7-8　溴化锂水溶液的 p-t 图

（二）溴化锂水溶液的比焓-浓度图

根据某一温度下纯水和纯溴化锂的比焓，以及该温度下以各种浓度混合时的混合热，按公式（7-10）就可求得此温度下不同浓度溶液的焓值。图 7-9 为溴化锂水溶液的比焓-浓度图（即 h-ξ 图[1]），其下半部的虚线为液态等温线，通过该线可以查找某温度和浓度下溶液的比焓。

由于当压力较低时，压力对液体的比焓和混合热的影响很小，故可认为液态等温线与

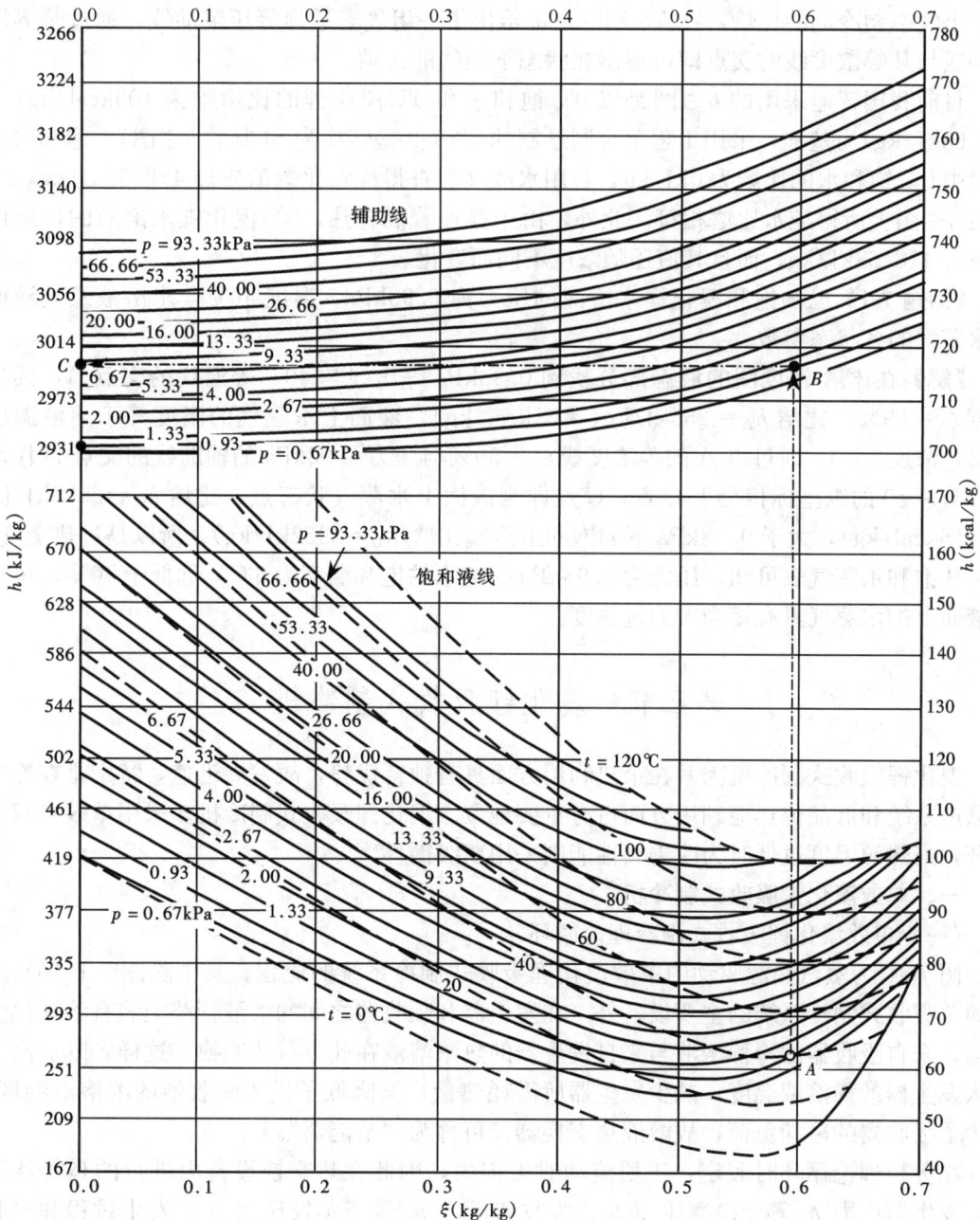

图 7-9 溴化锂水溶液的比焓-浓度图

压力无关，液态溶液的比焓只是温度和浓度的函数。饱和液态和过冷液态溶液的比焓，都可在 h-ξ 图上根据等温线与等浓度线的交点求得，仅用等温线不能判别 h-ξ 图上某点溶液的状态。

图 7-9 下半部的实线为等压饱和液线；某一等压线的下方区域为该压力下的再冷溶液区。根据某状态点与相应等压饱和液线的位置关系，可以判定该点的相态。

溴化锂水溶液的 h-ξ 图只有液相区，气态为纯水蒸气，集中在 $\xi=0$ 的纵轴上。由于平衡时制冷剂蒸气和二元溶液的温度相同，故平衡态溶液面上的蒸气都是过热蒸气。为方便求出气态制冷剂的比焓，在 h-ξ 图的上部给出了一组气态平衡等压辅助线，通过某等压辅助线与某等浓度线的交点即可得出此状态下蒸气的比焓。

目前我国普遍采用的 h-ξ 图是以 0℃饱和水和 0℃溴化锂的比焓均为 100kcal/kg（＝418.68kJ/kg）为基准，采用工程单位制绘制的（图 7-9 是转换为 SI 制的 h-ξ 图）。饱和水蒸气表中 0℃饱和水的比焓为 0kJ/kg，若用水蒸气表查得纯水比焓值应加 418.68kJ/kg，才能与 h-ξ 图上所得纯水比焓相符。此外，由于存在着混合热，0℃溴化锂水溶液的比焓值也不是 418.68kJ/kg，而且其值还随浓度不同而变化。

【例题 7-1】已知饱和溴化锂水溶液的压力为 0.93kPa，温度 40℃，求溶液及其液面上水蒸气的各状态参数。

【解】在比焓-浓度图的液态部分找到 0.93kPa 等压线与 40℃等温线的交点 A，读出浓度 $\xi_A=59\%$，比焓 $h_A=255$kJ/kg（＝61kcal/kg）。液面上水蒸气的温度等于溶液温度 40℃，浓度 $\xi=0$。通过点 A 的等浓度线 $\xi_A=59\%$ 与压力 0.93kPa 的辅助线的交点 B 作水平线与 $\xi=0$ 的纵坐标相交于 C 点，C 点即为液面上水蒸气状态点，比焓 $h_C=2998$kJ/kg（＝716kcal/kg），大于 0.93kPa 下的饱和水蒸气比焓（$h_D=2932$kJ/kg），所以是过热蒸气。

从饱和水蒸气表可知，压力为 0.93kPa 时纯水的饱和温度为 6℃，远低于 40℃，可见溶液面上的水蒸气具有相当大的过热度。

第三节　溴化锂吸收式制冷机

溴化锂吸收式制冷机因其在余热利用方面具有独特优势，故发展迅速，特别是在冷热电联产系统和低品位热能利用方面占有重要地位。溴化锂吸收式制冷机多采用单效和双效循环，当热源温度过低时为改善其性能则采用双级循环。

一、单效溴化锂吸收式制冷机

（一）单效溴化锂吸收式制冷理论循环

图 7-10 为蒸汽热源驱动的单效溴化锂吸收式制冷系统的流程。其中除图 7-1（b）所示简单吸收式制冷系统的主要设备外，在发生器和吸收器之间的溶液管路上装有溶液热交换器，来自吸收器的冷稀溶液与来自发生器的热浓溶液在此进行热交换。这样，既提高了进入发生器的稀溶液温度，减少发生器所需耗热量；又降低了进入吸收器的浓溶液温度，减少了吸收器的冷却负荷，故溶液热交换器又可称为"节能器"。

在分析理论循环时假定：工质流动时无损失，因此在热交换设备内进行的是等压过程，发生器压力 p_g 等于冷凝压力 p_k，吸收器压力 p_a 等于蒸发压力 p_0。发生过程和吸收过程终了的溶液状态，以及冷凝过程和蒸发过程终了的冷剂状态都是饱和状态。

图 7-11 是图 7-10 所示系统理论循环的比焓-浓度图。

1→2 为泵的加压过程。将来自吸收器的稀溶液由压力 p_0 下的饱和液变为压力 p_k 下的再冷液。$\xi_1 = \xi_2$，$t_1 \approx t_2$，点 1 与点 2 基本重合。

2→3 为再冷状态稀溶液在溶液热交换器中的预热过程。

3→4 为稀溶液在发生器中的加热过程。其中 3→3_g 是将稀溶液由再冷液加热至饱和液的过程；3_g→4 是稀溶液在等压 p_k 下沸腾汽化变为浓溶液的过程。发生器排出的蒸气状态可认为是与沸腾过程溶液的平均状态相平衡的水蒸气（状态 7 的过热蒸气）。

4→5 为浓溶液在溶液热交换器中的预冷过程。即把来自发生器的浓溶液在压力 p_k 下由饱和液变为再冷液。

5→6 为浓溶液的节流过程。将浓溶液 5 由压力 p_k 下的再冷液变为压力 p_0 下的闪蒸溶液（浓溶液＋水蒸气）。

7→8 为冷剂水蒸气在冷凝器内的冷凝过程，其压力为 p_k。

8→9 为冷剂水的节流过程。制冷剂由压力 p_k 下的饱和水变为压力 p_0 下的湿蒸气。状态 9 的湿蒸气是由 p_0 压力下的饱和水 9′ 与饱和水蒸气 9″ 组成。

9→10 为状态 9 的制冷剂湿蒸气在蒸发器内吸热汽化（即蒸发）至状态 10 的饱和水蒸气过程，其压力为 p_0。

6→1 为浓溶液在吸收器中的吸收过程。其中 6→6_a 为浓溶液由湿蒸气状态冷却至饱和液状态；6_a→1 为状态 6_a 的浓溶液在等压 p_0 下与状态 10 的冷剂水蒸气放热混合为状态 1 的稀溶液的过程。

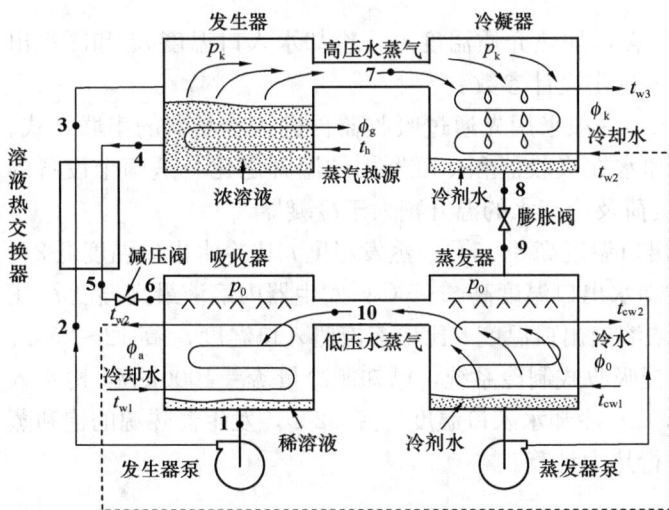

图 7-10　单效溴化锂吸收式制冷机流程　　图 7-11　吸收式制冷循环 h-ξ 图

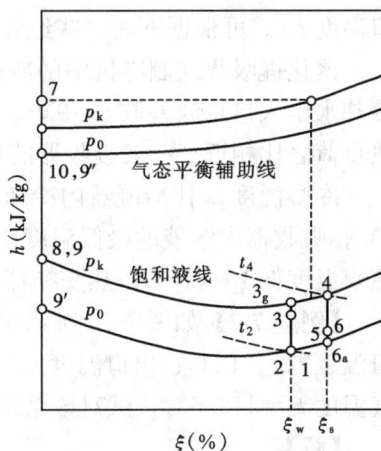

决定吸收式制冷热力过程的外部条件是三个温度：热源温度 t_h，冷却介质温度 t_w 和被冷却介质温度 t_{cw}。它们分别影响机组的各个内部参数。

被冷却介质温度 t_{cw} 决定了蒸发压力 p_0（蒸发温度 t_0）；冷却介质温度 t_w 决定了冷凝压力 p_k（或冷凝温度 t_k）及吸收器内溶液的最低温度 t_1；热源温度 t_h 决定了发生器内溶液的最高温度 t_4。进而，p_0 和 t_1 又决定了吸收器中稀溶液浓度 ξ_w；p_k 和 t_4 决定了发生器中

浓溶液的浓度 ξ_s 等。

图 7-11 所示的单效理想溴化锂吸收式制冷循环的热力系数 ζ_{R1} 为

$$\zeta_{R1} = \frac{h_{10} - h_9}{f(h_4 - h_3) + (h_7 - h_4)} \tag{7-16}$$

式中　f——溶液的循环倍率，表示系统中每产生 1kg 制冷剂所需要的制冷剂-吸收剂的
　　　　　kg 数，即

$$f = \frac{F}{D} = \frac{\xi_s}{\Delta\xi} \tag{7-17}$$

其中　D——从发生器流入冷凝器的制冷剂流量，kg/s；

　　　F——从吸收器进入发生器的制冷剂-吸收剂稀溶液流量，kg/s；

　　　$\Delta\xi$——放气范围，表示浓溶液与稀溶液的浓度差，即

$$\Delta\xi = \xi_s - \xi_w \tag{7-18}$$

由式（7-16）可知，循环倍率 f 对热力系数 ζ_{R1} 的影响非常大，为提高 ζ_{R1}，必须减小 f，由式（7-17）可知，欲减小 f，必须降低浓溶液浓度 ξ_s 及增大放气范围 $\Delta\xi$。

经验认为溴化锂吸收式制冷机的放气范围 $\Delta\xi = 4\% \sim 5\%$ 为好，此范围内的热源温度常被看做是经济热源温度。当冷却水温为 28～32℃，制取 5～10℃ 的冷水时，单效溴化锂吸收式制冷机可采用表压 0.04～0.1MPa 的蒸汽或相应温度的热水作热源，其热力系数约为 0.7。

（二）热力计算

热力计算的原始数据有：制冷量 ϕ_0，加热介质温度 t_h，冷却水入口温度 t_w 和冷水出口温度 t_{cw}。可根据下面一些经验关系选定设计参数。

溴化锂吸收式制冷机中的冷却水，一般采用先通过吸收器再进入冷凝器的串联方式。冷却水出入口总温差取 8～9℃。冷却水在吸收器和冷凝器内的温升之比与这两个设备的热负荷之比相近。一般吸收器的热负荷及冷却水的温升稍大于冷凝器。

冷凝温度 t_k 比冷凝器内冷却水出口温度高 3～5℃；蒸发温度 t_0 比冷水出口温度低 2～5℃；吸收器内溶液的最低温度比冷却水出口温度高 3～5℃；发生器内溶液最高温度 t_4 比热媒温度低 10～40℃；热交换器的浓溶液出口温度 t_5 比稀溶液侧入口温度 t_2 高 12～25℃。

【例题 7-2】如图 7-10 所示溴化锂吸收式制冷系统，已知制冷量 $\phi_0 = 1000$kW，冷水入口温度 $t_{cw1} = 12$℃、出口温度 $t_{cw2} = 7$℃，冷却水入口温度 $t_{w1} = 32$℃，发生器热源的饱和蒸气温度 $t_h = 119.6$℃，试对该系统进行热力计算。

【解】

1. 根据已知条件和经验关系确定如下设计参数

冷凝器冷却水出口温度 $t_{w3} = t_{w1} + 9 = 41$℃

冷凝温度 $t_k = t_{w3} + 5 = 46$℃

冷凝压力 $p_k = 10.09$kPa

蒸发温度 $t_0 = t_{cw2} - 2 = 5$℃

蒸发压力 $p_0 = 0.87$kPa

吸收器冷却水出口温度 $t_{w2} = t_{w1} + 5 = 37$℃

吸收器溶液最低温度 $t_1 = t_{w2} + 6.2 = 43.2℃$

发生器溶液最高温度 $t_4 = t_h - 17.4 = 102.2℃$

热交换器最大端部温差 $t_5 - t_2 = 25℃$

2. 确定循环各点的状态参数

将已确定的压力及温度值填入表 7-1 中, 利用 h-ξ 图或公式求出处于饱和状态的点 1 (点 2 与之相同)、4、8、10、3_g 和 6_a 的其他参数, 填入表中。

计算溶液的循环倍率

$$f = \frac{\xi_s}{\xi_s - \xi_w} = \frac{0.64}{0.64 - 0.595} = 14.2$$

热交换器出口浓溶液为过冷液态, 由 $t_5 = t_2 + 25 = 68.2℃$ 及 $\xi_s = 64\%$ 求得焓值 $h_5 = 332.43\text{kJ/kg}$。$h_6 \approx h_5$。热交换器出口稀溶液点 3 的比焓由热交换器热平衡式求得

$$h_3 = h_2 + (h_4 - h_5)\left[(f-1)/f\right]$$
$$= 281.77 + (393.56 - 332.43)(14.2 - 1)/14.2$$
$$= 338.601\text{kJ/kg}$$

例题 7-2 计算用参数 表 7-1

状态点	压力 p (kPa)	温度 t (℃)	浓度 ξ (%)	比焓 h (kJ/kg)
1	0.87	43.2	59.5	281.77
2	10.09	$\approx$43.2	59.5	$\approx$281.77
3	10.09	—	59.5	338.60
3_g	10.09	92.0	59.5	—
4	10.09	102.2	64.0	393.56
5	10.09	68.2	64.0	332.43
6	0.87	—	64.0	332.43
6_a	0.87	52.4	64.0	—
7	10.09	97.1	0	3100.33
8	10.09	46	0	611.11
9	0.87	5	0	611.11
10	0.87	5	0	2928.67

3. 计算各设备的单位热负荷

$q_g = f(h_4 - h_3) + (h_7 - h_4) = 14.2 \times (393.56 - 338.60) + (3100.33 - 393.56)$
$= 3487.20\text{kJ/kg}$

$q_a = f(h_6 - h_1) + (h_{10} - h_6) = 14.2 \times (332.43 - 281.77) + (2928.67 - 332.43)$
$= 3313.61\text{kJ/kg}$

$q_k = h_7 - h_8 = 3100.33 - 611.11 = 2489.22\text{kJ/kg}$

$q_0 = h_{10} - h_9 = 2928.67 - 611.11 = 2317.56\text{kJ/kg}$

$q_t = (f-1)(h_4 - h_5) = (14.2 - 1) \times (393.56 - 332.43) = 806.92\text{kJ/kg}$

总吸热量 $q_g + q_0 = 5804.8\text{kJ/kg}$

总放热量 $q_a + q_k = 5804.8\text{kJ/kg}$

由此可见，总吸热量＝总放热量，符合能量守恒定律。

4. 计算各设备的热负荷及流量

冷剂循环量 $D = \dfrac{\phi_0}{q_0} = \dfrac{1000}{2317.56} = 0.4315\text{kg/s}$

稀溶液循环量 $F = f \cdot D = 14.2 \times 0.4315 = 6.1271\text{kg/s}$

浓溶液循环量 $F - D = (f-1)D = (14.2-1) \times 0.4315 = 5.6956\text{kg/s}$

各设备的热负荷

发生器 $\phi_g = D \cdot q_g = 1504.7\text{kW}$

吸收器 $\phi_a = D \cdot q_a = 1430.6\text{kW}$

冷凝器 $\phi_k = D \cdot q_k = 1074.1\text{kW}$

热交换器 $\phi_t = D \cdot q_t = 348.2\text{kW}$

5. 计算冷却水流量、冷水流量及加热蒸汽量

冷却水流量（冷凝器） $\quad G_{wk} = \dfrac{\phi_k}{c_{pw}\Delta t_{wk}} = \dfrac{1074.1}{4.18 \times 4} \times \dfrac{3600}{1000} = 231.3\text{t/h}$

或，冷却水流量（吸收器）$G_{wa} = \dfrac{\phi_a}{c_{pw}\Delta t_{wa}} = \dfrac{1430.6}{4.18 \times 5} \times \dfrac{3600}{1000} = 246.4\text{t/h}$

二者的冷却水量基本吻合。

冷水流量

$$G_{cw} = \frac{\phi_0}{c_{pw}(t_{cw1} - t_{cw2})} = \frac{1000}{4.18 \times (12-7)} \times \frac{3600}{1000} = 172.2\text{t/h}$$

加热蒸汽消耗量（汽化潜热 $r = 2202.68\text{kJ/kg}$）

$$G_g = \frac{\phi_g}{r} = \frac{1504.7}{2202.68} \times \frac{3600}{1000} = 2.46\text{t/h}$$

6. 热力系数

$$\zeta = \frac{\phi_0}{\phi_g} = \frac{1000}{1504.7} = 0.665$$

7. 热力完善度

在计算吸收式制冷机的最大热力系数时，不用考虑传热温差，则取环境温度 $T_e = 305\text{K}$（冷却水进水温度，$T_e \approx t_{w1} + 273$），被冷却物温度 $T_0 = 280\text{K}$（冷水出水温度，$T_0 \approx t_{c2} + 273$），热源温度 T_g（蒸汽温度，$T_g \approx t_h + 273 = 392.6\text{K}$），由公式（7-6a）和（7-7）可知，其最大热力系数

$$\zeta_{max} = \frac{T_g - T_e}{T_g} \cdot \frac{T_0}{T_e - T_0} = \frac{392.6 - 305}{392.6} \cdot \frac{280}{305 - 280} = 2.5$$

热力完善度 $\eta_a = \dfrac{\zeta}{\zeta_{max}} = \dfrac{0.665}{2.5} = 0.266$。

（三）实际循环

实际过程是有损失的。在吸收过程中，由于冷剂蒸气的流动损失，吸收器压力（吸收器内冷剂蒸气的压力）p_a 应低于蒸发压力 p_0；作为吸收的推动力，溶液的平衡蒸气分压力 p_a^* 又必须低于吸收器压力 p_a；还有不凝性气体的影响等，都构成了吸收过程的损失。这些损失的存在使吸收终了状态不是 t_2 与 p_0 线的交点 2^*，而是在 t_2 与 p_a^* 的交点 2；吸

收终了稀溶液浓度由 ξ_w^* 升高至 ξ_w（见图 7-12）。吸收过程的损失用溶液的吸收不足来度量，即 $\Delta\xi_w = \xi_w - \xi_w^*$ 或 $\Delta p_a = p_0 - p_a^*$。实际吸收过程终了的溶液状态 2 及稀溶液浓度取决于蒸发压力 p_0、吸收器溶液的最低温度 t_2 及溶液的吸收不足值 $\Delta\xi_w$ 或 Δp_a。

在发生器的溶液沸腾过程中，由于液柱静压等影响，使过程偏离等压线 3_g-4^* 而沿 3_g-4 进行。发生终了的溶液状态不是在 t_4 与 p_k 线的交点 4^*，而是在 t_4 与 p_g 交点 4；发生终了浓溶液浓度由 ξ_s^* 降低为 ξ_s。发生过程的损失用溶液的发生不足来度量，即 $\Delta\xi_s = \xi_s^* - \xi_s$ 或 $\Delta p_k = p_g - p_k$。实际发生过程终了的溶液状态 4 及浓溶液浓度 ξ_s，由冷凝压力 p_k、发生器溶液最高温度 t_4 及溶液的发生不足值 $\Delta\xi_s$ 或 Δp_k 来决定。

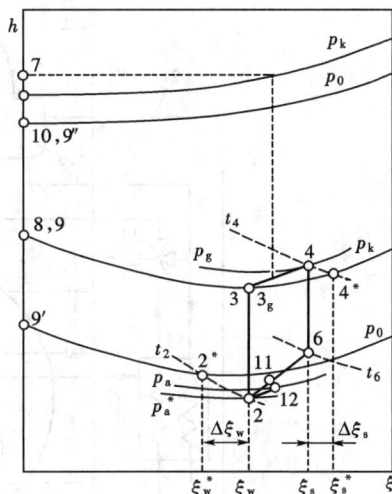

图 7-12　h-ξ 图上的溴化锂吸收式制冷实际循环

为了保证吸收器管束上浓溶液的喷淋密度，需要一部分稀溶液再循环：浓溶液（点 6）与部分稀溶液（点 2）混合，混合溶液（点 11）在吸收器节流至状态 12。吸收过程沿 12—2 线变化。溶液的再循环提高了热质交换强度，而降低了吸收过程的传热温差。

（四）单效溴化锂吸收式制冷机的典型流程

溴化锂吸收式制冷机是在高度真空下工作的，稍有空气渗入制冷量就会降低，甚至不能制冷。因此，结构的密封性是最重要的技术条件，要求结构安排必须紧凑，连接部件尽量减少。通常把发生器等四个主要换热设备合置于一个或两个密闭筒体内，即所谓单筒结构或双筒结构。

因设备内压力很低（高压部分约 1/10 绝对大气压，低压部分约 1/100 绝对大气压），冷剂水的流动损失和静液高度对制冷性能的影响很大，必须尽量减小，否则将造成较大的吸收不足和发生不足，严重降低机组的效率。为了减少冷剂蒸气的流动损失，采取将压力相近的设备合放在一个筒体内，以及使外部介质在管束内流动，冷剂蒸气在管束外较大的空间内流动等措施。

在蒸发器的低压下，100mm 高的水层就会使蒸发温度升高 10～12℃，因此，蒸发器和吸收器必须采用喷淋式换热设备。至于发生器，仍多采用沉浸式，但液层高度应小于 300～350mm，并在计算时需计入由此引起的发生温度变化。有时发生器采用双层布置以减少沸腾层高度的影响。

图 7-13 为双筒型单效溴化锂吸收式制冷机结构简图。上筒是压力较高的发生器和冷凝器，下筒是压力较低的蒸发器和吸收器。

在吸收器内，吸收水蒸气而生成的稀溶液，积聚在吸收器下部的稀溶液囊 2 内，此稀溶液通过发生器泵 3 送至溶液热交换器 4，被加热后进入发生器 5。热媒（加热用蒸汽或热水）在发生器的加热管束内通过；管束外的稀溶液被加热、升温至沸点，经沸腾过程变为浓溶液。此浓溶液自液囊 19 沿管道经热交换器 4，被冷却后流入吸收器内的浓溶液囊 6 中。发生器溶液沸腾所生成的水蒸气向上流经挡液板 7 进入冷凝器 8（挡液板的作用是避

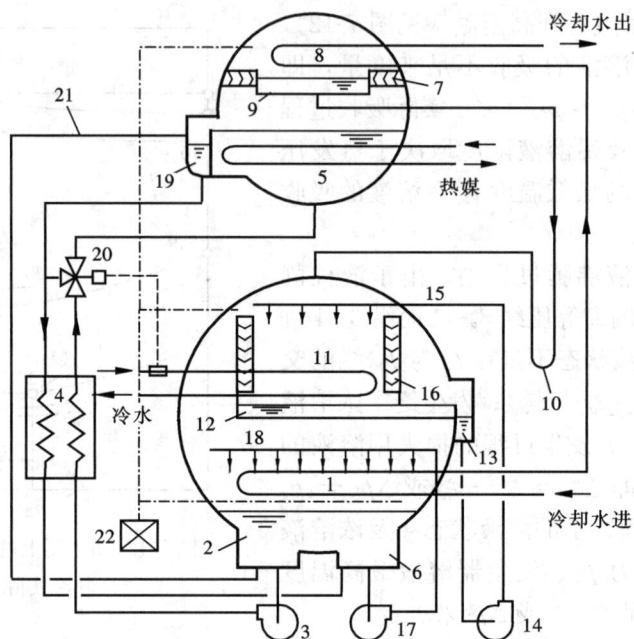

图 7-13　双筒型单效溴化锂吸收式制冷机结构简图

1—吸收器；2—稀溶液囊；3—发生器泵；4—溶液热交换器；5—发生器；6—浓溶液囊；7—挡液板；
8—冷凝器；9—冷凝器水盘；10—U 形管；11—蒸发器；12—蒸发器水盘；13—蒸发器水囊；14—蒸发器泵；
15—冷剂水喷淋系统；16—挡水板；17—吸收器泵；18—溶液喷淋系统；19—发生器浓溶液囊；
20—电磁三通阀；21—防晶管；22—抽气装置

免溴化锂溶液飞溅入冷凝器）。冷却水在冷凝器的管束内通过，管束外的水蒸气被冷凝为冷剂水，收集在冷凝器水盘 9 内，靠压力差的作用沿 U 形管水封 10 流至蒸发器 11。U 形管 10 相当于膨胀阀，起减压节流作用，其高度应大于上下筒之间的压力差。吸收式制冷机也可不采用 U 形管，而采用节流孔口，采用节流孔口简化了结构，但对负荷变化的适应性则不如 U 形管强。

冷剂水进入蒸发器后，被收集在蒸发器水盘 12 内，并流入蒸发器水囊或称为冷剂水囊 13，靠冷剂水泵（蒸发器泵）14 送往蒸发器内的喷淋系统 15，经喷嘴喷出，淋洒在冷水管束外表面，吸收管束内冷水的热量，汽化变成水蒸气。一般冷剂水的喷淋量都要大于实际蒸发量，以使冷剂水能均匀地淋洒在冷水管束上。因此，喷淋的冷剂水中只有一部分蒸发为水蒸气，另一部分未曾蒸发的冷剂水与来自冷凝器的冷剂水一起流入冷剂水囊，重新送入喷淋系统蒸发制冷。冷剂水囊应保持一定的存水量，以适应负荷变化和避免冷剂水量减少时冷剂水泵发生气蚀。蒸发器中汽化形成的冷剂水蒸气经过挡水板 16 再进入吸收器，这样可以把蒸气中混有的冷剂水滴阻留在蒸发器内继续汽化，以避免造成制冷量的损失。

在吸收器 1 的管束内通过的是冷却水。浓溶液囊 6 中的浓溶液，由吸收器泵 17 送入溶液喷淋系统 18，淋洒在冷却水管束上，溶液被冷却降温，同时吸收充满于管束之间的冷剂水蒸气而变成稀溶液，汇流至稀、浓两个液囊中。流入稀溶液囊的稀溶液，由发生器泵经热交换器 4 送往发生器。流入浓溶液液囊的稀溶液则与来自发生器的浓溶液混合，由吸收器泵重新送至溶液喷淋系统。回到喷淋系统的稀溶液的作用只是"陪同"浓溶液一起循环，以加大喷淋量，提高喷淋式热交换器喷淋侧的放热系数。

在真空条件下工作的系统中所有其他部件也必须有很高的密封要求。如溶液泵和冷剂泵需采用屏蔽型密闭泵，并要求该泵有较高的允许吸入真空高度，管路上的阀门需采用真空隔膜阀等。

从以上结构特点看出，溴化锂吸收式制冷机除屏蔽泵外没有其他转动部件，因而振动、噪声小，磨损和维修量少。

二、双效溴化锂吸收式制冷机

从公式（7-6a）可以看出，当给定冷却介质和被冷却介质温度时，提高热源温度 t_h 可有效改善吸收式制冷机的热力系数。但由于溶液结晶条件的限制，单效溴化锂吸收式制冷机的热源温度不能太高。当有较高温度热源时，应采用多级发生的循环。如利用表压 0.6～0.8MPa 的蒸汽或燃油、燃气做热源的双效型溴化锂吸收式制冷机，它们分别称为蒸汽双效型和直燃双效型。

双效型溴化锂吸收式制冷机设有高、低压两级发生器，高、低温两级溶液热交换器，有时为了利用热源蒸汽的凝水热量，还设置溶液预热器（或称凝水回热器）。以高压发生器中溶液汽化所产生的高温冷剂水蒸气作为低压发生器加热溶液的内热源，释放其潜热后再与低压发生器中溶液汽化产生的冷剂蒸气汇合，作为制冷剂，进入冷凝器和蒸发器制冷。由于高压发生器中冷剂蒸气的凝结热已用于机组的正循环中，使发生器的耗热量减少，故热力系数可达 1.0 以上；冷凝器中冷却水带走的主要是低压发生器的冷剂蒸气的凝结热，冷凝器的热负荷仅为普通单效机的一半。

（一）蒸汽双效型溴化锂吸收式制冷机的流程

根据溶液循环方式的不同，常用的双效溴化锂吸收式制冷机主要分为串联流程和并联流程两大类，串联流程系统操作方便、调节稳定；并联流程系统热力系数较高。

1. 串联流程双效型吸收式制冷机

串联流程双效型吸收式制冷系统流程如图 7-14（a）所示。

从吸收器 E 引出的稀溶液经发生器泵 I 输送至低温热交换器 G 和高温热交换器 F 吸收浓溶液放出的热量后，进入高压发生器 A（压力为 p_r），在高压发生器中加热沸腾，产生高温水蒸气和中间浓度溶液，此中间溶液经高温热交换器 F 减压后进入低压发生器 B（压力为 p_k），被来自高温发生器的高温蒸气加热，再次产生水蒸气并形成浓溶液。浓溶液经低温热交换器 G 与来自吸收器的稀溶液换热后进入吸收器 E（压力为 p_0），在吸收器中吸收来自蒸发器 D 的水蒸气而成为稀溶液。

串联流程双效型吸收式制冷机的工作过程如图 7-14（b）所示。

（1）溶液的流动过程：点 2 的低压稀溶液（浓度为 ξ_w）经发生器泵加压后压力提高至 p_r，经低温热交换器加热到达点 7，再经过高温热交换器加热到达点 10。溶液进入高压发生器后，先加热到点 11，再加热至点 12，成为中间浓度 ξ_s' 的溶液，在此过程中产生水蒸气，其焓值为 h_{3c}。从高压发生器流出的中间浓度溶液在高温热交换器中放热后，达到 13 点，并进入低压发生器。

中间浓度溶液在低压发生器中被高温发生器产生的水蒸气加热，成为浓溶液（浓度为 ξ_s）点 4，同时产生水蒸气，其焓值为 h_{3a}。点 4 的浓溶液经低温热交换器冷却放热至点 8，

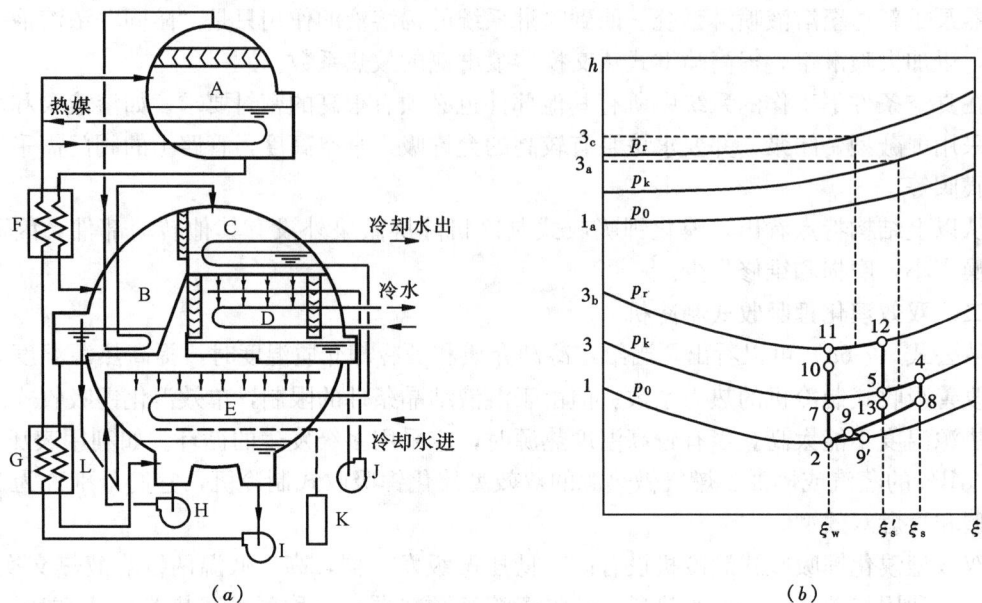

图 7-14　串联流程溴化锂吸收式制冷原理图

A—高压发生器；B—低压发生器；C—冷凝器；D—蒸发器；E—吸收器；F—高温热交换器；
G—低温热交换器；H—吸收器泵；I—发生器泵；J—蒸发器泵；K—抽气装置；L—防晶管

成为低温浓溶液，它与吸收器中的部分稀溶液混合后，达到点 9，闪发后至点 $9'$，再吸收水蒸气成为低压稀溶液 2。

（2）冷剂水的流动过程：高压发生器产生的蒸气在低压发生器中放热后凝结成水，比焓值降为 h_{3b}，进入冷凝器后冷却又降至 h_3。而来自低压发生器产生的水蒸气也在冷凝器中冷凝，焓值同样降至 h_3。冷剂水节流后进入蒸发器，其中液态水的比焓值为 h_1，在蒸发器中吸热制冷后成为水蒸气，比焓值为 h_{1a}，此水蒸气在吸收器中被溴化锂溶液吸收。

2. 并联流程双效型吸收式制冷机

并联流程双效型吸收式制冷系统的流程如图 7-15（a）所示。从吸收器 E 引出的稀溶液经发生器泵 J 升压后分成两路。一路经高温热交换器 F，进入高压发生器 A，在高压发生器中被高温蒸汽加热沸腾，产生高温水蒸气。浓溶液在高温热交换器 F 内放热后与吸收器中的部分稀溶液以及来自低压发生器的浓溶液混合，经吸收器泵 I 输送至吸收器的喷淋系统。另一路稀溶液在低温热交换器 H 和凝水回热器 G 中吸热后进入低压发生器 B，在低压发生器中被来自高压发生器的水蒸气加热，产生水蒸气及浓溶液。此溶液在低温热交换器中放热后，与吸收器中的部分稀溶液及来自高温发生器的浓溶液混合后，输送至吸收器的喷淋系统。

并联流程双效型溴化锂吸收式制冷机的工作过程如图 7-15（b）表示。

（1）溶液的流动过程：点 2 的低压稀溶液（浓度为 ξ_w）经发生器泵 J 增压后分为两路，一路在高温热交换器 F 中吸热达到点 10，然后在高压发生器内吸热（压力为 p_r），产生水蒸气，达到点 12，成为浓溶液（浓度为 ξ_{rH}），所产生的水蒸气的焓值为 h_{3c}。此浓溶液在高温热交换器中放热至点 13，然后与吸收器中的部分稀溶液 2 及低压发生器的浓溶液 8 混合，达到点 9，闪发后至点 $9'$。

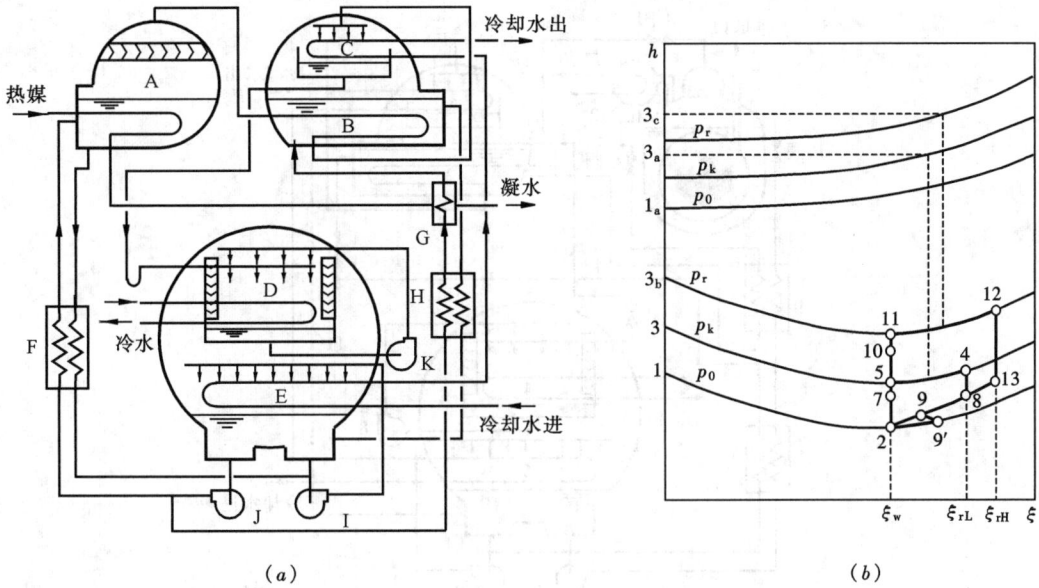

（a）　　　　　　　　　　　　　　　（b）

图 7-15　并联流程溴化锂吸收式制冷原理图

A—高压发生器；B—低压发生器；C—冷凝器；D—蒸发器；E—吸收器；F—高温热交换器；

G—凝水回热器；H—低温热交换器；I—吸收泵；J—发生器泵；K—蒸发泵

另一路稀溶液经低温热交换器 H 加热至点 7，再经过凝水回热器 G 和低压发生器 B 升温至点 4（压力为 p_k）成为浓溶液（浓度为 ξ_{rL}），此时产生的水蒸气焓值为 h_{3a}。浓溶液在低温热交换器内放热至点 8，然后与吸收器的部分稀溶液 2 及来自高压发生器的浓溶液 13 混合，达到点 9，闪发后至点 9′。

（2）冷剂水的流动过程：高压发生器产生的水蒸气（焓值为 h_{3c}）在低压发生器中放热，凝结成焓值为 h_{3b} 的水（点 3_b），再进入冷凝器中冷却至点 3；低压发生器产生的水蒸气（焓值为 h_{3a}）在冷凝器中冷凝成冷剂水（点 3）。压力为 p_k 的冷剂水经节流在蒸发器中制冷，达到点 1_a，然后进入吸收器，被溶液吸收。

（二）直燃双效型溴化锂吸收式制冷机的流程

直燃双效型溴化锂吸收式制冷机（简称：直燃机）和蒸汽双效型制冷原理完全相同，只是高压发生器不是采用蒸汽或热水换热器，而是锅筒式火管锅炉，由燃气、燃油或高温烟气余热直接加热稀溶液，产生高温水蒸气；当采用高温烟气余热作为热源时，在热量不足时也采用燃气或燃油作为辅助热源。此外，直燃机也可作为一种热水生产设备，全年制取生活热水和在冬季制取采暖热水。

直燃机的溶液循环均可采用串联和并联流程。根据制取热水方式不同，目前主要有两种机型：（1）设置和高压发生器相连的热水器；（2）将蒸发器切换成冷凝器。

1. 设置与高压发生器相连的热水器的机型

图 7-16 示出了一种该型直燃机的工作原理图，直燃机在高压发生器的上方设置一个热水器 12。

（1）制热运行时，关闭与高压发生器 1 相连管路上的 A、B、C 阀，热水器借助高压发生器所发生的高温蒸气的凝结热来加热管内热水，凝水则流回高压发生器。

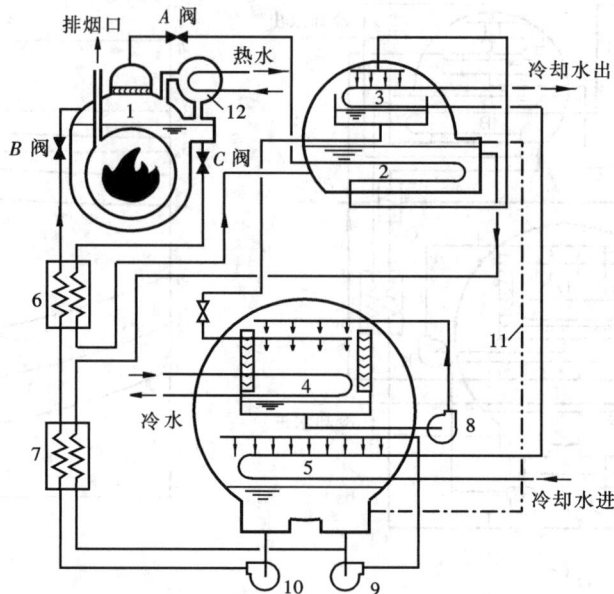

图 7-16 直燃机 1 制热循环工作原理图

1—高压发生器；2—低压发生器；3—冷凝器；4—蒸发器；5—吸收器；6—高温热交换器；

7—低温热交换器；8—蒸发器泵；9—吸收器泵；10—发生器泵；

11—防晶管；12—热水器

（2）制冷运行时，开启 A、B、C 阀，直燃机按照串联流程蒸汽双效型溴化锂吸收式制冷机的工作原理制取冷水，还可以同时利用热水器 12 制取生活热水。

2. 将蒸发器切换成冷凝器的机型

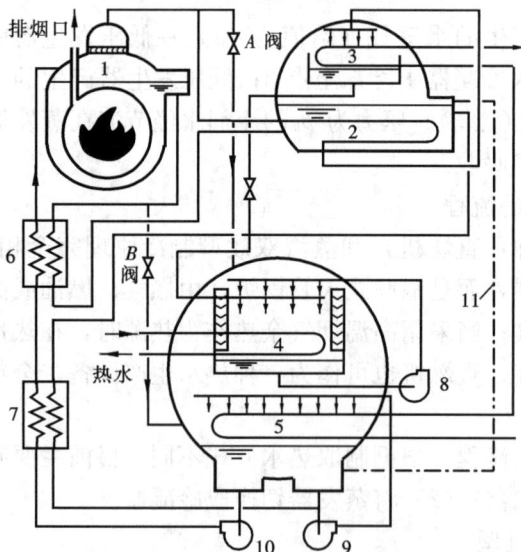

图 7-17 直燃机 2 制热循环工作原理图

1—高压发生器；2—低压发生器；3—冷凝器；4—蒸发器；

5—吸收器；6—高温热交换器；7—低温热交换器；

8—蒸发器泵；9—吸收器泵；10—发生器泵；

11—防晶管

图 7-17 给出了这一机型直燃机制热运行的工作原理。制热时，同时开启冷热转换阀 A 与 B（制冷运行时，需关闭图中冷热转换阀 A 与 B），冷水回路则切换成热水回路。冷却水泵及蒸发器泵停止运行。

稀溶液由发生器泵 10 送入高压发生器 1，加热沸腾，发生的冷剂蒸气经阀 A 进入蒸发器 4；同时高温浓溶液经阀 B 进入吸收器 5，因压力降低闪发出部分冷剂蒸气，经挡水板进入蒸发器。两股高温蒸气在蒸发器传热管表面冷凝释放热量，凝结水自动流回吸收器，并与发生器返回的浓溶液混合成稀溶液。稀溶液再由发生器泵 10 送往高压发生器 1 加热。蒸发器传热管内的水吸收冷剂蒸气释放的冷凝热而升温，制取热水。

三、双级溴化锂吸收式制冷机

前已述及，当其他条件一定时，随着热源温度的降低，吸收式制冷机的放气范围 $\Delta\xi$ 将减小。如若热源温度很低，致使其放气范围 $\Delta\xi < 3\% \sim 4\%$ 甚至成为负值，此时需采用多级吸收循环（一般为双级）。

图 7-18（a）所示的双级吸收式制冷循环，它包括高、低压两级完整的溶液循环。来自蒸发器 E 的低压（p_0）冷剂蒸气在低压级溶液循环中，经过低压吸收器 A_2、低压热交换器 T_2 和低压发生器 G_2，升压为中间压力 p_m 的冷剂蒸气，再进入高压级溶液循环升压为高压（冷凝压力 p_k）冷剂蒸气，最后去冷凝器、蒸发器制冷。

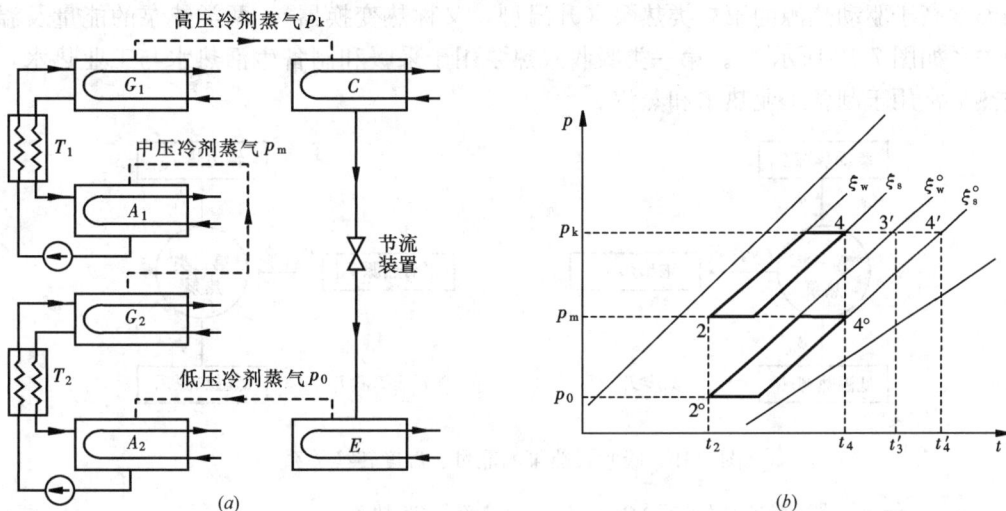

图 7-18 双级溴化锂吸收式制冷原理图

（a）流程简图；（b）$p-t$ 图上的循环

G_1—高压发生器；A_1—高压吸收器；T_1—高压热交换器；C—冷凝器；G_2—低压发生器；

A_2—低压吸收器；T_2—低压热交换器；E—蒸发器

如将吸收器、溶液泵、换热器和发生器看作是热力压缩机，可见，低压级热力压缩机将蒸发压力为 p_0 的冷剂蒸气加压至中间压力 p_m，再经过高压级热力压缩机加压至冷凝压力 p_k。这与蒸气压缩式双级压缩制冷循环极为相似。

在双级吸收式制冷循环中，高、低压两级溶液循环中的热源和冷却水条件一般是相同的。因而，高、低压两级的发生器溶液最高温度 t_4，以及吸收器溶液的最低温度 t_2 也是相同的。

从图 7-18（b）所示的压力－温度图（参见图 7-8）上可以看出，在冷凝压力 p_k、蒸发压力 p_0 以及溶液最低温度 t_2 一定的条件下，发生器溶液最高温度 t_4 若低于 t_3'，则单效循环的放气范围将成为负值。而同样条件下采用两级吸收循环就能增大放气范围，实现制冷。

这种双级吸收式机可以利用 $70 \sim 90℃$ 废气或热水作热源，但其热力系数较低，约为普通单效机的 $1/2$，但所需的传热面积约为普通单效机的 1.5 倍。

第四节　吸收式热泵

吸收式制冷机可以作为热泵使用，它可以回收废热水的热量，制取高温热水，用于供热等场合。吸收式热泵是热能驱动实现从低温向高温输送热量的设备，因此，从广义上说，吸收式制冷机也是一种吸收式热泵。

一、吸收式热泵的类型

吸收式热泵有两种类型：输出热的温度低于驱动热源的第一类热泵（增热型）和输出热的温度高于驱动热源的第二类热泵（升温型，又称热变换器），两类热泵的能量及温度转换关系如图 7-19 所示[66]。第一类吸收式热泵用于采暖和制备生活热水与工业热水，第二类热泵常用于制备工业热水和蒸汽。

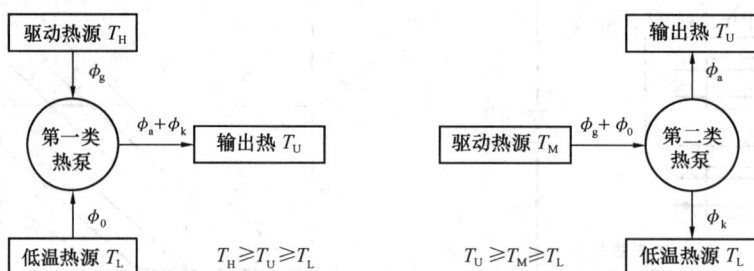

图 7-19　吸收式热泵的能量、温度转换关系

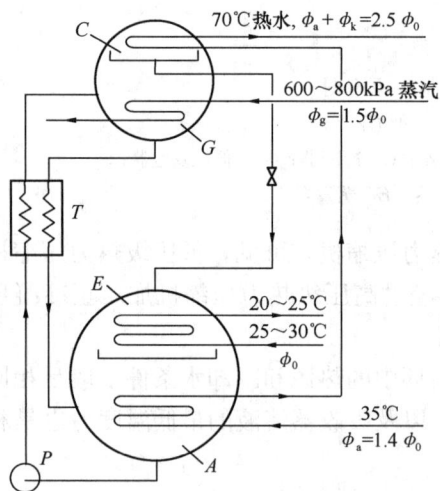

图 7-20　第一类吸收式热泵的工作原理
A—吸收器；C—冷凝器；E—蒸发器；
G—发生器；P—溶液泵；T—热交换器

1. 第一类热泵

利用高温热源，把低温热源的热能提高到中温的热泵系统，它是同时利用吸收热和冷凝热以制取中温热水的吸收式循环。图 7-20 示出了以溴化锂—水为工质对的单效第一类热泵机组的工作原理，低温热水获得吸收热和冷凝热后被加热成较高温度的热水。

例如：蒸发器将 $25\sim35℃$ 水冷却 $5\sim10℃$，用吸收热和冷凝热将工艺排出的 $25\sim35℃$ 水加热到 $60\sim80℃$，热媒温度为 $160\sim180℃$，此时，发生器每输入 1 kW 的热量可获得 $1.6\sim1.8$kW 的制热量（制热系数 $1.6\sim1.8$）。

从图中可以看出，将单效吸收式冷水机组的冷水回路作为低温热源水回路、将串联的冷却水回路作为热水回路，就构成了单效第一类吸收式热泵机组。冷水机组和热泵机组的差别在于二者的使用目的不同，前者用于制冷，后者用于供热；而且二者的运行工况和热力系数有很大的差别。

同理，利用双效吸收式制冷循环还可以研制双效第一类吸收式热泵机组。可见，第一类吸收式热泵与吸收式制冷机具有相同的工作原理。

　　现有的第一类吸收式热泵提升热水的温升一般不超过 40℃。在实际工程中，经常遇到余热温度较低且用户需求温度较高的情况，希望进一步提高温升。采用两级或多级吸收式热泵串联的方式虽然可以达到较大幅度提升热水温度的目的，但导致系统复杂、体积庞大、投资高、能源利用效率降低以及运行调节复杂等问题。针对上述问题，目前已发展出一种大温升吸收式热泵机组，如图 7-21 所示[67]，通过改善循环形式，热水升温幅度可达到 50℃。

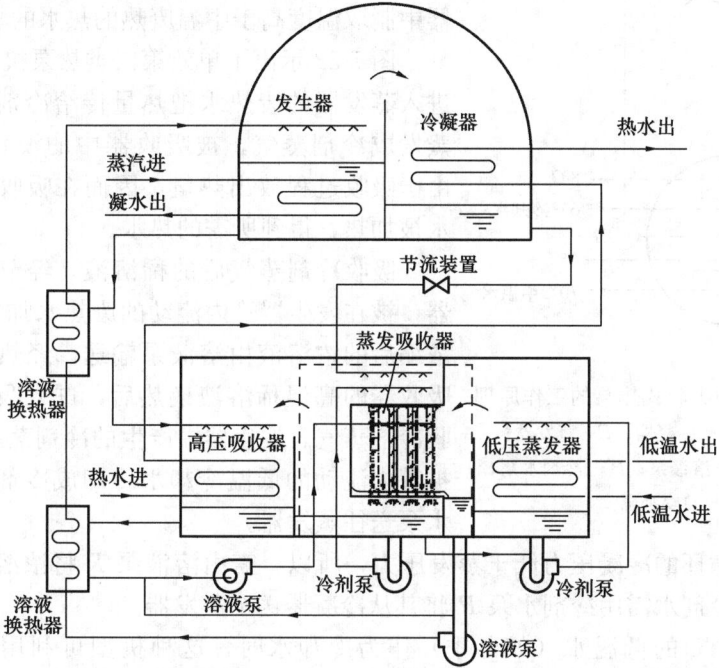

图 7-21　大温升吸收式热泵机组原理图

　　大温升吸收式热泵机组属于第一类吸收式热泵，由发生器、冷凝器、低压蒸发器、蒸发吸收器（即高压蒸发器也是低压吸收器）、高压吸收器、溶液换热器、节流装置、溶液泵、冷剂泵等组成。其工作原理如下：

　　溶液循环：稀溶液在发生器中被高温热源（如蒸汽或燃油、燃气）加热，产生冷剂蒸气后变成浓溶液，通过高温溶液换热器后进入高压吸收器，吸收高压蒸发器中产生的冷剂蒸气；从高压吸收器中流出的较稀的溶液通过低温溶液换热器后，由溶液泵送入低压吸收器中，吸收低压蒸发器中产生的冷剂蒸气；低压吸收器中的稀溶液通过溶液泵送入低温及高温溶液换热器并返回发生器中，完成溶液循环。

　　冷剂循环：发生器产生的冷剂蒸气进入冷凝器冷凝放热，加热用于供热的热水；冷凝后的冷剂水通过节流装置进入高压蒸发器，吸收低压吸收器产生的吸收热，蒸发出的水蒸气被高压吸收器中的溶液吸收；未被蒸发的部分冷剂水通过冷剂泵送入低压蒸发器中，吸收低温热源（低温水）的热量，蒸发出的水蒸气进入低压吸收器被溶液吸收，完成冷剂循环。

　　该机组的主要特点体现在两个方面：（1）采用了两级蒸发、两级吸收的方式，低压蒸发器从低温热源（低温水）吸收热量，将低压吸收器中产生的热量作为高压蒸发器的热源，高压吸收器和冷凝器中产生的热量用于加热热水。其优点是能够从较低温度的热源中吸热，并产生出较高温度的热水；（2）将低压吸收器和高压蒸发器结合在一起，组成了一体化结构的蒸发吸收器，简化了机组的结构和流程，可减小整个机组的体积。

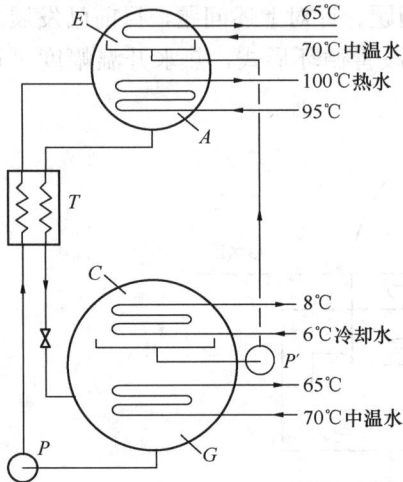

图 7-22　第二类吸收式热泵的工作原理

A—吸收器；C—冷凝器；E—蒸发器；

G—发生器；P—溶液泵；P′—冷剂水泵；

T—热交换器

2. 第二类热泵

利用中温废热和发生器形成驱动热源系统，同时还利用中温废热和蒸发器构成热源系统，在吸收器中制取温度高于中温废热的热水的热泵系统。

图 7-22 示出了单效第二类热泵机组的工作原理。进入蒸发器的废热水把热量传给冷剂水，使冷剂水蒸发成冷剂蒸气，被吸收器中的溴化锂溶液吸收，由于吸收过程放出热量，因而在吸收器管内流动的水被加热，得到所需的热水。

吸收冷剂蒸气后的稀溶液，经节流阀进入发生器，被在发生器管内流动的废热水加热沸腾、浓缩。浓缩后的浓溶液由溶液泵输送，经热交换器与来自吸收器的高温稀溶液换热后，进入吸收器，重新吸收冷剂蒸气。发生器中产生的冷剂蒸气进入冷凝器，被管内流动的低温冷却水冷却成冷剂水，再由冷剂水泵送往蒸发器。

由于热泵循环的冷凝压力低于蒸发压力，所以，需由溶液泵 P 将浓溶液从发生器送至吸收器，而冷剂水需用冷剂水泵 P′ 将其从冷凝器送至蒸发器。

当有 5～10℃ 的低温水（如冬季）作为冷却水时，这种机型可利用较低温度（如70℃）的中温废热水作发生器和蒸发器的热源，使较高温度的水在吸收器内升温（95℃→100℃），其热力系数约 0.5。应当指出的是：冷凝器中的冷却水温度越低，所得到的高温水温度越高。

二、吸收式热泵在热电联产集中供热系统中的应用[67]

（一）应用背景

热电联产的综合能效显著高于常规分产系统，是未来城市能源系统发展的主要方向。然而，目前的城市热电联产集中供热方式还存在着各种能源损失，如：

（1）冷却塔循环水的散热损失：我国火力发电厂供电效率平均仅在 35% 左右，多数热量以烟气或凝汽器的废热形式排向大气环境，造成较大的环境热污染。目前热电厂普遍采用大容量的抽凝式汽轮机发电机组，即使在冬季最大供热工况下，也有占电厂总能耗 10%～20% 的热量由循环水（一般通过冷却塔）排放到环境。

（2）热量传递的不可逆损失：从供热环节来看，传统的热电联产集中供热流程中存在两大热量传递造成的不可逆损失环节，即热电厂首站的汽—水换热和热力站的一、二次网水—水换热。即用 0.4MPa 甚至更高压力的汽轮机抽汽加热 130/70℃ 的一次网供回水，再用 130/70℃ 的一次网热水加热 70/50℃ 的二次网供回水，这两个环节均存在较大的换热温差，必将造成较大的热量传递不可逆损失。

（3）现有大型集中热网几乎都是采用间接换热方式，受管道保温材料的耐温限制，一次水供水温度最高为130℃左右，而回水温度受二次网温度限制，一般为70℃左右，使得一次网的供回水温差仅约60℃，限制了热网的供热能力。

在热电联产集中供热系统中利用吸收式热泵技术可有效地提高一次网的供热能力，并将冷却塔排热部分或全部转化为供热热量，提高整个系统的热能转换效率。

下面对相关技术进行简要介绍。

（二）吸收式换热机组

吸收式换热机组是利用第一类吸收式热泵技术，大幅度降低集中供热系统一次网回水温度（甚至显著低于二次网回水温度）并能够产生满足使用要求的采暖或生活热水的换热机组。图7-23示出了吸收式换热机组的工作原理。

吸收式换热机组由热水型吸收式热泵和水—水换热器以及连接管路组成，水路系统分为一次侧热水管路和二次侧热水管路两部分。实际运行中，高温侧130℃的热水首先作为驱动能源进入热水型吸收式热泵机组，在其发生器中加热浓缩

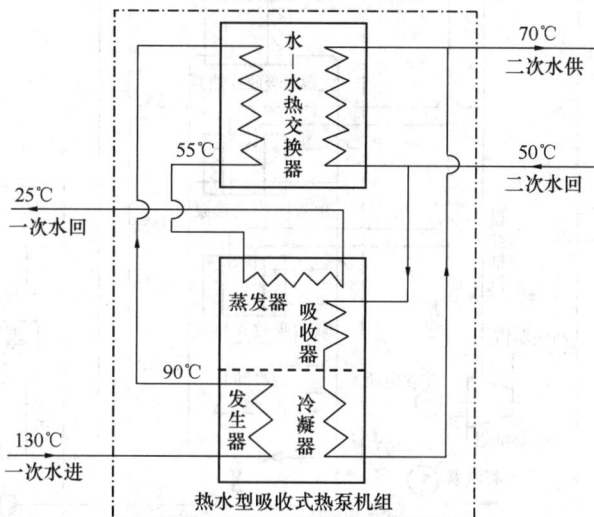

图7-23　吸收式换热机组

溴化锂溶液，降温至90℃左右后，从吸收式热泵中流出；90℃的热水进入水—水换热器，作为热源加热二次网热水回水，降温至55℃时从水—水换热器中流出，再返回吸收式热泵，作为其低位热源，在蒸发器中降温至25℃左右后再返回集中热源，如此循环。

二次网50℃的热水回水分为两路进入机组，一路进入吸收式热泵，在其吸收器和冷凝器中吸收热量，被加热到70℃左右后流出；另一路进入水—水换热器，与从吸收式热泵发生器中流出的90℃热水进行换热，被加热到70℃后流出；两路70℃的热水出水汇合后送往热用户，为用户提供采暖或生活热水。

可以看出，吸收式换热机组采用吸收式热泵与换热器组合的方式，能够有效地进行高温热水的梯级利用，使一次网的供回水温差从60℃扩大为105℃，大幅度提高了热网的供热能力，降低了管网投资；同时，一次网回水温度降低到25℃左右，使得回收电厂汽轮机凝汽器低温余热成为可能，为大幅度提高电厂综合能源利用效率创造了条件。

（三）基于吸收式换热技术的热电联产供热系统

图7-24示出了基于吸收式换热技术的城市集中供热系统的示意图。

在城市集中供热系统的用户热力站设置图7-23所示的吸收式换热机组，将一次网供回水温度由传统的130/70℃扩大至130/25℃。返回电厂后的一次网回水温度很低，直接或间接回收凝汽器内的低温汽轮机排气余热，然后依次通过蒸汽驱动的第一类双效吸收式热泵、单效吸收式热泵和大温升吸收式热泵（参见图7-21），逐级升温至95℃，最后使用汽—水换热器或调峰锅炉加热至一次网供水要求的温度130℃。

该系统具有如下显著优点：

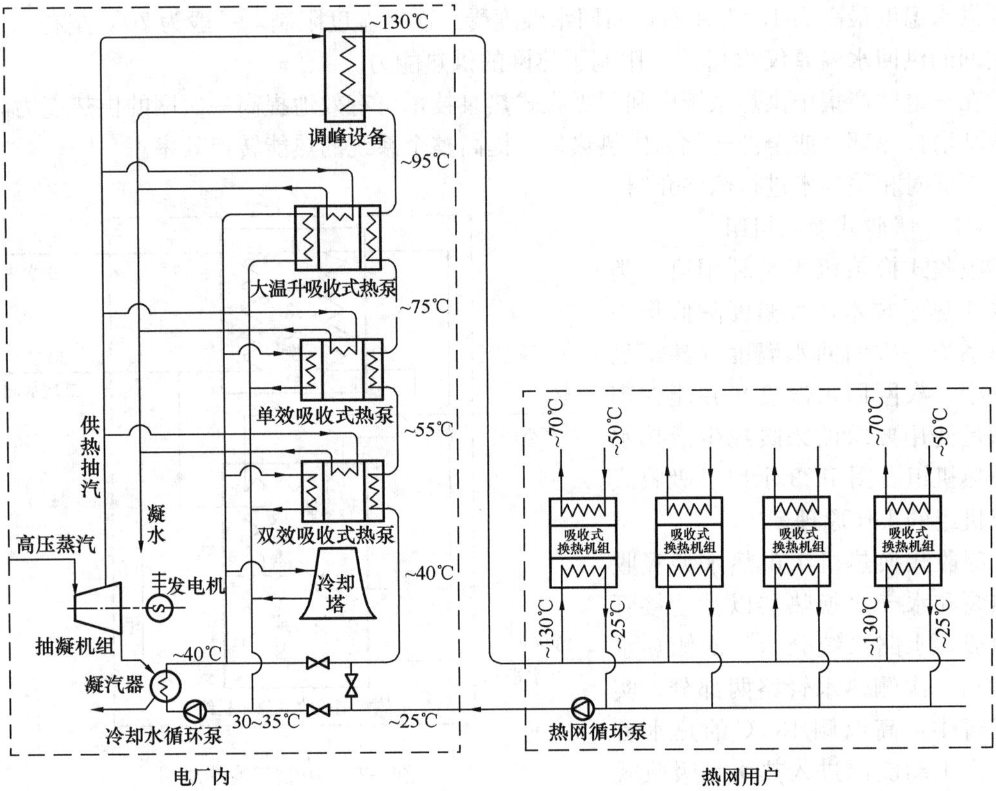

图 7-24　基于吸收式换热技术的城市集中供热系统示意图

（1）电厂的循环水不再单独依靠冷却塔降温，而是作为各级吸收式热泵的低温热源，一次网回收了循环水的余热资源，具有显著的节能效果；

（2）各级热泵的驱动热源均来自于抽凝机组的抽汽，该部分蒸汽的热量最终仍然进入一次网中，与常规热电联产系统相比，减少了汽轮机的抽汽量，增加了汽轮机的发电能力，提高了系统的整体能效；

（3）逐级升温的一次网加热过程避免了大温差传热导致的不可逆损失；

（4）吸收式换热机组大幅提升一次网供回水温差，使城市热网的输送能力大幅度提高，可降低大量管网投资，也为既有管网扩容提供了可能性。

随着溴化锂吸收式制冷与热泵技术的不断发展，目前除在余热利用与楼宇空调系统中得到广泛应用外，在建筑冷热电联产（Building Cooling Heating & Power，简称 BCHP）系统和热电联产集中供热系统中也得到较大的发展。可见，溴化锂吸收式制冷与热泵技术在城市能源的优化利用方面将具有良好的发展前景。

第五节　溴化锂吸收式机组的性能及改善措施

一、溴化锂吸收式机组的性能特点

与蒸气压缩式机组相同，吸收式制冷与热泵机组在设计时也必须先确定其设计工况（通常为名义工况）。由于吸收式机组的冷却（或热源）介质和被冷却（加热）介质都是水，其驱动热源为蒸汽、热水、化石燃料或余热烟气，故机组的设计工况主要包含三个方面：①冷水（或热水）工况：出口温度、进口温度或流量；②冷却水（或低温热源水）工况：进口温度、出口温度或流量；③热源工况：视热源的类型不同，包括蒸汽压力、流量，或驱动热源水的进口温度、出口温度或流量，或燃料类型与流量，或余热烟气的进口温度、出口温度或流量等。此外，设计工况还包括冷水和冷却水侧的污垢系数，电源的类型、额定电压和频率等参数[68,69]。

在给定机组容量和设计工况后，通过技术经济分析确定机组的循环形式和内部参数（如蒸发温度、冷凝温度、发生温度以及各个位置的溶液状态），进而确定机组的结构布局、各换热器（发生器、冷凝器、蒸发器和吸收器）的换热面积、各种泵体（溶液泵、制冷剂泵）的扬程与流量、节流装置的结构尺寸等。

对于一台按照设计工况生产的制冷（热泵）机组，在实际运行过程中，往往其输出能力需要随着用户侧需求而变化，且外部工况也与设计工况存在偏差，因而需要了解吸收式机组的部分负荷特性和变工况运行性能。

下面简要介绍溴化锂吸收式冷水机组的性能特点。

（一）吸收式冷水机组的性能参数

所谓机组的性能是指在给定工况条件下的性能，不同的工况其性能存在差异。吸收式冷水机组的性能参数主要包括制冷量 Φ_0、加热耗量（或加热耗热量）Φ_g、消耗电功率 P、性能系数，此外，直燃机还有供热量 Φ_h 参数。

由于加热热源的类型不同，其输入能耗的表述方式也不同，例如，蒸汽型机组用热源蒸汽压力（单位 MPa）和流量（单位 kg/h）、直燃机则用燃料的低位热值换算的热量值（单位 kW）来表示。因此，各类机组的性能系数的表述方式也有所差异，如：蒸汽型机组用"单位冷量蒸汽耗量"［单位 kg/(h·kW)］表示；直燃机的制冷性能系数用 COP_c ［制冷量除以加热耗热量与消耗电功率之和，即 $COP_c=\Phi_0/(\Phi_g+P)$］、制热性能系数用 COP_h ［$COP_h=\Phi_h/(\Phi_g+P)$］ 来表示。

（二）部分负荷性能和变工况性能[70]

溴化锂吸收式机组在实际运行中，100%负荷时的使用时间很少，大多数时间运行在部分负荷工况和变工况条件下。

在描述确定工况下的机组性能时，常以名义工况下的性能参数作为基准（100%），用相对制冷量（或负荷率）、相对燃料耗量百分数来表示输出的制冷量和输入的能耗大小（相对制冷量为 100%时，又习惯称为"满负荷"）。

1. 部分负荷性能

图 7-25 给出了直燃型机组在部分负荷条件下运行时的制冷量与燃料耗量的关系，其测试条件为：①冷水出口温度 7℃，流量 100%，蒸发器水侧污垢系数 0.018m²·℃/kW；②冷却水流量 100%，其进口温度在 100%负荷率时为 32℃，20%时为 24℃，中间温度随负荷减小呈线性变化，污垢系数为 0.086m²·℃/kW。

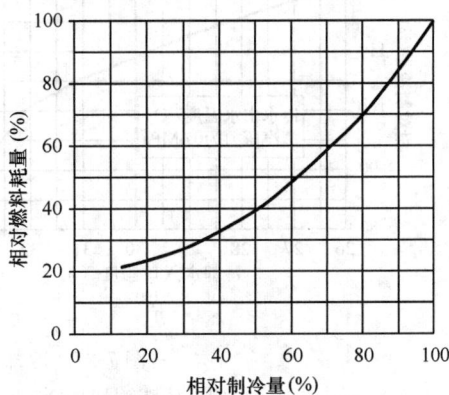

图 7-25　直燃机制冷量与燃料耗量的关系

从图中可以看出，直燃型溴化锂冷水机组在负荷率为 25％～100％ 范围内运行时，机组的部分负荷性能系数比满负荷时高，但在负荷率小于 25％ 时其性能系数才变差。

2. 变工况性能

图 7-26～图 7-28 给出了某一条件改变但其他条件仍为名义工况参数时测得的溴化锂吸收式冷水机组的性能，从中可以看出冷水温度、冷却水温度和热源温度对机组制冷量和耗气量的影响规律。

（1）冷水温度的影响

图 7-26 给出了蒸汽型溴化锂吸收式冷水机组性能随冷水出水温度的变化曲线。当其他参数一定（蒸汽压力为 0.6MPa，冷水和冷却水的流量为设计流量）时，冷水出口温度降低引起蒸发温度（压力）降低，导致吸收器的吸收能力下降，稀溶液的浓度增大，放气范围减小，制冷量和性能系数（单位耗气量）均下降。

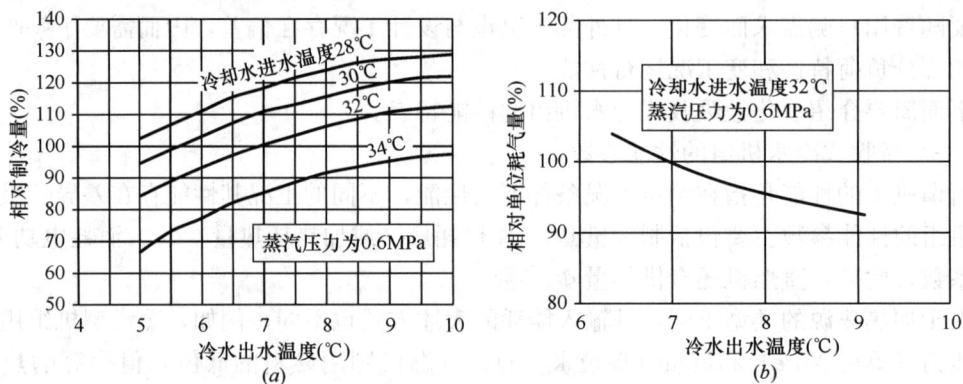

图 7-26 冷水温度对机组性能的影响

（a）对制冷量的影响；（b）对性能系数（单位耗气量）的影响

冷水机组的冷水出水温度是在一定范围内变化的，温度过低会使稀溶液浓度升高，引起溶液泵吸空和溶液结晶，蒸发温度过低会引起蒸发器液囊冷剂水冻结，同时制冷量急剧下降；出水温度过高，则会使蒸发器液囊的冷剂水位下降，造成蒸发器泵吸空，同时制冷量的上升也趋于平缓。

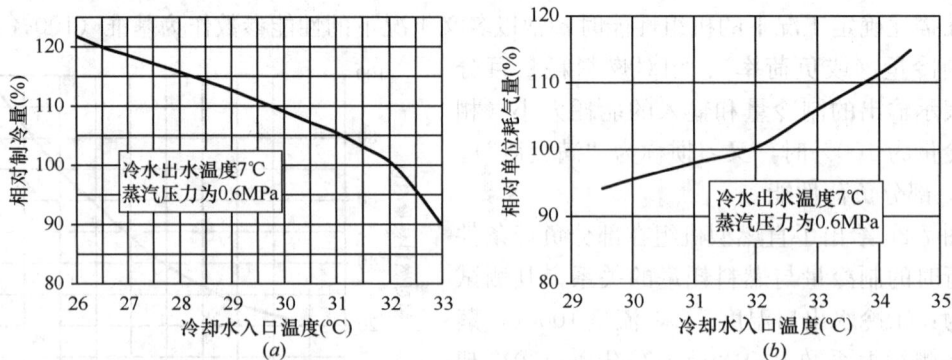

图 7-27 冷却水温度对机组性能的影响

（a）对制冷量的影响；（b）对性能系数（单位耗气量）的影响

（2）冷却水温度的影响

图 7-27 示出了蒸汽型溴化锂吸收式冷水机组性能随冷却水进水温度的变化情况。当其他参数一定（蒸汽压力为 0.6MPa，冷水出水温度 7℃，冷水和冷却水的流量为设计流量）时，冷却水进水温度降低，使吸收器中的稀溶液温度下降，吸收能力增强，制冷量增加；另一方面，冷却水温度降低使冷凝压力下降，发生器出口浓溶液浓度升高，放气范围增大，也有利于提升制冷性能。但是，冷却水温过低会使稀溶液温度过低，浓溶液浓度过高，均会增加结晶危险；冷却水温过高则会使吸收能力和制冷量大幅降低，严重时也将导致结晶危险。

（3）热源温度的影响

热源温度（或蒸汽压力）对吸收式冷水机组的制冷量影响显著。热源温度降低会使发生器出口浓溶液的浓度降低，放气范围减少，机组制冷量降低。对于蒸汽型机组，热源对双效机组的影响要比单效机组大，这是因为热源的变化还将影响高压发生器产生的冷剂蒸气压力和温度（亦即低压发生器的加热源）。

图 7-28 给出了不同类型机组的热源温度或蒸汽压力对制冷量的影响曲线（冷水和冷却水为设计流量）。热源温度或蒸汽压力过高，不仅会导致浓溶液浓度过高，增加溶液结晶的危险，而且将增加溶液对材料的腐蚀性；热源温度或蒸汽压力过低则会使制冷量太小，甚至无法正常运行。

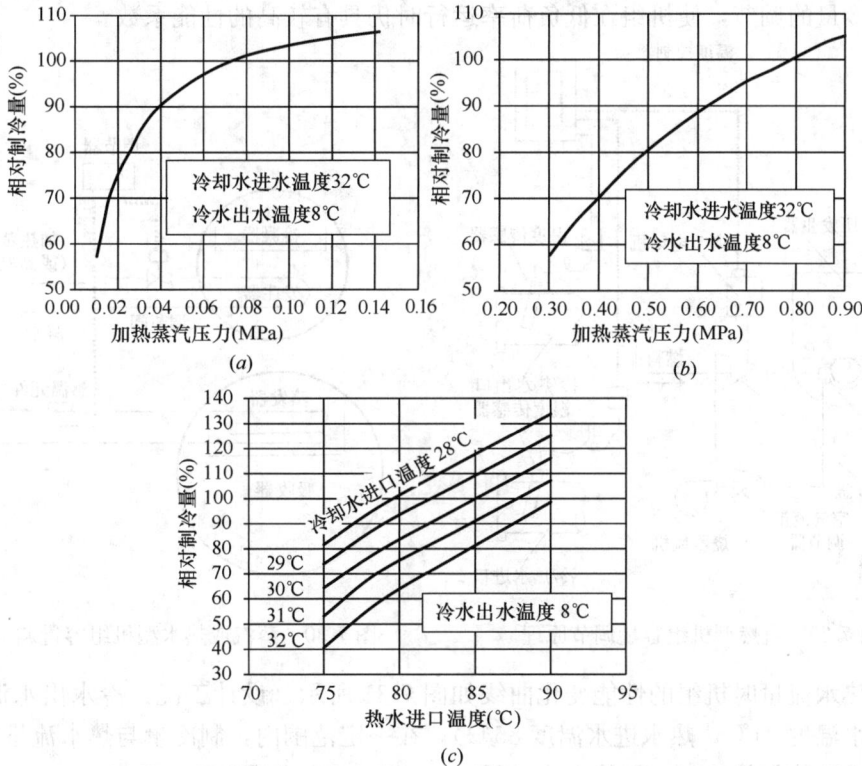

(a)

(b)

(c)

图 7-28　热源温度或蒸汽压力对机组制冷量的影响

(a) 蒸汽型单效机组；(b) 蒸汽型双效机组；(c) 热水型单效机组

二、溴化锂吸收式机组的容量调节

建筑的冷负荷随环境温度等因素在不断变化，容量调节的目的是为了使机组的制冷量与所需要的的冷负荷相匹配。溴化锂吸收式机组的容量调节主要有驱动热源调节和溶液循环量调节方式。

（一）驱动热源调节

根据吸收式机组的驱动热源类型的不同，热源调节包括蒸汽（或热水）流量调节和燃料流量调节，其本质都是通过调节热源的供热量来改变机组的制冷量。

直燃型机组的容量调节控制原理如图 7-29 所示。温度传感器安装在冷水进口或出口，根据被测冷水温度与设定冷水温度的偏差控制进入燃烧器中的燃料和空气量。在满负荷下，燃烧器处于最大燃烧量；当负荷减少时，冷水出水温度降低，燃烧器将减小燃烧量以减小制冷量，从而匹配冷负荷需求；当所需燃烧热量低于最小燃烧量时，燃烧器将出现断续供气运行。

蒸汽型或热水型机组的容量调节控制原理如图 7-30 所示。调节阀安装在发生器蒸汽或热水进口管道上，根据被测冷水温度与设定冷水温度的偏差控制进入发生器的蒸汽或热水流量。在满负荷下，调节阀全开；当负荷减少时，冷水出水温度降低，调节阀将减小蒸汽或热水流量以减小制冷量。随着发生器获取热量的变化，发生器中溶液的液位也会发生变化，故发生器中要有液位保护和液位控制措施，通常需要和溶液循环量的调节配合，共同完成制冷量的调节，使机组在低负荷率运行时仍具有较高的性能系数。

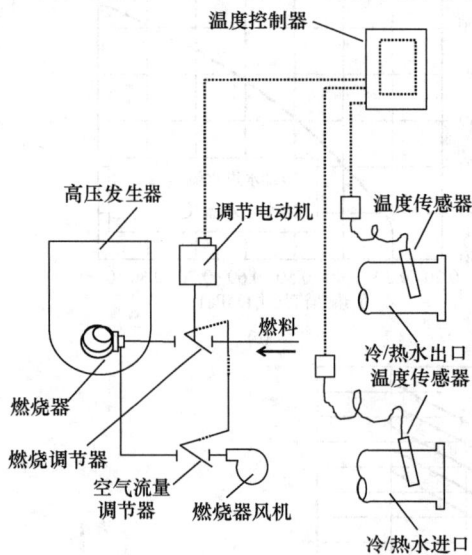

图 7-29　直燃型机组容量调节原理

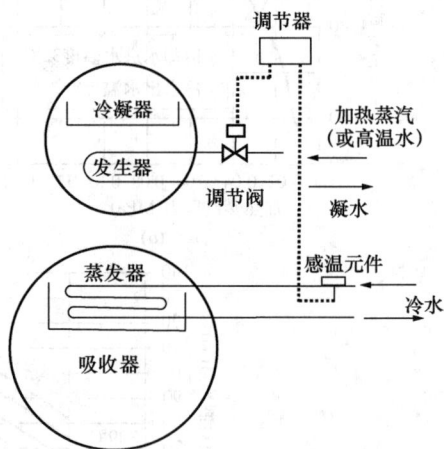

图 7-30　蒸汽或热水型机组容量调节原理

调节热水流量时机组的性能变化曲线如图 7-31 所示（设计工况：冷水出水温度 8℃，冷却水进水温度 31℃，热水进水温度 85℃），在一定范围内，制冷量与热水流量成比例变化，性能系数值保持不变。但热水流量低于 70% 时，性能系数开始下降。

（二）溶液循环量调节

调节溶液循环量有两个目的：①保证高压发生器内的液位正常。通过安装在高压发生器的液位计测量溶液液位来调节溶液循环量，低液位时增加循环量，高液位时减少循环量或停止溶液泵，中间液位时，根据高压发生器中的压力变化或浓溶液出口温度变化，调节进入发生器的溶液量。②配合调节机组的制冷量。

溶液循环量控制常采用如下方法（可参照图7-13）：

（1）二通阀控制：二通阀设置在发生器泵与发生器之间的稀溶液管路上，一般与热源流量控制组合使用，这种方法可使放气范围基本不变，但循环量不能过小，否则会出现高温侧溶液结晶与腐蚀。

（2）三通阀控制：其安装位置参见图7-13（电磁三通阀20），该方法无须控制发生器出口溶液温度，也不须与热源流量控制组合使用，但控制阀机构相对复杂。

（3）发生器泵变频控制：改变发生器泵转速可实现对溶液循环量的调控，可以节省泵耗，流量调节比较有效，但频率降到一定程度时，会使溶液泵扬程小于高压发生器压力，影响正常运行，故也可与三通阀控制组合使用，改善溶液调节性能。

调节溶液循环量时蒸汽型单效吸收式机组的性能变化曲线如图7-32所示。当蒸汽压力一定时，溶液循环量减小会导致制冷量降低，反之会使制冷量升高。通过溶液循环量的调节能实现制冷量在 10%～100% 范围内无级调节。

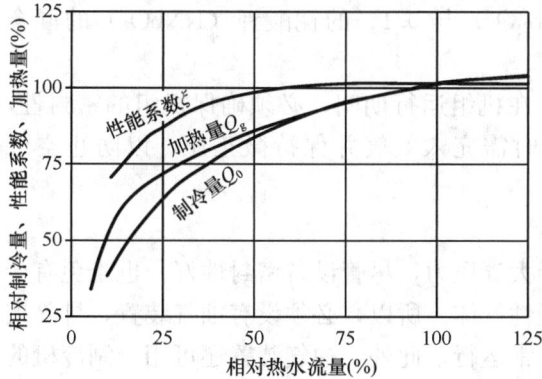

图7-31 热水型机组容量调节的性能曲线

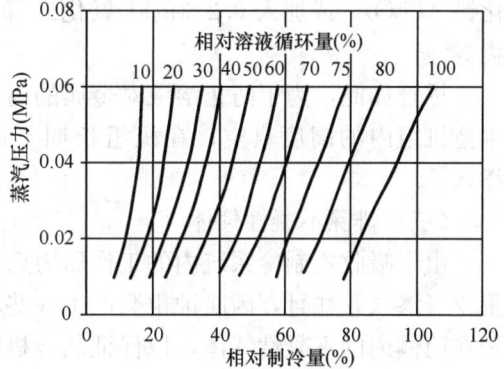

图7-32 溶液循环量与制冷量的关系

三、改善溴化锂吸收式机组性能的措施

为提高吸收式制冷与热泵机组的性能，不仅应采用高效的制冷与热泵循环、优良的吸收式工质对，强化各换热器的传热传质性能，还需采取如下附加措施。

（一）添加表面活性剂

为提高热质交换效果，常在溴化锂溶液中加入表面活性剂，以降低表面张力，常用的表面活性剂是异辛醇或正辛醇。表面活性剂提高吸收式机组性能的机理如下：①降低表面张力，增强溶液和水蒸气的结合能力，增加吸收器中传热传质的接触面积；②降低溶液表面水蒸气压力，提高吸收器中传质推动力；③传热管表面形成马拉各尼对流效应，提高吸收系数和吸收速率，强化吸收效果；④含有辛醇的水蒸气与铜管表面几乎完全浸润，然后很快形成一层液膜，使水蒸气在铜管表面的凝结状态由原来的膜状凝结变成珠状凝结，从而提高冷凝时的传热效果。

辛醇添加量对制冷量的影响如图7-33所示，添加质量分数为 0.1%～0.3% 的辛醇可以带来 10%～20% 的制冷量提升，继续提高添加量的改善效果则并不明显。

（二）添加缓蚀剂

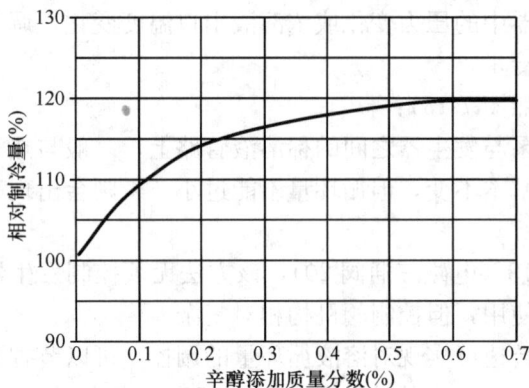

图 7-33 辛醇添加量与制冷量的关系

溴化锂水溶液对一般金属有腐蚀作用，尤其在有空气存在的情况下腐蚀更为严重。腐蚀不但缩短机组的使用寿命，而且产生不凝性气体，使筒内真空度难以维持。所以，吸收式制冷机的传热管采用铜镍合金管或不锈钢管，筒体和管板采用不锈钢板或复合钢板。

在溶液中加入缓蚀剂可有效地减缓溶液对金属的腐蚀作用。在溶液温度不超过 120℃时，在溶液中加入 0.1%～0.3% 的铬酸锂（Li_2CrO_4）和 0.02% 的氢氧化锂，使溶液呈碱性，pH 值在 9.5～10.5 范围，对碳钢－铜的组合结构防腐蚀效果良好。当溶液温度高达 160℃时，上述缓蚀剂对碳钢仍有很好的缓蚀效果。此外，还可选用其他耐高温缓蚀剂，如在溶液中加入 0.001%～0.1% 的氧化铅（PbO），或加入 0.2% 的三氧化二锑（Sb_2O_3）与 0.1% 的铌酸钾（$KNbO_3$）的混合物等。

尽管如此，为了防止溶液对金属的腐蚀，在机组运行期间，必须确保机组的密封性，维持机组内的高度真空；在机组长期不运行时需充入氮气并保持微正压，以防止空气渗入。

（三）排除不凝性气体

由于吸收式制冷系统内的工作压力远低于大气压力，尽管设备密封性好，也难免有少量空气渗入，并且，因腐蚀也会产生一些不凝性气体。所以，必须设有抽气装置，排除聚积在筒体内的不凝性气体，以保证制冷机的正常运行。此外，抽气装置还可用于制冷机的抽空、试漏与充液。

1. 机械真空泵抽气装置

常用的抽气装置如图 7-34 所示。图中辅助吸收器 3 又称冷剂分离器，其作用是将一部分溴化锂－水溶液淋洒在冷却盘管上，在放热条件下吸收所抽出气体中含有的冷剂水蒸气，使真空泵排出的只是不凝性气体，以提高真空泵的抽气效果并减少冷剂水的损失。阻油器 2 的作用是防止真空泵停车时泵内润滑油倒流入机体内。真空泵 1 一般采用旋片式机械真空泵。

2. 自动抽气装置

上述机械真空泵抽气装置只能定期抽气，为了改进溴化锂吸收式制冷机的运转

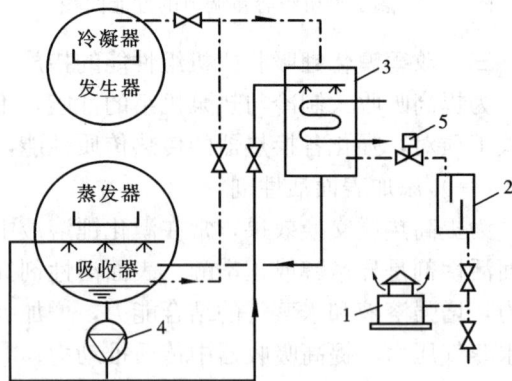

图 7-34 抽气装置
1—真空泵；2—阻油器；3—辅助吸收器；
4—吸收器泵；5—调节阀

效能，除设置上述抽气装置外，可附设自动抽气装置。图 7-35 示出了一种自动抽气装置的原理结构图[71]。该装置利用溶液泵 1 和引射器 2，将系统中的不凝性气体通过抽气管 3

引射到辅助吸收器 4 中，经过气液分离，稀溶液通过回流阀 8 返回吸收器，不凝性气体则通过管道进入储气室 5，并聚集于顶部气包中待集中排出。利用设置在储气室上的压力传感器 9（薄膜式真空压力计）检测其不凝性气体的压力，当压力超过设定值时，自动进行排气操作。排气时先关闭抽气管和回液管上的阀门，此时溶液仍在不断进入引射器，储气室内气体被压缩，压力升高，当大于大气压力时，则打开排气阀排气。另外，压力传感器时刻检测储气室的压力，根据压力的变化情况也可判断机组气密性能的好坏。

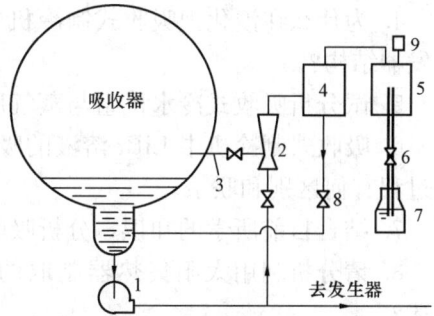

图 7-35　自动抽气装置原理图
1—溶液泵；2—引射器；3—抽气管；
4—辅助吸收器；5—储气室；6—排气阀；7—排气瓶；8—回流阀；
9—压力传感器

3. 钯膜抽气装置

溴化锂吸收式制冷机在正常运行过程中，由于溶液对金属材料的腐蚀作用，会产生一定量的氢气。如果机组的气密性能良好，产生的氢气则是机组中不凝性气体的主要来源。为了排出氢气，可以设置钯膜抽气装置。钯金属对氢气具有选择透过性，可将产生的氢气排出机组之外。但是，钯膜抽气装置的工作温度约 300℃，因此需利用加热器进行加热。除长期停机外，一般不切断加热器的电源。钯膜抽气装置通常装设在自动抽气装置的储气室上。

（四）溶液结晶控制

从溴化锂水溶液 $p-t$ 图（参见图 7-8）可以看出，溶液的温度过低或浓度过高均容易发生结晶。因此，当进入吸收器的冷却水温度过低（如小于 20～25℃）或发生器加热温度过高时就可能引起结晶。结晶现象一般先发生在溶液热交换器的浓溶液出口处，因为此处溶液浓度最高，温度较低，通路窄小。发生结晶后，浓溶液通路被阻塞，引起吸收器液位下降，发生器液位上升，直到制冷机不能运行。

为解决热交换器浓溶液侧的结晶问题，在发生器上设有浓溶液溢流管，也称为防晶管（如图 7-13 中的 21）。该溢流管不经过热交换器，而直接与吸收器的稀溶液囊相连。当热交换器浓溶液通路因结晶被阻塞时，发生器的液位升高，浓溶液经溢流管直接进入吸收器。这样，不但可以保证制冷机在部分负荷下继续工作，而且由于热的浓溶液在吸收器内直接与稀溶液混合，提高了热交换器稀溶液侧的温度，从而使浓溶液侧结晶部位的温度升高，以消除结晶现象。此外，还可通过机组的控制系统，停止冷却水泵，利用吸收热使吸收器内的稀溶液升温，以融化热交换器浓溶液侧的结晶。

思 考 题

1. 吸收式制冷机是如何完成制冷循环的？在溴化锂吸收式制冷循环中，制冷剂和吸收剂分别起哪些作用？从制冷剂、驱动能源、制冷方式、散热方式等各方面比较吸收式制冷与蒸气压缩式制冷的异同点。

2. 试分析在吸收式制冷系统中为何双效系统比单效系统的热力系数高？

3. 简述蒸汽型单效吸收式冷水机组有哪些主要换热部件？说明各个部件的作用与工作原理。为什么说溶液热交换器是一个节能部件？

4. 为什么在溴化锂吸收式制冷机中，蒸发器不采用蒸气压缩式制冷系统中的满液式蒸发器结构？

5. 试分析吸收式冷水机组与蒸气压缩式制冷机组的冷却水温度是否越低越好？

6. 吸收式制冷机中 LiBr 溶液的吸收、发生过程与溴化锂溶液除湿机组中的除湿、再生过程有何区别和联系。

7. 结合目前所学的知识，分析吸收式冷水机组和吸收式热泵的最佳应用场合。

8. 请分析利用太阳集热器制取的热水驱动的吸收式冷水机组的性能系数应该如何描述？

9. 请问提升吸收式制冷与热泵机组性能的措施有哪些？

练 习 题

1. 利用溴化锂溶液的 p-t 图，说明 A（温度 $t=90℃$，压力 $p=8\text{kPa}$）状态的饱和溶液等压加热到温度为 95℃时溶液的变化过程，并求终了状态 B 溶液的质量浓度。

2. 利用溴化锂溶液的 h-ξ 图，计算溶液从状态 a（$\xi_a=62\%$，$t_a=50℃$）变化到状态 b（$\xi_b=58\%$，$t_b=40℃$）时所放出的热量。

3. 已知直燃型溴化锂吸收式冷水机组的 $COP_c=1.4$，离心式冷水机组的 $COP_c=6.0$，当制冷量和冷却水温差均相同时，请问哪种冷水机组的冷却水量更大？一次能源利用效率更高？

4. 现有一栋位于寒冷地区的无空调内区建筑，其夏季总冷负荷为 $1.93\times10^5\text{kWh}$，冬季总热负荷为 $7.76\times10^5\text{kWh}$，拟采用地下水源热泵系统作为全年空调系统的冷热源。已知：电驱动水源热泵在制冷、制热季节的平均能效比分别为 $COP_{c1}=5.0$、$COP_{h1}=3.5$，吸收式水源热泵的平均能效比分别为 $COP_{c2}=1.1$、$COP_{h2}=1.8$；设两种热泵系统从地下取水的运行方案均采用定温差变水量方式，且取水温差 $\Delta t=5℃$。求：（1）两种热泵系统导致地下水的冷热不平衡率；（2）两种热泵系统所需的地下水使用量；（3）根据上述计算结果分析采用哪种热泵系统更为合理。【注：冷热不平衡率＝（夏季向地下水投放的热量－冬季从地下水吸取的热量）/冬季从地下水吸取的热量】

5. 将蒸气压缩式热泵与吸收式热泵有机结合的压缩—吸收式热泵系统可获得较大的热水温升，以三氟乙醇（TFE，$C_2H_2F_3OH$）和四甘醇二甲醚（TEGDME，$CH_3(C_2H_4O)_4CH_3$，又称 E181）为工质对的压缩—吸收式热泵系统的工作原理如图 7-36 所示，试分析其工作原理，并比较它与第二类吸收式热泵的区别与联系。

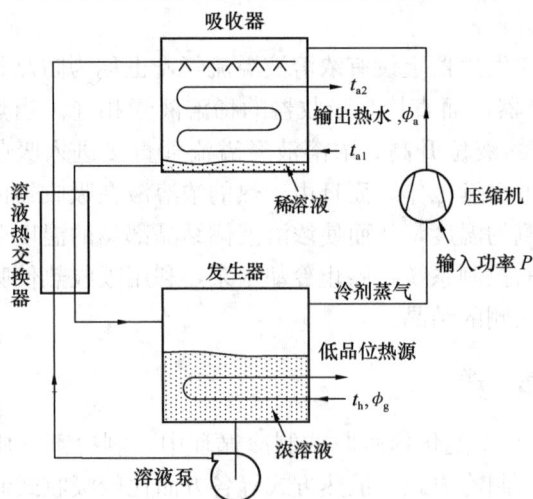

图 7-36 题 5 图

第八章 空调水系统与制冷机房

前面章节已介绍了蒸气压缩式与吸收式制冷（热泵）的热力学原理、主要部件、典型制冷（热泵）装置及运行调节问题，为空气调节用制冷（热泵）机组等制冷装置的设计与控制奠定了基础。在住宅建筑、中小型商用建筑中较多采用房间空气调节器、单元式空气调节机和多联式空调（热泵）机组等直接蒸发式冷（热）风机组；而在大中型建筑中则更多采用集中式与半集中式空调系统，需采用冷（热）水机组。冷（热）水机组需要由用户侧水系统将冷（热）水机组制取的冷（热）量输配给空调末端设备（空调箱、风机盘管等），需要用冷却水系统将制冷产生的冷凝负荷排放至室外环境。长期以来，由于集中式空调的用户侧水系统主要用于输配冷水（也称"冷冻水"）为房间提供冷量，故用户侧水系统常被称为冷水系统，尽管也用它输配热水，但人们还是习惯将它称为"冷水系统"，与之对应，也将冷（热）水机组简称为"冷水机组"。为表述方便，本章除特殊场合外仍采用这些习惯称谓。

冷水与冷却水系统设计与运行的优劣直接影响冷水机组的性能，同时也关系到整个空调系统能否高效运行。欲将冷水机组成功应用于空调系统中，还需掌握冷水机组安装场所即制冷机房的设计方法。因此，本章将简要介绍空调水系统以及制冷机房设计的相关问题。

第一节 空调水系统

一、空调水系统概述

典型集中式空调系统原理如图 8-1 所示。冷水机组制取的冷量通过冷水系统输送给空调末端空气处理设备，从而实现向空调区域提供冷量的目的；根据能量守恒原理可知，这部分冷量、水泵能耗以及冷水机组能耗产生的热量都要经过冷却水系统散发到室外环境中去。由图 8-1 可见，空调水系统由冷水系统和冷却水系统两大部分组成。这两个系统需要和相关设备联合运行，故对冷水机组以及空调系统的性能影响很大，因此冷水系统和冷却

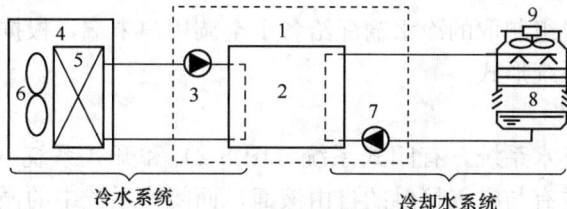

图 8-1 典型空调系统原理示意图

1—制冷机房；2—冷水机组；3—冷水泵；4—空调末端空气处理设备；5—空调末端换热器；6—风机；7—冷却水泵；8—冷却塔；9—冷却塔风机

水系统的设计至关重要。

水系统作为空调系统的能量输配环节，其全年能耗在空调系统中占相当大的份额。与冷水机组能效比（COP）类似，我们可用系统能效比（COP_s）和系统季节能效比（$SCOP_s$）来评价整个空调系统在某时刻和整个供冷季节的综合能源利用效率。

冷水机组的能效比

$$COP = Q_e/P \quad \text{kW/kW} \tag{8-1}$$

系统能效比

$$COP_s = Q_e/(P + P_{cw} + P_{cw,f} + P_w + P_{w,f}) \quad \text{kW/kW} \tag{8-2}$$

式中　　Q_e——冷水机组的制冷量，kW；

$\quad\quad P$——冷水机组的输入功率，kW；

$\quad\quad P_{cw}$——冷水泵（也称为：冷冻泵）的输入功率，kW；

$\quad\quad P_{cw,f}$——空调末端设备风机的输入功率，kW；

$\quad\quad P_w$——冷却水泵的输入功率，kW；

$\quad\quad P_{w,f}$——冷却塔风机的输入功率，kW。

系统季节能效比

$$SCOP_s = \frac{\text{冷水机组在制冷季节制取的总冷量}}{\text{空调系统在制冷季节消耗的总能量}} \quad \text{kWh/kWh} \tag{8-3}$$

式（8-1）、（8-2）分别表示在某运行时刻冷水机组的能效比和整个空调系统的能效比，也可以分别表示空调系统在设计条件下的机组能效比和系统能效比。例如，在设计条件下，冷水机组的 COP 一般为 4.0~6.0，但空调水系统中的水泵等设备的装机功率为系统装机总功率的 20%~30%，显然式（8-2）给出的系统能效比 COP_s 比冷水机组 COP 明显降低。据目前的实测数据显示，在整个制冷季节，空调水系统的能耗（kWh）占到了空调系统的 40%~60%，可见空调水系统对系统季节能效比 $SCOP_s$ 的贡献率很大。

可以看出，减少冷水和冷却水系统的能耗能够提高整个空调系统的系统季节能效比。所以，对于集中式与半集中式空调系统，除选用高能效比冷水机组外，更重要的是要尽量减少冷水和冷却水系统的运行能耗。

二、冷水系统

空调冷水系统由水泵、管道、定压设备、阀门、换热器、除污器等主要部件构成。针对不同类型建筑及空调系统的特征，上述设备可以构成不同形式的冷水系统，本节主要介绍冷水系统的主要形式及其特征和适用场合，并针对典型的冷水系统进行分析。

（一）冷水系统的主要形式

冷水系统将冷水机组制取的冷水输配给各个空调用户末端，根据实际情况和不同的应用需求出现了不同的系统形式。

1. 开式和闭式系统

冷水系统均为循环水系统，有闭式系统（图 8-2）和开式系统（图 8-3）之分。在开式系统中，循环水存在有与空气接触的自由液面，而闭式系统中的循环水对外封闭而不与空气接触（不参与循环的定压面除外）。

开式系统需要设置开式水箱，系统水容量大，运行稳定，控制简便。当建筑本身或附近有可资利用的水池时（如消防水池等），也可采用开式系统。另外，由于水容量较大，可以利用水池进行蓄冷，构成水蓄冷系统。而闭式系统与外界空气接触少，可以减缓水系统腐蚀。

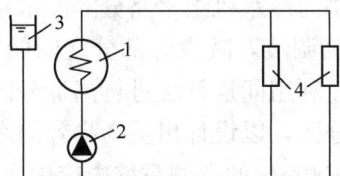

图 8-2 闭式冷水系统
1—冷水机组；2—水泵；
3—定压水箱；4—用户

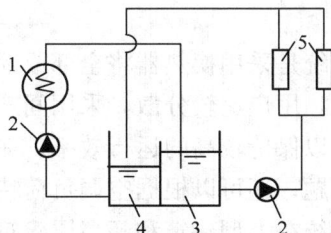

图 8-3 开式冷水系统
1—冷水机组；2—水泵；3—冷水箱；
4—回水箱；5—用户

开式系统与闭式系统的选择还应考虑冷水机组和空气处理方式。闭式系统必须采用间壁式蒸发器，用户侧空气处理设备则应采用表面式换热设备。而开式系统则不受此限制，当采用水箱式蒸发器时，可以用它代替冷水箱或回水箱；而当用户处采用淋水室冷却处理空气时，一般都为开式系统。

开式与闭式系统的水泵扬程相差较大。在闭式系统中，水泵的扬程为管道、冷水机组、换热器、阀门等闭式循环水路中各个部件压力损失的总和。而在开式系统中，水泵除承担管道等部件的压力损失外，还要克服将水从开式水箱提升到管路最高点的高度差，因此，当建筑内空调水系统高度比较高时，开式系统水泵的扬程比较高，系统的能耗也比较大。

此外，对于开式系统，设计时还应注意水泵吸水真空高度的问题，应防止水泵吸入口汽化，必须保证水泵吸入口的水压大于水的汽化压力。对于闭式系统，为保证系统的可靠运行，在水泵吸入口设置定压水箱（图 8-2），保证水系统任何一点的最低运行压力为 5kPa 以上，防止系统中任何一点出现负压，否则有可能将空气吸入水系统中（抽空）或造成部分软连接向内收缩等问题。

开式系统蓄水箱容量的确定原则为：（1）蓄存所有的系统水容量并附加一定的安全系数；（2）按照系统小时循环水量的 5%～10% 计算。在实际设计中应取上述两者中较大值。

2. 直连系统与间连系统

根据用户水系统与冷水机组的连接方式不同，冷水系统可以分为直连系统和间连系统，如图 8-4 和图 8-5 所示。

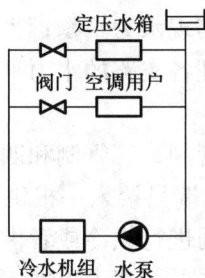

图 8-4 直连冷水系统

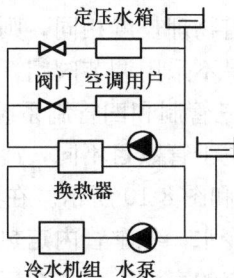

图 8-5 间连冷水系统

直连系统为用户侧水路和冷水机组直接连通的水系统。当系统规模较小,用户比较集中,且高差也比较小时,采用直连系统可以减少中间换热环节,降低设备投资,而且运行效率较高。

间连系统是采用换热器将全部或部分用户侧水路与冷水机组水路分隔的水系统。当系统规模较大,用户比较分散,采用间连系统便于系统调节,减少各部分之间的相互影响,各部分都可以保持较高的运行效率。在高层建筑中,利用间连系统进行高低分区以解决系统的承压问题;还可以根据空调负荷特性进行功能分区,以设计出更为高效的水系统。因此,间连系统在大型建筑和超高层建筑(高度大于100m)的空调系统中应用比较普遍。

但是,由于间连系统存在中间换热环节,二次冷水供水温度高于一次冷水供水温度,故二次水系统中末端换热设备的换热面积增大,实际上也牺牲了冷水机组的冷量品位(导致㶲损失)。因此,在设计高、低压区间连系统时,低区应尽量用足设备承压,以减小高区对中间换热器和末端换热面积的需求,减少高区投资,提高系统的经济性和运行能效。

设计间连系统时,各个系统都必须分别设置其定压、补水系统或装置。

3. 异程系统和同程系统

根据每个空调末端水的流程是否相同,冷水系统可分为异程系统(图8-6)和同程系统(图8-7)。每个用户的冷水流经管道的物理长度相同的系统为同程系统,反之则为异程系统。同程系统的优点是流经各终端用户的压力损失比较接近,当各个末端的阻力特性比较相似时,有利于水力平衡,可以简化水系统设计并减少系统初调节的工作量。而异程系统,所需要的主干管路较短,可以节能管道的初投资及管路占用空间,但是各用户的压力损失相差较大,需要调节阀门以平衡各个用户之间的压力损失,保证每个末端用户都能够得到需要的水量供应,因此水系统设计和初调节的工作相对复杂。

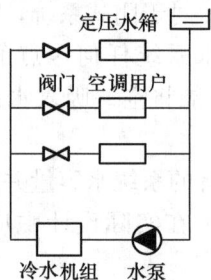

图 8-6 异程冷水系统

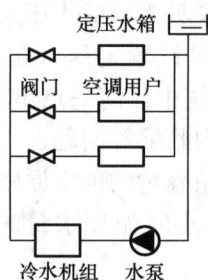

图 8-7 同程冷水系统

设计同程系统和异程系统时应注意其水力平衡。当各末端的水流阻力相差较小时,如果水流经过的管道物理长度相同,则各个末端支路容易实现水力平衡;当末端支路的阻力相差悬殊时,如果不采用调节阀门,同程系统也难以保证各支路的水力平衡。

4. 两管制、三管制和四管制系统

根据供回水主干管数目不同,冷水系统可以分为两管制、三管制和四管制系统,分别如图8-8、图8-9和图8-10所示。在两管制系统中,用户端只接入一根供水管和一根回水管,夏季管内走冷水,冬季管内走热水,只能对所有房间进行供冷或者供热,故难以保证部分用户在过渡季的室温需求。在三管制系统中,用户端接入两根供水管和一根回水管,两根供水管分别走冷水和热水,可以同时对不同房间进行供冷或供热,但是由于共用一根回水管，存在较大的冷热掺混损失。在四管制系统中，用户端接入两根供水管和两根回水管，分别走冷水和热水，冷水管路和热水管路互不掺混，可同时对不同房间进行供冷或供热，但是系统结构复杂，需要管路较多，初投资较大。

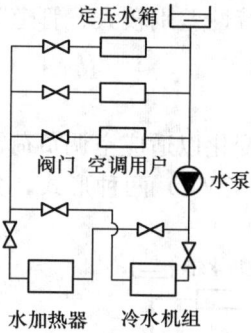

图 8-8　两管制水系统　　　图 8-9　三管制水系统　　　图 8-10　四管制水系统

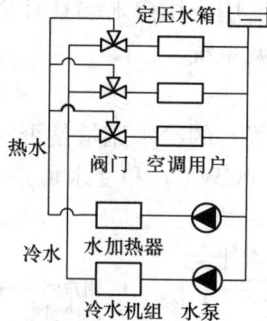

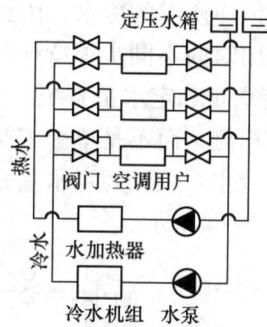

从空调空间的舒适程度和能源利用效率上看，四管制系统有着非常明显的优势，因此对于较大型建筑中具有不同功能、不同负荷特性的区域，并且对舒适性要求较高的空调系统，比较适合采用四管制系统。对于功能比较单一、负荷特性比较一致（即末端用户需要同时制冷或制热）且不需频繁冷热转换的空调系统，则比较适合采用两管制系统。三管制系统除了前述的冷、热掺混损失外，还会导致冷水机组的效率下降甚至无法正常运行，因此目前实际应用非常少。

5. 一次泵和二次泵系统

根据水泵克服系统阻力要求不同，冷水系统可以分为一次泵系统（图 8-11）和二次泵系统（图 8-12）两种形式。在一次泵系统中，用一级冷水泵克服冷水机组蒸发器、输配管路以及末端设备的全部沿程与局部阻力。一次泵系统组成简单，控制容易，运行管理方便，一般多采用此种系统。

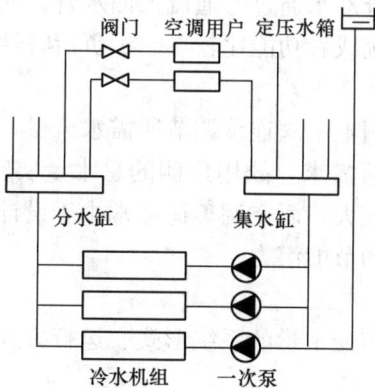

图 8-11　一次泵冷水系统　　　　　　图 8-12　二次泵冷水系统

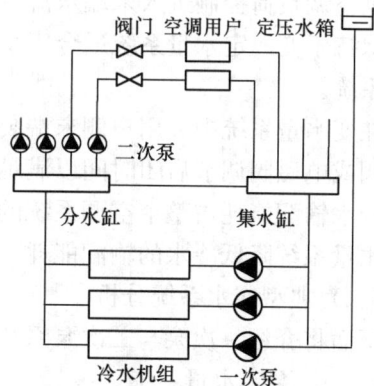

在二次泵系统中，用一次水泵克服冷水机组蒸发器及其前后管道、部件的阻力，用二次水泵克服用户侧（即输配管路以及末端设备）的阻力。一次环路负责冷水的制备，二次环路负责冷水的输配。这种系统的特点是采用两组泵来保持冷水机组一次环路的定流量运

行，以及用户侧二次环路的变流量运行，从而解决空调末端设备要求变流量与冷水机组要求定流量的矛盾。该系统完全可以根据空调负荷需要，通过改变二次水泵的运行台数或转速调节二次环路的循环水量，以降低冷水的输配能耗。并且，二次泵系统能够分区、分路为用户侧供应所需的冷水，因此更适用于用户末端具有负荷特性差别较大、管道阻力相差悬殊、使用时间不同步等特征的空调系统。

6. 变水量和定水量系统

从用户侧（而不是单个末端装置）的冷水流量是否实时变化以适应空调负荷需求特征上，可将冷水系统分为定水量系统（CWV）和变水量系统（VWV）两种形式，分别如图8-13和图8-14所示。

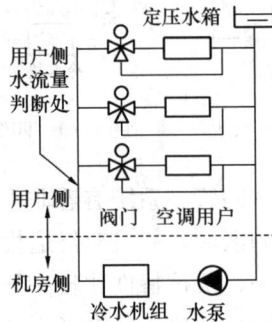

图 8-13　定水量系统　　　　图 8-14　变水量系统

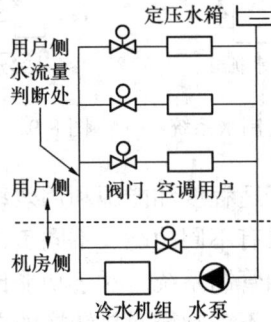

在定水量系统中，总的用户侧水流量相对恒定而不实时变化，可通过改变冷水供、回水温差或调节末端风机转速等方式来适应空调房间的冷负荷变化；而变水量系统则通过改变用户侧水流量来适应冷负荷变化。因此，在多台水泵并联的系统中，如果仅仅是因为水泵台数变化而导致的水流量变化，不能称为"变水量系统"。

定水量系统的用户侧末端一般无水流量控制装置或采用电动三通阀。当采用电动三通阀根据空调负荷控制进入末端水流量时，一部分冷水通过旁通流入回水管，使得用户侧水流量保持不变。定水量系统适合于小型空调系统或者功能比较单一、负荷特性比较一致的空调系统。

在变水量系统中，用户侧末端装置一般采用电动阀连续调节所需水流量，或用双位式电动阀或电磁阀调节启闭时间以满足各自的负荷需求，故用户侧的总水量实时发生变化。由于冷水输配能耗占整个空调系统的能耗比例较大，而空调负荷经常小于设计负荷，故采用变水量系统降低冷水的输配能耗，具有较大的节能潜力。

（二）典型冷水系统分析

下面将介绍一次泵与二次泵系统的定水量与变水量的系统形式、运行方式及其特征。

1. 一次泵定水量系统

一次泵定水量系统如图8-15所示。传统冷水机组都需要比较稳定的冷水流量，以保证冷水机组高效、稳定运行。如果冷水流量变小，冷水机组蒸发器的换热效果降低，会造成蒸发温度降低，一方面导致冷水机组的 COP 降低，另一方面还可能引起冷水结冰，导致冷水机组不能安全运行。所以要保证冷水机组的冷水流量尽量维持其设计流量，这也是传统空调冷水系统采用定水量系统形式的原因。

一次泵定水量系统的总循环水量主要取决于水泵的开启台数。空调末端各用户的负荷变化及电动三通阀调节作用对整个冷水系统的水力特性影响较小，各用户和整个系统的水力工况稳定，系统运行也比较稳定。在部分负荷时，系统根据回水温度调节冷水机组和水泵运行台数来满足用户侧的空调负荷需求。但是在冷水机组台数不变时，系统会运行在大流量小温差工况，水泵能耗相对较高。尤其是当有一部分用户负荷率较高、而另一部分用户负荷率较低时，关闭部分冷水机组和泵会使得高负荷率的用户供水量不足，不能满足空调负荷的需求，而开启较多的冷水机组和泵又会使得供回水温差很小，导致水泵和冷水机组能耗都比较大。因此，一次泵定水量系统适用于小型空调系统，尤其是空调用户负荷特性比较一致的情况。

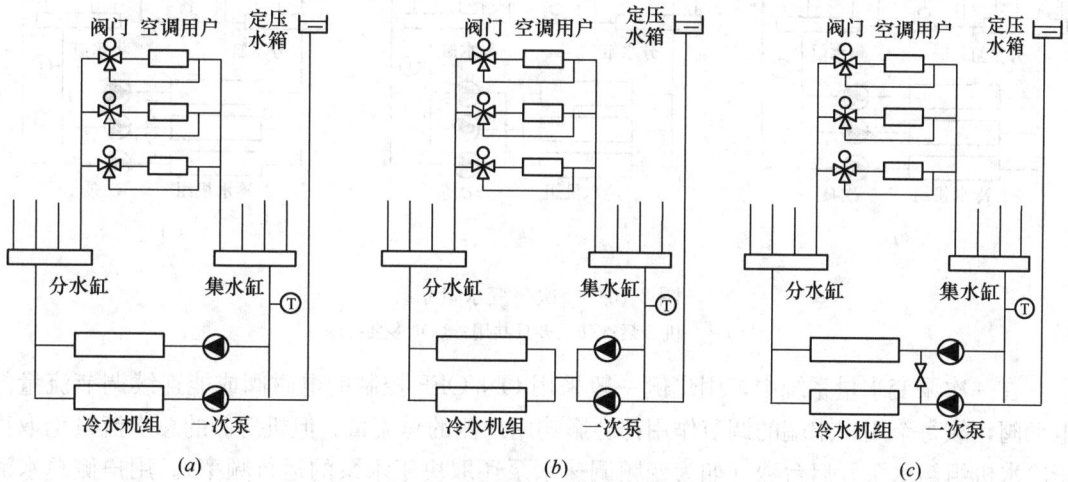

图 8-15 一次泵定水量系统
（a）一机一泵；（b）多泵共用；（c）多泵备用

冷水机组和水泵的连接方式可以为"一机一泵"（图 8-15a）、"多泵共用"（图 8-15b）和"多泵备用"（图 8-15c）三种形式。

在"一机一泵"形式中，冷水机组与泵一一对应，并进行连锁控制（即泵与冷水机组的启停同步）以保证系统的安全运行，连接方式与控制方式都相对简单，但是在一台泵发生故障时，其对应的冷水机组也必须关闭。

在"多泵共用"形式中，并联水泵与并联冷水机组串联，冷水机组与泵也可以进行连锁控制以保证系统的安全运行。在泵发生故障时，可以互相备用。例如：在图 8-15（b）中，当系统中水泵和冷水机组都运行时，一台泵发生故障，每台冷水机组还有略大于 50% 的冷水流过；当系统中只有一台泵和一台冷水机组运行时，泵或冷水机组发生故障时，都可以快速启动另外一台泵或者冷水机组，满足空调用户的冷负荷需求。采用该形式时需在冷水机组前（或后）设置电动水阀，并与水泵、冷水机组连锁控制，以避免部分机组停运时出现回水（流经机组的蒸发器）旁通，机组总出水温度升高，导致能耗增大的现象发生。

在"多泵备用"形式中，冷水机组与泵仍一一对应，并进行连锁控制以保证系统的安全运行；但是在各台泵与冷水机组之间设置旁通水管和阀门，在泵发生故障时，可打开旁通阀门，为运行中的冷水机组供水。由于一次泵定水量系统的空调系统规模较小，冷水机组和泵一般都不多于两台，所以与"多泵共用"形式差别不大。

2. 一次泵变水量系统

由于一次泵定水量系统在部分负荷时为大流量小温差工况运行，水泵的能耗很大，因此，如图 8-16 所示的一次泵变水量系统逐渐在空调系统中得到应用。

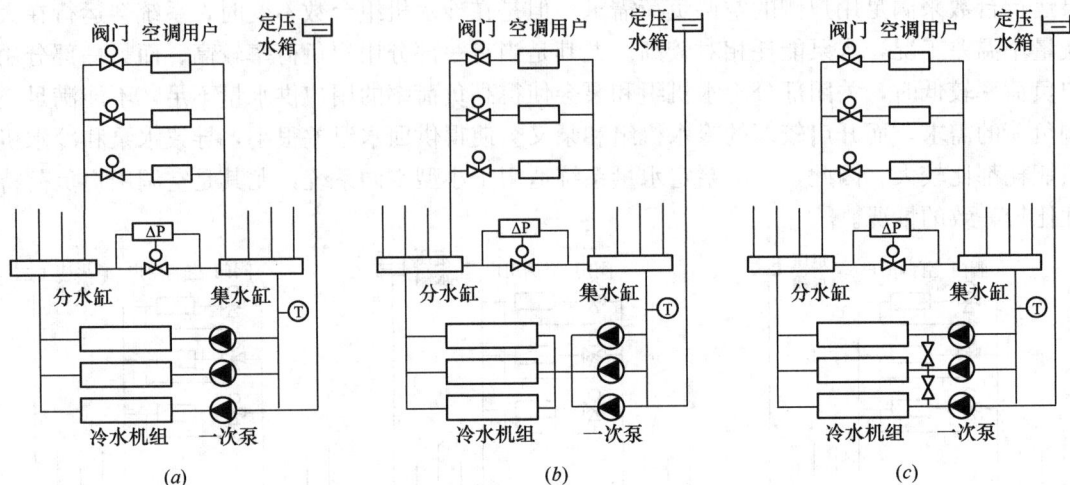

图 8-16 一次泵变水量系统
(a) 一机一泵；(b) 多泵共用；(c) 多泵备用

在一次泵变水量系统中，用户侧一般采用 ON/OFF 控制的电磁阀或能连续调节流量的电动阀，故每个用户末端的调节作用都会影响用户侧的总流量。但机房侧的总水流量仍取决于冷水机组与水泵开启台数（如为变频调速水泵还取决于水泵的运行频率）。用户侧总水流量和冷水机组侧的总水流量并不能总是保持一致，因此要在分水缸和集水缸之间设置旁通管，旁通管上电动阀的开度根据分水缸和集水缸之间的压差进行调节。这样既可以实现冷水机组的冷水流量保持在额定流量，又可以使得用户侧的冷水循环量和空调负荷相适应。

一次泵变水量系统的控制方法主要有：

（1）温差控制法：当用户侧在部分负荷运行时，由于各个空调末端的调节作用，使得用户侧的总循环水量变小，与冷水机组侧总循环水量的差距较大，需要有一定量的水从旁通管上流过，以平衡用户侧的循环水量和冷水机组侧的循环水量。当大量的冷水从分水缸直接流回集水缸时，它与从用户侧返回的冷水混合，再通过回水干管流回水泵和冷水机组，旁通水量越大，回水温度越低。因此干管回水温度与用户侧空调总负荷有一定的对应关系，根据干管回水温度或冷水机组的供回水温差，对冷水机组和水泵台数（或转速）进行控制。但是，泵的台数减少或泵的转速降低，使得总供水量减少，供水压头也同步变小。如果各空调用户负荷率不一致，高负荷率的空调用户的资用压头则不够，即使阀门全开仍不能得到足够的水流量，系统会出现一定程度的水力失调。

（2）压差控制法：压差控制是利用测定点压差值的变化来控制水泵的供水量，压力的传递速度快，因而压差控制反应较快，目前的冷水系统主要采用末端压差控制法和干管压差控制法。为了能够保证每个用户的空调负荷需求，需要保证最不利回路上的空调用户也有足够的压头，即采用末端压差对水泵开启台数或水泵转速进行调节，这样可以使得最不利回路中空调用户的阀门全开，整个水系统的阻力较小，有比较理想的节能效果。但是由于建筑内部功能的改变会引起空调负荷特性变化，以及在空调系统运行过程中，最不利回路的位置也可能发生变化，末端压差控制比较难以实现。根据冷水系统的水力分析，各空调用户（尤其是最不利回路空调用户）的资用压差与供回水干管压差有一定的对应关系，可以采用供回水干管压差对水泵台数或水泵转速进行调节，即干管压差控制法。

压差控制法又可以分为定压差控制和变压差控制法。由于在系统运行过程中，当最不利回路也运行于部分负荷时，所需水量和资用压头也都有所下降，若采用定压差控制，最不利回路上的阀门则不能完全打开，仍有一定的压头损失，故整个水系统的阻力变大。变压差控制就是根据系统中当前最不利回路对压头和水量的需要，在该回路上末端用户阀门全开的情况下，对水泵台数或转速进行控制，可以实现最佳的节能效果。但是变水量系统必须对系统的水力工况进行实时监控，在空调的工程设计和运行控制上实现比较困难。因此，虽然干管定压差控制法的节能效果有所降低，但是控制策略简单，可靠性强，易于设计和实际运行控制，因此应用比较广泛。

在一次泵变水量系统中，根据冷水泵和冷水机组的连接方式不同，也可分为"一机一泵"（图 8-16a）、"多泵共用"（图 8-16b）和"多泵备用"（图 8-16c）三种形式，其特征与一次泵定水量系统相似。定速泵方式（旁通阀压差控制）不能实时节能，只能在多台泵系统中通过改变运行台数实现节能；变速泵方式可以减小冷水泵的能耗，但是在制取相同冷量的条件下，由于蒸发器内冷水流速降低，将导致蒸发温度降低，为防止冷水冻结，变速泵的运转频率不能太低，其最低频率（或最低流量）需根据冷水机组的具体要求确定。因此，在进行一次泵变速调节时，必须保证冷水机组的安全性和系统能效比得到提高。

3. 二次泵变水量系统

在空调系统规模较大，各个空调分区也较大且负荷特性并不完全一致的情况下，可采用如图 8-17 所示的二次泵变水量系统。与一次泵变水量系统相同，用户侧采用二通阀调节所需要的流量以满足各自的负荷需求；一次泵回路中的冷水机组和一次泵的控制与一次泵变水量系统的冷水机组侧控制相似，仍可采用干管压差控制法或温差控制法进行容量调节，以满足整个空调系统冷负荷的需求。由于每个二次泵回路中各用户的调节都会影响该回路的总流量和水力特性，因此二次泵回路中可采用调节水泵转速以满足该回路的空调负荷需求，实时降低二次泵系统的输配能耗。

根据一次泵与冷水机组的连接关系，二次泵变水量系统也可分为"一机一泵"、"多泵共用"和"多泵备用"三种形式，图 8-17 所示的即为"多泵备用"形式的系统。

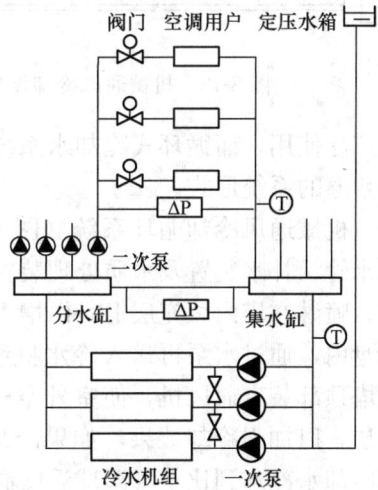

图 8-17　二次泵变水量系统

与一次泵系统相比，二次泵变水量系统的节能潜力在于：

（1）在全年运行的绝大多数时间段内，用户侧所需流量小于冷水机组需要的流量。因此，降低用户侧的供水量（改变二次泵的运行台数或转速）可以节约二次泵的运行能耗。

（2）在多环路系统中，如果各环路的水阻力存在明显差别，那么各环路独立配置二次泵后,某些环路需要的总扬程(一次泵+二次泵)小于一次泵系统的扬程,水泵的总安装容量和运行能耗都有所降低。尤其是各二次泵回路使用时间不一致时,可以关闭不使用支路,以节省二次泵的能耗。反之,如果二次泵变水量系统的设计与控制不当,可能导致输配总能耗比一次泵系统更大。

此外,由于变频调速技术的普及,变频器的成本也在不断降低,采用变频泵并不会大幅度增加系统的初投资,所以在大型建筑的空调系统中,二次泵变水量系统应用比较普遍,且其中二次泵使用变转速泵的工程也越来越广泛。

三、冷却水系统

冷却水系统承担着将空调系统的冷负荷与冷水机组的能耗散发到室外环境的功能,是空调系统中必不可少的环节。合理地选用冷却水源和冷却水系统对冷水机组的运行费和初投资具有重要意义。为了保证冷水机组的冷凝温度不超过压缩机的允许工作条件,冷却水进水温度一般宜不高于32℃。

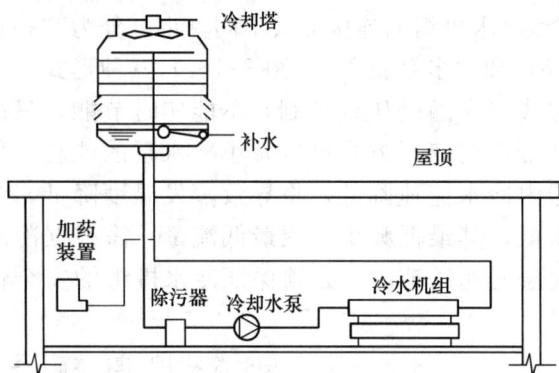

图 8-18 机械通风冷却循环系统

冷却水系统可分为直流式(采用自然水源,经过冷水机组的冷凝器后直接排走)、混合式(采用深井水等较低水温的水源,经过冷水机组冷凝器后的冷却水一部分与新补充的低温冷却水混合后再送往各台冷水机组使用)和循环式(经过冷水机组冷凝器后的冷却水在蒸发冷却装置中冷却后再送入各台冷水机组使用,只需少量补水即可)三种。直流式和混合式冷却水系统由于受水源条件的限制,并且水的消耗量非常大,不能广泛使用,而循环式冷却水系统特别是机械通风冷却循环系统是目前空调系统中应用最为普遍的系统形式。

机械通风冷却循环系统(图 8-18)主要由冷水机组冷凝器、冷却水泵、冷却塔、循环水管、补水装置及水质处理装置等组成。流出冷水机组冷凝器的冷却水由上部进入冷却塔,喷淋在塔内填充层上,以增大水与空气的接触面积,被冷却后的水从填充层流至下部水盘内,通过水泵再送入冷水机组冷凝器中循环使用。冷却塔顶部装有通风机,使室外空气以一定流速自下通过填料层,以加强冷却效果,如果冷却水与空气充分接触,可将冷却水冷却到比空气湿球温度高 3~6℃的出水温度。

下面简要阐述机械通风冷却循环冷却水系统的类型及其相关问题。

1. 冷却水系统形式

在采用机械通风冷却循环的冷却水系统中,当系统中选用多台冷却塔时,根据冷却塔与冷水机组的连接方式,可以分为单元式(图 8-19)、干管式(图 8-20)和混合式(图 8-21)三种形式。在干管式和混合式系统中,根据水

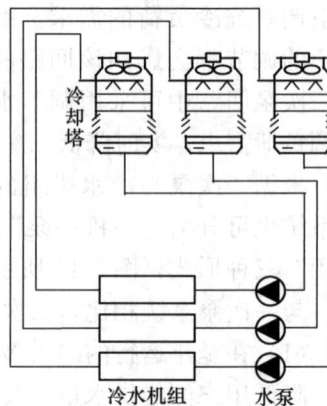

图 8-19 单元式冷却水系统

泵与冷水机组的连接形式均有一机一泵（图 8-20*a*、图 8-21*a*）和多泵共用（图 8-20*b*、图
8-21*b*）两种形式。

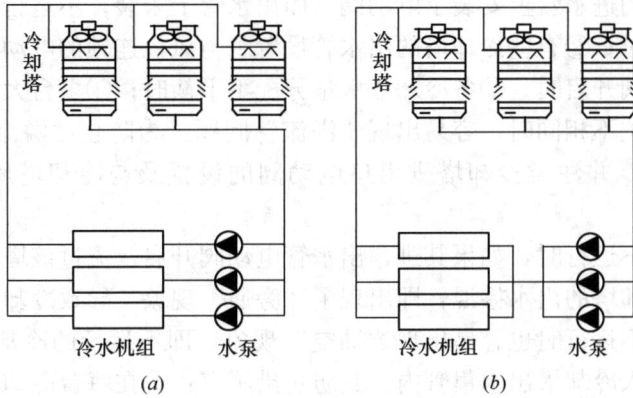

图 8-20 干管式冷却水系统
（*a*）一机一泵；（*b*）多泵共用

单元式冷却水系统是由一台冷水机组、一台水泵和一台冷却塔构成的最为简单的冷却
水循环系统（即"一机对一塔"），三者连锁控制，流量分配合理，各个单元之间相互影响
小，运行可靠性高。但是整个冷却水系统的配管管线布置最为复杂，管路数目多，占用空
间大，各设备不能相互备用。

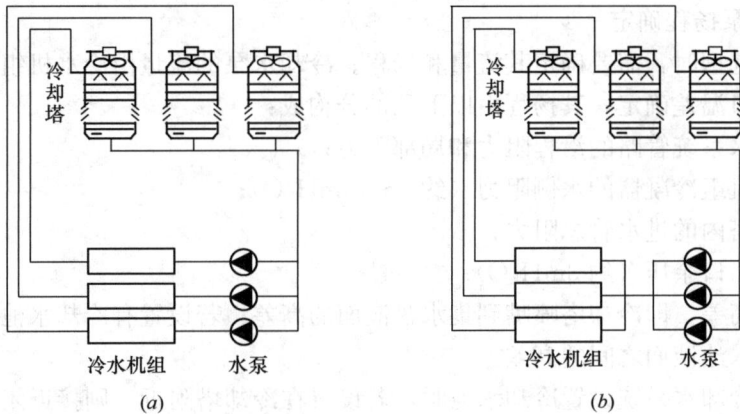

图 8-21 混合式冷却水系统
（*a*）一机一泵；（*b*）多泵共用

干管式冷却水系统的供、回水都采用集中干管形式（即"多机对多塔"），管路数目
少，占用空间小，设备之间可以相互备用，可通过冷却风机的台数或转速控制降低冷水机
组部分负荷时的冷却塔风机能耗，故应用最广。但是，当冷却水泵只有一台或部分台数运
行时，由于干管内水的流速降低，使得冷却水系统的阻力降低，导致单台水泵的工作点偏
移，流量大幅度超过其额定流量、效率降低，有可能引起水泵电机超载或烧毁。

在混合式系统中，冷水机组的供水（或冷却塔的出水）采用集中干管，其出水（或冷
却塔的进水）采用"一机对一塔"形式，系统特征介于单元式和干管式之间。

在干管式系统与混合式系统中，由于冷却塔可以相互备用，但如果水系统设计与控制不当，则容易出现"溢流"、"旁通"和"抽空"问题。

当①在冷却塔的进水管上安装了电动阀，而出水管上未装，不运行的冷却塔进水阀关闭，但出水管连通时；②有些冷却塔的出水管设置了与风机连锁的电动阀门，当出水电动阀关闭而进水电动阀开启时；③各冷却塔水量分配不平衡时；④多台大小不同的冷却塔并联设置且集水盘水位不相同时，容易出现"溢流"问题。为防止"溢流"，需注意水位平衡和水力平衡设计，并注意冷却塔进出口电动阀的设置及与冷却塔风机和水泵的连锁控制。

当部分冷却塔不运行时，如果其进、出水管电动阀开启，流过该塔的未得到有效冷却的冷却水与其他冷却塔的出水掺混，即出现了"旁通"现象，导致冷却水温升高。

在部分冷却塔不运行时也容易出现"抽空"现象，即不运行的冷却塔出现水位降低，直至空气由此处进入冷却塔出水集管内。其防止措施有：①在每台冷却塔的出水管上增设电动阀，不运行的冷却塔进、出水电动阀必须同时严密关闭；②在每台冷却塔的集水盘之间设置大管径连通管；③提高冷却塔的安装高度，利用出水集管自身就是连通管的特点，增加自然水头，防止抽空[72]。

"一机对一塔"的单元式冷却水系统尽管可有效地避免旁通，但无法充分利用其他冷却塔填料的换热面积，也无法实现在全年室外气象条件变化和冷水机组负荷变化下的冷却塔风机的转速调节，因此应尽可能采用多台冷却塔并联、共同为冷水机组服务的"多机对多塔"冷却水系统形式[73]。

2. 冷却水泵扬程确定

冷却水泵选型时，需要确定其流量和扬程。冷却水泵的流量由冷水机组的冷凝负荷和冷凝器进、出口温差确定，其扬程由以下几部分构成：

（1）冷却水系统管路的沿程阻力和局部阻力；

（2）冷水机组冷凝器的水侧阻力（约 $5\sim10\text{mH}_2\text{O}$）；

（3）冷却塔内的进水管总阻力；

（4）喷嘴出口余压（约 $3\text{mH}_2\text{O}$）；

（5）水柱高差，即冷却塔喷嘴到集水盘液面的高差；若设置有冷却水池时，则为冷却塔喷嘴到冷却水池液面之间的高差。

因此，当冷却水系统设置冷却水池时，若设置在冷却塔附近，则接近闭式系统；若位于冷水机组附近，则为开式系统，冷却水泵的扬程必然增大。

由于冷却塔内的进水管阻力、喷嘴出口余压和喷嘴到集水盘液面的水柱高度因塔而异，故一般厂家将这三部分合并为"进塔水压"作为一个参数给出，以便设计人员选型。

3. 冷却水温度控制

冷却水温度的控制原则[74]：

（1）一般蒸气压缩式冷水机组的冷却水进水温度不宜低于 15.5℃（不包括水源热泵等特殊设计机组），否则容易引起冷凝压力过低、膨胀阀前后压差过小，导致蒸发器的制冷剂供液量不足，制冷量与能效比降低；

（2）吸收式冷水机组的冷却水进水温度不宜低于 24℃，否则容易引起溶液结晶；

（3）由于冷却水温度降低时冷水机组的 COP 增大，因此只要在冷水机组允许的情况下，应尽量降低冷却水温度。

（4）在过渡季和冬季，冷却塔能够产生较低温度的冷却水，可以直接作为空调冷水用于供冷，实现"free-cooling"，但在其工程设计时必须采取措施，防止冷却塔、集水盘以及暴露在大气环境中的冷却水管出现结冰隐患。

冷却水温度控制的方法：

（1）风机转速（变频）控制：在过渡季室外空气温度偏低或冷水机组运行台数较少或部分负荷率运行时，可以降低风机的转速以减少能耗，在多台冷却塔并联的冷却水系统中，可以同步降低各冷却塔的风机转速以降低能耗，但是风机转速调节时，应注意冷却水流量的关联调节，以保证冷却塔具有适宜的"风水比"（冷却塔的风量与水量的比值），并防止冷却水出现"溢流"、"旁通"和"抽空"。

需要注意的是，对于干管式冷却水系统而言，当水泵开启台数过少时，可能导致单泵水量过大而烧毁水泵电机，可以通过调节冷却水泵的台数，或者调节阀门、增大阻力、降低水流量的方式加以避免。

（2）冷却水旁通控制：当冷却水温过低时，可以在冷却水供、回水干管间设置旁通管，在保证冷水机组进口水温和流量稳定的情况下，减少流经冷却塔的水流量，以提高冷却水温度。

控制冷却水温一方面是保证冷水机组的稳定、高效运行，另一方面可降低冷却水系统能耗，如减少冷却塔运行台数、降低冷却塔风机转速都是良好的节能措施。此外，调节冷却水泵转速（变频控制）也具有一定的节能效果。对于蒸气压缩式冷水机组，冷却水系统的下限流量一般不低于额定流量的70%，对于吸收式冷水机组，冷却水系统的下限流量还可更低。因此，可以在冷水机组允许的范围内降低冷却水泵转速，以减少冷却水泵的能耗。

四、空调水系统的应用例

下面举两个实际工程例子，以综合了解空调水系统在空调系统中的应用情况❶。

1. 工程案例 1

（1）工程概况：该工程位于夏热冬冷地区，为商务写字楼，总建筑面积约 5.3 万 m^2（其中，地下室 0.9 万 m^2、裙房面积 2.6 万 m^2、标准层 1.8 万 m^2），建筑高度 109m；地下 2 层，地上 25 层，地下 2 层（B2）为车库、制冷机房和物业管理办公室，地下 1 层（B1）和地上 1～6 层（1F～6F）为商场，7～8 层为多功能厅、餐厅，9～25 层为办公室。

（2）空调系统：如图 8-22 所示。

① 冷热源设备：空调系统采用了 2 台离心式冷水机组、9 台空气源热泵机组和 2 台电锅炉。在夏季由离心式冷水机组和空气源热泵进行制取冷水；冬季主要由空气源热泵进行制热，在极端寒冷时由电锅炉辅助供热。冷水机组设置在建筑的 B2，冷却塔安装在裙楼顶层（8F）的屋顶；空气源热泵机组和电锅炉设置在整栋建筑的顶层屋顶。

② 空调方式：B2 的车库、机房采用机械通风，物业办公室采用风机盘管＋新风系统；商场、多功能厅、餐厅采用全空气系统（以空调箱 AHU 作为空气处理设备）；对于厨房则主要采用送、排风系统，但在人员工作区还需采用 AHU；对 B2 及 9～25 层的办公区域，采用了风机盘管（FCU）＋新风（FAU）系统。

---

❶ 案例来源：朱颖心，石文星. 清华大学《暖通空调与冷热源》课程讲义：空调与供暖水系统［C］. 2015。

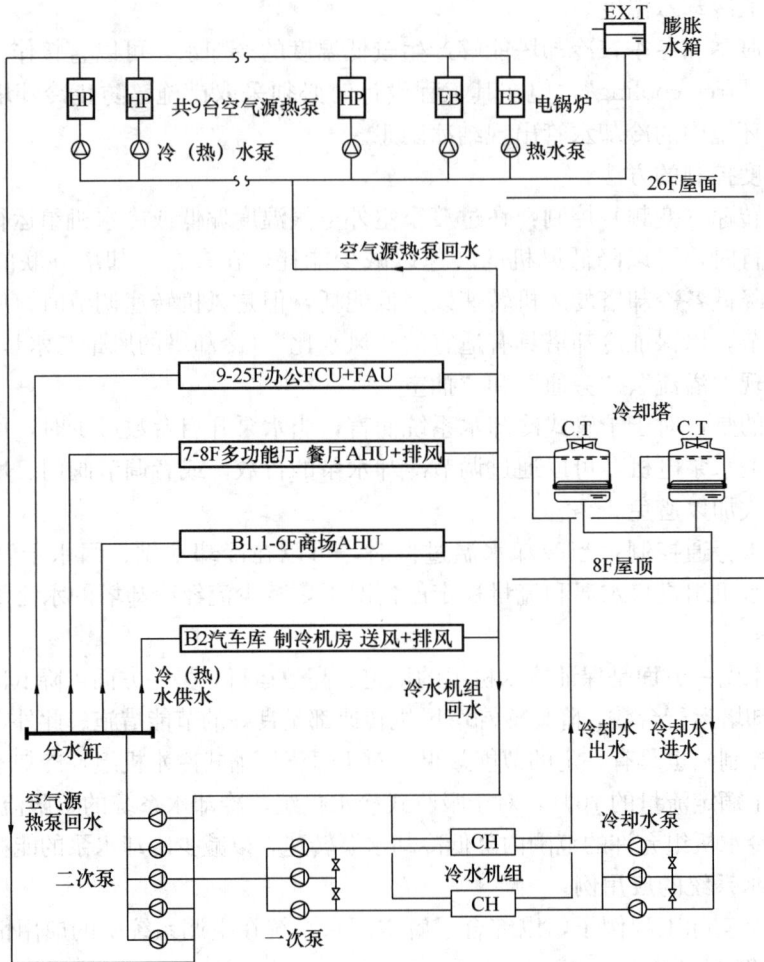

图 8-22 工程案例 1 的空调水系统原理图

③ 空调水系统：冷却水系统采用了"多机对多塔"形式，两台冷水机组对应两台冷却塔，采用了 3 台冷却泵（2 用 1 备），且互为备用。冷、热水采用同一套冷水（热水）系统，为闭式、直连、异程、两管制二次泵系统；水系统采用膨胀水箱方式定压，其定压点设置在建筑 26 层屋顶；每台冷水机组和空气源热泵的一次泵均采用了一机对一泵形式（其中冷水机组备用了 1 台一次泵）、共设置了 5 台二次泵（4 用 1 备）；冷水系统分为四支立管，分别为 B2 的物业办公室、B1 和 1～6F 的商场、7～8F 的多功能厅、9～25F 的办公室的空调箱、风机盘管、新风机组提供冷热水。

2. 工程案例 2

（1）工程概况：该工程位于夏热冬冷地区，为高层建筑商务写字楼，总建筑面积约 6 万 m²（其中，地下室 7000m²、裙房面积 3400m²、主楼标准层 5 万 m²），建筑高度 213m；地下 2 层，地上 41 层。

（2）空调系统：如图 8-23 所示，该系统具有如下主要特点。

① 冷热源设备：以 2 台离心式冷水机组作为冷源、城市热力网为热源（热网入口为 0.8MPa 蒸汽，采用汽—水换热器换出 60℃ 热水），为空调系统提供冷、热水。

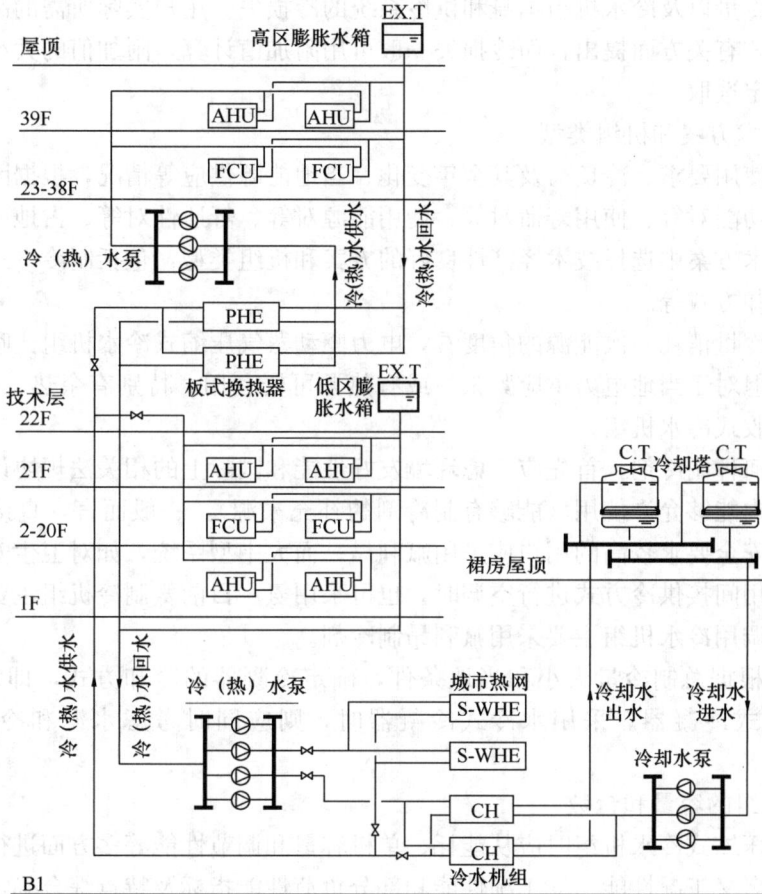

图 8-23 工程案例 2 的空调水系统原理图

② 空调方式：在大空间商务区（1F、21F）和旋转观光餐厅（39F）采用了全空气系统（AHU）；在其他办公区采用风机盘管（FCU）＋新风系统。

③ 空调水系统：冷却水采用了两台冷水机组对应两台冷却塔的"多机对多塔"系统形式，系统中设置了 3 台冷却泵（2 用 1 备）；冷水机组设置在地下一层（B1），冷却塔设置在裙房屋顶。冷、热水共用一个水系统，为闭式、同程、两管制一次泵系统；由于该建筑属于高层建筑，考虑到水系统的承压问题，故在低区（21F 以下）采用了直连系统，由一根主立管为系统供水，高区（23F～39F）为间连系统，在技术层（22F）设置了板式换热器将高、低区分开，高、低区水系统均采用了膨胀水箱定压。

第二节 制冷机房的设计

一、设计步骤

制冷机房（也称：冷冻站）的设计大体有以下六个步骤：

1. 计算制冷机房所服务的建筑总冷负荷

制冷机房所服务建筑或区域的总冷负荷应根据相关设计规范进行计算确定，包括用户实际所需的制冷量以及冷水机组本身和供冷系统的冷损失。用户实际所需的制冷量应由空调、冷冻或工艺有关方面提出，而冷损失一般可用附加值计算，附加值的大小需根据相关设计规范的规定选取。

2. 确定技术方案和机组类型

根据用户使用要求、冷负荷及其全年变化、当地能源供应等情况，根据因地制宜、对等比较（使用功能对等、使用寿命对等、使用能源对等、舒适性对等、占地面积对等）原则，从多个技术方案中选择技术经济性良好的方案和机组类型，包括制冷方式、制冷剂种类、冷凝器冷却方式等。

从单位制冷量消耗一次能源的角度看，电力驱动蒸气压缩式冷水机组比吸收式冷水机组能耗要低。但对于当地电力供应紧张，或有热源可资利用，特别有余热、废热的场合，应优先选用吸收式冷水机组。

至于采用何种制冷剂，首先应考虑环境友好性能和国际上的相关法规协议，以保证在机组寿命时间内能够允许使用（能够有制冷剂的补充来源），一般而言，直接蒸发式空调系统或对卫生安全要求较高的用户应采用氟利昂；而大中型系统，如对卫生安全要求不十分严格，或采用间接供冷方式进行空调时，也可采用氨。目前氨制冷机组主要用于食品冷藏冷冻，而空调用冷水机组主要采用氟利昂制冷剂。

此外，应根据总制冷量大小和当地条件，确定冷凝器的冷却方式，即水冷、空冷、还是采用蒸发式冷凝器。采用水冷式冷凝器时，则应同时考虑水源和冷却水的系统形式。

3. 确定机组的容量和台数

选择蒸气压缩式冷水机组时应从能耗、单机容量和调节性能等多方面进行考虑，宜根据冷水机组的名义工况性能、变工况性能和部分负荷性能指标及特点综合确定。单机名义工况制冷量大于1758kW时宜选用离心式；制冷量在1054～1758kW时，宜选用螺杆式或离心式；制冷量在116～1054kW时，宜选用螺杆式；制冷量小于116kW时，宜选用涡旋式。

设计制冷机房时，一般选择2～4台制冷机组，台数不宜过多。除特殊要求外，可不设备用机组。当总冷负荷较小时，也可选择1台冷水机组，但需要具有良好的容量调节能力。

对于空调用制冷机房，目前一般选用冷水机组；对于冷冻冷藏用制冷机房，制冷压缩机、冷凝器、蒸发器和其他辅助设备，可以选择成套设备或配套机组。

4. 设计水系统

确定冷水和冷却水系统形式，选择冷水泵、冷却水泵和冷却塔的规格和台数，进行管路系统设计计算。

5. 设计制冷机房的自动控制系统

根据冷水机组台数和容量、冷水和冷却水系统形式结合建筑的负荷分布特征，制定整个制冷机房及其子系统的控制策略，并设计其自动控制系统，以保证整个系统在各种工况下都能够高效运行，并进行能耗计量和相关数据显示。

6. 布置制冷机房

根据制冷机房设计要求和设备布置原则布置机房的各种设备。

二、制冷机房

小型制冷机房一般附设在主体建筑内，氟利昂制冷设备也可设在空调机房内。规模较大的制冷机房，特别是氨制冷机房，应单独修建。

1. 对制冷机房的要求

制冷机房的位置应尽可能设在冷负荷中心处，力求缩短冷水管网。当制冷机房为该区域的主要用电负荷时，还应考虑靠近变电站。

制冷机房应采用二级耐火材料或不燃材料建造。机房最好为单层建筑，设有不相邻的两个出入口，机房门窗应向外开启。机房应预留能通过最大设备的出入口或安装洞。

氨制冷机房不应靠近人员密集的房间或场所（对于民用建筑，不能设置于建筑内），以及有精密贵重设备的房间等，以免发生事故时造成重大损失。

空调用制冷机房，主要包括主机房、水泵房和值班室等。冷冻冷藏用的制冷机房，规模小者可为单间房屋，不作分隔；规模较大者，按不同情况可分隔为主机间（用于布置制冷压缩机）、设备间（布置冷凝器、蒸发器和高压贮液器等辅助设备）、水泵间（布置水箱、水泵）、变电间（耗电量大时应有专门变压器），以及值班控制室、维修储藏室和生活间等。房高应不低于 $3.2 \sim 4.0m$，设备间也不应低于 $2.5m$（净高度）。

氟利昂制冷机房应按机房面积设有不小于 $9.18m^3/(h \cdot m^2)$ 的机械通风和不少于 7 次/h 的事故通风设备；氨制冷机房应有不少于 12 次/h 换气的事故通风设备，排风机应选用防爆型。排风口应设置在容易泄漏制冷剂的设备附近，并有合理的气流组织。直燃吸收式制冷机房机器配套设施的设计应符合国家现行的有关防火及燃气设计规范的规定。此外，制冷机房还应设置给水与排水设施。

在采暖地区，在冬季需保证使用的制冷机房的采暖温度高于 16℃，冬季设备停运时，为防止水系统冻结，其值班温度不应低于 5℃。

2. 制冷机房的设备布置

机房内的设备布置应保证操作和检修的方便，同时要尽可能使设备布置紧凑，以节省建筑面积。冷水机组的主要通道宽度以及冷水机组与配电柜的距离应不小于 1.5m；冷水机组与冷水机组或与其他设备之间的净距离不小于 1.2m；冷水机组与墙壁之间以及与其上方管道或电缆桥架的净距离应不小于 1m。

大、中型制冷压缩机应设在室内，并有减振基础。其他设备则可根据具体情况，设置在室内、室外或敞开式建筑内，但是，要注意保证某些设备（如冷凝器和高压贮液器）之间必要的高度差。制冷压缩机及其他设备的位置应使连接管路短，流向通畅，并便于安装。

卧式壳管冷凝器和蒸发器布置在室内时，应考虑有清洗和更换其内部传热管的空间。

冷却塔应布置在通风散热条件良好的屋面或地面上，并远离热源和尘源；冷却塔之间及冷却塔与周围建筑物、构筑物之间应有一定间距。风冷式冷凝器和蒸发冷凝器也有与冷却塔同样的要求。

水泵的布置应便于接管、操作和维修；水泵之间的通道一般不小于 0.7m。

此外，设备和管路上的压力表、温度计等应设在便于观察的地方。

三、机组与管道的保温

为了减少各种制冷机组的冷量损失，低温设备和管道均应保温。应保温的部分一般为制冷压缩机的吸气管、膨胀阀后的供液管、间接供冷的蒸发器以及冷水管和冷水箱等。

机组使用的保温材料应导热系数小、湿阻因子大、吸水率低、密度小，而且使用安全（如不燃或难燃、无刺激味、无毒等）、价廉易购买、易于加工敷设。目前，常用的保温材料有矿渣棉、离心玻璃棉、柔性泡沫橡塑、自熄型聚苯乙烯泡沫塑料、聚乙烯泡沫塑料和硬质聚氨酯泡沫塑料等，其性能见表 8-1。

常用保温材料的主要性能　　　　　　　　　　　　　　　　表 8-1

名称	密度 (kg/m³)	导热系数 (W/(m·K))	适用温度 (℃)	吸水率	防火性能	备注
矿渣棉	100~130	0.04~0.046	<930	<2%（质量）	不燃	机械强度尚可，工艺性好，防蛀，耐腐蚀，吸声性能好
离心玻璃棉	40~60	0.031~0.048	−30~+250	<1%（质量）	不燃	机械强度差，吸声性能好，抗老化性能好，对环境无影响
柔性泡沫橡塑	40~110	<0.046	−40~+105	<10%（真空吸水率）	B₁、B₂级	表面光滑，弹性好，抗老化性能好，抗水蒸气渗透能力强，使用时无需防潮层和保护层
自熄型聚苯乙烯泡沫塑料	25~50	0.029~0.035	−80~+75	1 (g/100cm³)	可燃，离火自熄	机械强度尚可，工艺性好，耐腐蚀，燃烧烟浓有毒
聚乙烯泡沫塑料	33~45	0.038	−40~+80	0.05 (g/100cm³)	可燃，离火自熄	机械强度好，工艺性好，燃烧无毒性
硬质聚氨酯泡沫塑料	45~54	0.018~0.022	−100~+120	0.8 (g/100cm³)	可燃，离火自熄	机械强度好，工艺性好，可现场发泡，燃烧烟浓有毒

管道和设备保温层厚度的确定，要考虑经济上的合理性，但是，最小保温层厚度应使其外表面温度比最热月室外空气的平均露点温度高 2℃ 左右，以保证保温层外表面不致有结露现象。在计算保温层厚度时，可忽略管壁导热热阻和管内表面的对流换热热阻，这样对于设备壁面：

$$\frac{t_{\mathrm{a}} - t_{\mathrm{f}}}{t_{\mathrm{a}} - t_{\mathrm{s}}} = 1 + \alpha_{\mathrm{a}} \frac{\delta}{\lambda} \tag{8-4}$$

对于管道：

$$\frac{t_{\mathrm{a}} - t_{\mathrm{f}}}{t_{\mathrm{a}} - t_{\mathrm{s}}} = 1 + \frac{\alpha_{\mathrm{a}}}{\lambda} \left(\frac{d_{\mathrm{o}}}{2} + \delta \right) \ln \left(\frac{d_{\mathrm{o}} + 2\delta}{d_{\mathrm{o}}} \right) \tag{8-5}$$

式中 t_a——空气干球温度，以最热月室外空气平均温度计算，℃；

t_f——管道或设备内介质的温度，℃；

t_s——保温层的表面温度，比最热月室外空气的平均露点温度高 2℃，℃；

α_a——外表面的对流换热系数，一般取 $5.8 W/(m^2 \cdot K)$；

λ——保温材料的导热系数，$W/(m \cdot K)$；

δ——保温层厚度，m；

d_o——管道的外径，m。

为了保证保温效果，保温结构由内向外包括以下几个部分：

（1）防锈层。清除管道或设备外表面铁锈、污垢至净，涂以红丹漆或沥青漆两道，防止管道或设备表面锈蚀。

（2）保温层。

（3）隔气层。在保温层外面缠包油毡或塑料布等，使保温层与空气隔开，防止空气中的水蒸气透入保温层造成保温层内部结露，以保证保温性能和使用寿命。

如有必要，还可在隔气层外敷以铁皮等保护层，使保温层不致被碰坏。

（4）识别层。保护层外表面应涂以不同颜色的调和漆，并标明管路的种类和介质流向。

思 考 题

1. 冷水系统的最大压力点在哪里？什么情况下冷水系统需采用间连方式？

2. 冷水二次泵系统不一定节能，试分析二次泵系统的适用性（即在何种条件下节能、在何种条件下又不节能？）。

3. 如果冷水泵设计扬程选型过大，试分析该水泵实际运行时将给水系统带来哪些问题。对应这样的现有系统，应该采用哪些措施以解决上述问题？

4. 如果建筑的某些区域冬天需要供冷，可采用冷却塔实现免费供冷（free-cooling）。请分析提出几种可行的 free-cooling 供冷系统的管道连接方案，并画出原理简图。

5. 对于配置有冷却水池的冷却水系统，请问冷却水泵的扬程应该如何确定？当冷却塔设置的建筑屋顶，冷水机组设置在地下室时，请问：冷却水池设置在冷却塔附近与设置在冷水机组附近，哪种情况所需的水泵扬程更高？

6. 请为图 8-22 和图 8-23 所示空调水系统提出主要的控制策略。

7. 简述制冷机房的设计步骤和机房内的设备布置基本原则。

8. 请问采用蒸气压缩式冷水机组的集中式或半集中式空调系统中哪些部位需进行保温？为什么？如果是直燃型 LiBr 吸收式冷水机组，将又该如何？

9. 空调系统中冷水和冷却水流量不仅影响冷水机组性能，也影响水泵的输配能耗，请定性分析冷水和冷却水的流量变化对整个空调系统能耗的影响特点。

练 习 题

1. 某冷水系统采用一次泵定水量系统，技术人员对该系统进行能耗测量，其结果如表 8-2 所示，请计算各测量时刻冷水机组的能效比 COP 和系统能效比 COP_s。

冷冻站的能耗测量数据　　　　　　　　　　　　　　　　　　　　　　表 8-2

时刻	制冷量（kW）	压缩机功率（kW）	冷却塔风机功率（kW）	冷却水泵功率（kW）	冷水泵功率（kW）	空调箱与新风机组风机功率（kW）	风机盘管功率（kW）
0：00	240	55	4	20	30	4	4
8：00	400	75	4	20	50	12	10
14：00	800	160	8	36	50	12	10
19：00	560	100	8	36	50	10	8

2. 在北京地区选用柔性泡沫橡塑作保温材料时，试计算管道外径分别为 25mm、50mm、100mm、200mm，水温为 7℃的冷水管的保温层厚度。

3. 某空调冷却水系统采用开式逆流式冷却塔（如图 8-24 所示），正常运行时，冷却塔水盘水面标高为 35.0m，水泵安装标高为±0.0m。系统中冷却塔的供水管路、附件及冷水机组的水流阻力 $\Delta p_{A \to B} = 14 mH_2O$ 柱，回水管路及附件水流阻力 $\Delta p_{C \to D} = 6 mH_2O$ 柱，冷却塔的进塔水压为 $p_B = 5 mH_2O$ 柱，忽略集水盘水面至 C 点的水流阻力，请问：

（1）冷却水泵的扬程为多少 mH_2O 柱？

（2）当在图中 D 点位置设置冷却水池，且冷却水池的水面标高为 1.50m 时，冷却水泵的扬程又为多少 mH_2O 柱？

4. 在图 8-25 所示的一次泵变水量冷水系统中，已知两台冷水机组型号相同，两台泵的型号也相同，在设计工况下，冷水机组的供/回水温度＝7/12℃，在部分负荷时仍控制供水温度为 7℃。

（1）试分析该冷冻站中冷水机组、水泵、电动阀、电动调节阀的联合控制策略。

（2）如果冷水机组进水侧的电动阀关闭不严对系统性能有何影响？

（3）如果每台冷水机组的冷水流量为 M_w，那么旁通管的设计流量应如何确定？

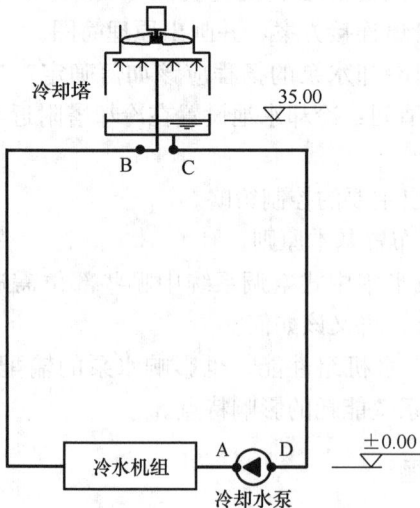

图 8-24　题 3 图

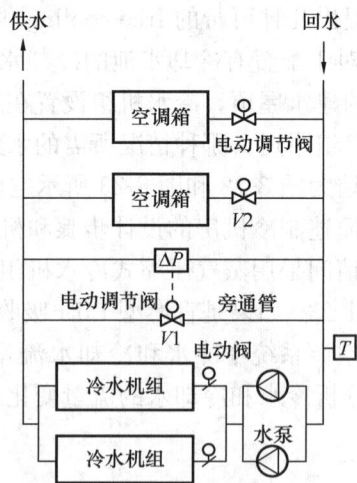

图 8-25　题 4 图

附　图[1]

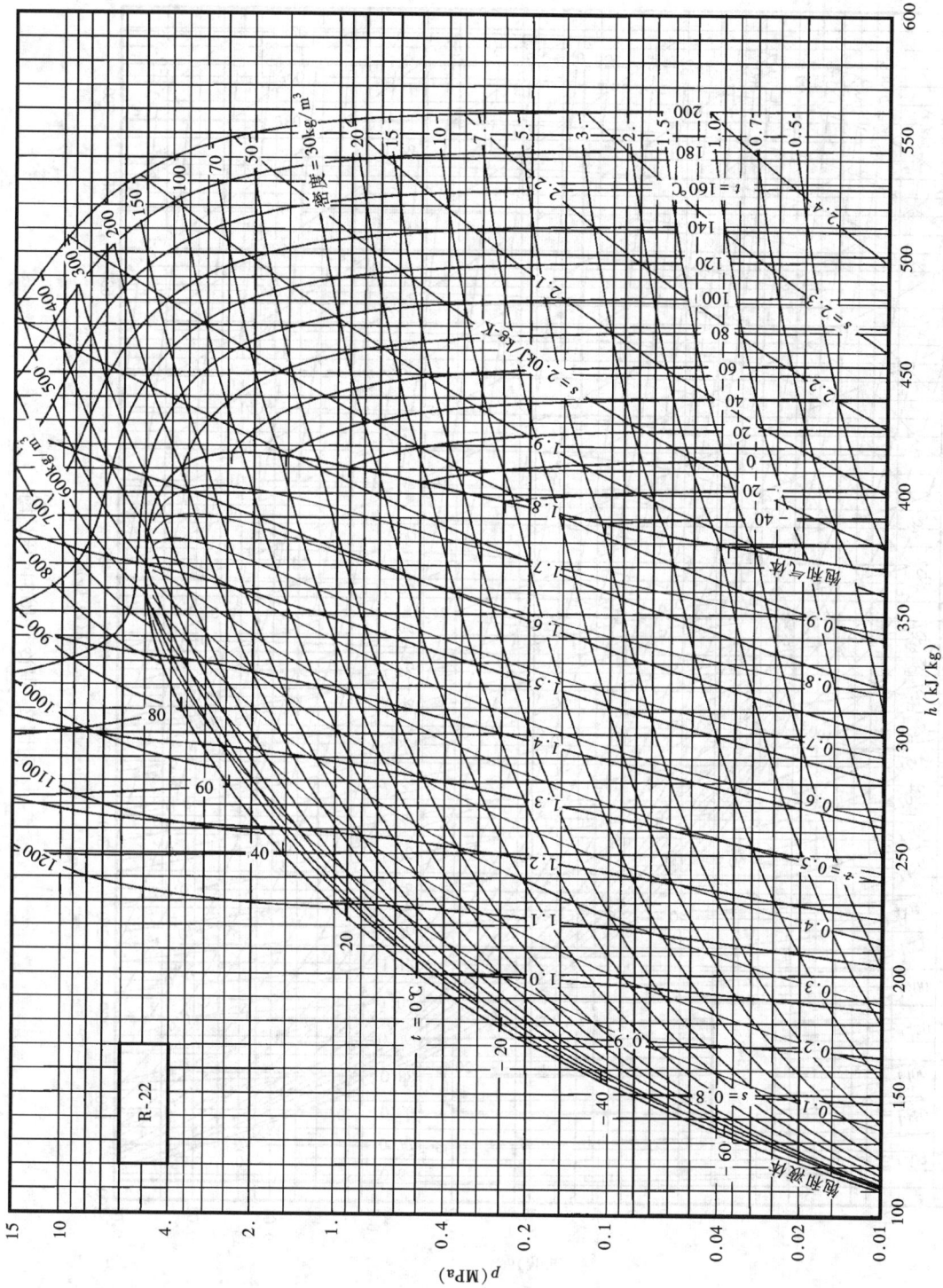

附图 1　制冷剂 R22 压焓图

---

❶　附图 1～附图 7 引自主要参考文献［17］。

255

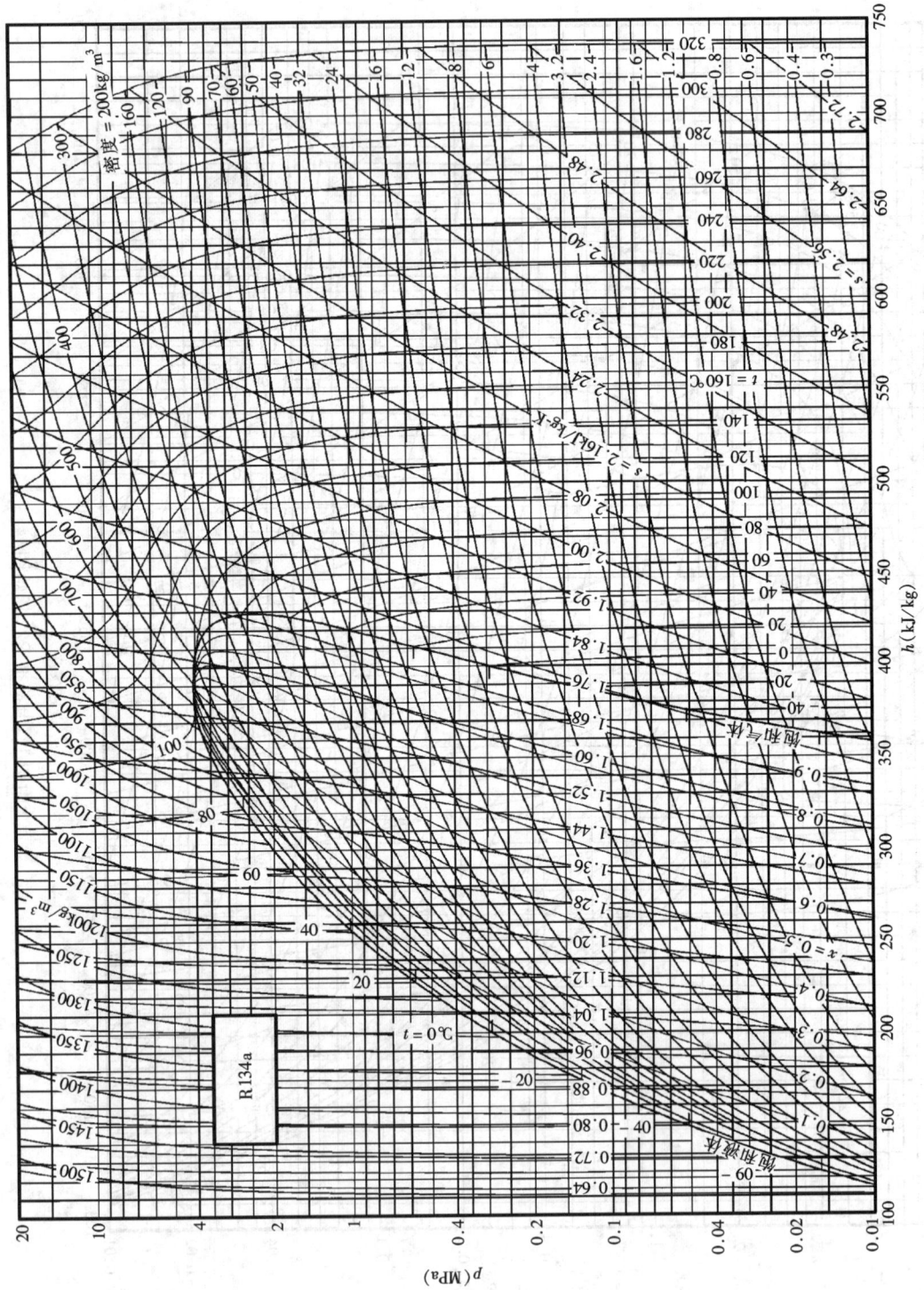

附图 2 制冷剂 R134a 压焓图

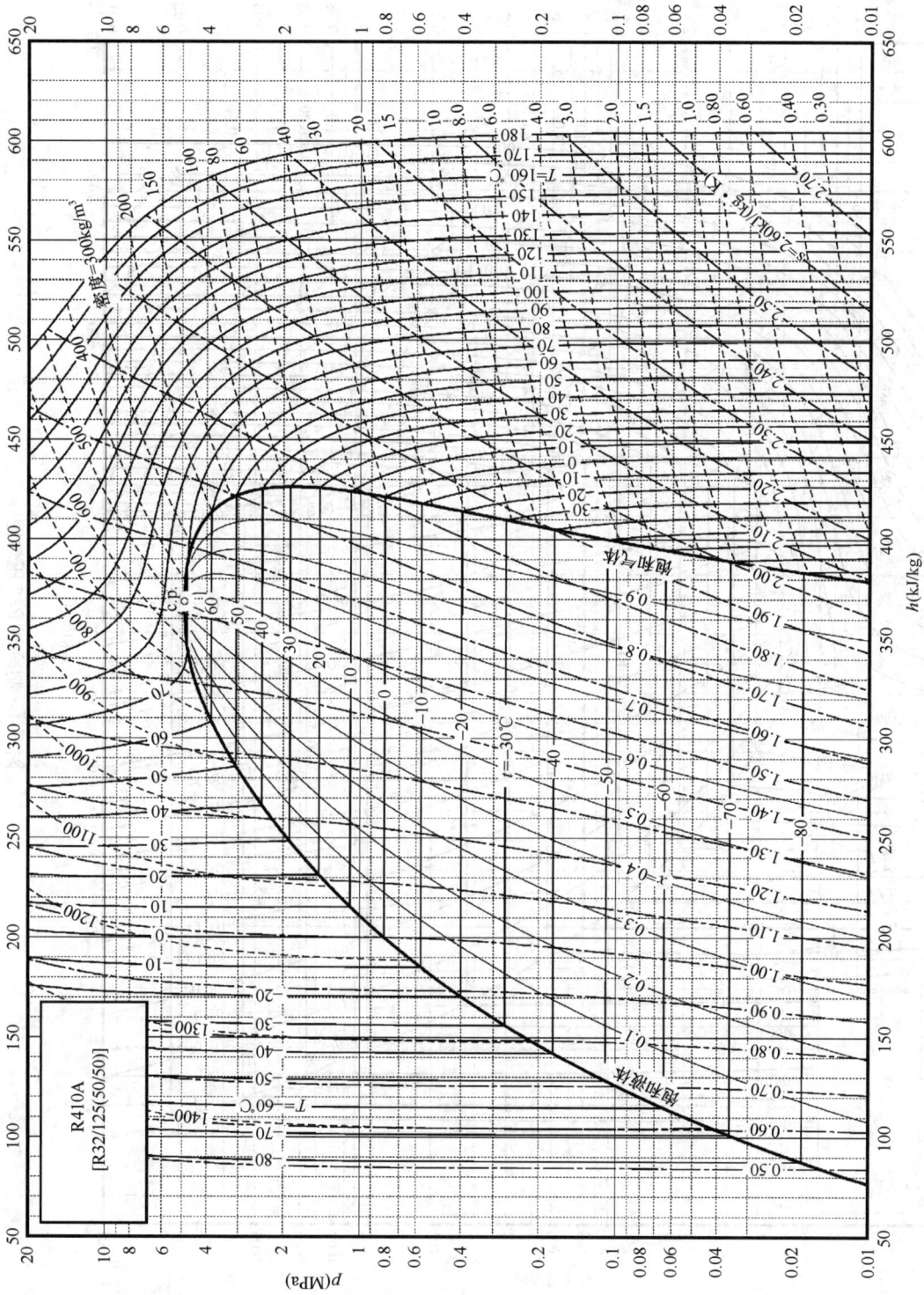

附图 3　制冷剂 R410A 压焓图

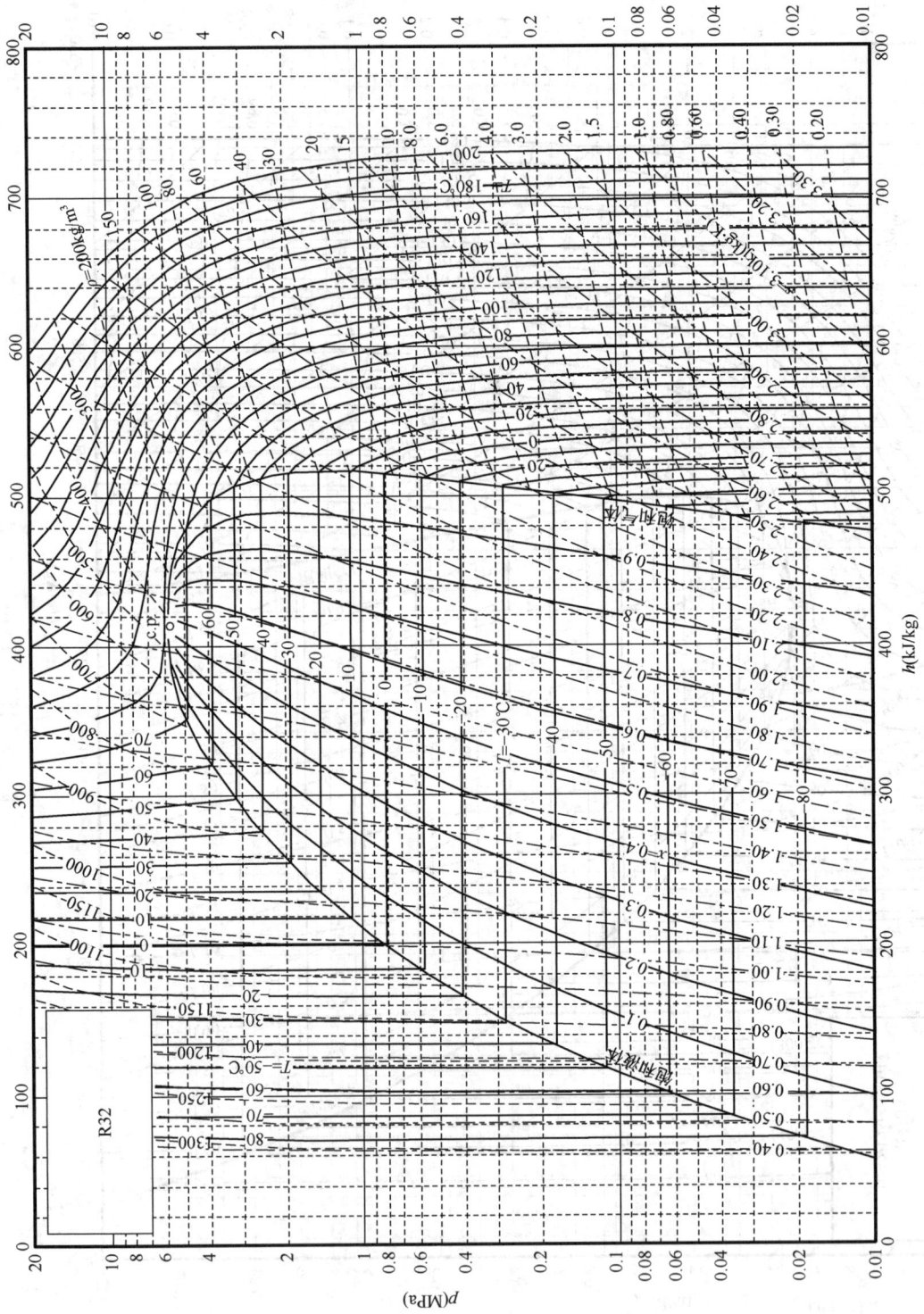

附图 4　制冷剂 R32 压焓图

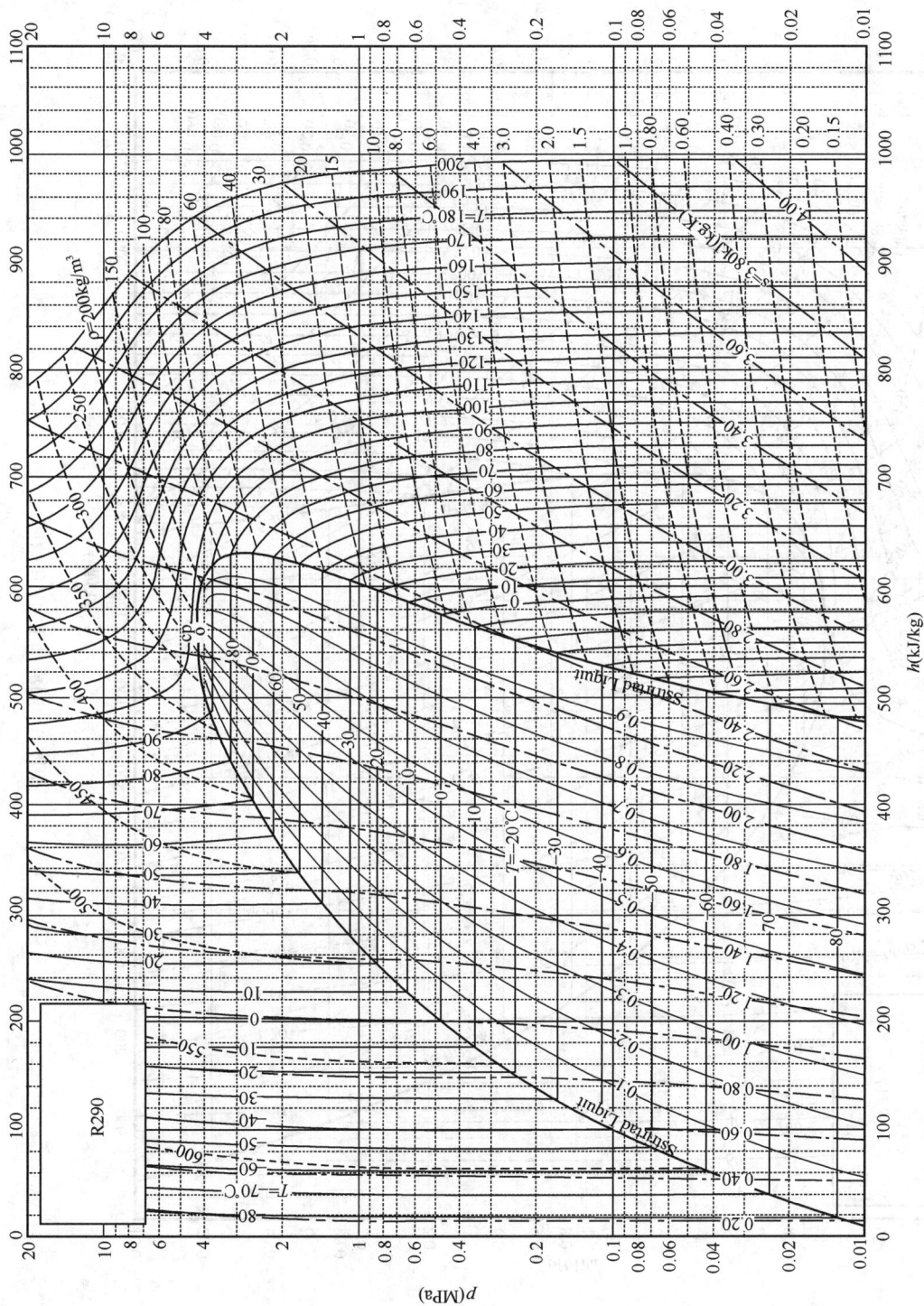

附图 5　制冷剂 R290 压焓图

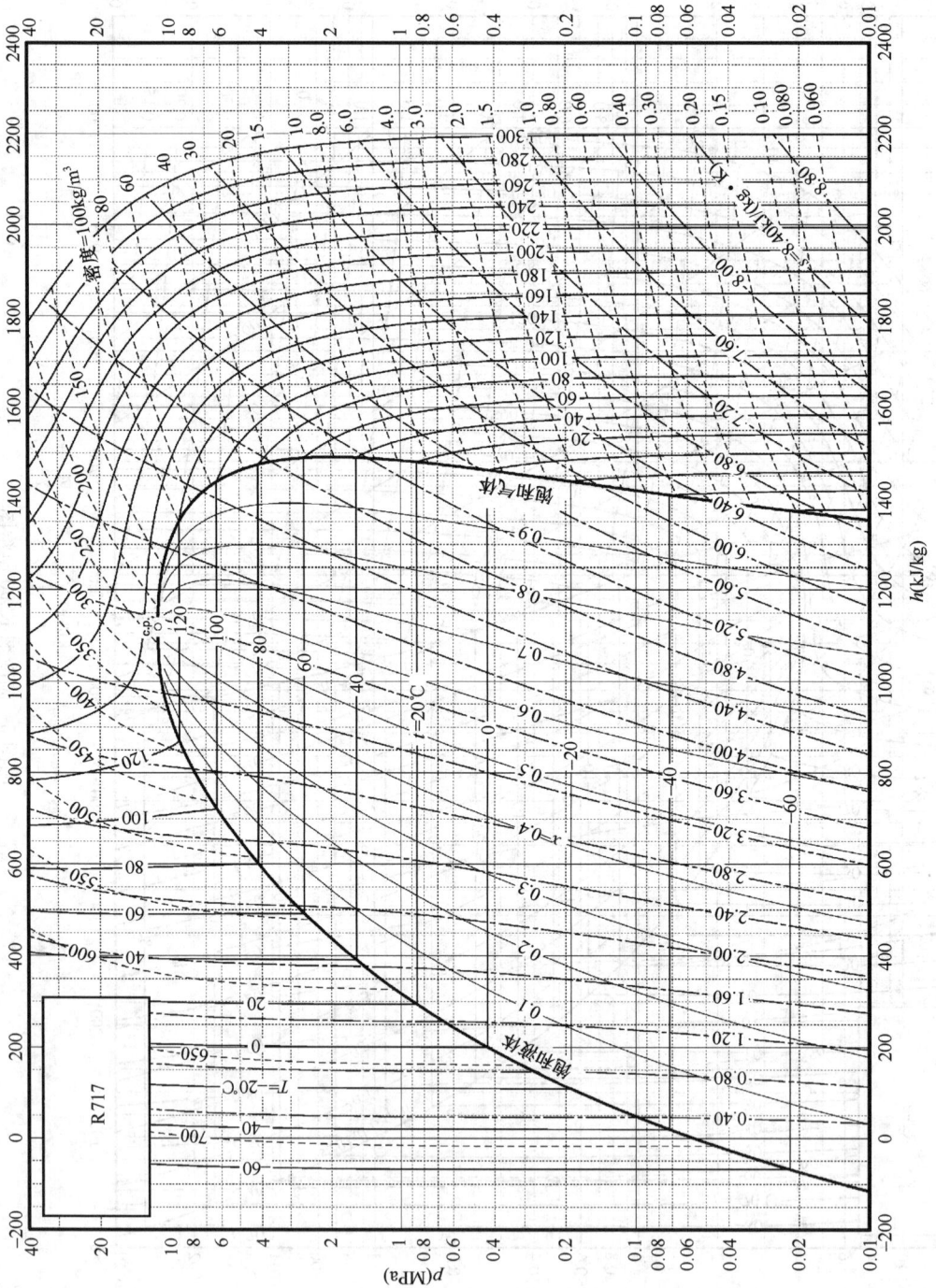

附图 6　制冷剂 R717 压焓图

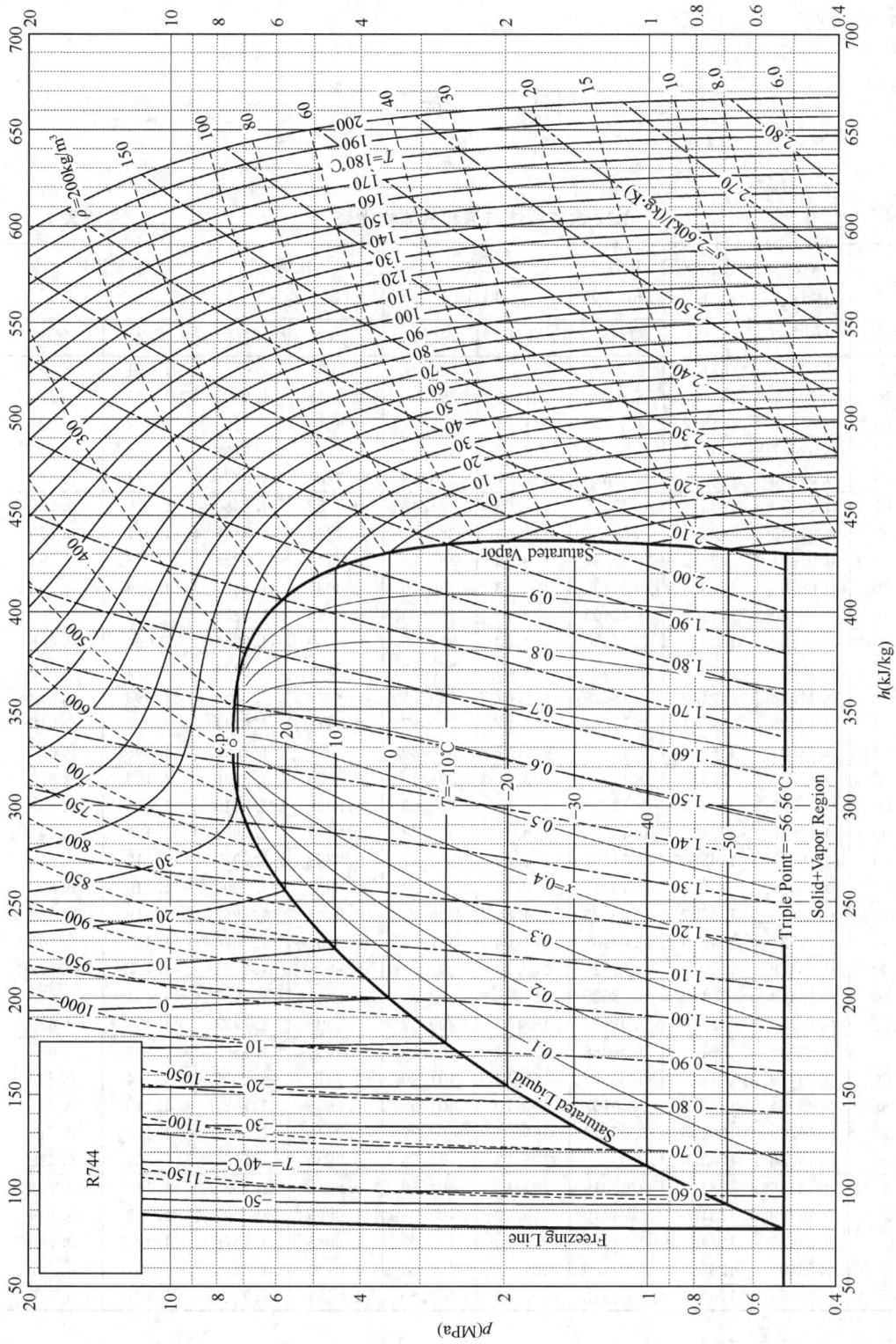

附图 7　制冷剂 R744 压焓图

附 表❶

R22 饱和液体与饱和气体物性表

附表 1

温 度 t (℃)	绝对压力 p (MPa)	密度 ρ (kg/m³)		比容 v (m³/kg)	比焓 h (kJ/kg)		比熵 s [kJ/(kg·℃)]		质量比热 c_p [kJ/(kg·℃)]	
		液体	气体	气体	液体	气体	液体	气体	液体	气体
−100.00	0.00201	1571.3	8.2660		90.71	358.97	0.5050	2.0543	1.061	0.497
−90.00	0.00481	1544.9	3.6448		101.32	363.85	0.5646	1.9980	1.061	0.512
−80.00	0.01037	1518.2	1.7782		111.94	368.77	0.6210	1.9508	1.062	0.528
−70.00	0.02047	1491.2	0.94342		122.58	373.70	0.6747	1.9108	1.065	0.545
−60.00	0.03750	1463.7	0.53680		133.27	378.59	0.7260	1.8770	1.071	0.564
−50.00	0.06453	1435.6	0.32385		144.03	383.42	0.7752	1.8480	1.079	0.585
−48.00	0.07145	1429.9	0.29453		146.19	384.37	0.7849	1.8428	1.081	0.589
−46.00	0.07894	1424.2	0.26837		148.36	385.32	0.7944	1.8376	1.083	0.594
−44.00	0.08705	1418.4	0.24498		150.53	386.26	0.8039	1.8327	1.086	0.599
−42.00	0.09580	1412.6	0.22402		152.70	387.20	0.8134	1.8278	1.088	0.603
−40.81b	0.10132	1409.2	0.21260		154.00	387.75	0.8189	1.8250	1.090	0.606
−40.00	0.10523	1406.8	0.20521		154.89	388.13	0.8227	1.8231	1.091	0.608
−38.00	0.11538	1401.0	0.18829		157.07	389.06	0.8320	1.8186	1.093	0.613
−36.00	0.12628	1395.1	0.17304		159.27	389.97	0.8413	1.8141	1.096	0.619
−34.00	0.13797	1389.1	0.15927		161.47	390.89	0.8505	1.8098	1.099	0.624
−32.00	0.15050	1383.2	0.14682		163.67	391.79	0.8596	1.8056	1.102	0.629
−30.00	0.16389	1377.2	0.13553		165.88	392.69	0.8687	1.8015	1.105	0.635
−28.00	0.17819	1371.1	0.12528		168.10	393.58	0.8778	1.7975	1.108	0.641
−26.00	0.19344	1365.0	0.11597		170.33	394.47	0.8868	1.7937	1.112	0.646
−24.00	0.20968	1358.9	0.10749		172.56	395.34	0.8957	1.7899	1.115	0.653
−22.00	0.22696	1352.7	0.09975		174.80	396.21	0.9046	1.7862	1.119	0.659
−20.00	0.24531	1346.5	0.09268		177.04	397.06	0.9135	1.7826	1.123	0.665
−18.00	0.26479	1340.3	0.08621		179.30	397.91	0.9223	1.7791	1.127	0.672
−16.00	0.28543	1334.0	0.08029		181.56	398.75	0.9311	1.7757	1.131	0.678
−14.00	0.30728	1327.6	0.07485		183.83	399.57	0.9398	1.7723	1.135	0.685
−12.00	0.33038	1321.2	0.06986		186.11	400.39	0.9485	1.7690	1.139	0.692
−10.00	0.35479	1314.7	0.06527		188.40	401.20	0.9572	1.7658	1.144	0.699
−8.00	0.38054	1308.2	0.06103		190.70	401.99	0.9658	1.7627	1.149	0.707
−6.00	0.40769	1301.6	0.05713		193.01	402.77	0.9744	1.7596	1.154	0.715
−4.00	0.43628	1295.0	0.05352		195.33	403.55	0.9830	1.7566	1.159	0.722
−2.00	0.46636	1288.3	0.05019		197.66	404.30	0.9915	1.7536	1.164	0.731
0.00	0.49799	1281.5	0.04710		200.00	405.05	1.0000	1.7507	1.169	0.739
2.00	0.53120	1274.7	0.04424		202.35	405.78	1.0085	1.7478	1.175	0.748
4.00	0.56605	1267.8	0.04159		204.71	406.50	1.0169	1.7450	1.181	0.757
6.00	0.60259	1260.8	0.03913		207.09	407.20	1.0254	1.7422	1.187	0.766

---

❶ 附表 1～附表 9 引自主要参考文献〔17〕，附表 10～附表 15 引自主要参考文献〔1〕。

续表

温 度 t (℃)	绝对压力 p (MPa)	密度 ρ (kg/m³)		比容 v (m³/kg)	比焓 h (kJ/kg)		比熵 s [kJ/(kg·℃)]		质量比热 cp [kJ/(kg·℃)]	
		液体	气体		液体	气体	液体	气体	液体	气体
8.00	0.64088	1253.8	0.03683	209.47	407.89	1.0338	1.7395	1.193	0.775
10.00	0.68095	1246.7	0.03470	211.87	408.56	1.0422	1.7368	1.199	0.785
12.00	0.72286	1239.5	0.03271	214.28	409.21	1.0505	1.7341	1.206	0.795
14.00	0.76668	1232.2	0.03086	216.70	409.85	1.0589	1.7315	1.213	0.806
16.00	0.81244	1224.9	0.02912	219.14	410.47	1.0672	1.7289	1.220	0.817
18.00	0.86020	1217.4	0.02750	221.59	411.07	1.0755	1.7263	1.228	0.828
20.00	0.91002	1209.9	0.02599	224.06	411.66	1.0838	1.7238	1.236	0.840
22.00	0.96195	1202.3	0.02457	226.54	412.22	1.0921	1.7212	1.244	0.853
24.00	1.0160	1194.6	0.02324	229.04	412.77	1.1004	1.7187	1.252	0.866
26.00	1.0724	1186.7	0.02199	231.55	413.29	1.1086	1.7162	1.261	0.879
28.00	1.1309	1178.8	0.02082	234.08	413.79	1.1169	1.7136	1.271	0.893
30.00	1.1919	1170.7	0.01972	236.62	414.26	1.1252	1.7111	1.281	0.908
32.00	1.2552	1162.6	0.01869	239.19	414.71	1.1334	1.7086	1.291	0.924
34.00	1.3210	1154.3	0.01771	241.77	415.14	1.1417	1.7061	1.302	0.940
36.00	1.3892	1145.8	0.01679	244.38	415.54	1.1499	1.7036	1.314	0.957
38.00	1.4601	1137.3	0.01593	247.00	415.91	1.1582	1.7010	1.326	0.976
40.00	1.5336	1128.5	0.01511	249.65	416.25	1.1665	1.6985	1.339	0.995
42.00	1.6098	1119.6	0.01433	252.32	416.55	1.1747	1.6959	1.353	1.015
44.00	1.6887	1110.6	0.01360	255.01	416.83	1.1830	1.6933	1.368	1.037
46.00	1.7704	1101.4	0.01291	257.73	417.07	1.1913	1.6906	1.384	1.061
48.00	1.8551	1091.9	0.01226	260.47	417.27	1.1997	1.6879	1.401	1.086
50.00	1.9427	1082.3	0.01163	263.25	417.44	1.2080	1.6852	1.419	1.113
52.00	2.0333	1072.4	0.01104	266.05	417.56	1.2164	1.6824	1.439	1.142
54.00	2.1270	1062.3	0.01048	268.89	417.63	1.2248	1.6795	1.461	1.173
56.00	2.2239	1052.0	0.00995	271.76	417.66	1.2333	1.6766	1.485	1.208
58.00	2.3240	1041.3	0.00944	274.66	417.63	1.2418	1.6736	1.511	1.246
60.00	2.4275	1030.4	0.00896	277.61	417.55	1.2504	1.6705	1.539	1.287
65.00	2.7012	1001.4	0.00785	285.18	417.06	1.2722	1.6622	1.626	1.413
70.00	2.9974	969.7	0.00685	293.10	416.09	1.2945	1.6529	1.743	1.584
75.00	3.3177	934.4	0.00595	301.46	414.49	1.3177	1.6424	1.913	1.832
80.00	3.6638	893.7	0.00512	310.44	412.01	1.3423	1.6299	2.181	2.231
85.00	4.0378	844.8	0.00434	320.38	408.19	1.3690	1.6142	2.682	2.984
90.00	4.4423	780.1	0.00356	332.09	401.87	1.4001	1.5922	3.981	4.975
95.00	4.8824	662.9	0.00262	349.56	387.28	1.4462	1.5486	17.31	25.29
96.15c	4.9900	523.8	0.00191	366.90	366.90	1.4927	1.4927	∞	∞

注：b 表示 1 个标准大气压下的沸点；c 表示临界点。

R134a 饱和液体与饱和气体物性表　　　　　　　　　　附表 2

温 度 t (℃)	绝对压力 p (MPa)	密度 ρ (kg/m³)		比容 v (m³/kg)	比焓 h (kJ/kg)		比熵 s [kJ/(kg·℃)]		质量比热 cp [kJ/(kg·℃)]	
		液体	气体		液体	气体	液体	气体	液体	气体
−103.30a	0.00039	1591.1	35.496	71.46	334.94	0.4126	1.9639	1.184	0.585
−100.00	0.00056	1582.4	25.193	75.36	336.85	0.4354	1.9456	1.184	0.593
−90.00	0.00152	1555.8	9.7698	87.23	342.76	0.5020	1.8972	1.189	0.617
−80.00	0.00367	1529.0	4.2682	99.16	348.83	0.5654	1.8580	1.198	0.642
−70.00	0.00798	1501.9	2.0590	111.20	355.02	0.6262	1.8264	1.210	0.667

温　度 t（℃）	绝对压力 p（MPa）	密度 ρ（kg/m³）		比容 v（m³/kg）		比焓 h（kJ/kg）		比熵 s[kJ/(kg・℃)]		质量比热 c_p[kJ/(kg・℃)]	
		液体	气体	液体	气体	液体	气体	液体	气体	液体	气体
−60.00	0.01591	1474.3	1.0790	123.36	361.31	0.6846	1.8010	1.223	0.692		
−50.00	0.02945	1446.3	0.60620	135.67	367.65	0.7410	1.7806	1.238	0.720		
−40.00	0.05121	1417.7	0.36108	148.14	374.00	0.7956	1.7643	1.255	0.749		
−30.00	0.08438	1388.4	0.22594	160.79	380.32	0.8486	1.7515	1.273	0.781		
−28.00	0.09270	1382.4	0.20680	163.34	381.57	0.8591	1.7492	1.277	0.788		
−26.07b	0.10133	1376.7	0.19018	165.81	382.78	0.8690	1.7472	1.281	0.794		
−26.00	0.10167	1376.5	0.18958	165.90	382.82	0.8694	1.7471	1.281	0.794		
−24.00	0.11130	1370.4	0.17407	168.47	384.07	0.8798	1.7451	1.285	0.801		
−22.00	0.12165	1364.4	0.16006	171.05	385.32	0.8900	1.7432	1.289	0.809		
−20.00	0.13273	1358.3	0.14739	173.64	386.55	0.9002	1.7413	1.293	0.816		
−18.00	0.14460	1352.1	0.13592	176.23	387.79	0.9104	1.7396	1.297	0.823		
−16.00	0.15728	1345.9	0.12551	178.83	389.02	0.9205	1.7379	1.302	0.831		
−14.00	0.17082	1339.7	0.11605	181.44	390.24	0.9306	1.7363	1.306	0.838		
−12.00	0.18524	1333.4	0.10744	184.07	391.46	0.9407	1.7348	1.311	0.846		
−10.00	0.20060	1327.1	0.09959	186.70	392.66	0.9506	1.7334	1.316	0.854		
−8.00	0.21693	1320.8	0.09242	189.34	393.87	0.9606	1.7320	1.320	0.863		
−6.00	0.23428	1314.3	0.08587	191.99	395.06	0.9705	1.7307	1.325	0.871		
−4.00	0.25268	1307.9	0.07987	194.65	396.25	0.9804	1.7294	1.330	0.880		
−2.00	0.27217	1301.4	0.07436	197.32	397.43	0.9902	1.7282	1.336	0.888		
0.00	0.29280	1294.8	0.06931	200.00	398.60	1.0000	1.7271	1.341	0.897		
2.00	0.31462	1288.1	0.06466	202.69	399.77	1.0098	1.7260	1.347	0.906		
4.00	0.33766	1281.4	0.06039	205.40	400.92	1.0195	1.7250	1.352	0.916		
6.00	0.36198	1274.7	0.05644	208.11	402.06	1.0292	1.7240	1.358	0.925		
8.00	0.38761	1267.9	0.05280	210.84	403.20	1.0388	1.7230	1.364	0.935		
10.00	0.41461	1261.0	0.04944	213.58	404.32	1.0485	1.7221	1.370	0.945		
12.00	0.44301	1254.0	0.04633	216.33	405.43	1.0581	1.7212	1.377	0.956		
14.00	0.47288	1246.9	0.04345	219.09	406.53	1.0677	1.7204	1.383	0.967		
16.00	0.50425	1239.8	0.04078	221.87	407.61	1.0772	1.7196	1.390	0.978		
18.00	0.53718	1232.6	0.03830	224.66	408.69	1.0867	1.7188	1.397	0.989		
20.00	0.57171	1225.3	0.03600	227.47	409.75	1.0962	1.7180	1.405	1.001		
22.00	0.60789	1218.0	0.03385	230.29	410.79	1.1057	1.7173	1.413	1.013		
24.00	0.64578	1210.5	0.03186	233.12	411.82	1.1152	1.7166	1.421	1.025		
26.00	0.68543	1202.9	0.03000	235.97	412.84	1.1246	1.7159	1.429	1.038		
28.00	0.72688	1195.2	0.02826	238.84	413.84	1.1341	1.7152	1.437	1.052		
30.00	0.77020	1187.5	0.02664	241.72	414.82	1.1435	1.7145	1.446	1.065		
32.00	0.81543	1179.6	0.02513	244.62	415.78	1.1529	1.7138	1.456	1.080		
34.00	0.86263	1171.6	0.02371	247.54	416.72	1.1623	1.7131	1.466	1.095		
36.00	0.91185	1163.4	0.02238	250.48	417.65	1.1717	1.7124	1.476	1.111		
38.00	0.96315	1155.1	0.02113	253.43	418.55	1.1811	1.7118	1.487	1.127		
40.00	1.0166	1146.7	0.01997	256.41	419.43	1.1905	1.7111	1.498	1.145		
42.00	1.0722	1138.2	0.01887	259.41	420.28	1.1999	1.7103	1.510	1.163		
44.00	1.1301	1129.5	0.01784	262.43	421.11	1.2092	1.7096	1.523	1.182		
46.00	1.1903	1120.6	0.01687	265.47	421.92	1.2186	1.7089	1.537	1.202		
48.00	1.2529	1111.5	0.01595	268.53	422.69	1.2280	1.7081	1.551	1.223		
50.00	1.3179	1102.3	0.01509	271.62	423.44	1.2375	1.7072	1.566	1.246		

温　度 $t(℃)$	绝对压力 $p(MPa)$	密度 ρ (kg/m^3)		比容 v (m^3/kg)		比焓 h (kJ/kg)		比熵 s $[kJ/(kg \cdot ℃)]$		质量比热 c_p $[kJ/(kg \cdot ℃)]$	
		液体	气体	液体	气体	液体	气体	液体	气体	液体	气体
52.00	1.3854	1092.9		0.01428		274.74	424.15	1.2469	1.7064	1.582	1.270
54.00	1.4555	1083.2		0.01351		277.89	424.83	1.2563	1.7055	1.600	1.296
56.00	1.5282	1073.4		0.01278		281.06	425.47	1.2658	1.7045	1.618	1.324
58.00	1.6036	1063.2		0.01209		284.27	426.07	1.2753	1.7035	1.638	1.354
60.00	1.6818	1052.9		0.01144		287.50	426.63	1.2848	1.7024	1.660	1.387
62.00	1.7628	1042.2		0.01083		290.78	427.14	1.2944	1.7013	1.684	1.422
64.00	1.8467	1031.2		0.01024		294.09	427.61	1.3040	1.7000	1.710	1.461
66.00	1.9337	1020.0		0.00969		297.44	428.02	1.3137	1.6987	1.738	1.504
68.00	2.0237	1008.3		0.00916		300.84	428.36	1.3234	1.6972	1.769	1.552
70.00	2.1168	996.2		0.00865		304.28	428.65	1.3332	1.6956	1.804	1.605
72.00	2.2132	983.8		0.00817		307.78	428.86	1.3430	1.6939	1.843	1.665
74.00	2.3130	970.8		0.00771		311.33	429.00	1.3530	1.6920	1.887	1.734
76.00	2.4161	957.3		0.00727		314.94	429.04	1.3631	1.6899	1.938	1.812
78.00	2.5228	943.1		0.00685		318.63	428.98	1.3733	1.6876	1.996	1.904
80.00	2.6332	928.2		0.00645		322.39	428.81	1.3836	1.6850	2.065	2.012
85.00	2.9258	887.2		0.00550		332.22	427.76	1.4104	1.6771	2.306	2.397
90.00	3.2442	837.8		0.00461		342.93	425.42	1.4390	1.6662	2.756	3.121
95.00	3.5912	772.7		0.00374		355.25	420.67	1.4715	1.6492	3.938	5.020
100.00	3.9724	651.2		0.00268		373.30	407.68	1.5188	1.6109	17.59	25.35
101.06c	4.0593	511.9		0.00195		389.64	389.64	1.5621	1.5621	—	—

注：a 表示三相点；b 表示 1 个标准大气压下的沸点；c 表示临界点。

R410A［R32/125（50/50）］沸腾状态液体与结露状态气体物性表　　附表3

绝对压力 $p(MPa)$	温度 t （℃）		密度 ρ (kg/m^3)		比容 v (m^3/kg)		比焓 h (kJ/kg)		比熵 s $[kJ/(kg \cdot ℃)]$		质量比热 c_p $[kJ/(kg \cdot ℃)]$	
	泡点	露点	液体	气体	液体	气体	液体	气体	液体	气体	液体	气体
0.01000	−88.54	−88.50	1462.0	2.09550	78.00	377.63	0.4650	2.0879	1.313	0.666		
0.02000	−79.05	−79.01	1434.3	1.09540	90.48	383.18	0.5309	2.0388	1.317	0.695		
0.04000	−68.33	−68.29	1402.4	0.57278	104.64	389.31	0.6018	1.9916	1.325	0.733		
0.06000	−61.39	−61.35	1381.4	0.39184	113.86	393.17	0.6461	1.9650	1.333	0.761		
0.08000	−56.13	−56.08	1365.1	0.29918	120.91	396.04	0.6789	1.9465	1.340	0.785		
0.10000	−51.83	−51.78	1351.7	0.24259	126.69	398.33	0.7052	1.9324	1.347	0.805		
0.10132b	−51.57	−51.52	1350.9	0.23961	127.04	398.47	0.7068	1.9316	1.348	0.806		
0.12000	−48.17	−48.12	1340.1	0.20433	131.64	400.24	0.7273	1.9211	1.353	0.823		
0.14000	−44.96	−44.91	1329.9	0.17668	136.00	401.89	0.7464	1.9116	1.359	0.839		
0.16000	−42.10	−42.05	1320.7	0.15572	139.90	403.33	0.7634	1.9034	1.365	0.854		
0.18000	−39.51	−39.45	1312.2	0.13928	143.46	404.62	0.7786	1.8963	1.371	0.868		
0.20000	−37.13	−37.07	1304.4	0.12602	146.73	405.78	0.7925	1.8900	1.376	0.881		
0.22000	−34.93	−34.87	1297.1	0.11510	149.76	406.84	0.8052	1.8843	1.381	0.894		
0.24000	−32.89	−32.83	1290.3	0.10593	152.60	407.81	0.8170	1.8791	1.386	0.906		
0.26000	−30.97	−30.90	1283.9	0.09813	155.27	408.71	0.8280	1.8744	1.391	0.917		
0.28000	−29.16	−29.10	1277.7	0.09141	157.79	409.54	0.8383	1.8700	1.396	0.928		
0.30000	−27.45	−27.38	1271.9	0.08556	160.19	410.31	0.8481	1.8659	1.401	0.938		
0.32000	−25.83	−25.76	1266.3	0.08041	162.47	411.04	0.8573	1.8622	1.405	0.948		
0.34000	−24.28	−24.21	1260.9	0.07584	164.66	411.72	0.8660	1.8586	1.410	0.958		
0.36000	−22.80	−22.73	1255.8	0.07177	166.75	412.36	0.8743	1.8553	1.414	0.968		

绝对压力 p(MPa)	温度 t(℃)		密度 ρ (kg/m³)	比容 v (m³/kg)	比焓 h (kJ/kg)		比熵 s [kJ/(kg·℃)]		质量比热 c_p [kJ/(kg·℃)]	
	泡点	露点	液体	气体	液体	气体	液体	气体	液体	气体
0.38000	−21.39	−21.31	1250.8	0.06811	168.76	412.96	0.8823	1.8521	1.419	0.977
0.40000	−20.03	−19.95	1246.0	0.06481	170.70	413.54	0.8899	1.8491	1.423	0.986
0.42000	−18.72	−18.64	1241.3	0.06180	172.57	414.08	0.8972	1.8463	1.427	0.995
0.44000	−17.45	−17.38	1236.8	0.05907	174.38	414.60	0.9042	1.8436	1.432	1.004
0.46000	−16.24	−16.16	1232.4	0.05656	176.13	415.09	0.9110	1.8410	1.436	1.012
0.48000	−15.06	−14.98	1228.1	0.05425	177.83	415.56	0.9175	1.8385	1.440	1.021
0.50000	−13.91	−13.83	1223.9	0.05212	179.48	416.00	0.9238	1.8361	1.444	1.029
0.55000	−11.20	−11.12	1214.0	0.04746	183.41	417.04	0.9388	1.8305	1.455	1.049
0.60000	−8.68	−8.59	1204.5	0.04354	187.11	417.96	0.9527	1.8254	1.465	1.068
0.65000	−6.30	−6.22	1195.5	0.04021	190.60	418.80	0.9657	1.8207	1.475	1.088
0.70000	−4.07	−3.98	1186.9	0.03734	193.92	419.56	0.9779	1.8163	1.485	1.106
0.75000	−1.95	−1.86	1178.6	0.03484	197.08	420.25	0.9894	1.8122	1.495	1.125
0.80000	0.07	0.16	1170.6	0.03264	200.10	420.88	1.0004	1.8083	1.505	1.143
0.85000	1.99	2.08	1162.9	0.03069	203.00	421.45	1.0108	1.8046	1.515	1.161
0.90000	3.83	3.92	1155.5	0.02894	205.79	421.97	1.0207	1.8011	1.525	1.179
0.95000	5.59	5.69	1148.2	0.02738	208.49	422.45	1.0303	1.7978	1.535	1.197
1.00000	7.28	7.38	1141.2	0.02597	211.09	422.89	1.0394	1.7946	1.545	1.215
1.10000	10.48	10.59	1127.6	0.02351	216.06	423.64	1.0568	1.7885	1.565	1.251
1.20000	13.48	13.58	1114.5	0.02145	220.76	424.27	1.0729	1.7828	1.586	1.287
1.30000	16.28	16.39	1102.0	0.01970	225.22	424.78	1.0881	1.7774	1.607	1.324
1.40000	18.93	19.04	1089.8	0.01818	229.48	425.18	1.1024	1.7723	1.629	1.362
1.50000	21.44	21.55	1078.0	0.01686	233.56	425.49	1.1160	1.7674	1.651	1.402
1.60000	23.83	23.94	1066.5	0.01570	237.49	425.72	1.1290	1.7627	1.675	1.442
1.70000	26.11	26.22	1055.3	0.01467	241.29	425.86	1.1414	1.7581	1.699	1.485
1.80000	28.29	28.40	1044.2	0.01375	244.96	425.93	1.1533	1.7536	1.725	1.529
1.90000	30.37	30.49	1033.3	0.01292	248.52	425.93	1.1648	1.7492	1.751	1.576
2.00000	32.38	32.49	1022.6	0.01217	251.99	425.87	1.1759	1.7448	1.779	1.625
2.10000	34.31	34.43	1012.0	0.01149	255.37	425.74	1.1866	1.7406	1.809	1.677
2.20000	36.18	36.29	1001.4	0.01087	258.68	425.54	1.1970	1.7363	1.840	1.732
2.30000	37.98	38.09	991.0	0.01030	261.91	425.29	1.2071	1.7321	1.874	1.790
2.40000	39.72	39.83	980.5	0.00977	265.08	424.98	1.2169	1.7279	1.909	1.853
2.50000	41.40	41.51	970.1	0.00928	268.20	424.61	1.2265	1.7237	1.947	1.920
2.60000	43.04	43.15	959.7	0.00883	271.27	424.18	1.2359	1.7194	1.988	1.993
2.70000	44.62	44.73	949.3	0.00840	274.29	423.69	1.2451	1.7152	2.032	2.072
2.80000	46.17	46.27	938.8	0.00801	277.27	423.14	1.2541	1.7109	2.080	2.158
2.90000	47.67	47.77	928.3	0.00764	280.23	422.53	1.2630	1.7065	2.133	2.252
3.00000	49.13	49.23	917.7	0.00729	283.15	421.85	1.2718	1.7021	2.190	2.356
3.20000	51.94	52.04	896.0	0.00665	288.94	420.30	1.2890	1.6930	2.323	2.598
3.40000	54.61	54.71	873.7	0.00607	294.67	418.47	1.3059	1.6835	2.490	2.904
3.60000	57.17	57.26	850.4	0.00555	300.41	416.29	1.3226	1.6734	2.707	3.305
3.80000	59.61	59.69	825.8	0.00506	306.20	413.72	1.3394	1.6624	3.002	3.855
4.00000	61.94	62.02	799.1	0.00461	312.13	410.64	1.3564	1.6503	3.431	4.661
4.20000	64.18	64.25	769.5	0.00417	318.33	406.86	1.3741	1.6365	4.129	5.970
4.790c	70.2	70.2	548.0	0.00183	352.5	352.5	1.472	1.472	—	—

注：b 表示 1 个标准大气压下的泡点和露点；c 表示临界点。

R32 饱和液体与饱和气体物性表

温　度 $t(℃)$	绝对压力 p(MPa)	密度 ρ (kg/m³)		比容 v (m³/kg)		比焓 h (kJ/kg)		比熵 s [kJ/(kg·℃)]		质量比热 c_p [kJ/(kg·℃)]	
		液体	气体	液体	气体	液体	气体	液体	气体	液体	气体
−100.00	0.003813	1339	7.222	38.826	468.31	0.2711	2.7515	1.5600	0.70304		
−90.00	0.008869	1313.9	3.2721	54.418	474.61	0.35863	2.6529	1.5586	0.72537		
−80.00	0.018654	1288.4	1.6316	70.016	480.72	0.44151	2.5679	1.5606	0.75427		
−70.00	0.036067	1262.4	0.88072	85.656	486.57	0.52038	2.4939	1.5663	0.79029		
−60.00	0.064955	1235.7	0.50786	101.38	492.11	0.59581	2.4289	1.5758	0.83346		
−51.65b	0.101325	1212.9	0.33468	114.59	496.45	0.65653	2.3805	1.5870	0.87533		
−50.00	0.11014	1208.4	0.30944	117.22	497.27	0.66827	2.3714	1.5895	0.88348		
−40.00	0.17741	1180.2	0.19743	133.23	502.02	0.73819	2.32	1.6077	0.9401		
−38.00	0.19409	1174.4	0.18134	136.45	502.91	0.75191	2.3103	1.6119	0.95222		
−36.00	0.21197	1168.6	0.1668	139.69	503.78	0.76554	2.3008	1.6164	0.96462		
−34.00	0.23111	1162.8	0.15365	142.93	504.63	0.77909	2.2916	1.6211	0.97729		
−32.00	0.25159	1156.9	0.14173	146.18	505.47	0.79257	2.2824	1.626	0.99026		
−30.00	0.27344	1151	0.13091	149.45	506.27	0.80597	2.2735	1.6311	1.0035		
−28.00	0.29675	1145	0.12107	152.72	507.06	0.8193	2.2647	1.6365	1.0171		
−26.00	0.32157	1138.9	0.11211	156.01	507.83	0.83256	2.2561	1.6422	1.0310		
−24.00	0.34796	1132.9	0.10393	159.31	508.57	0.84576	2.2476	1.6481	1.0452		
−22.00	0.376	1126.7	0.096462	162.62	509.28	0.85889	2.2392	1.6543	1.0598		
−20.00	0.40575	1120.6	0.089628	165.94	509.97	0.87197	2.231	1.6607	1.0747		
−18.00	0.43728	1114.3	0.083367	169.28	510.64	0.88498	2.2229	1.6675	1.0901		
−16.00	0.47067	1108	0.077622	172.63	511.28	0.89794	2.2149	1.6746	1.1059		
−14.00	0.50597	1101.7	0.072343	175.99	511.89	0.91085	2.207	1.682	1.1221		
−12.00	0.54327	1095.2	0.067487	179.37	512.47	0.92371	2.1992	1.6898	1.1388		
−10.00	0.58263	1088.8	0.063013	182.76	513.02	0.93652	2.1915	1.698	1.1560		
−8.00	0.62414	1082.2	0.058887	186.18	513.54	0.94929	2.1839	1.7065	1.1737		
−6.00	0.66786	1075.6	0.055076	189.6	514.03	0.96202	2.1764	1.7154	1.1921		
−4.00	0.71388	1068.9	0.051552	193.05	514.49	0.97472	2.169	1.7248	1.2110		
−2.00	0.76226	1062.1	0.048291	196.52	514.91	0.98737	2.1616	1.7347	1.2307		
0.00	0.8131	1055.3	0.045267	200	515.3	1	2.1543	1.745	1.2511		
2.00	0.86647	1048.3	0.042462	203.5	515.65	1.0126	2.1471	1.7559	1.2723		
4.00	0.92245	1041.3	0.039857	207.03	515.96	1.0252	2.1399	1.7674	1.2944		
6.00	0.98113	1034.2	0.037434	210.58	516.24	1.0377	2.1327	1.7795	1.3174		
8.00	1.0426	1027	0.035179	214.15	516.47	1.0503	2.1256	1.7922	1.3415		
10.00	1.1069	1019.7	0.033077	217.74	516.66	1.0628	2.1185	1.8056	1.3667		
12.00	1.1742	1012.2	0.031117	221.36	516.8	1.0753	2.1114	1.8199	1.3931		
14.00	1.2445	1004.7	0.029287	225.01	516.9	1.0878	2.1043	1.8349	1.4208		
16.00	1.3179	997.06	0.027576	228.68	516.95	1.1003	2.0972	1.8509	1.4501		
18.00	1.3946	989.28	0.025975	232.39	516.95	1.1128	2.0902	1.8679	1.4809		
20.00	1.4746	981.38	0.024476	236.12	516.9	1.1253	2.0831	1.8859	1.5136		
22.00	1.5579	973.34	0.023071	239.89	516.79	1.1378	2.076	1.9052	1.5483		
24.00	1.6448	965.16	0.021753	243.69	516.62	1.1503	2.0688	1.9258	1.5851		
26.00	1.7353	956.82	0.020515	247.53	516.39	1.1629	2.0616	1.9479	1.6245		
28.00	1.8295	948.31	0.019351	251.4	516.09	1.1755	2.0544	1.9717	1.6666		
30.00	1.9275	939.62	0.018256	255.32	515.72	1.1881	2.0471	1.9973	1.7118		
32.00	2.0294	930.75	0.017225	259.28	515.29	1.2007	2.0397	2.025	1.7605		
34.00	2.1353	921.67	0.016252	263.28	514.77	1.2134	2.0322	2.055	1.8132		
36.00	2.2454	912.37	0.015335	267.34	514.17	1.2262	2.0246	2.0878	1.8704		
38.00	2.3597	902.83	0.014468	271.45	513.49	1.2391	2.0169	2.1236	1.9328		

温　度 t(℃)	绝对压力 p(MPa)	密度 ρ (kg/m³)		比容 v (m³/kg)	比焓 h (kJ/kg)		比熵 s [kJ/(kg·℃)]		质量比热 c_p [kJ/(kg·℃)]	
		液体		气体	液体	气体	液体	气体	液体	气体
40.00	2.4783	893.04	0.013649		275.61	512.71	1.252	2.0091	2.1629	2.0012
42.00	2.6014	882.96	0.012873		279.84	511.82	1.265	2.0011	2.2064	2.0766
44.00	2.7292	872.58	0.012138		284.13	510.83	1.2781	1.9929	2.2547	2.1602
46.00	2.8616	861.86	0.01144		288.5	509.72	1.2914	1.9845	2.3087	2.2535
48.00	2.9989	850.77	0.010777		292.95	508.48	1.3048	1.9759	2.3695	2.3584
50.00	3.1412	839.26	0.010147		297.49	507.1	1.3183	1.967	2.4385	2.4773
52.00	3.2887	827.28	0.009547		302.12	505.57	1.3321	1.9578	2.5177	2.6134
54.00	3.4415	814.78	0.008974		306.87	503.86	1.3461	1.9482	2.6094	2.7709
56.00	3.5997	801.68	0.008426		311.74	501.95	1.3603	1.9382	2.7171	2.9555
58.00	3.7635	787.9	0.0079		316.75	499.82	1.3749	1.9277	2.8453	3.1751
60.00	3.9332	773.31	0.007396		321.93	497.44	1.3898	1.9166	3.0007	3.4412
64.00	4.2909	741.1	0.006438		332.9	491.73	1.4211	1.8922	3.4384	4.1901
68.00	4.6745	703.16	0.00553		345.02	484.25	1.4553	1.8634	4.2073	5.5081
72.00	5.0866	655.38	0.004634		359.11	473.77	1.4946	1.8268	5.9415	8.489
76.00	5.5315	583.32	0.003636		378.03	455.86	1.547	1.7699	14.259	22.389
78.11c	5.7823	424.00	0.002362		414.15	414.15	1.6486	1.6486	—	—

注：b 表示 1 个标准大气压下的沸点；c 表示临界点。

R290 饱和液体与饱和气体物性表　　　　　　　附表 5

温　度 t(℃)	绝对压力 p(MPa)	密度 ρ (kg/m³)		比容 v (m³/kg)	比焓 h (kJ/kg)		比熵 s [kJ/(kg·℃)]		质量比热 c_p [kJ/(kg·℃)]	
		液体		气体	液体	气体	液体	气体	液体	气体
−100.00	0.002899	643.74	11.231		−23.560	456.88	−0.00826	2.7664	2.0538	1.1845
−90.00	0.006448	633.32	5.33		−2.8974	468.58	0.10772	2.6820	2.0783	1.2200
−80.00	0.013049	622.76	2.7676		18.028	480.44	0.2189	2.6130	2.1059	1.2583
−70.00	0.024404	612.02	1.5487		39.251	492.41	0.32593	2.5566	2.1369	1.3003
−60.00	0.042693	601.08	0.9225		60.811	504.44	0.42938	2.5107	2.172	1.3465
−50.00	0.070569	589.9	0.57905		82.753	516.48	0.52975	2.4734	2.2115	1.3971
−42.11b	0.10325	580.9	0.41388		100.5	525.95	0.6070	2.4491	2.2460	1.4400
−42.00	0.10383	580.75	0.41196		100.61	526.08	0.60815	2.4488	2.2466	1.4411
−40.00	0.11112	578.43	0.37985		105.12	528.48	0.62751	2.4433	2.2558	1.4526
−38.00	0.12105	576.1	0.35076		109.65	530.87	0.64678	2.438	2.2653	1.4643
−36.00	0.13166	573.76	0.32437		114.2	533.26	0.66597	2.433	2.275	1.4762
−34.00	0.14297	571.4	0.30037		118.77	535.64	0.68508	2.4282	2.2849	1.4883
−32.00	0.15502	569.03	0.27853		123.36	538.01	0.70411	2.4236	2.295	1.5007
−30.00	0.16783	566.64	0.25861		127.97	540.38	0.72306	2.4192	2.3054	1.5133
−28.00	0.18144	564.23	0.24041		132.61	542.75	0.74193	2.415	2.316	1.5262
−26.00	0.19589	561.81	0.22376		137.26	545.11	0.76074	2.4109	2.3268	1.5393
−24.00	0.21119	559.38	0.20851		141.94	547.46	0.77948	2.4071	2.3379	1.5527
−22.00	0.22739	556.92	0.19452		146.64	549.8	0.79815	2.4034	2.3492	1.5664
−20.00	0.24452	554.45	0.18167		151.36	552.13	0.81676	2.3999	2.3608	1.5803
−18.00	0.26261	551.96	0.16984		156.11	554.46	0.83531	2.3965	2.3727	1.5945
−16.00	0.2817	549.45	0.15894		160.88	556.77	0.8538	2.3933	2.3848	1.6091
−14.00	0.30181	546.92	0.14889		165.68	559.08	0.87224	2.3903	2.3972	1.624
−12.00	0.323	544.37	0.13961		170.5	561.37	0.89063	2.3874	2.41	1.6392

温　度 $t(℃)$	绝对压力 $p(\text{MPa})$	密度 ρ (kg/m^3)		比容 v (m^3/kg)		比焓 h (kJ/kg)		比熵 s $[\text{kJ}/(\text{kg}\cdot℃)]$		质量比热 c_p $[\text{kJ}/(\text{kg}\cdot℃)]$	
		液体	气体	液体	气体	液体	气体	液体	气体	液体	气体
−10.00	0.34528	541.8		0.13103	175.35	563.65	0.90897	2.3846	2.423	1.6548
−8.00	0.3687	539.2		0.12308	180.22	565.92	0.92726	2.3819	2.4363	1.6707
−6.00	0.39329	536.59		0.11571	185.12	568.18	0.9455	2.3794	2.45	1.6871
−4.00	0.41909	533.95		0.10887	190.05	570.42	0.96371	2.3769	2.464	1.7038
−2.00	0.44613	531.28		0.10252	195.01	572.65	0.98187	2.3746	2.4784	1.721
0.00	0.47446	528.59		0.096613	200.00	574.87	1.0000	2.3724	2.4932	1.7387
2.00	0.5041	525.88		0.091112	205.02	577.06	1.0181	2.3703	2.5083	1.7569
4.00	0.5351	523.13		0.085985	210.06	579.24	1.0362	2.3682	2.5239	1.7756
6.00	0.56749	520.36		0.081201	215.14	581.41	1.0542	2.3663	2.5399	1.7949
8.00	0.60131	517.56		0.076732	220.25	583.55	1.0722	2.3644	2.5563	1.8148
10.00	0.6366	514.73		0.072555	225.40	585.67	1.0902	2.3626	2.5733	1.8353
12.00	0.6734	511.86		0.068646	230.57	587.77	1.1082	2.3608	2.5907	1.8565
14.00	0.71175	508.97		0.064984	235.79	589.85	1.1261	2.3592	2.6087	1.8784
16.00	0.75168	506.03		0.061551	241.03	591.91	1.144	2.3575	2.6272	1.9011
18.00	0.79324	503.06		0.058329	246.32	593.94	1.162	2.356	2.6464	1.9247
20.00	0.83646	500.06		0.055303	251.64	595.95	1.1799	2.3544	2.6662	1.9492
22.00	0.88139	497.01		0.052458	256.99	597.93	1.1978	2.3529	2.6867	1.9746
24.00	0.92807	493.92		0.049781	262.39	599.88	1.2157	2.3514	2.708	2.0011
26.00	0.97653	490.79		0.04726	267.83	601.8	1.2336	2.35	2.73	2.0287
28.00	1.0268	487.62		0.044884	273.31	603.68	1.2515	2.3486	2.7529	2.0575
30.00	1.079	484.39		0.042643	278.83	605.54	1.2695	2.3471	2.7767	2.0877
32.00	1.1331	481.12		0.040527	284.4	607.35	1.2874	2.3457	2.8015	2.1193
34.00	1.1891	477.79		0.038527	290.01	609.13	1.3053	2.3443	2.8274	2.1525
36.00	1.2472	474.41		0.036636	295.68	610.87	1.3233	2.3429	2.8545	2.1874
38.00	1.3072	470.96		0.034847	301.39	612.57	1.3413	2.3414	2.8829	2.2243
40.00	1.3694	467.46		0.033151	307.15	614.21	1.3594	2.3399	2.9127	2.2632
42.00	1.4337	463.89		0.031544	312.96	615.81	1.3774	2.3384	2.9442	2.3045
44.00	1.5002	460.25		0.03002	318.83	617.36	1.3955	2.3368	2.9773	2.3484
46.00	1.569	456.54		0.028572	324.76	618.86	1.4137	2.3352	3.0124	2.3951
48.00	1.64	452.75		0.027196	330.75	620.29	1.4319	2.3335	3.0496	2.4451
50.00	1.7133	448.87		0.025887	336.8	621.66	1.4502	2.3317	3.0893	2.4987
52.00	1.789	444.9		0.024641	342.92	622.96	1.4685	2.3298	3.1317	2.5564
54.00	1.8672	440.83		0.023453	349.11	624.19	1.487	2.3278	3.1773	2.6187
56.00	1.9478	436.66		0.02232	355.37	625.34	1.5055	2.3257	3.2263	2.6864
58.00	2.031	432.38		0.021239	361.71	626.4	1.5241	2.3234	3.2795	2.7603
60.00	2.1168	427.97		0.020205	368.14	627.36	1.5429	2.321	3.3375	2.8414
65.00	2.343	416.34		0.017809	384.6	629.29	1.5903	2.3139	3.5089	3.0863
70.00	2.5868	403.62		0.015645	401.75	630.37	1.6389	2.3052	3.735	3.4214
75.00	2.8493	389.47		0.013672	419.76	630.33	1.6891	2.2939	4.0529	3.914
80.00	3.1319	373.29		0.011847	438.93	628.73	1.7417	2.2791	4.5445	4.7067
85.00	3.4361	353.96		0.01012	459.81	624.75	1.798	2.2586	5.4328	6.1824
90.00	3.7641	328.83		0.008404	483.71	616.47	1.8616	2.2272	7.6233	9.8876
95.00	4.1195	286.51		0.006398	516.33	595.81	1.9476	2.1635	23.594	36.066
96.74c	4.2512	220.5		0.004540	555.24	555.24	2.0516	2.0516	—	—

注：b 表示 1 个标准大气压下的沸点；c 表示临界点。

R717 饱和液体与饱和气体物性表

附表 6

温　度 $t(℃)$	绝对压力 $p(MPa)$	密度 ρ (kg/m^3)		比容 v (m^3/kg)	比焓 h (kJ/kg)		比熵 s $[kJ/(kg \cdot ℃)]$		质量比热 c_p $[kJ/(kg \cdot ℃)]$	
		液体	气体		液体	气体	液体	气体	液体	气体
−77.65a	0.00609	732.9	15.602		−143.15	1341.23	−0.4716	7.1213	4.202	2.063
−70.00	0.01094	724.7	9.0079		−110.81	1355.55	−0.3094	6.9088	4.245	2.086
−60.00	0.02189	713.6	4.7057		−68.06	1373.73	−0.1040	6.6602	4.303	2.125
−50.00	0.04084	702.1	2.6277		−24.73	1391.19	0.0945	6.4396	4.360	2.178
−40.00	0.07169	690.2	1.5533		19.17	1407.76	0.2867	6.2425	4.414	2.244
−38.00	0.07971	687.7	1.4068		28.01	1410.96	0.3245	6.2056	4.424	2.259
−36.00	0.08845	685.3	1.2765		36.88	1414.11	0.3619	6.1694	4.434	2.275
−34.00	0.09795	682.8	1.1604		45.77	1417.23	0.3992	6.1339	4.444	2.291
−33.33b	0.10133	682.0	1.1242		48.76	1418.26	0.4117	6.1221	4.448	2.297
−32.00	0.10826	680.3	1.0567		54.67	1420.29	0.4362	6.0992	4.455	2.308
−30.00	0.11943	677.8	0.96396		63.60	1423.31	0.4730	6.0651	4.465	2.326
−28.00	0.13151	675.3	0.88082		72.55	1426.28	0.5096	6.0317	4.474	2.344
−26.00	0.14457	672.8	0.80614		81.52	1429.21	0.5460	5.9989	4.484	2.363
−24.00	0.15864	670.3	0.73896		90.51	1432.08	0.5821	5.9667	4.494	2.383
−22.00	0.17379	667.7	0.67840		99.52	1434.91	0.6180	5.9351	4.504	2.403
−20.00	0.19008	665.1	0.62373		108.55	1437.68	0.6538	5.9041	4.514	2.425
−18.00	0.20756	662.6	0.57428		117.60	1440.39	0.6893	5.8736	4.524	2.446
−16.00	0.22630	660.0	0.52949		126.67	1443.06	0.7246	5.8437	4.534	2.469
−14.00	0.24637	657.3	0.48885		135.76	1445.66	0.7597	5.8143	4.543	2.493
−12.00	0.26782	654.7	0.45192		144.88	1448.21	0.7946	5.7853	4.553	2.517
−10.00	0.29071	652.1	0.41830		154.01	1450.70	0.8293	5.7569	4.564	2.542
−8.00	0.31513	649.4	0.38767		163.16	1453.14	0.8638	5.7289	4.574	2.568
−6.00	0.34114	646.7	0.35970		172.34	1455.51	0.8981	5.7013	4.584	2.594
−4.00	0.36880	644.0	0.33414		181.54	1457.81	0.9323	5.6741	4.595	2.622
−2.00	0.39819	641.3	0.31074		190.76	1460.06	0.9662	5.6474	4.606	2.651
0.00	0.42938	638.6	0.28930		200.00	1462.24	1.0000	5.6210	4.617	2.680
2.00	0.46246	635.8	0.26962		209.27	1464.35	1.0336	5.5951	4.628	2.710
4.00	0.49748	633.1	0.25153		218.55	1466.40	1.0670	5.5695	4.639	2.742
6.00	0.53453	630.3	0.23489		227.87	1468.37	1.1003	5.5442	4.651	2.774
8.00	0.57370	627.5	0.21956		237.20	1470.28	1.1334	5.5192	4.663	2.807
10.00	0.61505	624.6	0.20543		246.57	1472.11	1.1664	5.4946	4.676	2.841
12.00	0.65866	621.8	0.19237		255.95	1473.88	1.1992	5.4703	4.689	2.877
14.00	0.70463	618.9	0.18031		265.37	1475.56	1.2318	5.4463	4.702	2.913
16.00	0.75303	616.0	0.16914		274.81	1477.17	1.2643	5.4226	4.716	2.951
18.00	0.80395	613.1	0.15879		284.28	1478.70	1.2967	5.3991	4.730	2.990
20.00	0.85748	610.2	0.14920		293.78	1480.16	1.3289	5.3759	4.745	3.030
22.00	0.91369	607.2	0.14029		303.31	1481.53	1.3610	5.3529	4.760	3.071
24.00	0.97268	604.3	0.13201		312.87	1482.82	1.3929	5.3301	4.776	3.113
26.00	1.0345	601.3	0.12431		322.47	1484.02	1.4248	5.3076	4.793	3.158
28.00	1.0993	598.2	0.11714		332.09	1485.14	1.4565	5.2853	4.810	3.203
30.00	1.1672	595.2	0.11046		341.76	1486.17	1.4881	5.2631	4.828	3.250
32.00	1.2382	592.1	0.10422		351.45	1487.11	1.5196	5.2412	4.847	3.299
34.00	1.3124	589.0	0.09840		361.19	1487.95	1.5509	5.2194	4.867	3.349
36.00	1.3900	585.8	0.09296		370.96	1488.70	1.5822	5.1978	4.888	3.401
38.00	1.4709	582.6	0.08787		380.78	1489.36	1.6134	5.1763	4.909	3.455

温　度 t(℃)	绝对压力 p(MPa)	密度 ρ (kg/m³)		比容 v (m³/kg)		比焓 h (kJ/kg)		比熵 s [kJ/(kg·℃)]		质量比热 c_p [kJ/(kg·℃)]	
		液体	气体	液体	气体	液体	气体	液体	气体	液体	气体
40.00	1.5554	579.4	0.08310	390.64	1489.91	1.6446	5.1549	4.932	3.510		
42.00	1.6435	576.2	0.07863	400.54	1490.36	1.6756	5.1337	4.956	3.568		
44.00	1.7353	572.9	0.07445	410.48	1490.70	1.7065	5.1126	4.981	3.628		
46.00	1.8310	569.6	0.07052	420.48	1490.94	1.7374	5.0915	5.007	3.691		
48.00	1.9305	566.3	0.06682	430.52	1491.06	1.7683	5.0706	5.034	3.756		
50.00	2.0340	562.9	0.06335	440.62	1491.07	1.7990	5.0497	5.064	3.823		
55.00	2.3111	554.2	0.05554	466.10	1490.57	1.8758	4.9977	5.143	4.005		
60.00	2.6156	545.2	0.04880	491.97	1489.27	1.9523	4.9458	5.235	4.208		
65.00	2.9491	536.0	0.04296	518.26	1487.09	2.0288	4.8939	5.341	4.438		
70.00	3.3135	526.3	0.03787	545.04	1483.94	2.1054	4.8415	5.465	4.699		
75.00	3.7105	516.2	0.03342	572.37	1479.72	2.1823	4.7885	5.610	5.001		
80.00	4.1420	505.7	0.02951	600.34	1474.31	2.2596	4.7344	5.784	5.355		
85.00	4.6100	494.5	0.02606	629.04	1467.53	2.3377	4.6789	5.993	5.777		
90.00	5.1167	482.8	0.02300	658.61	1459.19	2.4168	4.6213	6.250	6.291		
95.00	5.6643	470.2	0.02027	689.09	1449.01	2.4973	4.5612	6.573	6.933		
100.00	6.2553	456.6	0.01782	721.00	1436.63	2.5797	4.4975	6.991	7.762		
105.00	6.8923	441.9	0.01561	754.35	1421.57	2.6647	4.4291	7.555	8.877		
110.00	7.5783	425.6	0.01360	789.68	1403.80	2.7533	4.3542	8.36	10.46		
115.00	8.3170	407.2	0.01174	827.74	1379.99	2.8474	4.2702	9.63	12.91		
120.00	9.1125	385.5	0.00999	869.92	1350.23	2.9502	4.1719	11.94	17.21		
125.00	9.9702	357.8	0.00828	919.68	1309.12	3.0702	4.0483	17.66	27.00		
130.00	10.8977	312.3	0.00638	992.02	1239.32	3.2437	3.8571	54.21	76.49		
132.25c	11.3330	225.0	0.00444	1119.22	1119.22	3.5542	3.5542	—	—		

注：a 表示三相点；b 表示 1 个标准大气压下的沸点；c 表示临界点。

R744 饱和液体与饱和气体物性表　　　　附表 7

温　度 t(℃)	绝对压力 p(MPa)	密度 ρ (kg/m³)		比容 v (m³/kg)		比焓 h (kJ/kg)		比熵 s [kJ/(kg·℃)]		质量比热 c_p [kJ/(kg·℃)]	
		液体	气体	液体	气体	液体	气体	液体	气体	液体	气体
−56.56	0.51796	1178.5	0.07267	80.04	430.42	0.5213	2.1390	1.9532	0.9092		
−54.00	0.57805	1169.2	0.06543	85.056	431.34	0.54413	2.1243	1.9595	0.92477		
−52.00	0.62857	1161.9	0.060376	88.994	432.03	0.56182	2.113	1.965	0.93802		
−50.00	0.68234	1154.6	0.055789	92.943	432.68	0.57939	2.1018	1.9712	0.95194		
−48.00	0.73949	1147.1	0.051618	96.905	433.29	0.59684	2.0909	1.9779	0.96657		
−46.00	0.80015	1139.6	0.047819	100.88	433.86	0.61418	2.0801	1.9853	0.98196		
−44.00	0.86445	1132	0.044352	104.87	434.39	0.63143	2.0694	1.9933	0.99817		
−42.00	0.93252	1124.2	0.041184	108.88	434.88	0.64858	2.0589	2.0021	1.0153		
−40.00	1.0045	1116.4	0.038284	112.9	435.32	0.66564	2.0485	2.0117	1.0333		
−38.00	1.0805	1108.5	0.035624	116.95	435.72	0.68261	2.0382	2.022	1.0523		
−36.00	1.1607	1100.5	0.033181	121.01	436.07	0.69951	2.0281	2.0333	1.0725		
−34.00	1.2452	1092.4	0.030935	125.1	436.37	0.71634	2.018	2.0455	1.0938		
−32.00	1.3342	1084.1	0.028865	129.2	436.62	0.73311	2.0079	2.0587	1.1165		
−30.00	1.4278	1075.7	0.026956	133.34	436.82	0.74982	1.998	2.0731	1.1406		
−28.00	1.5261	1067.2	0.025192	137.5	436.96	0.76649	1.988	2.0886	1.1663		

温　度 $t(℃)$	绝对压力 $p(MPa)$	密度 ρ (kg/m^3)		比容 v (m^3/kg)	比熔 h (kJ/kg)		比熵 s $[kJ/(kg \cdot ℃)]$		质量比热 c_p $[kJ/(kg \cdot ℃)]$	
		液体	气体		液体	气体	液体	气体	液体	气体
−26.00	1.6293	1058.6	0.02356		141.69	437.04	0.78311	1.9781	2.1055	1.1938
−24.00	1.7375	1049.8	0.022048		145.91	437.06	0.79971	1.9683	2.1238	1.2234
−22.00	1.8509	1040.8	0.020645		150.16	437.01	0.81627	1.9584	2.1437	1.2551
−20.00	1.9696	1031.7	0.019343		154.45	436.89	0.83283	1.9485	2.1653	1.2893
−18.00	2.0938	1022.3	0.018131		158.77	436.7	0.84937	1.9386	2.1889	1.3263
−16.00	2.2237	1012.8	0.017002		163.14	436.44	0.86593	1.9287	2.2146	1.3664
−14.00	2.3593	1003.1	0.01595		167.55	436.09	0.88249	1.9187	2.2426	1.4099
−12.00	2.501	993.13	0.014967		172.01	435.66	0.89908	1.9086	2.2734	1.4572
−10.00	2.6487	982.93	0.014048		176.52	435.14	0.91571	1.8985	2.3072	1.5091
−8.00	2.8027	972.46	0.013188		181.09	434.51	0.9324	1.8882	2.3446	1.566
−6.00	2.9632	961.7	0.012381		185.71	433.79	0.94915	1.8778	2.386	1.6288
−4.00	3.1303	950.63	0.011624		190.4	432.95	0.96599	1.8672	2.4322	1.6986
−2.00	3.3042	939.22	0.010911		195.16	431.99	0.98293	1.8563	2.4839	1.7767
0.00	3.4851	927.43	0.010241		200	430.89	1	1.8453	2.5423	1.8648
2.00	3.6733	915.23	0.009609		204.93	429.65	1.0172	1.834	2.6086	1.9649
4.00	3.8688	902.56	0.009011		209.95	428.25	1.0346	1.8223	2.6846	2.0799
6.00	4.072	889.36	0.008445		215.08	426.67	1.0523	1.8102	2.7724	2.2134
8.00	4.2831	875.58	0.007909		220.34	424.89	1.0702	1.7977	2.8753	2.3704
10.00	4.5022	861.12	0.007399		225.73	422.88	1.0884	1.7847	2.9976	2.5578
12.00	4.7297	845.87	0.006913		231.29	420.62	1.107	1.771	3.1454	2.7856
14.00	4.9658	829.7	0.006447		237.03	418.05	1.1261	1.7565	3.3278	3.0684
16.00	5.2108	812.41	0.006		243.01	415.12	1.1458	1.7411	3.5583	3.429
18.00	5.4651	793.76	0.005569		249.26	411.76	1.1663	1.7244	3.8581	3.9046
20.00	5.7291	773.39	0.005149		255.87	407.87	1.1877	1.7062	4.2637	4.5599
22.00	6.0031	750.77	0.004738		262.93	403.26	1.2105	1.686	4.8464	5.5186
24.00	6.2877	725.02	0.004327		270.61	397.7	1.2352	1.6629	5.7674	7.0487
26.00	6.5837	694.46	0.003908		279.26	390.71	1.2627	1.6353	7.4604	9.862
28.00	6.8918	655.28	0.003459		289.62	381.2	1.2958	1.5999	11.549	16.691
30.00	7.2137	593.31	0.002898		304.55	365.13	1.3435	1.5433	35.338	55.822
30.98c	7.3773	467.6	0.002142		332.25	332.25	1.4336	1.4336	—	—

注：c 表示临界点。

R22 饱和液体的物性值　　　　　　　　　　附表 8

温度 $(℃)$	密度 (kg/m^3)	比潜热 (kJ/kg)	比热 $[kJ/(kg \cdot K)]$	导热系数 $[W/(m \cdot K)]$	导温系数 $\times 10^8(m^2/s)$	动力黏度 $\times 10^6(Pa \cdot s)$	运动黏度 $\times 10^6(m^2/s)$	表面张力 (N/m)	普朗 特数
−70	1491.2	251.12	1.065	0.1276	8.03	507.6	0.3404	0.0229	4.24
−60	1463.7	245.32	1.071	0.1226	7.82	441.4	0.3016	0.0212	3.86
−50	1435.6	239.39	1.079	0.1178	7.60	387.5	0.2699	0.0196	3.55
−40	1406.8	233.24	1.091	0.1131	7.37	342.6	0.2435	0.0179	3.30
−30	1377.2	226.81	1.105	0.1085	7.13	304.6	0.2212	0.0163	3.10
−20	1346.5	220.02	1.123	0.1039	6.87	271.9	0.2019	0.0148	2.94
−10	1314.7	212.80	1.144	0.0993	6.60	243.4	0.1851	0.0132	2.80
0	1281.5	205.05	1.169	0.0948	6.33	218.2	0.1703	0.0117	2.69
10	1246.7	196.69	1.199	0.0904	6.05	195.7	0.1570	0.0102	2.60
20	1209.9	187.60	1.236	0.0859	5.74	175.3	0.1449	0.0088	2.52

温度 (℃)	密度 (kg/m³)	比潜热 (kJ/kg)	比热 [kJ/(kg·K)]	导热系数 [W/(m·K)]	导温系数 ×10⁸(m²/s)	动力黏度 ×10⁶(Pa·s)	运动黏度 ×10⁶(m²/s)	表面张力 (N/m)	普朗特数
30	1170.7	177.64	1.281	0.0814	5.43	156.7	0.1339	0.0074	2.47
40	1128.5	166.60	1.339	0.0769	5.09	139.4	0.1235	0.0060	2.43
50	1082.3	154.19	1.419	0.0723	4.71	123.1	0.1137	0.0047	2.42
60	1030.4	139.94	1.539	0.0676	4.26	107.6	0.1044	0.0035	2.45
70	969.7	122.99	1.743	0.0629	3.72	92.4	0.0953	0.0024	2.56

R410A 饱和液体的物性值　　　　　　　　　　　　　　　　　　附表 9

压力 (MPa)	泡点 温度 (℃)	露点 温度 (℃)	密度 (kg/m³)	比潜热 (kJ/kg)	比热 [kJ/ (kg·K)]	导热系数 [W/ (m·K)]	导温系数 ×10⁸ (m²/s)	动力黏度 ×10⁶ (Pa·s)	运动黏度 ×10⁶ (m²/s)	表面 张力 (N/m)	普朗 特数
0.04	−68.1	−68.0	1401.1	286.65	1.351	0.1633	8.63	454.8	0.3246	0.0209	3.76
0.06	−61.2	−61.1	1380.0	281.10	1.358	0.1583	8.45	404.6	0.2932	0.0196	3.47
0.10	−51.7	−51.6	1350.5	273.18	1.369	0.1515	8.19	347.8	0.2575	0.0179	3.14
0.18	−39.4	−39.4	1311.2	262.43	1.390	0.1428	7.84	289.9	0.2211	0.0157	2.82
0.26	−30.9	−30.9	1283.2	254.52	1.408	0.1367	7.57	257.2	0.2005	0.0142	2.65
0.40	−20.0	−20.0	1245.3	243.72	1.438	0.1291	7.21	221.9	0.1782	0.0124	2.47
0.60	−8.7	−8.6	1203.9	231.57	1.479	0.1214	6.82	191.2	0.1588	0.0105	2.33
0.80	0.0	0.1	1170.1	221.37	1.519	0.1155	6.50	170.6	0.1458	0.0091	2.24
1.10	10.4	10.5	1126.8	208.04	1.581	0.1086	6.10	148.8	0.1321	0.0075	2.17
1.50	21.3	21.4	1076.9	192.21	1.670	0.1015	5.64	128.5	0.1193	0.0058	2.11
1.90	30.2	30.3	1031.6	177.52	1.772	0.0958	5.24	113.3	0.1098	0.0046	2.10
2.40	39.6	39.7	978.0	159.81	1.929	0.0900	4.77	98.5	0.1007	0.0033	2.11
3.00	49.0	49.1	914.6	138.40	2.211	0.0841	4.16	84.1	0.0920	0.0021	2.21
3.80	59.5	59.6	821.0	106.87	3.070	0.0779	3.09	67.7	0.0825	0.0010	2.67

氯化钠水溶液物性表　　　　　　　　　　　　　　　　　　附表 10

质量 分数 w(%)	凝固点 t_f(℃)	15℃时的 密度 ρ (kg/m³)	温度 t(℃)	定压比热 c_p [kJ/ (kg·K)]	导热系数 λ [W/ (m·K)]	动力黏度 μ (10^3Pa·s)	运动黏度 v (10^6m²/s)	热扩散率 a (10^7m²/s)	普朗 特数 $Pr=a/v$
7	−4.4	1050	20	3.843	0.593	1.08	1.03	1.48	6.9
			10	3.835	0.576	1.41	1.34	1.43	9.4
			0	3.827	0.559	1.87	1.78	1.39	12.7
			−4	3.818	0.556	2.16	2.06	1.39	14.8
11	−7.5	1080	20	3.697	0.593	1.15	1.06	1.48	7.2
			10	3.684	0.570	1.52	1.41	1.43	9.9
			0	3.676	0.556	2.02	1.87	1.40	13.4
			−5	3.672	0.549	2.44	2.26	1.38	16.4
			−7.5	3.672	0.545	2.65	2.45	1.38	17.8
13.6	−9.8	1100	20	3.609	0.593	1.23	1.12	1.50	7.4
			10	3.601	0.568	1.62	1.47	1.43	10.3
			0	3.588	0.554	2.15	1.95	1.41	13.9
			−5	3.584	0.547	2.61	2.37	1.39	17.1
			−9.8	3.580	0.510	3.43	3.13	1.37	22.9

续表

质量分数 $w(\%)$	凝固点 $t_f(℃)$	15℃时的密度 ρ (kg/m^3)	温度 $t(℃)$	定压比热 c_p [kJ/(kg·K)]	导热系数 λ [W/(m·K)]	动力黏度 μ $(10^3 Pa·s)$	运动黏度 v $(10^6 m^2/s)$	热扩散率 a $(10^7 m^2/s)$	普朗特数 $Pr=a/v$
16.2	−12.2	1120	20	3.534	0.573	1.31	1.20	1.45	8.3
			10	3.525	0.569	1.73	1.57	1.44	10.9
			−5	3.508	0.544	2.83	2.58	1.39	18.6
			−10	3.504	0.535	3.49	3.18	1.37	23.2
			−12.2	3.500	0.533	4.22	3.84	1.36	28.3
18.8	−15.1	1140	20	3.462	0.582	1.43	1.26	1.48	8.5
			10	3.454	0.566	1.85	1.63	1.44	11.4
			0	3.442	0.550	2.56	2.25	1.40	16.1
			−5	3.433	0.542	3.12	2.74	1.39	19.8
			−10	3.429	0.533	3.87	3.40	1.37	24.8
			−15	3.425	0.524	4.78	4.19	1.35	31.0
21.2	−18.2	1160	20	3.395	0.579	1.55	1.33	1.46	9.1
			10	3.383	0.563	2.01	1.73	1.44	12.1
			0	3.374	0.547	2.82	2.44	1.40	17.5
			−5	3.366	0.538	3.44	2.96	1.38	21.5
			−10	3.362	0.530	4.30	3.70	1.36	27.1
			−15	3.358	0.522	5.28	4.55	1.35	33.9
			−18	3.358	0.518	6.08	5.24	1.33	39.4
23.1	−21.2	1175	20	3.345	0.565	1.67	1.42	1.47	9.6
			10	3.333	0.549	2.16	1.84	1.40	13.1
			0	3.324	0.544	3.04	2.59	1.39	18.6
			−5	3.320	0.536	3.75	3.20	1.38	23.3
			−10	3.312	0.528	4.71	4.02	1.36	29.5
			−15	3.308	0.520	5.75	4.90	1.34	36.5
			−21	3.303	0.514	7.75	6.60	1.32	50.0

氯化钙水溶液物性表　　　　　　　　　　　附表 11

质量分数 $w(\%)$	凝固点 $t_f(℃)$	15℃时的密度 ρ (kg/m^3)	温度 $t(℃)$	定压比热 c_p [kJ/(kg·K)]	导热系数 λ [W/(m·K)]	动力黏度 μ $(10^3 Pa·s)$	运动黏度 v $(10^6 m^2/s)$	热扩散率 a $(10^7 m^2/s)$	普朗特数 $Pr=a/v$
9.4	−5.2	1080	20	3.642	0.584	1.24	1.15	1.49	7.8
			10	3.634	0.570	1.55	1.44	1.45	9.9
			0	3.626	0.556	2.16	2.00	1.42	14.1
			5	3.601	0.549	2.55	2.36	1.41	16.7
14.7	−10.2	1130	20	3.362	0.576	1.49	1.32	1.52	8.7
			10	3.349	0.563	1.86	1.64	1.49	11.0
			0	3.328	0.549	2.56	2.27	1.46	15.6
			−5	3.316	0.542	3.04	2.70	1.44	18.7
			−10	3.308	0.534	4.06	3.60	1.43	25.3

质量分数 $w(\%)$	凝固点 $t_{\mathrm{f}}(℃)$	15℃时的密度 ρ (kg/m³)	温度 $t(℃)$	定压比热 c_{p} [kJ/(kg·K)]	导热系数 λ [W/(m·K)]	动力黏度 μ (10^3Pa·s)	运动黏度 v (10^6m²/s)	热扩散率 a (10^7m²/s)	普朗特数 $Pr=a/v$
18.9	−15.7	1170	20	3.148	0.572	1.80	1.54	1.56	9.9
			10	3.140	0.558	2.24	1.91	1.52	12.6
			0	3.128	0.544	2.99	2.56	1.49	17.2
			−5	3.098	0.537	3.43	2.94	1.48	19.8
			−10	3.086	0.529	4.67	4.00	1.47	27.3
			−15	3.065	0.523	6.15	5.27	1.47	35.9
20.9	−19.2	1190	20	3.077	0.569	2.00	1.68	1.55	10.9
			10	3.056	0.555	2.45	2.06	1.53	13.4
			0	3.044	0.542	3.28	2.76	1.49	18.5
			−5	3.014	0.535	3.82	3.22	1.49	21.5
			−10	3.014	0.527	5.07	4.25	1.47	28.9
			−15	3.014	0.521	6.59	5.53	1.45	38.2
23.8	−25.7	1220	20	2.973	0.565	2.35	1.94	1.56	12.5
			10	2.952	0.551	2.87	2.35	1.53	15.4
			0	2.931	0.538	3.81	3.13	1.51	20.8
			−5	2.910	0.530	4.41	3.63	1.49	24.4
			−10	2.910	0.523	5.92	4.87	1.48	33.0
			−15	2.910	0.518	7.55	6.20	1.46	42.5
			−20	2.889	0.510	9.47	7.77	1.44	53.8
			−25	2.889	0.504	11.57	9.48	1.43	66.5
25.7	−31.2	1240	20	2.889	0.562	2.63	2.12	1.57	13.5
			10	2.889	0.548	3.22	2.51	1.53	16.5
			0	2.868	0.535	4.26	3.43	1.51	22.7
			−10	2.847	0.521	6.68	5.40	1.48	36.6
			−15	2.847	0.514	8.36	6.75	1.46	46.3
			−20	2.805	0.508	10.56	8.52	1.46	58.5
			−25	2.805	0.501	12.90	10.40	1.44	72.0
			−30	2.763	0.494	14.81	12.00	1.44	83.0
27.5	−38.6	1260	20	2.847	0.558	2.93	2.33	1.56	14.9
			10	2.826	0.545	3.61	2.87	1.53	18.8
			0	2.809	0.531	4.80	3.81	1.50	25.3
			−10	2.784	0.519	7.52	5.97	1.48	40.3
			−20	2.763	0.506	11.87	9.45	1.46	65.0
			−25	2.742	0.499	14.71	11.70	1.44	80.7
			−30	2.742	0.492	17.16	13.60	1.42	95.5
			−35	2.721	0.486	21.57	17.10	1.42	120.0
28.5	−43.5	1270	20	2.805	0.557	3.14	2.47	1.56	15.8
			0	2.780	0.529	5.12	4.02	1.50	26.7
			−10	2.763	0.518	8.02	6.32	1.48	42.7
			−20	2.721	0.505	12.65	10.0	1.46	68.8
			−25	2.721	0.500	15.98	12.6	1.44	87.5
			−30	2.700	0.491	18.83	14.9	1.43	103.5
			−35	2.700	0.484	24.52	19.3	1.42	136.5
			−40	2.680	0.478	30.40	24.0	1.41	171.0

续表

质量分数 $w(\%)$	凝固点 $t_f(℃)$	15℃时的密度 ρ (kg/m^3)	温度 $t(℃)$	定压比热 c_p [kJ/ (kg·K)]	导热系数 λ [W/ (m·K)]	动力黏度 μ $(10^3 Pa·s)$	运动黏度 v $(10^6 m^2/s)$	热扩散率 a $(10^7 m^2/s)$	普朗特数 $Pr=a/v$
29.4	−50.1	1280	20	2.805	0.555	3.33	2.65	1.55	17.2
			0	2.755	0.528	5.49	4.30	1.5	28.7
			−10	2.721	0.576	8.63	6.75	1.49	45.5
			−20	2.680	0.504	13.83	10.8	1.47	73.4
			−30	2.659	0.490	21.28	16.6	1.44	115.0
			−35	2.638	0.483	25.50	19.9	1.43	139.0
			−40	2.638	0.477	32.36	25.3	1.42	179.0
			−45	2.617	0.470	40.21	31.4	1.40	223.0
			−50	2.617	0.464	49.03	38.3	1.3	295.0
29.9	−55	1286	20	2.784	0.554	3.51	2.75	1.55	17.8
			0	2.738	0.528	5.69	4.43	1.50	29.5
			−10	2.700	0.515	9.04	7.04	1.48	47.5
			−20	2.680	0.502	14.42	11.23	1.46	77.0
			−30	2.659	0.488	22.56	17.6	1.43	123.0
			−35	2.638	0.483	28.44	22.1	1.42	156.0
			−40	2.638	0.576	35.30	27.5	1.40	196.0
			−45	2.617	0.470	43.15	33.5	1.39	240.0
			−50	2.617	0.463	50.99	39.7	1.38	290.0

乙烯乙二醇水溶液物性表　　　　　　　　　　　　　　　　附表 12

质量分数 $w(\%)$	凝固点 $t_f(℃)$	15℃时的密度 ρ (kg/m^3)	温度 $t(℃)$	定压比热 c_p [kJ/ (kg·K)]	导热系数 λ [W/ (m·K)]	动力黏度 μ $(10^3 Pa·s)$	运动黏度 v $(10^6 m^2/s)$	热扩散率 a $(10^7 m^2/s)$	普朗特数 $Pr=a/v$
4.6	−2	1005	50	4.14	0.62	0.58	0.58	1.54	3.96
			20	4.14	0.58	1.08	1.07	1.39	7.7
			10	4.12	0.57	1.37	1.39	1.37	9.9
			0	4.1	0.56	1.96	1.95	1.35	14.4
12.2	−5	1015	50	4.1	0.58	0.69	0.677	1.41	4.8
			20	4.0	0.55	1.37	1.35	1.33	10.1
			0	4.0	0.53	2.54	2.51	1.33	18.9
19.8	−10	1025	50	3.95	0.55	0.78	0.76	1.33	5.7
			10	3.87	0.51	2.25	2.20	1.29	17
			−5	3.85	0.49	3.82	3.73	1.25	30
27.4	−15	1035	50	3.85	0.51	0.88	0.855	1.28	6.7
			20	3.77	0.49	1.96	1.90	1.25	15.2
			0	3.73	0.48	3.93	3.80	1.24	31
			−10	3.68	0.48	5.68	5.50	1.25	44
			−15	3.66	0.47	7.06	6.83	1.24	35
35	−21	1045	50	3.73	0.48	1.08	1.03	1.22	8.4
			20	3.64	0.47	2.45	2.35	1.22	19.2
			0	3.59	0.46	4.90	4.70	1.22	37.7
			−10	3.56	0.45	7.64	7.35	1.22	60
			−20	3.52	0.45	11.8	11.3	1.24	92

质量分数 w(%)	凝固点 t_f(℃)	15℃时的密度 ρ (kg/m³)	温度 t(℃)	定压比热 c_p [kJ/(kg·K)]	导热系数 λ [W/(m·K)]	动力黏度 μ (10³Pa·s)	运动黏度 ν (10⁶m²/s)	热扩散率 a (10⁷m²/s)	普朗特数 $Pr=a/\nu$
38.8	−26	1050	50	3.68	0.47	1.18	1.12	1.21	9.3
			20	3.56	0.45	2.74	2.63	1.21	21.6
			−10	3.48	0.45	8.62	8.25	1.24	67
			−25	3.41	0.45	18.6	17.8	1.26	144
42.6	−29	1055	50	3.60	0.44	1.37	1.3	1.16	11.2
			20	3.48	0.44	2.94	2.78	1.21	23
			−10	3.39	0.44	9.60	9.1	1.24	73
			−25	3.33	0.44	21.6	20.5	1.26	162
46.4	−33	1060	50	3.52	0.43	1.57	1.48	1.15	12.8
			20	3.39	0.43	3.43	3.24	1.19	27
			−10	3.31	0.43	10.8	10.2	1.22	84
			−20	3.27	0.43	18.1	17.2	1.24	140
			−30	3.22	0.43	32.3	30.5	1.26	242

几种常用载冷剂的物性表　　　　　　　　　　　　　附表 13

使用温度 t(℃)	载冷剂名称	质量分数 w(%)	密度 ρ (kg/m³)	定压比热 c_p [kJ/(kg·K)]	导热系数 λ [W/(m·K)]	动力黏度 μ (10³Pa·s)	凝固点 t_f (℃)
0	氯化钠水溶液	11	1080	3.676	0.556	2.02	−7.5
	氯化钙水溶液	12	1111	3.465	0.528	2.5	−7.2
	甲醇溶液	15	979	4.1868	0.494	6.9	−10.5
	乙二醇溶液	25	1030	3.834	0.511	3.8	−10.6
−10	氯化钠水溶液	18.8	1140	3.429	0.533	3.87	−15.1
	氯化钙水溶液	20	1188	3.041	0.501	4.9	−15.0
	甲醇溶液	22	970	4.066	0.461	7.7	−17.8
	乙二醇溶液	35	1063	3.561	0.4726	7.3	−17.8
−20	氯化钙水溶液	25	1253	2.818	0.4755	10.6	−29.4
	甲醇溶液	30	949	3.813	0.3878	—	−23.0
	乙二醇溶液	45	1080	3.312	0.441	21	−26.6
−35	氯化钙水溶液	30	1312	2.641	0.441	27.2	−50.0
	甲醇溶液	40	963	3.50	0.326	12.2	−42.0
	乙二醇溶液	55	1097	2.975	0.3725	90.0	−41.6

主要国际单位制与常用单位名称对照表　　　　　　　附表 14

度量名称	国际单位制	符号	与基本单位的关系	常用单位	符号
长度	米	m	基本单位	米	m
质量	千克(公斤)	kg	基本单位	千克(公斤)	kg
时间	秒	s	基本单位	秒	s
温度	绝对温度，摄氏温度	K,℃	K＝273.15＋t	摄氏温度	℃
力	牛顿	N	$1N=1kg\cdot m/s^2$	公斤力	kgf
力矩	牛顿·米	N·m	$1N\cdot m=1kg\cdot m^2/s^2$	公斤力·米	kgf·m
机械应力	牛顿/毫米²	N/mm²	$1N/mm^2=10^6kg\cdot m/(s^2m^2)$	公斤力/毫米²	kgf/mm²

度量名称	国际单位制	符号	与基本单位的关系	常用单位	符号
压力	帕斯卡	Pa	$1Pa=1N/m^2$ $=1kg \cdot m/(s^2 m^2)$	公斤力/厘米² 大气压 米水柱 毫米汞柱(托)	kgf/cm² atm mWS MmHg(torr)
	巴	bar	$1bar=10^5Pa$ $=0.1MPa$		
功、能量 热量	焦耳	J	$1J=1N \cdot m=1kg \cdot m^2/s^2$ $4.1868J=1cal$ $1055.06J=1Btu$	公斤力·米 卡 英热单位	kgf·m cal Btu
功率	瓦	W	$1W=1J/s=1kg \cdot m^2/s^3$ $1W=0.8598kcal/h$ $1kW=1.341HP$	千瓦 马力 公斤力·米/秒 千卡/小时	kW HP kgf·m/s kcal/h
热流量 (制冷能力)	瓦	W	$1W=0.8598kcal/h$ $3517W=1Rt(US)$	千卡/小时 冷吨(美国)	kcal/h Rt(US)
导热系数	瓦/(米·度)	W/(m·K)	$1W/m \cdot K=0.8598kcal/m \cdot h \cdot ℃$	千卡/(米·小时·度)	kcal/(m·h·℃)
放热系数 传热系数	瓦/(米²·度)	W/(m²·K)	$1W/m^2 \cdot K=0.8598kcal/m^2 \cdot h \cdot ℃$	千卡/(米²·小时·度)	kcal/(m²·h·℃)
比热	焦耳/(千克·度)	J/(kg·K)	$1J/kg \cdot K=0.2388kcal/kg \cdot ℃$	千卡/(千克·度)	kcal/(kg·℃)
动力黏度	帕斯卡·秒	Pa·s	$1Pa \cdot s=1kgf \cdot s/m^2=10P$	公斤力·秒/米² 泊	kgf·s/m² P
运动黏度	米²/秒	m²/s	$1St=10^{-4} m^2/s$	斯托克斯	St

常用单位换算表　　　　　　　　附表 15

度量名称	国际单位	常用单位	对应关系
力	$N(1N=1kg \cdot m/s^2)$	kgf dyn(达因)	$1N=0.10197kgf$ $1N=10^5dyn(达因)$
压力	$Pa(1Pa=1N/m^2)$	kgf/m²	$1Pa=0.10197kgf/m^2$
	$bar(1bar=0.1MPa)$	kgf/cm² mmHg mWS atm lb/in²	$1bar=1.0197kgf/cm^2$ $1bar=750.06mmHg$ $1bar=10.197mWS$ $1bar=0.98692atm$ $1bar=14.5038lb/in^2$
功、热量	$J(1J=1N \cdot m)$	cal kgf·m	$1J=0.23885cal$ $1J=0.10197kgf \cdot m$

度量名称	国际单位	常用单位	对应关系
功率、热流量	W(1W=1J/s)	cal/s kgf・m/s	1W=0.23885cal/s 1W=0.10197kgf・m/s
	kW(1kW=1kJ/s)	kcal/h HP	1kW=859.85kcal/h 1kW=1.359HP
导热系数	W/(m・K)	kcal/(m・h・℃)	1W/(m・K)=0.85985kcal/(m・h・℃)
传热系数	W/(m² ・K)	kcal/(m² ・h・℃)	1W/(m² ・K)=0.85985kcal/(m² ・h・℃)
比热	kJ/(kg・K)	kcal/(kg・℃)	1kJ/(kg・K)=0.23885kcal/(kg・℃)
	kJ/(m³ ・K)	kcal/(m³ ・K)	1kJ/(m³ ・K)=0.23885kcal/(m³ ・K)
动力黏度	Pa・s	P kgf・s/m	1Pa・s=10P 1Pa・s=0.10197kgf・s/m
运动黏度	m² /s	St	1m² /s=10^4St

主 要 参 考 文 献

[1] 彦启森，石文星，田长青编著. 空气调节用制冷技术（第四版）[M]. 北京：中国建筑工业出版社，2010.

[2] 邱中岳译. 世界制冷史[M]. 中国制冷学会，2001.

[3] 美国国家工程院编，常平，白玉良译. 20 世纪最伟大的工程技术成就[M]. 广州：暨南大学出版社，2002.

[4] 彦启森主编. 制冷技术及其应用[M]. 北京：中国建筑工业出版社，2006.

[5] B. L. Wang, W. X. Shi, X. T. Li. Numerical analysis on the effects of refrigerant injection on the scroll compressor[J], *Applied Thermal Engineering*, 2009, 29(1): 37-46.

[6] 王炳明，于志强，姜绍明等. NH_3/CO_2 复叠系统实验研究[J]. 制冷学报，2009，30(3)：21-24.

[7] 葛长伟，姜韶明，于志强. NH_3/CO_2 制冷系统的研究[J]. 制冷技术，2014，34(3)：22-28.

[8] NeksaP, Rekstal H, Zakeri G R. CO_2-heat pump water heater. characteristics, system design and experimental results. International Journal Refrigeration[J], 1998, 21(3): p172-179.

[9] Liao S M, Zhao T S, Jakodsen A. A correlation of optimal heat rejection pressures in transcritical carbon dioxide cycles[J]. Applied Thermal Engineering. 2000, (20): 831-841.

[10] 马一太，杨昭，吕灿仁. CO_2 跨临界（逆）循环的热力学分析[J]. 工程热物理学报，1998，19(6)：665-668.

[11] GB/T 18430.1. 蒸气压缩循环冷水（热泵）机组第 1 部分：工商业用和类似用途的冷水（热泵）机组[S].

[12] GB/T 17758. 单元式空气调节机[S].

[13] GB/T 7778. 制冷剂编号方法和安全性分类[S].

[14] 日本冷凍空調学会編. 上級標準テキスト・冷凍空調技術(冷凍編)[M], 社团法人日本冷凍空調学会，2000.

[15] LEED. LEED for New Construction Version 2.2, EA Credit 4: Enhanced Refrigerant Management[M]. October, 2005. (美国绿色建筑协会. LEED-NC 标准 2.2 版，第四评分项《加强制冷剂管理》，2005 年 10 月)

[16] ISO 817:2014 Refrigerants—Designation and safety classification[S](制冷剂—编号和安全性分类)

[17] ASHRAE. 2013 ASHRAE Handbook: Fundamentals(SI)[M]. 2013.

[18] 曹德胜，史琳编著. 制冷剂使用手册[M]. 北京：冶金工业出版社，2003.

[19] 张祉祐，石秉三主编. 制冷及低温技术(上册)[M]. 北京：机械工业出版社，1981.

[20] GB/T 16630—2012，冷冻机油[S].

[21] 马国远主编. 制冷压缩机及其应用[M]. 北京：中国建筑工业出版社，2008.

[22] 全国勘察设计注册工程师公用设备专业管理委员会秘书处编. 全国勘察设计注册公用设备工程师暖通空调专业考试复习教材(第三版)[M]. 北京：中国建筑工业出版社，2013.

[23] 周邦宁主编. 中央空调设备选型手册[M]. 北京：中国建筑工业出版社，1999.

[24] 马国远，李红旗著. 旋转式压缩机[M]. 北京：机械工业出版社，2001.

[25] 李连生著. 涡旋压缩机[M]. 北京：机械工业出版社，1998.

[26] 邢子文著. 螺杆压缩机——理论、设计及应用[M]. 北京：机械工业出版社，2000.

[27] 吴业正，李红旗，张华等编著. 制冷压缩机[M]. 北京：机械工业出版社，2011.

[28] 王嘉，张晓亮，王旭辉等. 微型离心式冷水机组性能分析[J]. 暖通空调，2009，39(5)：104-108.

[29] GB/T 10079—2001. 活塞式单级制冷压缩机[S].

[30] GB/T 18429—2001. 全封闭涡旋式制冷压缩机[S].

[31] GB/T 19410—2008. 螺杆式制冷压缩机[S].

[32] GB/T 15765—2014. 房间空气调节器用全封闭型电动机－压缩机[S].

[33] GB/T 9098—2008. 电冰箱用全封闭型电动机－压缩机[S].

[34] GB/T 21360—2008. 汽车空调用制冷压缩机[S].

[35] 缪道平，吴业正主编. 制冷压缩机[M]. 北京：机械工业出版社，2001.

[36] ASHRAE. 2012 ASHRAE Handbook：HVAC Systems and Equipment(SI)[M]. 2012.

[37] 朱冬生，孙荷静，蒋翔等. 蒸发式冷凝器的研究现状及其应用[J]. 流体机械，2008，36(10)，28-34.

[38] 沈家龙. 蒸发式冷凝器传热传质理论分析及实验研究[D]. 华南理工大学硕士学位论文，2005.

[39] 杨世铭，陶文铨编著. 传热学(第四版)[M]. 北京：高等教育出版社，2006.

[40] 郑贤德主编. 制冷原理与装置[M]. 北京：机械工业出版社，2001.

[41] I C Finlay，D Harris. Evaporative cooling of tube banks. International Journalof Refrigeration[J]，1984,4(4)，214-224.

[42] 董天禄主编. 离心式/螺杆式制冷机组及应用[M]. 北京：机械工业出版社，2002.

[43] 斯托克 W. F.，琼斯 J. W. 著. 陈国邦，胡雄飞等译. 制冷与空调[M]. 北京：机械工业出版社，1987，P280.

[44] Kandlikar S G. A general correlation for saturated two-phase flow boiling heat transfer inside horizontal and vertical tubes[J]. Journalof Heat Transfer,1990,112,219-228.

[45] Xiande Fang. A new correlation of flow boiling heat transfer coefficients for carbon dioxide [J]. International Journal of Heatand Mass Transfer,2013(64):802 – 807.

[46] 邓永林. 带保险结构的热力膨胀阀[P]. 中国专利，发明专利，专利号：ZL200810059286.5，授权公告号：CN100567780C.

[47] 田怀璋，朱瑞琪，刘星. 电子膨胀阀技术综述[J]. 流体工程. 1992,20(7)：p219-228.

[48] 张子慧，黄翔，张景春编著. 制冷空调自动控制[M]. 北京：科学技术出版社，2001.

[49] 方贵银，李辉编著. 新型空调器结构与维修技术[M]. 北京：机械工业出版社，2001.

[50] Shan K Wang. Handbook of Air Conditioningand Refrigeration[M]. 2001,1993,by The McGraw-Hill Companies,Inc.

[51] GB/T 18430.1—2007. 蒸气压缩循环冷水(热泵)机组 第 1 部分：工商业用和类似用途的冷水(热泵)机组[S].

[52] GBT 19409—2013. 水(地)源热泵机组[S].

[53] GB/T 7725—2004. 房间空气调节器[S].

[54] 彦启森. 论多联式空调机组[J]. 暖通空调，2002，32(5)：2-4.

[55] 石文星，王宝龙，邵双全编著. 小型空调热泵装置设计[M]，北京：中国建筑工业出版社，2013.

[56] GB/T 27941—2011. 多联式空调(热泵)机组应用设计与安装要求[S].

[57] 石文星，成建宏，赵伟等著. 多联式空调技术及相关标准实施指南[M]，北京：中国标准出版社，2011.

[58] GB/T 17758—2010. 单元式空气调节机[S].

[59] W. X. Shi,S. Q. Shao,X. T. Li,etc. A Network Model to Simulate Performance of Variable Refrigerant Volume Refrigeration Systems[J]. ASHRAE Transactions,2003,V109,PART2,61-68.

[60] 缪道平，吴业正主编. 制冷压缩机[M]. 北京：机械工业出版社，2001.

[61] C. Q. Tian, Y. F. Liao, X. T. Li. A mathematical model of variable displacement swash plate compressor for automotive air conditioning system[J], International Journal of Refrigeration, v 29, n 2, March 2006, 270-280.

[62] 田长青，石文星，李先庭等. 汽车空调用外控式变排量压缩机的研制开发与特性研究[J]. 暖通空调，2006，36(增刊)：109-103.

[63] Wataru Seki, Ryo Fukushima. Capacity Control System of Liquid Chillers[J]. Refrigeration, 1999, 74 (863):51-56. (in Japanese).

[64] Isao Kawabe. Technology for Improvement of Rotary Compressor[J]. Refrigeration, 2005, 80(933): 10-13. (in Japanese).

[65] Wang Y. R. Digital Scroll Technology[C]. Internationl Symposium on HCFC Alternative Refrigeration and Environmental Technology, 2002. Kobe, Japan.

[66] 高田秋一著. 耿惠彬，戴永庆，郑玉清译. 吸收式制冷机[M]. 北京：机械工业出版社，1987.

[67] 清华大学建筑节能研究中心著. 中国建筑节能年度发展研究报告 2009[M]，北京：中国建筑工业出版社，2009.

[68] GB/T 18431—2014. 蒸汽和热水型溴化锂吸收式冷水机组[S].

[69] GB/T 18362—2008. 直燃型溴化锂吸收式冷(温)水机组[S].

[70] 戴永庆编. 溴化锂吸收式制冷空调技术实用手册[M]. 北京：机械工业出版社，1999.

[71] 戴永庆主编. 溴化锂吸收式制冷技术及应用[M]. 北京：机械工业出版社，1996.

[72] 潘云钢编著. 高层民用建筑空调设计[M]. 中国建筑工业出版社，2011.

[73] 清华大学建筑节能研究中心著. 中国建筑节能年度发展研究报告 2007[M]，北京：中国建筑工业出版社，2007.

[74] GB 50736—2012. 民用建筑供热通风与空气调节设计规范[S].

教育部高等学校建筑环境与能源应用工程专业教学指导分委员会规划推荐教材

征订号	书　名	作　者	定价(元)	备　注
23163	高等学校建筑环境与能源应用工程本科指导性专业规范（2013年版）	本专业指导委员会	10.00	2013年3月出版
25633	建筑环境与能源应用工程专业概论	本专业指导委员会	20.00	
34437	工程热力学（第六版）	谭羽非 等	43.00	国家级"十二五"规划教材（可免费索取电子素材）
35779	传热学（第七版）	朱　彤 等	58.00	国家级"十二五"规划教材（可免费浏览电子素材）
32933	流体力学（第三版）	龙天渝 等	42.00	国家级"十二五"规划教材（附网络下载）
34436	建筑环境学（第四版）	朱颖心 等	49.00	国家级"十二五"规划教材（可免费索取电子素材）
31599	流体输配管网（第四版）	付祥钊 等	46.00	国家级"十二五"规划教材（可免费索取电子素材）
32005	热质交换原理与设备（第四版）	连之伟 等	39.00	国家级"十二五"规划教材（可免费索取电子素材）
28802	建筑环境测试技术（第三版）	方修睦 等	48.00	国家级"十二五"规划教材（可免费索取电子素材）
21927	自动控制原理	任庆昌 等	32.00	土建学科"十一五"规划教材（可免费索取电子素材）
29972	建筑设备自动化（第二版）	江　亿 等	29.00	国家级"十二五"规划教材（附网络下载）
34439	暖通空调系统自动化	安大伟 等	43.00	国家级"十二五"规划教材（可免费索取电子素材）
27729	暖通空调（第三版）	陆亚俊 等	49.00	国家级"十二五"规划教材（可免费索取电子素材）
27815	建筑冷热源（第二版）	陆亚俊 等	47.00	国家级"十二五"规划教材（可免费索取电子素材）
27640	燃气输配（第五版）	段常贵 等	38.00	国家级"十二五"规划教材（可免费索取电子素材）
34438	空气调节用制冷技术（第五版）	石文星 等	40.00	国家级"十二五"规划教材（可免费索取电子素材）
31637	供热工程（第二版）	李德英 等	46.00	国家级"十二五"规划教材（可免费索取电子素材）
29954	人工环境学（第二版）	李先庭 等	39.00	国家级"十二五"规划教材（可免费索取电子素材）
21022	暖通空调工程设计方法与系统分析	杨昌智 等	18.00	国家级"十二五"规划教材
21245	燃气供应（第二版）	詹淑慧 等	36.00	国家级"十二五"规划教材
34898	建筑设备安装工程经济与管理（第三版）	王智伟 等	49.00	国家级"十二五"规划教材
24287	建筑设备工程施工技术与管理（第二版）	丁云飞 等	48.00	国家级"十二五"规划教材（可免费索取电子素材）
20660	燃气燃烧与应用（第四版）	同济大学 等	49.00	土建学科"十一五"规划教材（可免费索取电子素材）
20678	锅炉与锅炉房工艺	同济大学 等	46.00	土建学科"十一五"规划教材

　　欲了解更多信息，请登录中国建筑工业出版社网站：www.cabp.com.cn 查询。在使用本套教材的过程中，若有何意见或建议以及免费索取备注中提到的电子素材，可发 Email 至：jiangongshe@163.com。